アメリカの国有地法と環境保全

Public Land Law
and Environmental Protection
in the United States

鈴木 光

北海道大学出版会

謝辞

本書を、恩師である畠山武道先生（北海道大学名誉教授、上智大学大学院地球環境学研究科委員長）に捧げます。畠山先生には、学生時代から現在に至るまで、研究活動のあらゆる点において一貫してご指導いただきました。アメリカ環境法研究の第一人者である畠山先生のもとで学べることはなにより光栄なことであり、これ以上恵まれた研究環境はないと確信しております。畠山先生の学恩に心から深く感謝申し上げます。本書は、まだ検討が不十分な箇所もあり、畠山先生の学恩に報いる水準に達しているとは到底いいがたいものですが、なかなか一人前の研究者に育たぬ教え子の現時点での到達点を示す作品としてお納めいただければ幸いです。

本書は、もう一人の恩師であるチャールズ・F・ウィルキンソン先生（Charles F. Wilkinson, the Moses Lasky Professor of Law at the University of Colorado School of Law）にも捧げます。ウィルキンソン先生は合衆国を代表する国有地法研究者です。二〇〇二年九月から二年間、日本学術振興会海外特別研究員としてコロラド大学ロースクールに赴いたとき、ウィルキンソン先生は快く指導を引き受けてくださり、まさに多忙を極める研究・教育活動の合間をぬって、毎週欠かさず論文指導をしてくださいました。ウィルキンソン先生から直接ご教示いただく機会を与えられたことは、筆舌に尽くしがたいほど幸運なことであり、ここに謹んでウィルキンソン先生に感謝申し上げます。同時に、この在外研究に快く送り出してくださった熊本信夫先生（北海学園大学前学長、北海学園大学大学院法務研究科教授）をはじめ、同僚の教職員の皆様にも厚く御礼申し上げます。

またこれまでの研究生活においては、とくにキャサリン・M・マッツ先生(Dr. Kathryn M. Mutz, Natural Resources Law Center, University of Colorado School of Law)、曹維君(Cao Weijun)先生、そして両親(鈴木敬夫・鈴木節子)と妹(鈴木平)に、並々ならぬお世話になりました。幾重にも感謝申し上げます。

本書は、平成八—一〇年度日本学術振興会特別研究員奨励費(DC, PD)、平成一一年度科学研究費補助金(奨励研究A)、平成一一年度北海学園学術研究助成金、平成一四年度日本学術振興会海外特別研究員研究奨励費による研究成果の一部です。本書の出版には、独立行政法人日本学術振興会平成一八年度科学研究費補助金(研究成果公開促進費)のご支援をいただきました。また本書の刊行に際しては、北海道大学出版会の前田次郎氏と今中智佳子氏より貴重なご指導・ご助言をいただきました。心より御礼申し上げます。

平成一九年三月

鈴木　光

アメリカの国有地法と環境保全——目　次

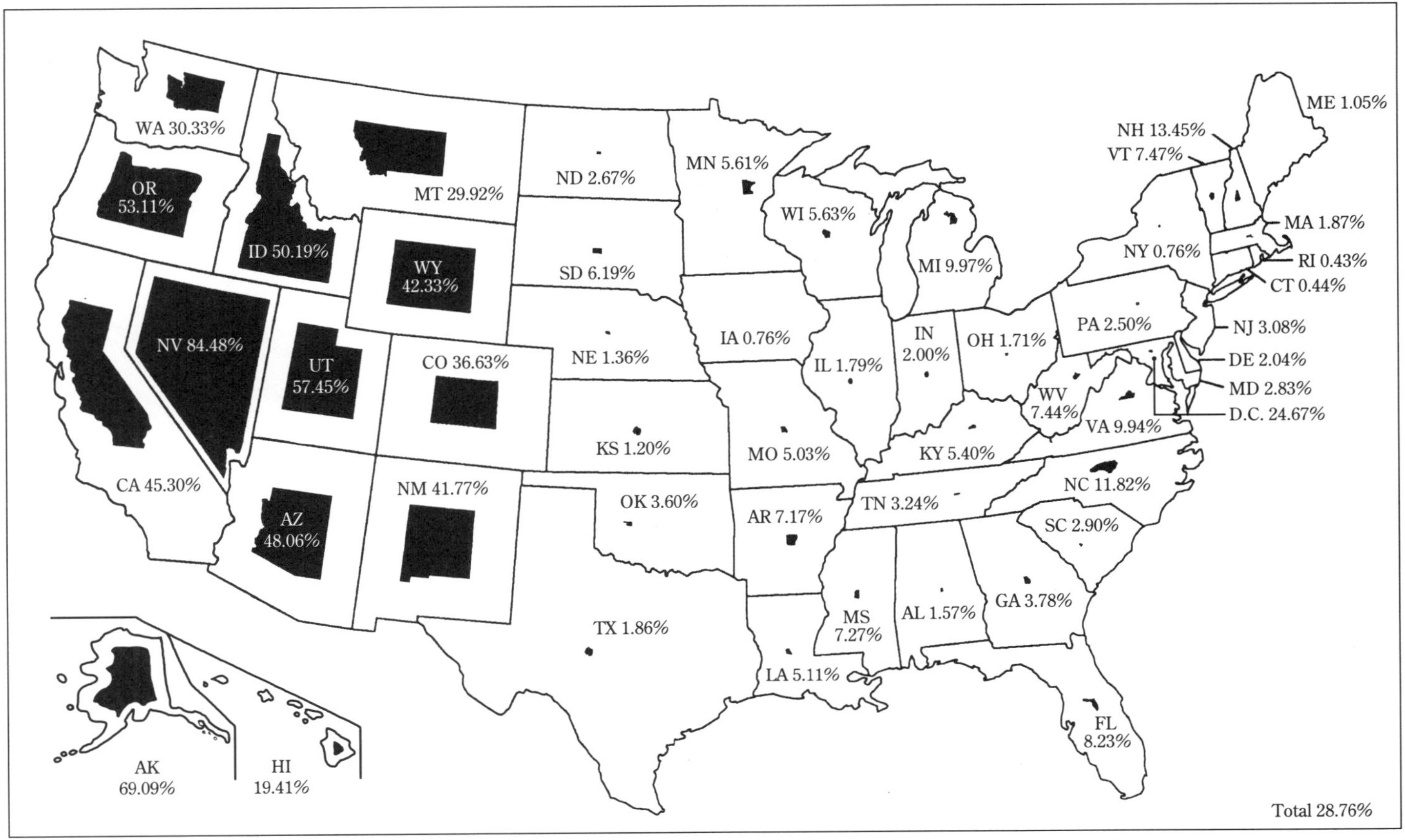

各州面積に占める国有地の割合

Source: GSA Office of Governmentwide Policy, Federal Real Property Profile as of September 30, 2004, at pp. 18-19.

序　章　国有地管理の現況と環境保全

一　はじめに

日本にはさほど詳しく紹介されていないが、広大なアメリカ合衆国の国土の約三分の一は、連邦政府が管理する国有地である。国有地は、西部を中心に、全国にあまねく広がっている。そのなかには、森林、山岳、草地(grassland)、湿地(wetlands)、湖沼、景勝河川、海岸(seashore)、島嶼および砂漠などの多様な自然生態系が含まれる。これらの多様な自然生態系は、国立公園、国有林、国立野生生物保護区などの制度により管理されている。合衆国では、たとえば日本でいう国立公園、国有林、国設鳥獣保護区の一部、主要な河川やダムなどをめぐる問題は、とりもなおさず国有地管理上の問題として議論されてきた(1)。すなわち合衆国では、環境保全と国有地管理が不可分のものと考えられ、多くの研究がなされてきた。歴史的にみても、合衆国の環境保全をめぐる多くの問題は、国有地上で発生し議論されてきた。たとえば、合衆国の環境保全史において著名な、ダイナソー(Dinosaur)におけるダム建設論争(一九五〇—五六年)、ミネラル・キング渓谷(Mineral King Valley)におけるディズニーズ・スキー・リゾート(Disney's Ski Resort)建設論争(一九六五―七八年)、マノンガヒーラ国有林(Monongahela National Forest)皆伐論争(一九六五―七五年)、太平洋沿岸北西部におけるキタ・ニシヨコジマフクロウ(Northern Spotted Owl)論争(一九七二―九四年)、コロンビア川(Columbia River)のダムとサーモン保護をめぐる論争(一九九〇年―現在)、カーター大統領(Jimmy Carter, 1977-81)によるアラスカ(Alaska)の国有林保全論争(一九六九―八〇年)などの、歴史的に世論を二分した論争は、すべて国有地管理に関連している。また国有地管理に対する国民の関心も非常に高い。とりわけ西部一一州[2]においては、現在も各州内に占める国有地の割合が高く、国有地管理のあり方が、環境保全のみならず、その地域に住む人びとの生活や地域経済に直結している。したがって西部諸州では、歴史的にも、また現在も、国有地管理のあり方をめぐり、連邦政府と州政府の利害が対立し、大きな政治的抗争へと発展する傾向が強い。西部諸州において、国有地管理のあり方は、もっとも身近な問題のひとつといえよう。

序章では、上記の事柄を念頭に、まず合衆国国有地の現況と国有地を管理する行政機関の概況を説明する。ついで、本書のねらいと、本書が、いくつかの国有地管理行政機関のなかから、とくに国有林制度を管理する農務省森林局と、国有放牧地と鉱物資源を管理する内務省土地管理局を取りあげる理由を説明し、最後に、本書の章ごとの概要を簡単に述べる。

二　合衆国国有地の現況

(一)　地理的概要

合衆国の国土は約二三億六〇五六万エーカー(日本の国土の約二五倍)である。このうち連邦政府は、国土全体の約二九%に相当する約六億六二〇〇万エーカーを所有する。国有地の大部分は、アラスカ州や西部一一州に偏在する。

合衆国の国民にとり、国有地は、国家の富ならびに個人の自由、力および回復力(renewal)の本質的な源であった。[3] 実際、国有地には、草地、森林、山岳、湿地、湖沼、景勝河川、海岸、島嶼および砂漠などの多様な地形が含まれ、石油、天然ガス、石炭、木材などの豊かな自然資源が存在する。[4] そのため国有地は、放牧地、鉱物産出地(天然ガス、原油など)、木材生産地、レクリエーション地など、さまざまな目的で利用されている。

北米大陸は、東西で気候・地形の特色が大きく異なる。大西洋に近い東部は、わずかな山地と平野部から構成され温暖湿潤な気候であり、中西部には平坦な地形が多く穀倉地帯が形成されている。一方、太平洋に近い西部には、シエラ・ネヴァダ山脈(Sierra Nevada)やロッキー山脈(Rocky Mountains)が発達し、森林や山岳が分布するが、それ以外は、耕作に適さない乾燥地・砂漠地が広がる。

ミシシッピ川(Mississippi River)とロッキー山脈にはさまれた地域には、広大な平地が横たわっている。この平地は、ロッキー山脈に源流を有し、ミシシッピ川に合流する多数の河川が作りあげたもので、北はロッキー山脈から南はテキサス州にまで達し、山岳、草原、乾燥地域、半乾燥地域、砂漠などが連なっている。これが、合衆国の国土の約四分の一を占める大平原(Great Plains)である。[5] 大平原は、西経九八度から一〇〇度を境に様相が激変する。この境界以東では、ほとんどの作物の生育に十分な年間平均二八インチの降水がある。それに対し、この境界以西は年間降水量が二〇インチにも満たない乾燥した地域である。わずかに降る雨は、日照りと熱風でまたたく間に蒸発し、その土壌は、鋤や鍬をほとんど受け付けないほど固化している。灌木やサボテン以外の樹木は、一部の河岸や丘陵地を除いて見当たらず、乾燥に強い特殊な草類がわずかに地表を覆うにすぎない。大平原西部では水が徹底的に不足しており、湿潤な東部で営まれるような農業は不可能である。(6) こうした気候風土の厳しさから、この大平原は、不毛の地として、長らく人びとの接近を拒み、鉱物採掘と放牧以外に利用されることがほとんどなかったのである。

ところで、国有地の大部分は西経一〇〇度以西にある。西部一一州に占める国有地の割合は、アリゾナ州が四八・〇六%、カリフォルニア州が四五・三〇%、コロラド州が三六・六三%、アイダホ州が五〇・一九%、モンタナ州が二九・九二%、ネヴァダ州が八四・四八%、ニューメキシコ州が四一・七七%、オレゴン州が五三・一一%、ユタ州が五七・四五%、ワシントン州が三〇・三三%、ワイオミング州が四二・三三%である。(7)

（二）パブリック・ドメインとパブリック・ランド

合衆国では、一般に、すべての公的に所有された土地をパブリック・ランド(Public Land)またはパブリック・ドメイン(Public Domain)と称している。しかし、これらの呼称の厳密な分類や解釈は合衆国内でも統一されておらず、両者はしばしば混同される。その原因のひとつは、パブリック・ドメインという用語自体の意味の不明確さにある。

パブリック・ドメインとパブリック・ランドの区別は、合衆国憲法上も明らかではない。合衆国憲法第四節三条二項は、「連邦議会は、合衆国に属する領土またはその他の財産に関するすべての必要なルールや規則を廃止し制定する権限を有する」と定める。パブリック・ドメインは、この条項に基づき、これまで常に連邦議会による完全な支配に服してきたと考えられている。(8)

つぎに、パブリック・ドメインという用語は二つの意味で用いられている。第一は、共和国成立時に政府が諸外国から取得した地域を指す場合であって、パブリック・ドメインまたはオリジナル・パブリック・ドメイン(Original Public Domain)とよばれる。第二は、これらの地域から特定目的に充てられる地域を除外した残りの地域、すなわち、「いまだ保留されておらず、かつ用途の定まらない地域(unreserved unappropriated land)」を指す場合である。さらに、両者を区別せずにパブリック・ドメインの用語を用いるもの、両者を区別するためにとくに第一の場合をオリジナル・パブリック・ドメインとよぶものなど、さまざまの用法がある。なお、パブリック・ドメインという用語は、長い歴史のなかで、第一の場合から第二の場合へと少しずつその意味を変えてきたとの指摘もある。(9)

また、連邦政府が所有する土地全体をパブリック・ドメインと称し、とくに連邦政府が個人または州から取得した土地を取得地(acquired land)、一八六六年にのちのO & C鉄道会社(Oregon and California Rail Road Company)へ払い下げられ、一九一六年法によりふたたび連邦政府に返還された土地をO & C lands、連邦政府が一九二二年の土地交換法(General Exchange Act of 1922 (42 Stat. 465)などに基づき私有地と交換して取得した土地を交換地(land exchange)と分類する場合もある。(10)

そのほか、合衆国が、もともと戦争、協定または購入によって取得した土地であって、いまだ連邦政府による所有のままに残されている土地をパブリック・ドメインとよび、私有地のなかから合衆国に寄付されたり合衆国が購入した土地をパブリック・ランドまたは取得地と称する論者もある。(11)

他方で、つぎのような分類もある。すなわち、パブリック・ランドは、連邦政府が所有するすべての土地を意味し、そのなかには、現在のパブリック・ドメインとかつてパブリック・ドメインであって現在も連邦政府の所有する土地、国立公園、国有林、狩猟鳥獣保護区(game refuge)に含まれる取得地、および国有地管理機関の管轄地が含まれる一方、パブリック・ドメインとは、オリジナル・パブリック・ドメインのうち未登録、未留保、非占有の土地であって、過去または現在において公的に所有され、一九七六年以前に制定された土地法に基づく処分に服し、土地管理局によって管理される土地をいう、と解釈する論者もある(12)。

本書では、連邦所有地と州有地との混同を避けるために、連邦政府の管轄内にある土地を国有地とよび、パブリック・ランドには国有地の訳をあてることにする。また、右記のオリジナル・パブリック・ドメインはパブリック・ドメインと記し、国有地と区別する。

(三) 国有地管理制度

合衆国の国有地は、自然資源の永続的利用を目的に、連邦政府内の複数の行政機関によって管理されている。代表的な国有地管理機関は、農務省森林局(U.S. Department of Agriculture, Forest Service/FS)、内務省土地管理局(U.S. Department of the Interior, Bureau of Land Management/BLM)、内務省魚類・野生生物局(U.S. Department of the Interior, Fish and Wildlife Service/FWS)、および内務省国立公園局(U.S. Department of the Interior, National Park Service/NPS)である。その他の国有地管理機関としては、内務省開墾局(U.S. Department of the Interior, Bureau of Reclamation)、内務省インディアン問題局(U.S. Department of the Interior, Bureau of Indian Affairs)、および国防省(U.S. Department of Defense)があげられる。以下、各行政機関を簡単に紹介しよう。

①　農務省森林局

農務省森林局は、一億九一五〇万エーカーの国有地を管理している。[13] このうち、一億四〇九〇万エーカーは西部一一州に集中して存在する。同局は、おもに一億九一〇〇万エーカーにおよぶ国有林を保全・管理するとともに、最近では合衆国の全軟材(softwood timber)収穫量の約三分の二にあたる木材生産活動も行っている。[14] 同局の歴史は、一八八六年に農務省内に森林部(Division of Forestry)が設置されたことに始まる。森林部は、一九〇一年の農業歳出法(Agricultural Appropriation Act of 1901 (31 Stat. 922))により森林局(Bureau of Forestry)となり、一九〇五年に現在の森林局(Forest Service)に改称された。森林局の本部は、首都ワシントンにおかれる。森林局の内部組織は、局長(chief)を頂点に、国有林部、州有林・私有林部、研究部、総務部、計画立法部の五部門に分かれている。一九九四年度の年間予算は三二億五一七五ドルで、三万四〇五六名の常勤職員と一万八〇三〇名の臨時職員が勤務している。職員の多くは十分に訓練を積んだ優れた技術者であり、全職員のおよそ九五%は専門技術職(professional organization)に所属しているといわれる。[15]

森林局の主要な任務は、(一)国有地の保全と利用、(二)私有林所有者との協力による保全と利用の推進、(三)森林・草地に関する調査研究、の三つである。なかでも国有林制度(national forest system)の運営と監督は、森林局のもっとも重要な任務である。合衆国の国有林は九つの管区(region)に分けられ、それぞれに営林局(regional office)がおかれる。管区の長は営林局長(regional forester)とよばれる。さらに全国の国有林は一五五の経営区(forest)に細分され、それを一二三の営林署(forest office, 署長は forest supervisor とよばれる)が管轄している。このほか国有林には、六〇〇以上のレインジャー地区(ranger district)、九つの研究所(research station)、一三の苗畑、作業員センターなどが設置されている。

② 内務省土地管理局

今日、最大面積の国有地を管轄しているのが内務省土地管理局である。内務省土地管理局は、一九四六年、一般土地局(General Land Office, 一八一二年設立)と放牧局(Grazing Service, 一九三四年設立)を合併して設置された行政機関である。一九九四年度の常勤職員は一万一八六〇名、年間予算額は五億九九八六万ドルである。[16]土地管理局は、現在、合衆国全国土の約八分の一に相当する二億七〇〇〇万エーカーの土地を管理している。管轄地の三分の一はアラスカにあるが、残りの三分の二は西部一一州に集中している。[17]その大部分は西部に広がる莫大な乾燥・半乾燥地(二億六九〇〇万エーカー)であり、これには国有地全体の約四五%(合衆国全土の一三%)以上に相当する国有放牧地のほか、おもにオレゴン州西部に生育する森林(O & C lands)が含まれる。[18]なお国有放牧地は、おもに牧畜業者に賃貸されているが、合衆国の牧畜は東部の民間牧場が中心であって、国有放牧地からの牧畜生産高は合衆国全体の牧畜生産高の数%を占めるにすぎない。そのため、西部の国有放牧地での牧畜は、自然に与える影響の大きさに比べて生産性が低いとして、環境保護団体の批判にさらされている。[19]

土地管理局が管轄する国有地は、一般に農耕や木材生産に適さないことから、これまで放牧と鉱山業にのみ利用される不毛の地と見なされてきた。ところが近年、乾燥地特有の生態系の存在が明らかになり、新たな生態学研究の場として、または特異なレクリエーション地として大きな注目を集めている。[20]

③ 内務省魚類・野生生物局

内務省魚類・野生生物局は、一九四〇年、商務省漁業局(U.S. Department of Commerce, Bureau of Fisheries)と農務省生物調査局(U.S. Department of Agriculture, Biological Survey)を統合して設置された行政機関である。[21]魚類・野生生物局は九〇九〇万エーカーの国有地を管轄するが、その大半はアラスカ州に存在する。

これは一九八〇年アラスカ国有地保全法(Alaska National Interest Lands Conservation Act of 1980/ANILCA (94 Stat. 2371))に基づき、アラスカ州内の五四〇〇万エーカーの土地が国立野生生物保護区制度(national wildlife refuge system)に加えられたことによる。[22]同局は、一九九四年現在、四億八四三一万ドルの年間予算と、六二四七名の常勤職員を有しているが、これは国有地を管理する主要な四つの連邦行政機関(森林局、土地管理局、魚類・野生生物局、国立公園局)のなかで、予算額・職員数ともに第四位である。

魚類・野生生物局は、合衆国の野生生物管理について、少なくともつぎの六つの重要な任務を負う。第一は、渡り鳥(migratory birds)の管理である。これには、狩猟規則の作成、生息地の取得(確保)、生息地保護、および渡り鳥に関する国際条約の実施という任務が含まれる。第二は、おもに二つの重要な野生生物保護法に基づく任務である。魚類・野生生物局の広範囲にわたる権限の根拠となっているのが、一九三四年魚類・野生生物調整法(Fish and Wildlife Coordination Act of 1934 (48 Stat. 401))である。[23]この法律によれば、魚類・野生生物局は、すべての連邦による事業、または連邦に許可を申請するにあたり野生生物やその生息地に与える影響を評価することが必要な事業、を審査することになっている。同局の野生生物管理に関する他の重要な法律は、一九五六年魚類・野生生物法(Fish and Wildlife Act of 1956 (70 Stat. 1119))である。[24]魚類・野生生物局は、同法により、魚類・野生生物資源の保護、保全、および増進のための手段を講じるよう命じられている。第三は、連邦の開発事業に対する協議とコメントの任務である。一九六九年国家環境政策法(National Environmental Policy Act of 1969 (83 Stat. 852))は、[25]連邦の事業または連邦によって許可された事業は、あらゆる種類の魚類・野生生物に与える影響に関し、魚類・野生生物局の意見を求めなければならないと規定する。第四に、魚類・野生生物局のもっとも重要な任務が、合計約九五〇〇万エーカーにおよぶ五四〇の国立野生生物保護区と三〇〇〇の水鳥繁殖地(waterfowl production area)を包含する国立野生生物保護区制度の管理である。国立野生生物保護区制度の管理に関する基本的な法律は、一九六六年国立野生生物保護区制度管理法(National Wildlife Refuge System Administration Act of 1966 (80 Stat. 926))である。この法律は、従来、さまざまな名称のもとにバラバラに管理されていた保護区を、国立野生生物保護区制度のもとに集約し、魚類・野生生物局による統一的な管理体制を確立したものである。[26] 第五に、魚類・野生生物局は、州による孵卵所の試みを拡大するため、六九箇所の国立魚類孵卵所(national fish hatchery)の管理も行う。[27] 最後に、魚類・野生生物局は、絶滅のおそれのある種の法(Endangered Species Act of 1973 (87 Stat. 884))に基づき、絶滅のおそれのある種(endangered species)と希少種(threatened species)の指定、生息地の調査・保護などの任務にあたっている。最近、同局の野生生物保護活動に対しては、太平洋沿岸北西部の老齢林(old growth forest)に生息する絶滅のおそれのある種であるキタ・ニシヨコジマフクロウおよびコロンビア川のサーモン保護などをめぐる問題を通じて、一層大きな注目が集まっている。

④ 内務省国立公園局

内務省国立公園局は、八三六〇万エーカーの国立公園制度を管轄し、[28] 森林局に次ぐ第二位の職員数を有している。[29] 同局は一般に、イエローストーン国立公園(Yellowstone National Park, アイダホ州・ワイオミング州・モンタナ州、二二二万九七八九エーカー)、グランド・キャニオン国立公園(Grand Canyon National Park, アリゾナ州、一一八万八六二エーカー)、ヨセミテ国立公園(Yosemite National Park, カリフォルニア州、七五万九二〇四エーカー)などの“crown jewel parks”を管理することで広く知られている。最大級の国立公園の多くはアラスカ州に存在する。[30] また、同局が担当する国立公園制度(national park system)のなかには、国立公園のほかに、国有記念物(national monument)、国立史跡公園(national historical park)、国立記念碑(national memorial)、国立歴史街道(national historic trail)、国立遺産地域(national heritage area)、国立レクリエーション地域(national recreation area)、国有原生景勝河川(national wild and scenic river)、国有湖岸(national lakeshore)、国有海岸(national seashore)、国立古戦場(national battlefield)、国立墓地(national cemetery)などの三九〇地区(units)が含まれている。国立公園の理念や国立公園局の任務などは、一九一六年国立公園局設置法(National Park Service Organic Act of 1916 (39 Stat. 535))に定められている。[31]

⑤　その他

以上四つの連邦行政機関のほか、他の連邦行政機関も、合計三四三〇万エーカーの国有地を管理している。[32] 内務省開墾局は六〇〇万エーカーの国有地を管轄するが、それはおもに、カリフォルニア州内の農耕地を灌漑化するための西部の水利開発事業(water project development)に関する地域である。内務省インディアン問題局は二七五万エーカーを管轄する。ただしこれには、連邦財産に属さないインディアン指定保留地(Indian reservation)は含まれない。国防省は二六〇〇万エーカーの国有地を管理する。その内訳は、合衆国陸軍が一〇四〇万エーカー、空軍が八一〇万エーカー、海軍が二〇〇万エーカー、陸軍工兵隊(Army Corps of Engineers)が五五〇万エーカーである。

なお近年、合衆国国有地の総面積は急激に減少している。[33]

三　本書の視座

(一)　問題の提起

日本の国有地には、森林、河川、海岸、湖沼、湿地などの多様な生態系が含まれる。これらはすべて、生物にとり重要な生活環境の基礎を提供している。したがって国有地は環境保全の観点から適切に管理・保全される必要がある。ところが日本の国有地は、従来、国の行政機関により、国有財産として管理されており、しかも国有林が(営利原則に基づく管理が求められる)企業用財産に分類されてきたことからもわかるように、その管理政策には環境保全の観点が大きく欠如していた。また、現行の国有地管理法には、国有地管理は国民の権利・利益には直接関係のない行政内部の所管事項である、という伝統的な考えが色濃く残っており、国有地を、国民全体の共有財産として、国民のために国民の意見を取り入れながら管理する、という発想がきわめて乏しい。日本の国有地は、こうした現行法に基づいて管理されているため、国有地の環境保全を求める国民の声は国有地管理政策に反映されにくく、時代の要請にそぐわない旧態依然とした国有地管理が行われてきた。

一方、アメリカ合衆国では、本書が詳しく検討するように、建国以来、国有地管理と環境保全をめぐる長い議論が続けられてきた。その国有地管理制度は、各時代の社会要請を反映しつつ、環境保全の観点を取り入れながら柔軟かつ大きな変貌を遂げてきた。今日の合衆国国有地管理は、国民に開かれた法制度が基礎となり、国有地管理を担当する各連邦行政機関、連邦議会議員、一般市民、自然保護団体、および自然資源管理専門家などが一体となって発展させたものである。最近では、広域的生態系および生物多様性の保存に配慮した国有地管理のあり方が、立法および行政の実務の双方で活発に議論されている。こうした合衆国の議論は、日本の国有地管理においても参考とされるべきである。
合衆国において、環境保全思想が社会情勢を反映してどのように変化し、それが国有地管理法制度・政策にどのように具体化され、国有地管理行政機関がこれにどう対応してきたのかを、おもに法制度の変遷に注目しながら、制度史的に分析・解明するのが本書の課題となる。

(二) 課題の設定

本書は、以上のような視点から、合衆国の国有地管理行政機関のうち、とくに農務省森林局と内務省土地管理局を取りあげ、両行政機関の成立から、一九七六年国有林管理法(National Forest Management Act of 1976 (90 Stat. 2949))および一九七六年国有地政策管理法(Federal Land Policy and Management Act of 1976 (90 Stat. 2744))という二つの法律の成立過程までをあつかう。それは以下の理由による。

第一に、この二つの行政機関は、管轄する土地面積が圧倒的に広大である点で、重要な国有地管理行政機関と考えられるからである。前述のように、農務省森林局は一億九一五〇万エーカー、内務省土地管理局は二億七〇〇〇万エーカーの国有地を管理する。このほか、内務省国立公園局や内務省魚類・野生生物局も国有地を管轄するが、管轄面積はそれほど大きくない。

第二に、この二つの行政機関の組織、任務、および政策が、折々の社会・政治情勢を反映して、時代ごとに大きな転換を遂げてきたからである。それは国有地管理をめぐる国民的議論の変化そのものである。むろん、内務省国立公園局なども時代ごとに組織を変化させてきたが、その任務や政策に大きな変更はない。これに比べ、この二つの行政機関の変化はきわめて劇的であり、行政機関が時代の要請にどう応えるかを知る意味で、大変興味ある研究対象である。

第三に、二つの行政機関が、これまで対照的な発展を遂げてきたからである。農務省森林局は、初代局長ピンショー(Gifford Pinchot)の強い主導力のもと、当時のセオドア・ローズヴェルト大統領(Theodore Roosevelt, 1901-09)の熱心な支持も得て、いち早く組織原理を確立し、その後ごく最近まで、専門家集団としての名声を維持してきた。ところがそうした専門家集団としての特色が、組織運営の硬直化や官僚制の定着を生み、逆に、時代の要請に応じて柔軟に政策を修正することを困難にした。そのつけは、一九八〇年代にやってくることになる。

これに対し内務省土地管理局は、長年の間、統一性のない雑多な法律に基づき、雑多な国有地の管理を委ねられ、組織原理を確立しえないまま特定の利害関係者や政治家に振り回される時代を経験した。こうした状態は、結局、基本的に一九七〇年代まで続いたが、一九九〇年代になると、内務省土地管理局が管理する土地の生態的価値、および国民の共有財産としての価値が見直され、内務省土地管理局は、新たな目的のもとに組織や管理政策を方向転換しつつある。

以上の点で、二つの行政機関はきわめて対照的な歩みを示しており、両者を比較検討することは、行政機関が社会や時代の要請にどう対応しうるかを考えるうえで、示唆されるところが大きい。

第四に、以上簡単に説明したように、二つの行政機関はきわめて対照的な道を歩んだが、結局、この二つの行政機関が、組織運営や国有地管理原則等を定める基本法をそれぞれ制定したのが、同一年(一九七六年)であったからである。この二つの基本法は、現在もなお両行政機関の根本を支えており、今日までその骨格には変更がない。なぜ二つの行政機関が、一九七六年という年に(ほぼ同時に)組織運営の基本法を制定しえたのかは、両行政機関の発展の歴史的背景とともに、きわめて興味ある素材である。

本書は、以上のような視座から設定した課題を追究するものであるが、残された課題も多くあることは否定できない。とりわけ農務省森林局の、フクロウ論争(34)以後の国有地管理をめぐる最近の動きには、目を見張るものがある。この動向については、すでに日本にも少なからぬ紹介があるが[35]、そうした動向を、本書が設定した視点から探究することは大きな宿題である。一方、内務省土地管理局をめぐる動きに大きな変化はないが、一九九四年カリフォルニア砂漠保護法（California Desert Protection Act of 1994 (108 Stat. 4471)）に見られるように[36]、同局の管理する乾燥地が、環境保全の観点から、新たな注目を集めつつある。これらの動向を念頭に、内務省土地管理局の新しい取り組みや課題を検討することにも大きな意義がある。本書は、国有地管理制度の成立から第二次世界大戦後までを中心に検討したため、これらの現代的課題を十分に取りあげることはできなかった。これらは今後の研究課題とし、引き続き研究を持続したい。

四　本書の概要

本書の構成は、以下のとおりである。

第一章は、合衆国建国から一九世紀後半までの初期の国有地管理政策をあつかう。建国一三州から始まった合衆国が、外国からの土地購入、譲り受け、戦争による併合や征服、先住民インディアンからの強奪などにより、パブリック・ドメインをつぎつぎに拡大した歴史と、それらパブリック・ドメインを含む国有地を、おもに入植目的で積極的に処分しようとした経緯を、初期の国有地処分法を中心に提示する。処分法の執行をはじめとする国有地取引の任務は、財務省一般土地局に委ねられたが、処分法の求める入植条件が、西部国有地の入植実情と適合しておらず、また同局の法律執行体制にも不備があったことから、処分法が意図した秩序正しい国有地処分と入植は行われなかったことを明らかにする。

第二章は、一九世紀後半から一九二〇年代までの国有地政策のうち、例外的に処分が留保された地域をあつかう。まず建国以来の処分政策が、一九世紀後半の自然保護思想の高まりを受け、手付かずの原生自然（wilderness）が残る地域を中心として処分を留保し、そこに州立公園や国立公園を設立する政策へと変化する過程を、主要な法律の連邦議会における審議過程や、法律の内容をもとに分析する。つぎに、一九世紀末ごろには、国有地の森林地域における大規模な盗伐が横行したことから、森林保護への関心が高まり、農務省森林部（のちの森林局）が創設されるとともに、今日の国有地管理における基本的骨格のひとつである森林保護区制度（のちの国有林制度）が誕生した。制度創設の社会的・政治的背景、制度を支える法律、そして合衆国森林管理の父とも称されるピンショーの活躍を分析し、森林局が合衆国を代表する国有地管理行政機関へと発展する過程を明らかにする。

第三章は、一九世紀後半から一九三〇年代までの国有地管理政策のうち、建国以来の処分政策が継続された地域をあつかう。公園や森林保護区（国有林）に指定されなかった残りの国有地は、相変わらず処分対象地として入植者に提供されていたが、その多くは、農業に適さない乾燥した西部に分布していたため、実際には入植が進まず放置された。そのため、これらの国有地は、牧畜業者による不法放牧の舞台と化した。本章は、連邦議会が、まず初期の国有地処分政策を徐々に修正し、一八六二年ホームステッド法（Homestead Act of 1862 (12 Stat. 392)）に加えて、一九一六年牧畜入植法（Stock-Raising Homestead Act of 1916 (39 Stat. 862)）を制定することで、乾燥した西部国有地への秩序ある入植を促進しようとした経緯、しかし国有地での不法放牧は改善されず、過剰放牧による土壌侵食が深刻化したため、ついに国有地処分政策を終了し、未処分国有地の管理を内務長官に委ねる一九三四年テイラー放牧法（Taylor Grazing Act of 1934 (48 Stat. 269)）を制定するまでの流れを、連邦議会における議論を中心に分析する。

第四章は、一九三〇年代・一九四〇年代のニュー・ディール（New Deal）期における国有地管理政策の特色をまとめる。フランクリン・ローズヴェルト大統領(Franklin Delano Roosevelt, 1933-45)は、大恐慌後の景気回復策の一環として、意欲的な国有地管理政策を提案した。本章は、連邦議会がこうした大統領の提案を受け入れてつぎつぎと法律を制定し、失業者の雇用と西部国有地の資源管理を同時に実現する民間国土保全部隊(Civilian Conservation Corps)の創設、過剰放牧により荒廃した西部国有地の草地復興計画、土壌侵食防止と土壌保護を担当する内務省土壌保全局(Soil Erosion Service)の創設、および国有地における大規模な電力開発事業など、各種の斬新な国有地管理政策に取り組んだ経緯をまとめる。

第五章は、一九二〇年代から一九六〇年代に全国的に高まったレクリエーション・ブームが国有地管理政策に与えた大きな影響と、第二次世界大戦後に合衆国の国有地管理行政機関が当面した問題を整理する。レクリエーション・ブームの嚆矢は、一九二〇年代に見られるが、第二次世界大戦以後、人びとの生活水準が向上すると、それはさらに大きな社会現象となった。レクリエーションは、森林利用、放牧利用、鉱物利用などの伝統的な国有地利用形態と並ぶ一利用形態に台頭したため、大統領と連邦議会は、急遽、国有地管理政策の変更を迫られることになり、一九六四年には、既存の国有地管理法制度を包括的に見直し、将来の国有地管理政策の方向を勧告するための委員会(国有地法再調査委員会、Public Land Law Review Commission)を設立した。レクリエーション・ブームは、従来の研究では、しばしば、国有地管理政策とは直接関係ない単なる時代背景のひとつとして記述されるにすぎなかったが、本書は、むしろ、このレクリエーション・ブームが第二次世界大戦後の国有地管理政策に決定的な影響を与え、のちの多目的利用、持続的収穫という国有地管理原則の形成にも少なからぬ貢献をしたという視点から、このブームを意図的に重視して検討する。

第六章は、第二次世界大戦後から一九七〇年代までの、農務省森林局による国有林管理政策を取りあげる。第五章で述べたレクリエーション・ブームは、国有林における利用者の増大と、レクリエーション施設の整備・拡充をもたらした。また戦後の住宅建設ブームは、木材需要を飛躍的に高め、国有林の増伐を引きおこした。こうしたブームや国有林管理方針の転換は、人びとの関心を自然保護へと向けさせ、環境保全の意識を拡大させる契機となった。本章は、農務省森林局が、人びとの要請に応えて、多目的利用・持続的収穫原則、および長期計画に基づく森林管理などの新たな国有林管理政策を提案し、国有林の利用調整を試みた歴史、さらに今日の国有林管理の柱ともいえる一九七六年国有林管理法が制定されるまでの経緯を、立法史を中心に分析する。

第七章は、一九四〇年代から一九七〇年代までの、内務省土地管理局による国有地管理政策を取りあげる。内務省土地管理局は、建国以来、国有地処分を担当してきた一般土地局と、国有地処分政策の終焉を告げるテイラー放牧法により創設された放牧部(のちの放牧局)が、一九四六年に統合合併されて誕生した行政機関である。しかし土地管理局は、国有地管理行政機関のなかで最大面積の国有地を管轄していたにもかかわらず、国有地管理の基本法や管理原則を欠いたまま、三五〇〇以上もの雑多な国有地管理諸法を執行しなければならなかった。同局は、農務省森林局とは対照的に、レクリエーション・ブームをはじめとする時代の要請に十分に応えることができず、特定の利害関係者(牧畜業者と鉱山業者)や政治家(業者の代弁者)に翻弄される時代が長く続いた。本章は、土地管理局が、幾多の困難に直面しつつ、今日の同局による国有地管理の要である一九七六年国有地政策管理法を制定し、国有地管理行政機関としての組織原理をはじめて確立するまでの経緯を、連邦議会における議論を中心に検討する。

(1) 合衆国では、国立公園は内務省国立公園局の管轄地に、国有林は農務省森林局の管轄地に、また国立野生生物保護区は内務省魚類・野生生物局の管轄地にあり、日本のように国立公園、国有林、および国設鳥獣保護区が重複することはない。
(2) 西部一一州とは、本書を通じて、アリゾナ州、カリフォルニア州、コロラド州、アイダホ州、モンタナ州、ネヴァダ州、ニューメキシコ州、オレゴン州、ユタ州、ワシントン州、およびワイオミング州を意味する。

(3) Bernard Shanks, *This Land is Your Land : The Struggle to Save America's Public Lands* 4 (Sierra Club Books 1984).

(4) 沖合大陸棚の石油・天然ガス、ワイオミング州の石炭、太平洋沿岸北西部の木材などは、世界的に見ても、大きな生産量を誇る重要な資源である。

(5) 大平原の研究としては、Walter Prescott Webb, *The Great Plains* (University of Nebraska Press 1981) が古典的名著として知られる。ウェッブは、ダコタ東部からテキサス中央部に至る西経九八度線以西の地域を念頭に、(a)広大で比較的平坦な地表、(b)樹木のない非森林地域、(c)湿潤地にみられる通常の集約農業には不十分な降雨(乾燥気候)、の三つを大平原の地理的特徴としてあげた。そして、東部の文明が土地・水・樹木の三本の脚に支えられているとすれば、西部のそれは水と樹木を欠いており、土地のみによって支えられていると述べた。Ibid., at 3-9.

(6) Webb, *supra* note 5, at 319-312；ドナルド・オースター(Donald Worster)著・中山茂・成定薫・吉田忠訳『ネイチャーズ・エコノミー――エコロジー思想史(*Nature's Economy : A History of Ecological Idea*)』二七八頁(リブロポート・一九八九年)、米倉伸之「北アメリカの地形」赤澤威・阪口豊・冨田幸光・山本紀夫編『アメリカ大陸の自然誌(一)アメリカ大陸の誕生』六九―八三頁(岩波書店・一九九二年)。ただし現在は、コロラド川、サクラメント川(Sacramento River)、コロンビア川などに建設された巨大なダムや灌漑施設により、水が供給され、穀倉地帯と化している。

(7) GSA Office of Governmentwide Policy, Federal Real Property Profile as of September 30, 2004, at 18-19.

(8) Samuel Trask Dana & Sally K. Fairfax, *Forest and Range Policy : Its Development in the United States* 8 (2d ed., McGraw-Hill Publishing Company 1980).

(9) Marion Clawson & Burnell Held, *The Federal Lands : Their Use and Management* 29 (University of Nebraska Press 1957).

(10) Ibid., at 31-32. なお、パブリック・ドメインとナショナル・ドメイン(National Domain)の区別に関するわが国の文献として、鈴木圭介編『アメリカ経済史』一六六―一六七頁(東京大学出版会・一九七二年)がある。

(11) Shanks, *supra* note 3, at 29.

(12) Dana & Fairfax, *supra* note 8, at 8. わが国では、パブリック・ランドとパブリック・ドメインをとくに区別せず

「公有地」と訳す場合が多い。たとえば高木八尺教授は、「米国に於いて公有地(Public Domain 若しくは Public Land)とは、合衆国の所有に属し、連邦の法律の規定に従い、売却(sale)、賦与(grant)等の諸方法に依りて、その所有権を移転し得べきすべての土地をいうと定義することを得よう」と述べる。高木八尺著・東京大学アメリカ研究センター編『高木八尺著作集第一巻アメリカ史』四五七—四五八頁(東京大学出版会・一九七〇年)。

(13) 以下の森林局に関する記述は、Harold K. Steen, *The U.S. Forest Service : A History* (University of Washington Press 1991) ; William W. Bergoffen, *100 Years of Federal Forestry* (U.S. Government Printing Office 1976) ; Dana & Fairfax, *supra* note 8 ; Paul J. Culhane, *Public Lands Politics : Interest Group Influence on the Forest Service and the Bureau of Land Management* (Johns Hopkins University Press 1981) ; Shanks, *supra* note 3 ; Michael Williams, *Americans and Their Forests : A Historical Geography* (Cambridge University Press 1989) ; Daniel H. Henning & William R. Mangun, *Managing the Environmental Crisis : Incorporating Competing Values in Natural Resource Administration* (Duke University Press 1989) ; Lawrence J. MacDonnell, Sarah F. Bates & University of Colorado, Boulder, Natural Resources Law Center, *Natural Resources Policy and Law : Trends and Directions* (Island Press 1993) ; Eve Endicott, *Land Conservation through Public/Private Partnerships* (Island Press 1993) ; Dyan Zaslowsky & Tom H. Watkins, *These American Lands : Parks, Wilderness, and the Public Lands* (Island Press 1994) ; Richard L. Knight & Sarah F. Bates, *A New Century for Natural Resources Management* (Island Press 1995) ; 畠山武道『アメリカの環境保護法』二九〇—三〇一頁(北海道大学図書刊行会・一九九二年)、畠山武道「アメリカ環境法と国有林の近年の動向」林業経済研究一二七号三三頁(一九九五年)による。とくに、職員数や年間予算額については、Zaslowsky & Watkins, ibid., at 325 参照。

(14) Knight & Bates, *supra* note 13, at 39.

(15) Shanks, *supra* note 3, at 221.

(16) 以下の記述は、基本的に Walter A. Rosenbaum, *Environmental Politics and Policy* 301-323 (3d ed., CQ Press 1995) ; John B. Loomis, *Integrated Public Lands Management : Principles and Applications to National Forests, Parks, Wildlife Refuges, and BLM Lands* 57-64, 361-420 (2d ed., Columbia University Press 2002) による。そのほか、Marion Clawson, *The Bureau of Land Management* (Praeger Publishers 1971) ; William K. Wyant, *Westward in*

Eden : The Public Lands and the Conservation Movement (University of California Press 1982); Karl Hess, Jr., *Visions upon the Land : Man and Nature on the Western Range* (Island Press 1992)を一般的に参照。管轄地の面積・分布、職員数、および予算額については、Federal Lands in the Fifty States, supplement to *National Geographic*, Oct. 1996; Zaslowsky & Watkins, *supra* note 13, at 325, 333-334; Sierra Club Public Land Booklet, *Bureau of Land Management* 2-5 (1992)を参照した。そのほか、土地管理局については、Charles F. Wilkinson, *Crossing the Next Meridian : Land, Water, and the Future of the West* (Island Press 1992)参照。

(17) 西部一一州に占める国有地の割合はきわめて高く、たとえば、ネヴァダ州では八四・四八%に達する。GSA Office of Governmentwide Policy, *supra* note 7, at 19. そのため、自由に管理できない国有地を多く抱える西部州の不満は強く、しばしば紛争の火種になる。

(18) O&C landsとは、一八六六年、連邦政府がのちのO&C鉄道会社(Oregon and California Rail Road Company)に譲渡した、オレゴン・カリフォルニア間の鉄道沿線地で、一九一六年法により連邦政府に復権された約二五〇万エーカーの地域を指す。Dana & Fairfax, *supra* note 8, at 105-108; Clawson, *supra* note 16, at 56; 畠山武道・鈴木光「フクロウ保護をめぐる法と政治――合衆国国有林管理をめぐる合意形成と裁判の機能――」北大法学論集四六巻六号二〇六二―二〇六三頁(一九九六年)。一九一六年法については、An Act To alter and amend an Act entitled "An Act granting lands to aid in the construction of a rail road and telegraph line from the Central Pacific Railroad, in California, to Portland, in Oregon," approved July twenty-fifth, eighteen hundred and sixty-six, as amended by Acts of eighteen hundred and sixty-eight and eighteen hundred and sixty-nine, and to alter and amend an Act entitled "An Act granting lands to aid in the construction of a rail road and telegraph line from Portland and to Astoria and McMinnville, in the State of Oregon," approved May fourth, eighteen hundred and seventy, and for other purposes, Jun. 9, 1916, Pub. L. No. 86, ch. 137, 39 Stat. 218を参照。

(19) Wilkinson, *supra* note 16, at 81; Jeremy Rifkin, *Beyond Beef : The Rise and Fall of the Cattle Culture* 204 (A Dutton Book 1992); ジェレミー・リフキン(Jeremy Rifkin)著・北濃秋子訳『脱牛肉文明への挑戦――繁栄と健康の神話を撃つ(*Beyond Beef : The Rise and Fall of the Cattle Culture*)』二五八頁(ダイヤモンド社・一九九三年)。たとえばジェイカブズ(Jacobs)によれば、西部における内務省土地管理局と農務省森林局の管轄地での牧畜生産高は、全国の牧畜生

産高全体の一・四%、他の国有地管理機関の管轄地や州や地方公共団体の公有地での牧畜生産高は、全国の牧畜生産高全体の〇・五%であり、両者を合わせても一・九%にすぎない。Lynn Jacobs, *Waste of the West : Public Lands Ranching* 25 (Lynn Jacobs 1991).

(20) 砂漠の自然生態系・自然景観の本格的な保護が始まったのは、ごく最近である。一九九四年、カリフォルニア砂漠保護法 (California Desert Protection Act of 1994 (108 Stat. 4471)) が制定され、カリフォルニア州南東部の砂漠地帯が国立公園に指定された。An Act to designate certain lands in the California Desert as wilderness, to establish the Death Valley and Joshua Tree National Parks, to establish the Mojave National Preserve, and for other purposes, Oct. 31, 1994, Pub. L. No. 103-433, 108 Stat. 4471. 同法は、カリフォルニア砂漠地帯の景観保護を目的とするものであり、すでに国有記念物に指定されていたデス・ヴァリ (Death Valley) とジョシュア・トゥリー (Joshua Tree) を国立公園に格上げし、デス・ヴァリ国立公園に約五〇〇〇平方キロメートル、ジョシュア・トゥリー国立公園に約一〇〇〇平方キロメートルの地域をそれぞれ追加して面積を拡張した。108 Stat. 4485, 4487 (1994). さらに同法は、約五七〇〇平方キロメートルのモゥハーヴィ (Mohave) 国立保存地域と六九の原生自然地域を新設した。108 Stat. 4489 (1994). これらの面積は合計で三万七〇〇〇平方キロメートルに達し、同州の面積の三分の一に相当する。

(21) 以下の魚類・野生生物局に関する記述は、Dana & Fairfax, *supra* note 8, at 149; Zaslowsky & Watkins, *supra* note 13, at 300-318; Loomis, *supra* note 16, at 69-79による。なお、職員数や予算額については、Zaslowsky & Watkins, ibid., at 325参照。

(22) An Act To provide for the designation and conservation of certain public lands in the State of Alaska, including the designation of units of the National Park, National Wildlife Refuge, National Forest, National Wild and Scenic Rivers, and National Wilderness Preservation Systems, and for other purposes, Dec. 2, 1980, Pub. L. No. 96-487, 94 Stat. 2371. アラスカ国有地保全法は、アラスカ州内に存在する国有地の特定部分を、国立公園制度、国立野生生物保護区制度、国有林 (national forest)、国有原生景勝河川、および国有原生自然保護制度 (national wilderness preservation system) として指定または保全することを定める。なお、この法律については、細野豊樹「米国における原生自然環境および野生生物種多様性保全政策の形成と展開に関する事例研究」本郷法政紀要三号二一五―二四八頁(一九九四年)を参照。

(23) An Act To promote the conservation of wild life, fish, and game, and for other purposes, Mar. 10, 1934, Pub. L. No. 121, ch. 55, 48 Stat. 401.

(24) An Act To establish a sound and comprehensive national policy with respect to fish and wildlife; to strengthen the fish and wildlife segments of the national economy; to establish within the Department of the Interior the position of Assistant Secretary for Fish and Wildlife; to establish a United States Fish and Wildlife Service; and for other purposes, Aug. 8, 1956, Pub. L. No. 1024, ch. 1036, 70 Stat. 1119.

(25) An Act To establish a national policy for the environment, to provide for the establishment of a Council on Environmental Quality, and for other purposes, Jan. 1, 1970, Pub. L. No. 91-190, 83 Stat. 852.

(26) An Act To provide for the conservation, protection, and propagation of native species of fish and wildlife, including migratory birds, that are threatened with extinction; to consolidate the authorities relating to the administration by the Secretary of the Interior of the National Wildlife Refuge System; and for other purposes, Oct. 15, 1966, Pub. L. No. 89-669, 80 Stat. 926. 合衆国最大の国立野生生物保護区は、アラスカ州のユーコン・デルタ(Yukon Delta)国立野生生物保護区(一九六二万エーカー)であり、これはメイン州の面積に相当する規模である。Zaslowsky & Watkins, *supra* note 13, at 344.

(27) An Act To provide for the conservation of endangered and threatened species of fish, wildlife, and plants, and for other purposes, Dec. 28, 1973, Pub. L. No. 93-205, 87 Stat. 884.

(28) これには約四三〇万エーカーの私有地が含まれる。

(29) Knight & Bates, *supra* note 13, at 38.

(30) たとえば、ラングル・セント・イライアス国立公園(Wrangell-St.Elias National Park, 七六六万二六六九エーカー)、ゲイツ・オヴ・ズィ・アークティク国立公園(Gates of the Arctic National Park, 七二六万三九三一エーカー)、ディナーリ国立公園(Denali National Park, 四七二万四七八八エーカー)、カトマイ国立公園(Katmai National Park, 三六一万一六九〇エーカー)、グレイシャ・ベイ国立公園(Glacier Bay National Park, 三二二万二九二六エーカー)などがあげられる。Land Resources Division of the U.S. National Park Service, *National Park Service Listing of Acreage as of 09/30/2006* at 1-9 (Washington, D.C. (202-354-6955)).

（31） An Act To establish a National Park Service, and for other purposes, Aug. 25, 1916, ch. 408, 39 Stat. 535.

（32） Knight & Bates, *supra* note 13, at 38.

（33） 一九八二年当時、国有地面積は、現在より約一億エーカー多い七億五〇〇万エーカーであった。畠山・前掲書（注13）二四七頁。

（34） 畠山・鈴木・前掲論文（注18）参照。

（35） たとえば農務省森林局による生態系管理（エコシステム・マネジメント）の取り組みについては、柿澤宏昭『エコシステムマネジメント』（築地書館・二〇〇〇年）、大田伊久雄『アメリカ国有林管理の史的展開——人と森林の共生は可能か?』（京都大学学術出版会・二〇〇〇年）、畠山武道・柿澤宏昭『生物多様性の保全と環境政策——先進国の政策と事例に学ぶ』第二章（北海道大学出版会・二〇〇五年）、Suzuki Hikaru, *Honoring the Life and Spirit of the Pacific Salmon (1)〜(5) : Legal Systems to Protect Salmon in the United States and Japan*, Hokkai-Gakuen Law Journal Vol. XL No. 4 Mar. (2005) 〜Vol. XLII No. 2 Sept. (2006) を参照。

（36） See *supra* note 20.

第一章　パブリック・ドメインの獲得と処分（建国―一八八〇年代）

第一節　パブリック・ドメインの拡大

アメリカ合衆国国有地は、独立戦争後、建国一三州が、一七八三年のパリ条約（Treaty of Paris）によりアラゲィニ山脈（Allegheny Mountains）からミシシッピ川（Mississippi River）までの、北緯三一度以北、五大湖以南の土地を取得したことに始まる。建国一三州のなかの七州（マサチューセッツ、コネティカット、ニューヨーク、ヴァージニア、ノースカロライナ、サウスカロライナ、ジョージア）は、イギリス国王から植民地建設の旧特許状を与えられていたことを理由として、独立戦争の直後から、広大な面積の西部の土地に対する権利を主張した。たとえば、ヴァージニア州は現ケンタッキー州の大半を、ノースカロライナ州は現テネシー州を、ジョージア州はミシシッピ川までの土地の権利を主張した（1）。

一方、残りの六州（ニューハンプシャー、ロードアイランド、デラウェア、ニュージャージー、メリーランド、ペンシルヴェニア)は、すでに独立戦争が終結する以前から、メリーランド州の指揮のもとで、これらの西部の土地を連合政府へ譲渡するよう求める活動を開始しており、当時懸案となっていた連合規約(Articles of Confederation)への署名を拒否するなどしてこれに強く反対した。(2)

大陸会議(Continental Congress)は、各州間の深刻な対立が一年ほど続いたことに鑑み、一七七七年、西部の土地はすべて処分のために保持する、との提案を行った。(3) すると、一七八〇年、ニューヨーク州は連合政府に対し、同州の西部の土地に対する権利を無条件で譲渡した。これが連邦による土地所有制度の始まりである。同年、大陸会議は、西部の土地に対する権利を有する他の州に対し、これらの土地を放棄し、連合政府へ譲渡するよう勧告する決議を行った。同時に大陸会議は、合衆国に譲渡された土地は連合(すべての州)の共通利益のために用いられるべきであり、州に譲渡し州の領土の一部を形成すべきであると決定した。(4)

その結果、一七八四年には、ヴァージニア州が権利を放棄し、残る各州もこれに続いた。そして最終的には一八〇二年にジョージア州が権利放棄したことにより、連合政府は、総面積二億三三〇〇万エーカーもの莫大な富の源泉を手に入れたのである。(5) その後さらに合衆国は、主として諸外国からの購入や譲渡、併合や征服、アメリカ先住民インディアンからの強奪などにより、パブリック・ドメイン(Public Domain)を拡大していくことになる。

その第一歩は、ジェファスン大統領(Thomas Jefferson, 1801-09)がフランスと交渉して実現した、一八〇三年のルイジアナ地域の購入(Louisiana Purchase)であった。ミシシッピ川とロッキー山脈(Rocky Mountains)にはさまれたルイジアナ地域は、フランスによって入植が開始されたが、一七六三年のフレンチ・インディアン戦争終結時にフォンテーヌブロー条約(Treaty of Fontainebleau)が締結されたのち、一八〇〇年のサン・イルデフォンソ秘密条約(Treaty of San Ildefonso)までの間スペイン領となり、その後ふたたびフランスが統治していた。この地域を足がかりとしてナポレオン(Napoleon Bonaparte)が進出しつつあったことは、合衆国にとって脅威であり、ジェファスン大統領は、フランスへ使節を派遣し、ルイジアナ地域の購入を願い出た(6)。ところがフランスは、意外千万なことに、あっさりとルイジアナ全域の売却を申し出たことから、ジェファスン大統領は、一八〇三年、五億三二〇六万エーカーのルイジアナ地域を、一五〇〇万ドル、すなわち一エーカー当たり三セントで購入することに成功した。これは「世界最大の不動産取引」といわれ、これによってアメリカの領土は二倍以上に拡大した(7)。

さらにジェファースン大統領は、当時スペイン領であったフロリダ地域を獲得したいと望んでいた。フロリダ地域では、一八一七年から一八一九年にかけてインディアン闘争が激化していた。インディアンはスペイン領地からジョージア州を襲撃し、奴隷たちは自由を求めてスペイン領地へと逃亡した。そこで、一八一八年、アンドゥルー・ジャクスン(Andrew Jackson)率いる合衆国の軍隊が、東部フロリダ地域におけるインディアン同盟(Creeks)との戦闘で勝利を収めたことを契機に、一八一九年二月二二日、ジョン・クインシー・アダムス(John Quincy Adams)国務大臣(のちに大統領)は、スペインとの間で、フロリダ地域を合衆国へ譲渡する条約を締結した。この四四七一万エーカー以上の面積の土地の購入費用は、六六〇〇万ドル、すなわち一エーカー当たり一四セントであった(8)。

領土拡張の方向は、さらに北と西に向けられた。一八一八年、イギリスとの間で、カナダの境界を、ウッズ湖(Lake of the Woods)からロッキー山脈まで北緯四九度線に沿って定める旨の合意がなされたことにより、合衆国は豊かなレッド川(Red River)を獲得した(9)。

一九世紀前半に至ると、数多くの探検家や入植者が、未入植の土地を求めて急激に西部へ進出した。そのようななか、一八二一年にスペインから独立したメキシコ共和国は、一八二四年にテキサスを領土とし、一八二五年に植民地法を制定して、アメリカ合衆国からの入植を奨励するという重大な過ちを犯した。メキシコ政府が提示した気前のよい入植条件を受けて、一八三〇年までに、合衆国から二万人以上の合衆国市民と一〇〇〇人の奴隷がテキサスにやってきたのである。そこでメキシコ政府は、一八三〇年にテキサス内での奴隷制度を禁止し、以後の合衆国市民の入植も禁止し、カトリック教の会員資格を要求することにより、同共和国の権限を中央集権化しようと試みたが、これらの政策はむしろ合衆国市民を憤慨させ、自らトラブルを招来する結果となった。そしてついに一八三五年、テキサス地域の合衆国市民による独立運動が勃発した。約一年の争いの後、一八三六年三月二日にテキサス独立宣言(Texas Declaration of Independence)が発表され、テキサス共和国(Republic of Texas)が成立した。その後テキサス(二億四六三八万エーカー)は、一八四五年に合衆国に併合されたが、同地域はもともと独立共和国であったことから、テキサス自身の土地(public land)を保持することを許された唯一の州となった。(10) またその五年後、テキサスは、西部および北部にある七八八〇万エーカーの土地を一〇〇〇万ドルで合衆国に売却した。これらの土地には、最終的にはニューメキシコ州、オクラホマ州、コロラド州、およびカンザス州となる地域が含まれていた。(11)

北西部のコロンビア州周辺地域へ入植した人びとの多くは、もともとハドスン・ベイ・カンパニー(Hudson Bay Company)の関係者やイギリス人であった。しかし一八四〇年代になると、オレゴン街道(Oregon Trail)が開通するにともない、オレゴンへの入植者が飛躍的に増加し、その結果、一八四六年六月下旬、イギリスは北緯四九度線に境界を定める国境協定に合意し、合衆国はさらに一億八一四〇万エーカーの土地をパブリック・ドメインに加えることになった。(12)

境界線をめぐるメキシコ政府との争い(米墨戦争、Mexican-American War)は、一八四六年から二年間継続された。ウィンフィールド・スコット(Winfield Scott)将軍とその軍隊は、一八四七年にメキシコ・シティー

(Mexico City)に進軍し、首都を制圧した。そして一八四八年には、グワドゥループ・ヒダルゴゥ条約(Treaty of Guadaloupe Hidalgo)が締結され、合衆国は、メキシコ政府から、カリフォルニア地域を含む南西部の豊かな農地を一八二五万ドルで手に入れることになった。さらにこの条約は、ヒーラ川(Gila River)北部およびリオ・グランデ(Rio Grande)西部の総計三億三九六六万エーカーの土地を合衆国に譲渡するものであった。(13)

また合衆国は、のちの一八八一年にサザン・パシフィック線(Southern Pacific Lines)として完成することになる全天候型の鉄道建設を目的として、一八五三年、メキシコ政府よりヒーラ川南部の低地にある約一八九七万エーカーの砂漠地域を一〇〇〇万ドルで購入した。この取引は、当時の合衆国メキシコ大使ジェイムズ・ガズデン(James Gadsden)の交渉が功を奏したものであることから、ガズデン購入(Gadsden Purchase)として知られている。合衆国の領土は、このガズデン購入をもってほぼ現在の規模となるに至ったのである。こうして一八四五年から一八五三年までの八年間に、合衆国の領土は七億八一〇〇万エーカーに拡大し、この時期に取得した領土は合衆国のパブリック・ドメインのおよそ八〇%を占めていた。(14)

パブリック・ドメインを拡大させた最後の大規模な土地購入は、一八六七年三月三〇日のアラスカ購入(Alaska Purchase)である。クリミア戦争(Crimean War)後の混乱期に、ロシア・アメリカ間の未開拓地域をイギリスに強奪されることを恐れていたロシアは、兵力と現金を必要としていたこともあり、合衆国にアラスカを売却することを希望していた。当時の大統領ジャンスン(Andrew Johnson, 1865-69)は、急遽、ウィリアム・シューアド(William Seward)国務長官をロシアへ派遣し、いまだ測量も入植も行われていない手付かずの広大な原生自然の残るアラスカ地域(約三億七八二五万エーカー)を、わずか七二〇〇万ドル、すなわち一エーカー当たり二セントで購入する協定を締結した。(15)

その後合衆国は、一八九八年にハワイ(Hawaiian Islands)、一八九九年にプエルト・リコ島(Puerto Rico

Island)とグアム島(Guam Island)、一九〇〇年にアメリカン・サモア(American Samoa)、一九〇四年にパナマ運河地域(Panama Canal Zone)、一九一四年にコーン諸島(Corn Islands)、一九一七年にヴァージン諸島(Virgin Islands)、一九四七年に太平洋信託諸島などを取得し、パブリック・ドメインは、結局、建国時の面積の四倍を超えるまでになった。

　ところで、合衆国の領土取得の歴史は、インディアンからの土地強奪なしにはありえなかった。そもそも合衆国全域には、アメリカ先住民であるインディアンの土地が存在していた。しかし合衆国民は、「明白な運命(manifest destiny)」論のもと、基本的には私的財産観念を有しないインディアンたちを言葉巧みに騙して不合理な土地譲渡協定を締結させたり、辺境地域やインディアン指定保留地(Indian reservation)に強制移住させたり、ときには同化・殺戮するなどして、彼らの先祖伝来の神聖なる土地を征服・略奪し、パブリック・ドメインを着々と拡大したのである。[16]

　一八一六年から一八四八年にかけて、合衆国政府とインディアンとの間で数多くの条約が締結され、インディアンたちは、ミシシッピ川東岸の土地を放棄して西岸へ移住する強制移住政策(removal policy)に同意させられた。しかし、合衆国政府は、これらの条約にほとんどしたがわず、実質的にはインディアンの土地を略奪した。[17]

　また、一八三〇年五月二八日には、ミシシッピ川以東のすべての先住民を西部地域へ移住させようとする強制移住法(Removal Act of 1830 (4 Stat. 411))が可決され、インディアンからの土地取得に法的根拠が与えられた。[18]こうして、インディアンは土地の大半を失い、合衆国は広大な土地を一方的にパブリック・ドメインに組み入れたのである。[19]

(1) David A. Adams, *Renewable Resource Policy : The Legal-Institutional Foundations* 57 (Island Press 1993).

（2）餅田治之『アメリカ森林開発史』七三頁（古今書院・一九八四年）。
（3）Adams, *supra* note 1, at 57.
（4）Samuel Trask Dana & Sally K. Fairfax, *Forest and Range Policy : Its Development in the United States* 7 (2d ed., McGraw-Hill Publishing Company 1980) ; Bernard Shanks, *This Land is Your Land : The Struggle to Save America's Public Lands* 22 (Sierra Club Books 1984).
（5）Dana & Fairfax, *supra* note 4, at 7.
（6）オハイオ川やその他の河川に沿って西部開発を進めていた合衆国にとり、商品流通の重要な拠点であったニュー・オーリンズ(New Orleans)がフランス領になることは、発展しつつあった西部通商の生命線であるミシシッピ川の決定的な地点をフランスに握られることを意味していた。楠井敏朗「西漸運動と公有地政策」鈴木圭介編『アメリカ経済史』一四〇—一四一頁(東京大学出版会・一九七二年)、餅田・前掲書(注2)七一—七二頁。
（7）George Cameron Coggins, Charles F. Wilkinson & John D. Leshy, *Federal Public Land and Resources Law* 37-38 (5th ed., Foundation Press 2002). これらの数値は、合衆国商務省センサス局編・鳥居泰彦監訳『現代アメリカデータ総覧』(原書房・一九九〇年)による。以下の数値も、基本的に同書による。
（8）Coggins, Wilkinson & Leshy, *supra* note 7, at 38 ; Shanks, *supra* note 4, at 24.
（9）なお、イギリスとの間で、メイン州および北東領域の境界が完成したのは、一八四二年になってからであった。Coggins, Wilkinson & Leshy, *supra* note 7, at 38 ; Shanks, *supra* note 4, at 24.
（10）Coggins, Wilkinson & Leshy, *supra* note 7, at 38-39 ; Shanks, *supra* note 4, at 25.
（11）Shanks, *supra* note 4, at 25.
（12）Coggins, Wilkinson & Leshy, *supra* note 7, at 39-40 ; Shanks, *supra* note 4, at 25-26.
（13）Shanks, *supra* note 4, at 26.
（14）Ibid., at 26.
（15）Coggins, Wilkinson & Leshy, *supra* note 7, at 40 ; Shanks, *supra* note 4, at 27.
（16）Shanks, *supra* note 4, at 28.
（17）一八一五年から一八三〇年の間に締結された多くの条約には、直ちにではないにしろ、いずれは西部へ移住すべき旨が規定されていた。しかし、インディアンたちの多くは、一八二〇年代末に移住を促す強制命令が出されるまで、自分たちのおかれた境遇に気づかなかった。W・T・ヘーガン(William Thomas Hagan)著・西村頼男・野田研一・島川雅史訳『アメリカ・インディアン史(*American Indians, revised edition*)』八九—九七頁(北海道大学図書刊行会・一九八三年)。インディアンの強制移住については、同書八九—一二二頁に詳しい。また当時は、合衆国の裁判所も、インディアンの土地譲渡能力を否定し、インディアンからの土地収奪を正当化する判断を示していた。このころの代表的な判決に、Jonson v. M'Intosh, 21 U.S. (8 Wheat.) 543 (1823)がある。この判決で連邦最高裁判所は、必ずしも、土地を発見した人(ヨーロッパ人)こそが土地の排他的権利を得るという原理を擁護したわけではないが、しかし「インディアンは未開の人間であり、荒々しく、暴力的であった」と述べ、「イギリス国王が権利を主張した時点から、土地はインディアンのものではなくなった」のであり、したがって、インディアンは「土地に対する無制限な権利を他人に譲渡する能力を有しない」と判示した。Jonson v. M'Intosh, 21 U.S. (8 Wheat.) 543 (1823). なおインディアンに対する補償問題は、現在でも裁判所で争われている。Coggins, Wilkinson & Leshy, *supra* note ,7, at 40.

(18) An Act to provide for an exchange of lands with the Indians residing in any of the states or territories, and for their removal west of the river Mississippi, May 28, 1830, ch. 168, 4 Stat. 411.

(19) 以後、連邦政府は、獲得したインディアンの土地を、多くの場合白人商人の仲介で、協定等により処分した。処分は一八二〇—三〇年代、および一八五〇—六〇年代に盛んに行われた。都留重人・本田創造・宮野啓二『アメリカ資本主義の成立と展開』一三三—一三四頁(岩波書店・一九七四年)。

第二節　パブリック・ドメインの処分と一般土地局の成立

一　「明白な運命」と西部入植

一八世紀後半から一九世紀前半、西部のパブリック・ドメインは、まれに物好きな探検家が足を踏み入れる以外は、先住民インディアンと神話の世界が支配する人跡未踏の地であった。連邦政府の援助を受け一八〇六年から一八〇七年にかけて大平原(Great Plains)を訪ねたゼビュロン・マンガマリ・パイク(Zebulon Montgomery Pike)中尉の一八一〇年の探検記録や、一八二三年に刊行された陸軍測量局のスティーヴン・ハリマン・ロング(Stephen Harriman Long)中佐の報告書は、大平原は不毛の砂漠であり、人の生活に適さない土地であるというイメージを決定的なものにした。(1)この「不毛の地」「人の住めない土地」という西部のイメージが、それ以後、南北戦争(Civil War, 1861-65)まで、人びとの大平原への入植を思い止まらせたのである。

西部への本格的な移住は、南北戦争後に始まる。南部ではすでに土地が不足していたので、土地を求める開拓者は、この不毛の地に大挙して押しかけた。また、連邦政府は、土地を求めて西漸する人びとに土地を提供する義務があった。その結果、大砂漠という不気味な乾燥地のイメージの修正が必要となり、代わって「世界の農園(garden of the world)」という神話が登場したのである。(2)

また、連邦議会は、一八六二年ホームステッド法(Homestead Act of 1862 (12 Stat. 392))や一八七七年砂漠地法(Desert Land Act of 1877 (19 Stat. 377))を制定してその動きを後押しし、(3)領土拡張主義者、小説家、芸術家などの一部は「明白な運命(manifest destiny)」(4)を振りかざして志気を鼓舞した。さらに共和党の西部楽園説[5]、無責任かつ楽天的な「鋤で耕せば雨が降る(Rain follows the plough)」というスローガン[6]、さらにそれを裏付けるための降雨増大説[7]がまことしやかに繰り返された。これらは、豊かな西部のイメージ形成に大きく貢献し、移住者の西部への幻想をかきたてた。しかも、これらの奇抜な説は、南北戦争後に雨の多い年が偶然続いたことや、降雨増大説を「科学的に」証明する学者が現れたこともあって[8]、多くの人びとを信用させたのである。

不毛の地を恵み豊かな土地に変えることが「明白な運命」とされ、見たことのないほど多数の開拓農民たちが大平原に足を踏み入れた[9]。住むことさえ困難な西部の乾燥地が、安定した気候、灌漑可能な豊富な水、肥沃な大地に支えられたミルクと蜜の地のイメージに染めあげられてしまった[10]。こうした豊饒の地のイメージは、土地投機をたくらむ鉄道会社、土地会社、金融会社、それにほかならぬ入植者にとっても好都合であった。多くの入植者の関心は、その地で農業を営むことよりは、土地投機でひと儲けすることにあったからである[11]。

しかし、ブームの末路は悲惨なものだった。乾燥地の現実は厳しく、農業に耐える地域はごく一部であって、しかも灌漑施設や乾燥農法(dry farming)技術の導入が不可欠であった[12]。数年も経たないうちに経済不況、旱魃、凶作、猛吹雪、イナゴの大群、疫病が西部を襲い、豊饒の地は呪いの地と化した。結局、ほとんどの入植者が着の身着のままで東部へ戻った[13]。

西部の乾燥地は、ふたたび無価値な土地として見捨てられ、忘れられた。放棄された入植地に投機師、不動産業者、詐欺師、山師、それに放牧業者が入り込んだ。入植地は、独占的土地所有の対象とされ、荒れるにまかされたのである。

しかし、こうしたことが判明するのは、しばらく後のことである。その前に、そこに至る道筋を、法と行政組織に注目しながら、さらに詳しく追うことにしよう。

二　初期の処分政策

（一）　処分開始までの経緯

さて、パブリック・ドメインの急速な拡大にともない、資源は無尽蔵であるという考えが一般に定着し、大規模な西部への移住や資源の浪費が加速されるようになると、[14]西部地域に対する土地投機や不正行為(贈収賄)および無断定住などが、一般的な習慣となった。[15]というのも、旧世界の耐えがたい土地所有制度から逃避し、新天地へやってきた亡命者たちにとっては、パブリック・ドメインこそが、自分自身の土地を獲得することができる最後の場であったからである。[16]そして、自身の土地を取得することができるという期待感こそが、彼らの西部フロンティアへ向かう原動力であった。[17]

一方、初期の連邦政府は三つの重要な問題に直面していた。[18]すなわち、インディアン、税金、土地である。なかでも、とくに困難かつ議論の絶えない問題は、広大なパブリック・ドメインをいかに処理すべきかという事柄であった。[19]もっとも、これらの土地は、永久に連邦政府の手に委ねられるべきではなく、国土の秩序正しい開発と両立する限度において、州や私人に譲渡されるべきであるという点については、異論はなかった。[20]しかし土地処分の目的については早くから基本的な対立が見られたのである。[21]

ひとつの意見は、土地を有力な収入源として処分するというものであった。独立戦争直後の信用のない新たな国家が直面した問題は、いかにして多額の戦争債務のための資金源を得るかということであった。アリグザンダ・ハミルトン(Alexander Hamilton)らに代表される人びとは、課税よりも、大規模で未使用の土地を意図的に処分することこそが、唯一、手頃で確実な収入源になると主張した。[22]この考えを採用すれば、土地を可能な限り高額でかつ大量に売却することを援助するような土地処分制度を準備しなければならなかった。[23]

他方で、トーマス・ジェファスン(Thomas Jefferson)らに代表されるように、土地を収入源としてとらえるのではなく、国土の適切な人口配分を念頭におきながら、自作農の手に土地を委ね、入植を推進すべきであるとの考えも優勢であった。[24] この考えに基づくと、土地の価格を下げ、政府が測量を行い、占有や土地改良についての厳しい規定を準備するなどして、入植を積極的に促進するための措置がとられる必要があった。[25]

このような議論がなされる一方で、連合会議(Congress)においても土地処分のあり方が検討されていた。[26] 当時の連合会議は、パブリック・ドメインに関する完全に明確な立法権限を有していたわけではなかったが、西部地域の取りあつかいに関する条令を準備する目的で専門委員会を設置し、同委員会に土地の測量・処分方法を検討したうえで報告書を提出するよう命じた。

一七八四年の春に組織された、ジェファスンを委員長とする土地委員会(land committee)は、合衆国史上初の土地条令(Land Ordinance)の草案作成に取りかかった。[27] 彼らは、植民地時代のさまざまな入植および土地測量の経験をもとに、[28] ニュー・イングランド地域(New England)の土地測量方式と南部の土地測量方式とを組み合わせた暫定的な土地処分条令案を報告した。しかし、そこに示された処分方法は具体性を欠き、実際には実現することが困難な部分もあった。[29]

連合会議は、土地処分をめぐる討論に一年以上の月日を費やしたのち、[30] 先の報告書を、各州からの代表者によって構成される新たな委員会に委託し検討させることとした。この委員会は、一七八五年四月一四日に新たな報告書を提出したが、これは先の報告書の基本的な枠組みを踏襲したものであり、主としてニュー・イングランド測量方式を用いた具体的な土地測量方法と、数種類の保留制度を提案していた。[31]

（二）　一七八五年土地条令

前述のような委員会報告書を基盤として、一七八五年五月二〇日、合衆国初の土地法である土地条令(Land Ordinance of 1785)が可決された。[32] 同条令は、国有地の管理および処分方法の基本を示した合衆国史上はじめての包括的な法律であり、入植の促進と財政収入を主たる目標としていた。[33] 新たな国家は、国有地の処分を認めることにより、土地という財産を新たな政府の樹立のために利用するという選択をしたのである。[34] 同条令で正式に導入された直線的な方形測量方式(rectangular survey system)は画期的なものであった。同条令は、以後のアメリカ土地管理制度に与えた多大な影響という点で、古今を通じて、おそらくもっとも注目に値する法律であるといえよう。同条令の測量方式にしたがえば、容易に土地を確認したり売却することが可能であったのである。[35]

しかし、一七八五年土地条令は、入植者たちにほとんど恩恵を与えなかった。はじめての国有地譲渡証書(patent)は一七八八年に発行されたが、土地の売却は遅々として進まなかったのである。[36] その原因としては、以下の三つの点が指摘されている。

第一に、一七八五年土地条令の定める土地処分方法そのものが入植者たちにとって非現実的であったことである。つまり、単純なことに、入植者たちには土地を買うだけの金がなかったのである。同条令は、各タウンシップ(township)の半分をそっくりそのまま売却し、[37] 残りの半分は、測量後、最小面積六四〇エーカー、最低価格一エーカー当たり一ドルで競売にかけ、最高値をつけた入札者に即金で売却するよう規定していた。つまり、入植希望者は、最低でも六四〇ドルの現金を準備することが必要であったが、彼らにとってそれはほとんど不可能な要求であった。一エーカー当たり一ドルという価格は、当時の州有地と比べても高額であり、最低価格の六四〇ドルをさらに引き上げて落札することのできる入植者は、ほぼ皆無に等しかったのである。[38]

第二に、同条令には、売却面積や一人当たりの取得可能面積の最大限度が定められていなかったため、同条令が土地投機師たちによる大規模な土地の買い占めや転売、および不正行為(贈収賄)の手段に利用されたことである。[39] 土地投機師たちは、巧みに土地を転売して莫大な土地や富を集め、合衆国政府と私的取引まで試みるようになった。[40] そのうえ彼らは、何年もの間、連合会議に対し、入植者たちが直接に土地を取得することができないよう働きかけを行っていたのである。[41]

第三に、同条令には実施面においても不備があった。連合会議は、タウンシップ線は経線と緯線に沿って正確に東西南北に引くこと、およびタウンシップとセクション(section)は正確な正方形にすべき旨を定めていたが、地球は球体であり、北部は経線が収斂していることから、これは実際には不可能な要求であった。[42] また、土地の測量は入植前に行われる必要があったが、すでに入植者があるために測量が実施されない場合もあった。また測量は、一般に粗雑で、間違いや不正や疑問が多く、不正の疑いがありながら再測量されずに放置される例もあった。そのうえ、セクションやタウンシップの四隅におかれた恒久的であるはずの標識も、材質上の問題からすぐに朽ち果ててしまうなど、測量後も依然として境界線は不明確であった。[43]

オハイオ準州のインディアンによる抵抗が強かったこともあり、結局、一七八五年土地条令による入植はほとんど行われなかった。そして、多くの者が代金を支払うことなく、また法的権原を得ることもなく、無断でパブリック・ドメインに侵入し、開墾、耕作および定住を試みた。[44]

(三) 一七八七年北西部条令

このような背景から、連合会議では、一七八五年土地条令制定後、およそ二年の間、連邦土地政策上の基本的な問題点が検討された結果、とくにオハイオ川(Ohio River)以西の地域の統治方法を定める一七八七年北西部条令(Northwest Ordinance of 1787)が制定された(45)。一七八七年北西部条令は、合衆国の土地法制史上、一七八五年土地条令と並び記念碑的な法律として位置づけられている(46)。

ところで建国一三州のうち、前述のように西部の土地に対する権限を有しない六州は、メリーランド州を中心として、他の七州が有する西部の土地を、連合に対して放棄するよう求めた。このときヴァージニア州は、その広大な西部の土地を連合に無償譲渡する際に、二つの条件をつけていた。その第一は、西部の国有地は、すべての国民による利用と利益のための共通の富の源泉と認識されるべきこと、第二は、譲渡された地域は、最終的には各州に分割されること、および、新たに西部に作られる州は建国一三州と同等の地位が承認されることであった。そして一七八七年北西部条令こそがこれらの条件を具体化する法律であった。同条令の特徴は、新たに西部に作られる州を、建国一三州と同一の資格をもつ州として認定し、連合会議に代表を送ることができるようにするための三段階プロセスを規定していたことである(47)。これは人口さえ一定規模に達すれば、新たな州に東部の建国一三州と対等の地位を認めるものであり、以後の西部の発展に大きく寄与した(48)。

しかし土地売却による収入という観点から見ると、西部諸州と建国一三州との間には依然として著しい隔たりがあった。つまり建国一三州は、それぞれ自州内の未処分地を売却して収入を得ることが可能であったが、西部諸州は、州内の土地はすべて連邦政府が所有していたために、土地売却による収入は一切見込めなかったのである。こうして、国有地の譲渡を強く求める西部諸州と、これに反対する東部諸州との間で激しい対立が生じた(49)。

(四)　一七九六年国有地法

つづく、建国初期における代表的な国有地処分法は、一七九六年国有地法(Public Land Act of 1796 (1 Stat. 464))である。同法は、一七八五年土地条令の測量原則を再確認し、より明確な具体策を提示したものであると評価されている。[50]

一七九六年国有地法は、以下のような土地処分方法を定めていた。すなわち、まず一七八五年土地条令の原則である方形測量方式の採用を再確認したうえで、各タウンシップを一マイル四方(六四〇エーカー)の三六のセクションに分割する。そして、各タウンシップ内の第五番セクションを公共利用のために処分を保留し、さらにいくつかのセクションを首都ワシントンにおける売却用として処分を保留する。そして残りの区域については、最低価格を一エーカー当たり二ドルと定めたうえでこれを競売に付し、最高価格の入札者に対して売却されることになっていた。土地代金は、まず総額の二〇分の一を即金で支払い、残額は一年以内に支払うことが認められた。

しかし、当時の平均的な労働者にとって、一年以内に一二八〇ドルの土地購入資金を準備することは、事実上、不可能な要求であり、実際に同法に基づいて土地を購入することができたのは、土地転売による一獲千金をねらう土地投機師や余剰資金を有する一部の金持ちに限られていた。[51]

(五)　土地投機ブームと信用支払い制度の導入

パブリック・ドメインの払い下げ条件は、西部入植者からの強い要求と政府の財政の好転などが原因で、[52]段階的に緩和されていった。たとえば、土地売却の最小単位は、一八〇〇年には三二〇エーカー、一八〇四年には一六〇エーカーに縮小された。また土地代金の支払い方法も、一七九六年の時点では、まず総額の二〇分の一を即金で支払い、残額の二分の一を三〇日以内に支払い、差額を一年以内に支払うこととされていたが、一八〇〇年から一八二〇年までの間には、総額の四〇分の一を四〇日以内に支払い、残額の四分の一を二年以内、差額を四年以内(利子率六%)に支払うよう変更された。[53]ただし、一七九六年から一八二〇年までの土地の最低価格は一エーカー当たり二ドルに値上げされた。[54]こうした動きを反映して、一八一五年以降、合衆国史上初の土地投機ブームが到来し、土地の価格は急騰したが、[55]一八一九年には土地価格が下落した。

一方、連邦議会は、一七九〇年以後、不法入植者に土地への権利を認めるよう求める大量の熱烈な請願書(petition)および陳情書(memorial)を受け取るようになっていた。これを受けて、連邦議会では、一八二〇年までの間に、特定のグループあるいは特定の準州および州に対して先買権(preemption)を与える二四の特別法を可決したが、東部州選出議員と西部州選出議員との間の意見がまとまらず、[56]なかなか全国的な統一政策を定めるには至らなかった。

しかし合衆国政府は、一八二〇年四月二日に新たな法律を制定することにより、一般的な土地売却政策を修正した。[57]同法は、分割払い方式を廃止してふたたび全額即金支払い方式を復活させ、土地の最低価格を一エーカー当たり一ドル二五セント、最小売却面積を八〇エーカーに縮小したのである。一八三二年には、土地の最低売却面積は四〇エーカーに減じられたが、これは現在に至るまで、国有地売却の標準的な単位として用いられている。なお当時、土地の利用区分はなされておらず、また個人が購入することのできる最大面積も、とくに限定されていなかった。

三　先買権法

測量以前に入植した者、すなわち国有地の無断定住者の取りあつかいをめぐる議論は、当時の大きな政治的争点であった。彼らは、開拓の先駆者と無断定住者の双方を兼ね備えた複雑な立場に立たされていたのである。実際、開拓農民は、初期のパブリック・ドメイン処分政策では土地を手に入れることができず、無断定住せざるを得ない状況にあった。彼らは、彼らが占有している土地を競争入札せずに優先的に最低価格で購入する権利、すなわち先買権を賦与する法律の制定を強く求めていた。かくして先買権運動は、西部地域における大きな政治運動となりつつあった。[58]

一方、合衆国政府も、関税収入の増加等により財政状態がよくなったこと[59]、西部住民の増加とそれにともなう西部勢力の増大などの社会情勢の変化を受け、パブリック・ドメインの売却政策を再検討すべき時期に差しかかっていたといえる。

このような背景から、一八三〇年代から一八五〇年代にかけて、国有地上の入植者に先買権を与える法律が可決されたのである。この時期を代表する法律には、一八三〇年先買権法(Preemption Act of 1830 (4 Stat. 420))と一八四一年一般先買権法(General Preemption Act of 1841 (5 Stat. 453))があげられよう。[60]

一八三〇年先買権法は、一年間の時限立法ではあるが、合衆国史上はじめての一般的な先買権法として知られる。[61]同法は、すでに特定地域に入植し土地改良を行ったことを立証できる者に対し、一六〇エーカーを最大限度として、当該土地を一エーカー当たり一ドル二五セントで購入することを認容していた。[62]なお同法は、将来の無断定住までをも認める趣旨ではなかった。

一八三〇年先買権法の制定後、数百万エーカーの土地が、一エーカー当たり一ドル二五セントで譲渡された。しかし、一八三〇年先買権法は、譲渡申請期間が一年間に限定されていたために不公平な結果を生むことになった。すなわち、資格を有しているにもかかわらず、事務手続上の問題のために、同法に基づく先買権を認定されない人びとが存在したのである。[63]こうした背景から、あくまでも土地の無償譲渡を最終目標としていた入植者たちは、権利協会(claim association)を創設するなどして、土地譲渡条件のさらなる緩和を主張し続けた。[64]

一八三〇年先買権法は、その後何度か修正されたが、一八四一年、それらに代わるものとして、一般先買権法が制定された。この法律により、先買権制度はさらに拡充・整備されることになった。[65]一八四一年一般先買権法は、別名“Log Cabin Bill of 1841”とよばれ、その後に続く多くの先買権法のなかで、特筆に値すると考えられている。(66) 同法は、土地投機を抑制して入植者を優遇し、小規模な自作農制度の一層の確立を助成するものであった。つまり同法は、一定の制約のもとで、アメリカ国民である家族の長、寡婦、二一歳以上の独身男性、およびアメリカ国民となる意志を表明した外国人に対し、測量済みで、いまだ占有または保留されておらず、鉱物を産出しない国有地に、一六〇エーカーを超えない範囲において入植し、その土地を一エーカー当たり一ドル二五セントで購入することを認めていた。(67)

これらの先買権法は、土地投機を抑制し、真の入植者の手に国有地を渡すことを目指して長い運動を繰り返してきた、建国一三州とミシシッピ川(Missisipi River)にはさまれた地域の人びとにとって、大きな勝利を意味した。(68) 反対に同法は、政府の歳入の減少や土地価格の下落を恐れる東部の人びとにとっては、敗北を意味していた。

法律制定後の同法に基づく先買権の濫用は、甚だしいものであった。(69) 土地投機や詐欺のみならず、森林地での無断定住や盗伐、権利の放棄などの弊害は一層顕著になったのである。(70) このように、これらの先買権法は、一方で多くの執行上の問題を抱えていたことは否定できない。しかし別の観点から見ると、これらの法律は、合衆国政府がパブリック・ドメインの売却目的を、公的収入の獲得から、入植者への確実な土地譲渡へと転換させ、政府が本格的に自作農創設に取り組み始めたことを明確に示すものであり、合衆国国有地管理史上、きわめて重要な節目となる法律といえるのである。

四　一八六二年ホームステッド法

一八六〇年代に入ると、パブリック・ドメイン処分政策の再編成が、さらに大きな国家的課題となり、パブリック・ドメイン処分政策の第二転換期を迎えることになった。入植者からの土地譲渡の要求が高まるなかで、一八六二年五月二〇日、リンカーン大統領(Abraham Lincoln, 1861-65)の署名により、都市の失業者の救済と家族規模の自作農制度の拡大を目標として、一定条件のもとで土地を「無償」で譲渡することを認める、画期的なホームステッド法(Homestead Act of 1862 (12 Stat. 392))が制定されたのである。(71)

一八六二年ホームステッド法は、土地譲渡の対象者を、世帯主または二一歳以上の者およびアメリカ国民あるいはアメリカ国民になる意志を宣誓した者であって、五年間当該土地を開墾するかまたは居住した者と定めていた。そして、この条件に適合する者は、わずかな手数料を支払うのみで、当時の標準的な農場面積である一六〇エーカーの土地を無償で取得することができた。また同法による土地取得者は、当該土地を六カ月間占有した後は、一エーカー当たり一ドル二五セントで権原を取得し、その後売却することが許されていた。(72)

しかし一八六二年ホームステッド法も、これまでのパブリック・ドメイン処分法と同様に、その目標を十分に達成することはできず、全体としては、自作農による入植は遅々として進まなかった。(73)同法は確かに一六〇エーカーの土地の無償譲渡を定めていたが、西部への移住費用や開墾費用はあくまでも自己負担であった。加えて、長年にわたる土地投機の結果、実際には良好な土地はほとんど残されておらず、伝統的な農業方式に適合する土地はわずかであった。(74)入植が成功したのは、おもに中西部の北部の地域に限られており、西部大盆地(Great Basin)の入植者は、旱魃、猛吹雪、砂嵐、財政的・肉体的な艱難という報いを受けなければならなかった。(75)また、一定の金額を支払うことにより、五年間を待たずに土地を獲得する者が現れる一方で、法律上の不備が原因で、土地投機家による法律の濫用も絶えることがなかった。(76) さらに、五大湖(Great Lakes)周辺では、森林を獲得するために木材業者が同法を悪用する例もあった。(77)

その後連邦議会は、農耕に適した土地が残されていないという不満に応えて、一般的な自作入植規模を三二〇エーカーに拡大し、その後さらに六四〇エーカーにまで拡大した。また入植希望者は、わずか六カ月間の居住を条件として、一エーカー当たり一ドル二五セントで土地に対する権利を購入することが許された。(78)

五　その他のパブリック・ドメイン処分政策

パブリック・ドメインは、自作入植者以外に、鉄道会社、州および木材業者などに、さまざまな目的で払い下げられた。そこで以下で、これらの処分を簡単に概観しよう。

一八二三年から一八七一年までの間に、鉄道建設に一億三一三六万エーカー、ワゴン道路建設に三三六万エーカー、運河建設に四六〇万エーカー、そして河川改修に一四一万エーカーのパブリック・ドメインが付与された。(79) なかでも、鉄道会社に対するパブリック・ドメイン付与の条件は、きわめて緩いものであった。たとえば、一八六二年のユニオン・パシフィック鉄道(Union Pacific Railroad)およびセントラル・パシフィック鉄道(Central Pacific Railroad)に対するパブリック・ドメイン付与のための法律(Pacific Railway Act of 1862 (12 Stat. 489))は、線路の両側二〇マイルのパブリック・ドメインおよび同一〇マイル以内の正規の鉄道敷地内にあるすべての木材の所有権を与えることを定めていた。(80)

一八〇二年から一九〇〇年までに、合計一億五六〇五万エーカーのパブリック・ドメインが州に対して付与された。州への譲渡の多くは、つぎの二つの形式をとっていた。第一は、新しい州の公立小学校(common schools)を援助する目的でなされるものであり[81]、土地を測量・特定してから譲渡する、特定地域(in-place)譲渡である。第二は、利用可能なパブリック・ドメインのなかから、州自身が一定面積の地域を選ぶものであり、これは特定面積(quantity)譲渡とよばれる[82]。

木材業者への代表的な処分法は、造林を奨励することにより西部の旱魃を防止することを目的とした、一八七三年林地育成法(Timber Culture Act of 1873 (17 Stat. 605))である。同法は、一〇年間に一定割合の造林活動を行えば一六〇エーカーの土地を与えることを規定していたが、実際には二〇年間に行われた合計三七〇〇万エーカーの付与のうち九〇%が投機目的であったといわれる[83]。

西部の乾燥および半乾燥地帯には、自作農も興味を示さない荒れた土地が広がっていた。これらの土地を適切に開拓するために、連邦議会は一八七七年に砂漠地法(Desert Land Act of 1877 (19 Stat. 377))を制定した。同法は、まず六四〇エーカーの払い下げにつき一エーカー当たり二五セントを支払い、三年後に当該土地が灌漑化されている証拠があれば、一エーカー当たり一ドルの残額を支払うことにより、その土地の完全な所有権を与えることを規定していた[84]。

そのほか、退役軍人(veterans)への下賜[85]、鉱山業者への土地付与、現金売却[86]等により、パブリック・ドメインはさまざまな方法で分譲・売却された。

六　一般土地局の成立

すでに述べたように、現在の土地管理局(Bureau of Land Management)は、一九四六年に一般土地局(General Land Office)と放牧局(Grazing Service)を合併して設置された機関である。[87] そこで、土地管理局の前身である一般土地局にまでさかのぼり、西部の乾燥地の管理のうえで一般土地局が果たしてきた役割をたどってみよう。

連邦政府は、植民地一三州が加盟するアメリカ植民地同盟(一七八一—八九年)の時代から一九世紀初頭にかけて、国有地の迅速な処分を開始した。当時、巨額の戦争負債を抱えていた連邦政府は、土地を重要な収入源と考え、処分を急いだのである。[88] 実際、その後一〇〇年以上にわたり、関税・物品税と土地売却収入が連邦政府の重要な収入源となった。一七八五年土地条令や一七八七年北西部条令の制定を皮切りに土地処分がスタートし、国有地はつぎつぎと売却され、私人の手に渡った。[89]

一八一二年、連邦議会は、ルイジアナ購入(Louisiana Purchase)によって拡大した国土を効果的に取りあつかうための法律を制定し、財務省(Department of the Treasury)に一般土地局を設置した。[90] その結果、連邦政府の土地管理および売却に関する事務はすべて一般土地局に委ねられることになった。[91]

一般土地局の法律上の任務は、国有地に関する法律や事務を監督、実施、執行することであった。[92] ただし、一般土地局は、雑多な法律に基づいて処分される国有地の記録を保管(keep)することを主たる任務とする組織であり、時折、国有地の不法侵入者を取り締まりはしたが、土地を管理する機関(land managing agency)ではなかった。[93]

一八四九年、連邦議会は、国有地に関する多数の事務を処理させる機関として内務省を創設し、一般土地局を財務省から内務省に移管した。[94] 移管にあたり、一般土地局は継続して国有地に関する任務を負うことになったが、移管後の任務も、国有地の管理ではなく処分であった。[95]

（1） パイクについては、Douglas H. Strong, *Dreamers & Defenders : American Conservationists* 46 (University of Nebraska Press 1988) ; Walter Prescott Webb, *The Great Plains* 144-145, 155-156 (University of Nebraska Press 1981) ; Henry Nash Smith, *Virgin Land : The American West as Symbol and Myth* 175 (Harvard University Press 1970) ; H・N・スミス（Henry Nash Smith）著・永原誠訳『ヴァージンランド――象徴と神話の西部（*Virgin Land : The American West as Symbol and Myth*）』二一七―二一八頁（研究社・一九七一年）、平野孝「西部開拓と自然環境――大平原と人間」正井泰夫編『総合研究アメリカ（二）環境と資源』三八―三九頁（研究社・一九七六年）、ロングについては、Webb, ibid., at 146-147, 156-157 ; Smith, ibid., at 54, 175 ; スミス（永原訳）・前掲書（本注）二一八頁、平野・前掲論文（本注）三九―四〇頁参照。

（2） Smith, *supra* note 1, at 179 ; スミス（永原訳）・前掲書（注1）二二一頁。

（3） ホームステッド法については、鈴木光「国有地管理と自然保護（一）――合衆国における史的発展――」北大法学論集四六巻四号一〇七三―一〇七四頁（一九九五年）で簡単にふれた。砂漠地法については、Paul Wallace Gates & Robert W. Swenson, *History of Public Land Law Development : Written for the Public Land Law Review Commission* 638-643 (Zenger Publishing Co. Inc. 1968) ; Samuel Trask Dana & Sally K. Fairfax, *Forest and Range Policy : Its Development in the United States* 75-76 (2d ed., McGraw-Hill Publishing Company 1980) ; Benjamin Horace Hibbard, *A History of the Public Land Policies* 426-428 (University of Wisconsin Press 1965) ; Webb, *supra* note 1, at 412-418 参照。

（4）「明白な運命」論については、Smith, *supra* note 1, at 44-48 ; スミス（永原訳）・前掲書（注1）五二―五七頁、Webb, *supra* note 1, at 44-45 ; 清水知久「明白な宿命」大橋健三郎・加藤秀俊・斎藤真編『講座アメリカの文化（二）フロンティアの意味――現実と神話』一六九―一九六頁（南雲堂・一九六九年）参照。

（5） 共和党は、一八六一年に就任したリンカーン大統領以来、一貫して西部への移住政策を推進してきた主役であった。共和党にとって大砂漠のイメージは邪魔だったのである。Smith, *supra* note 1, at 165-173 ; スミス（永原訳）・前掲書（注1）二〇四―二一五頁、平野・前掲論文（注1）四七頁。

（6） 一八八一年、ネブラスカの土地投機師チャールズ・デイナ・ウィルバ（Charles Dana Wilber）は「鋤で耕せば雨が降る」という希望に満ちた前向きのスローガンでこの国の人びとを魅了することに成功した。Smith, *supra* note 1, at 181-183 ;

スミス(永原訳)・前掲書(注1)二二四―二二七頁、平野・前掲論文(注1)四九頁。

(7) 降雨増大説は、ニューメキシコ州サンタ・フェ(Santa Fe)の通商に従事していたジョサイア・グレッグ(Josiah Gregg)が最初に唱えたといわれる。Webb, *supra* note 1, at 150-151; Smith, *supra* note 1, at 179-180; スミス(永原訳)・前掲書(注1)二二二―二二三頁、平野・前掲論文(注1)四八―五〇頁。

(8) 降雨増大説を「科学的に証明」した学者としては、ネブラスカ大学生物学教授サミュエル・オーギー(Samuel Aughey)が有名である。オーギーは、大平原の固化した土壌は、鋤で耕すことでスポンジのごとき吸水性を得て、水を保持できるようになる、土壌に保たれた水は、やがて湧水や雨となり、樹木や湖を育てる、さらに、そこから水蒸気が発生し、ますます降雨が増大する、と解説した。この降雨増大説は、ウィルバ(注6)の巧みな宣伝により、またたく間に全米に広まった。Smith, *supra* note 1, at 181-183; スミス(永原訳)・前掲書(注1)二二四―二二七頁、平野・前掲論文(注1)四九―五〇頁。

(9) カンザス西部やテキサス北部では、入植者の数が四倍から六倍に跳ね上がったという。ドナルド・オースター(Donald Worster)著・中山茂・成定薫・吉田忠訳『ネイチャーズ・エコノミー――エコロジー思想史(*Nature's Economy: A History of Ecological Ideas*)』二七八―二七九頁(リブロポート・一九八九年)、平野・前掲論文(注1)五一―五二頁。

(10) Gates & Swenson, *supra* note 3, at 635; Strong, *supra* note 1, at 46-47.

(11) 西部では、開拓当初から、土地制度を利用して富を蓄積しようとする者が後を絶たなかった。土地を投機の対象として利用したのである。とくに南北戦争後は、大量の人びとが西部に殺到して土地の価格が急激に上昇したことにより、投機の機会が増加した。こうした土地投機熱は、二〇世紀に入っても衰えなかった。Gates & Swenson, *supra* note 3, at 495-498. 当時の入植者が土地投機師の一面を有していたことについては、岡田泰男『フロンティアと開拓者――アメリカ西漸運動の研究』二一一―二三六頁(東京大学出版会・一九九四年)、平野・前掲論文(注1)五〇―五一頁参照。

(12) 乾燥農法については、Gates & Swenson, *supra* note 3, at 503-504; Webb, *supra* note 1, at 366-374; 平野・前掲論文(注1)四三頁参照。

(13) 平野・前掲論文(注1)五二―五五頁。

(14) 独立革命後における合衆国市民の西部への移住過程、すなわち西漸運動(westward movement)については、わが国においても多くの研究がある。一例として、鈴木圭介編『アメリカ経済史』一三九―一六六頁(東京大学出版会・一九七二年)、正井泰夫編『総合研究アメリカ(二) 環境と自然』三二一―五六頁(研究社・一九七六年)、都留重人・本田創造・宮野啓二『アメリカ資本主義の成立と展開』一一八—一四〇頁(岩波書店・一九七四年)。なお西漸運動およびこれと密接に関連する研究業績は、鈴木・前掲書(本注)一八一—一八八頁に詳細に紹介されている。

(15) George Cameron Coggins, Charles F. Wilkinson & John D. Leshy, *Federal Public Land and Resources Law* 46-47 (5th ed., Foundation Press 2002). 当時、ケンタッキー州のある新聞は、このころの土地投機ブームについて、「かつてアメリカに存在したもののなかでもっとも驚くべき害悪(evil)」であり、「連合破滅の脅威を与えるものだ」と評していた。Dyan Zaslowsky & Tom H. Watkins, *These American Lands : Parks, Wilderness, and the Public Lands* 108 (Island Press 1994).

(16) Zaslowsky & Watkins, *supra* note 15, at 108.

(17) Gatches, *Managing the Public Lands : The Authority of the Executive to Withdraw Lands*, 22 Nat. Res. J. 279, 282 (1982).

(18) Bernard Shanks, *This Land is Your Land : The Struggle to Save America's Public Lands* 34 (Sierra Club Books 1984).

(19) Dana & Fairfax, *supra* note 3, at 10.

(20) パブリック・ドメイン処分政策を積極的に採用するに至ったいくつかの理由が指摘されている。たとえば、インディアンの侵入を阻止するための西部への移民の促進、独立戦争時の軍人への下賜の必要性、自作農からの強い払い下げ要求などである。餅田治之『アメリカ森林開発史』七三—七四頁(古今書院・一九八四年)。

(21) Dana & Fairfax, *supra* note 3, at 10 ; Zaslowsky & Watkins, *supra* note 15, at 108.

(22) David A. Adams, *Renewable Resource Policy : The Legal-Institutional Foundations* 62 (Island Press 1993) ; Zaslowsky & Watkins, *supra* note 15, at 108. 当時の連邦政府は、まだ各州に対する課税権や立法権を有していなかった。Gatches, *supra* note 17, at 281-282.

(23) Vernon Carstensen, *The Public Lands : Studies in the History of the Public Domain* 8 (University of Wisconsin Press 1963).

(24) Shanks, *supra* note 18, at 108.

(25) Carstensen, *supra* note 23, at 8.

(26)　Gates & Swenson, *supra* note 3, at 59-74. ただし、土地を処分するにあたり、当時もっとも差し迫った問題はインディアンであった。彼らは、先祖代々パブリック・ドメイン全域において生活を営んできた先住民であり、連邦政府としては、土地に対する彼らの主張を無視してパブリック・ドメインを処分することは困難であったのである。Carstensen, *supra* note 23, at 8.

(27)　ジェファスンは、権力が集中しない民主的な農業国家を理想としてその任務に携わった。しかし不幸なことに、彼はフランス大使として、のちにその委員会を離れざるを得なくなった。Shanks, *supra* note 18, at 34.

(28)　植民地時代における代表的な入植の方法は、ニュー・イングランド方式と南部方式である。ニュー・イングランド方式の場合、入植者はグループ単位で移住し、自分たち自身で土地を測量したうえで土地権原記録書(title record)を管理した。家屋は、道路沿いまたは共同牧草地の周囲にまとまって建てられており、入植者たちは一団となって入植地の拡大・発展に尽力した。土地所有の権原は明白であり、土地の投機は抑えられ、村(町)全体の農業発展が急速に進められる結果となった。一方、南部方式の場合、入植は原則として個人単位で行われた。新たな入植者たちは、未使用の土地のなかから五〇エーカーの好きな土地を選ぶことができたので、当然の結果として競争のように土地取得が行われ、各地に無秩序に入植地が散在し、土地投機が横行することとなった。土地の境界は不正確な場合が多く、しばしば土地の権原をめぐる争いが生じた。

またこのころは、地方によって、さまざまな測量方式が採用されていた。ニュー・イングランドでは、まず植民団が町(town)の境界を測量したうえで、入植者自身が内部の個々の地区を測量することになっていたので、一区画の境界はすなわち隣人同士の境界を意味し、所有地の重複は起こらなかった。南部では、担当の役人が土地を測量し、その測量図を保管することになっていたが、土地の自由選択制を採用していたために、各所有地の間には数多くの小さなふぞろいの地片が散在する一方、しばしば所有地の重複が生じ、紛争が絶えなかった。

しかしいずれの地域でも、当時の支配的な土地測量方式は方形測量方式であった。方形測量方式とは、まず基点(initial point)を定め、基点を通って南北に伸びる主経線と、同じく基点を通って東西に伸びる基線を引き、さらにこれらの線と平行に六マイル間隔でタウンシップ線を引くと、碁盤目状のタウンシップ網ができあがる。こうしてできる六マイル四方の区域をタウンシップとよぶ。つぎに、タウンシップを一マイル四方(六四〇エーカー)の三六のセクションに分割し、さらにそれぞれのセクションを四分割(または一六分割)する。この測量方式によると、各タウンシップは基点からの方角と距離によって示され、各セクションには一から三六番までの通し番号が付され、セクション内の各区域は方角で示されることになり、土地を容易かつ正確に同定することが可能であった。Carstensen, *supra* note 23, at 9-10 ; Marion Clawson, *The Land System of the United States : An Introduction to the History and Practice of Land Use and Land Tenure* 19-22, 44-49 (University of Nebraska Press 1968) ; マリオン・クラウソン(Marion Clawson)著・小沢健二訳『アメリカの土地制度(*The Land System of the United States : An Introduction to the History and Practice of Land Use and Land Tenure*)』二一—二三、四九—五二頁(大明堂・一九八一年)。

(29) 同報告書の提案によれば、学校または宗教施設のために特別に土地を留保することはなく、譲渡にともなう土地改良および入植の条件も設定せず、具体的な土地の売却方法や価格も定められていなかった。また、非現実的なことに、土地の売却は、インディアンが土地に対する権原を放棄し、各州のレイアウトが完了したのちに行われること、と定められていた。Carstensen, *supra* note 23, at 8.

(30) Shanks, *supra* note 18, at 34.

(31) 新たな報告書は、土地は売却前に測量されることを原則としていた。そして、方形測量方式を用いて設定されるタウンシップは、それぞれ七マイル四方とし、各タウンシップを一マイル四方のセクションに分割すること、各タウンシップ内においては、二つのセクションを学校および宗教施設のために保留し、四つのセクションを連邦議会による将来の処分のために保留することを提案していた。また、土地の売却に関しては、売却単位をタウンシップとし、最低価格は一エーカー当たり一ドルとしていた。Carstensen, *supra* note 23, at 11.

(32) 正式名称は、「西部領地における土地処分方法確定のための条令(An Ordinance for Ascertaining the Mode of Dispose of Lands in the Western Territory, 1785)」である。同条令は、General Ordinance of 1785とも称される。Dana & Fairfax, *supra* note 3, at 13.

(33) Ibid., at 13.

(34) Shanks, *supra* note 18, at 35 ; Gatches, *supra* note 17, at 281-282.

(35) Shanks, *supra* note 18, at 34. 一七八五年土地条令で採用された方形測量方式については、注(28)を参照。同条令は、六四〇エーカーを最小単位とし、一エーカー当たり一ドルの価格で競売により売却処分することを規定していた。ただし、各タウンシップの第一六番セクションは、公共教育のために売却対象から保留され、さらに四つのセクションが、政府によるのちの処分のための留保地となっていた。この方形測量方式は、直線測量方式や長方形測量方式ともよばれ、その後の合衆国国有地諸法に対して、恒久的に貢献することになった。すなわち、国土をチェッカー盤(checker board)のように分割し売却するという方法は、それほど認識はされないにしても、以後、合衆国内のあらゆる事柄に対して、計り知れない大きな影響を与えたのである。たとえば、地域の境界線や溝は直線となり、また農業従事者は境界線に沿って直線的に耕作することになった。しかし同条令には、土地投機の制限や入植者の保護に関する条項、および払い下げの最大面積や取得面積の上限についての規定、居住や開墾を義務づける規定がなかったため、資金さえあれば大量のパブリック・ドメインを購入・所有することが可能であった。このことは、以後一九世紀末まで続く、土地投機師によるパブリック・ドメインの大規模な取得を認めることになった。Dana & Fairfax, *supra* note 3, at 13; Coggins, Wilkinson & Leshy, *supra* note 15, at 47; 都留ほか・前掲書(注14)一三二頁。第一六番セクションの取りあつかいについては、Dana & Fairfax, ibid., at 17-18に詳しい。

(36) Dana & Fairfax, *supra* note 3, at 13.

(37) Ibid., at 13.

(38) Shanks, *supra* note 18, at 39. のちに政府は、一エーカー当たりの価格を二ドルに引き上げはしたものの、一七九六年、一八〇〇年および一八〇四年の法律により、後払い(delayed payments)方式を認容した。Dana & Fairfax, *supra* note 3, at 13-14.

(39) Coggins, Wilkinson & Leshy, *supra* note 15, at 47.

(40) 土地投機師たちは、政府に対し、「企業や私人に対して値引きした価格で複数のタウンシップを売却すれば、短時間のうちに多額の収入が得られる」と説明し、政府との間で広大な土地を取引することに成功した。しかしこの方法は、転売による富の集中や、あまりにも多くの投機その他の困難な問題を招いたことから、すぐに取りやめられた。Dana & Fairfax, *supra* note 3, at 14.

(41) Shanks, *supra* note 18, at 39.

(42) 実際には、まず、ほとんどのセクションが正方形となるようタウンシップ線を引き、各タウンシップの西方に沿って北方を横断するセクション線ですべての調整を行ったり、主要な経線と基線の間に一定間隔で修正線を引くなどの対策がとられていた。Clawson, *supra* note 28, at 49; クラウソン(小沢訳)・前掲書(注28)五二頁。

(43) しかし一九一〇年以後の土地測量は、民間人に代わり合衆国政府が自ら行い、測量器具を改良し、金属標識を使用するなど、大幅に改善された。Clawson, *supra* note 28, at 49; クラウソン(小沢訳)・前掲書(注28)五二―五三頁。

(44) Dana & Fairfax, *supra* note 3, at 13. 無断定住(squatted)に関しては、Ibid., at 14-15に詳しい。

(45) 正式名称は、「オハイオ川北西の合衆国領地の統治に関する条令(An Ordinance for the Government of the Territory of the United States Northwest of the River Ohio, 1787)」である。

(46) Gates & Swenson, *supra* note 3, at 72-73; Shanks, *supra* note 18, at 35.

(47) この点については、Gates & Swenson, *supra* note 3, at 72に詳しい条件が述べられている。

(48) 餅田・前掲書(注20)七四頁。

(49) 岡田・前掲書(注11)二七頁。

(50) 楠井敏朗「西漸運動と公有地政策」鈴木圭介編『アメリカ経済史』一六九―一七〇頁(東京大学出版会・一九七二年)。

(51) 楠井・前掲論文(注50)一七一―一七二頁。

(52) 一八三〇年代になると、一八二四年と一八二八年に制定された関税法の影響を受けて関税収入が急増し、国有地を急いで売却する必要性がなくなりつつあったのである。楠井・前掲論文(注50)一七三頁。

(53) Gates & Swenson, *supra* note 3, at 129-132.

(54) 餅田・前掲書(注20)七六頁。

(55) Gates & Swenson, *supra* note 3, at 132.

(56) 東部州選出議員は、西部に住む人びとのことを、秩序を守らず、不在地主あるいはインディアンの権利を尊重せず、貪欲で法律を遵守しない、背信的な土地不法占領者であると批判した。これに対して、西部州選出議員は、入植者について、西へ到達するまでに彼ら自身の財産を使い果たし、インディアンから辺境地帯を守った忠実な人びとである、などと述べていた。Coggins, Wilkinson & Leshy, *supra* note 15, at 75.

(57) Dana & Fairfax, *supra* note 3, at 14.

(58) Shanks, *supra* note 18, at 39.

(59) その理由としては、関税収入の一層の増加や土地の売却自体が軌道に乗ってきたことが指摘されている。たとえば、土地売却による収入は、一八一四年には合衆国政府の全歳入の一一%未満にすぎなかったが、一八三〇年代半ばまでには四〇%以上を占めるようになり、短期間であるにせよ、政府の財政には剰余さえ生じたという。Clawson, *supra* note 28, at 56; クラウソン(小沢訳)・前掲書(注28)六一頁。このような背景から、当時のジャクスン大統領(Andrew Jackson, 1829-37)は、一八三二年一二月四日の教書において、「国有地はできる限り収入源たることを中止すべきである」と述べている。アメリカ学会訳編『原点アメリカ史第四巻――現代アメリカの形成(上)』一〇五頁(岩波書店・一九五五年)。

(60) Dana & Fairfax, *supra* note 3, at 16-18.

(61) Adams, *supra* note 22, at 65.

(62) Dana & Fairfax, *supra* note 3, at 16.

(63) 岡田・前掲書(注11)二〇頁。

(64) Gates Swenson, *supra* note 3, at 152-157; Dana & Fairfax, *supra* note 3, at 15.

(65) Gates Swenson, *supra* note 3, at 224-228.

(66) Dana & Fairfax, *supra* note 3, at 16; Adams, *supra* note 22, at 65. なお同法は、制定当初は、処分の対象を測量後の入植地に限定していたが、間もなく測量前の入植地も処分対象地に含めるよう改正された。Clawson, *supra* note 28, at 58; クラウソン(小沢訳)・前掲書(注28)六三頁。

(67) Dana & Fairfax, *supra* note 3, at 16. ただし、すでに三二〇エーカー以上の土地を所有している者は、同法の適用対象外とされた。Adams, *supra* note 22, at 66. また、入植者が先買権を得るためには、土地に居住してこれを改良し、そこに住居を建てる必要があった。さらに彼らは、当該土地が彼ら自身の排他的利用および利益のために占拠されてきた旨の宣誓をするよう求められた。Dana & Fairfax, ibid., at 16.

(68) Dana & Fairfax, *supra* note 3, at 16. 一方で同法は、そもそも西部の人びとは現実の入植者に対する「無償または低価格」での譲渡を要求していたことから、むしろ、西部の人びとの猛反対を引きおこす一因になったと指摘する論者もある。楠井・前掲論文(注50)一八〇頁。

(69) たとえば、一度も住んだことがないにもかかわらず、あたかも現在住んでいるかのように主張して、土地の先買権を申請する人びとも多かった。また意図的な転売により、巨額の利潤を得ることも一般的であった。Clawson, *supra* note 28, at 58-59; クラウソン(小沢訳)・前掲書(注28)六三頁。

(70) たとえば一八四九年の時点において、一〇〇の先買権が宣言されたとすると、そのうち最終的に国有地譲渡証書につながるものは三つにも満たないであろうと評価されていた。Coggins, Wilkinson & Leshy, *supra* note 15, at 76.

(71) なお同法の可決にあたり、南部州選出議員の大半が欠席した。Adams, *supra* note 22, at 66; Dana & Fairfax, *supra*

note 3, at 21.
(72) Gates & Swenson, *supra* note 3, at 393-399 ; Dana & Fairfax, *supra* note 3, at 21-22 ; Adams, *supra* note 22, at 66.
(73) たとえば、一八六〇年代に作られた農場のうち、自作農によるものは全体の三分の一にも満たず、一八八〇年代に入ってようやく二分の一に達した、とのデータがある。George Cameron Coggins, Charles F. Wilkinson & John D. Leshy, *Federal Public Land and Resources Law* 84 (3d ed., Foundation Press 1993).
(74) Adams, *supra* note 22, at 66.
(75) Dana & Fairfax, *supra* note 3, at 22.
(76) Clawson, *supra* note 28, at 64-65 ; クラウソン(小沢訳)・前掲書(注28)七〇頁。
(77) 餅田・前掲書(注20)八〇頁。
(78) Dana & Fairfax, *supra* note 3, at 24.
(79) 餅田・前掲書(注20)八一頁。
(80) An Act to aid in the Construction of a Railroad and Telegraph Line from the Missouri River to the Pacific Ocean, and to secure to the Government the Use of the same for Postal, Military, and Other Purposes, Jul. 1, 1862, ch. 120, 12 Stat. 489.
(81) その後、「公立学校援助を目的とした土地のみならず、その他の公共施設、例えば農科大学、工科大学、鉱業大学、盲学校、精神病院、その他の創立・建設に対しても連邦政府は州に対して土地賦与を行い、援助を与え」た。餅田・前掲書(注20)八四頁。
(82) Coggins, Wilkinson & Leshy, *supra* note 15, at 61.
(83) 畠山武道『アメリカの環境保護法』二四五頁(北海道大学図書刊行会・一九九二年)、餅田・前掲書(注20)八三頁。
(84) 実際には同法の条件は守られず、大畜産会社による土地集積を促すことになった。餅田・前掲書(注20)八三頁。
(85) 一八四七年から一八五五年までに、合計約六一〇〇万エーカーが与えられた。
(86) 餅田・前掲書(注20)八五頁、Coggins, Wilkinson & Leshy, *supra* note 15, at 76-78.
(87) 土地管理局は、現在、多目的利用の理念に基づいて国有地を管理している。こうした理念は、土地管理局がその活動の根拠としているO&C法(An Act Relating to the revested Oregon and California Railroad and reconveyed Coos Bay Wagon Road grant lands situated in the State of Oregon, Aug. 28, 1937, Pub. L. No. 405, ch. 876, 50 Stat. 874)と国有地政策管理法(Federal Land Policy and Management Act of 1976, Oct. 21, 1976, 90 Stat. 2744)に由来する。国有地政策管理法については、畠山武道・鈴木光「フクロウ保護をめぐる法と政治——合衆国国有林管理をめぐる合意形成と裁判の機能——」北大法学論集四六巻六号二〇五五—二〇五六頁(一九九六年)で簡単に紹介した。

(88)　楠井・前掲論文(注50)一六八—一七一頁、ハロルド・U・フォークナー(Harold Underwood Faulkner)著・小原敬士訳『アメリカ経済史(*American Economic History*)』一三〇頁(至誠堂・一九六九年)。

(89)　初期の国有地処分政策については、鈴木・前掲論文(注3)一〇七二—一〇八一頁を参照されたい。また、建国当時の西部の自然状況については、Phillip O. Foss, *Politics and Grass: The Administration of Grazing on the Public Domain* 32-33 (University of Washington Press 1960)に詳しい記述がある。

(90)　Paul J. Culhane, *Public Lands Politics: Interest Group Influence on the Forest Service and the Bureau of Land Management* 75 (Johns Hopkins University Press 1981); Adams, *supra* note 22, at 74; Harold K. Steen, *The U.S. Forest Service: A History* 6 (University of Washington Press 1976); Clawson, *supra* note 28, at 26, 28-29.

(91)　An Act for the establishment of a General Land-Office in the Department of the Treasury, Apr. 25, 1812, ch. 68, 2 Stat. 716. See Gates & Swenson, *supra* note 3, at 127-128; Clawson, *supra* note 28, at 28; John B. Loomis, *Integrated Public Lands Management: Principles and Applications to National Forests, Parks, Wildlife Refuges, and BLM Lands* 57 (2d ed., Columbia University Press 2002); Dana & Fairfax, *supra* note 3, at 187-188. それまで国有地は、国務省、財務省、陸軍省などによって管理されていた。

(92)　2 Stat. 716.

(93)　一般土地局の任務は、土地調査の指揮管理、国有地の売却、売却申請の受付、買い戻し、留保、賃貸手続とそれらの記録であった。Dana & Fairfax, *supra* note 3, at 187.

(94)　An Act to establish the Home Department, and to provide for the Treasury Department as Assistant Secretary of the Treasury, and a Commissioner of the Customs, Mar. 3, 1849, ch. 108, 9 Stat. 395. See Clawson, *supra* note 28, at 28-29.

(95) Michael James Lacey, *Government and Environmental Politics : Essays on Historical Developments since World War Two* 143 (Woodrow Wilson Center Press 1991) ; Loomis, *supra* note 91, at 57. スティーンによれば、以後、一八五四年まで、一般土地局に国有地を保護(protect)する責務が与えられており、一八八〇年代に、内務省P局(Division P of the Department of Interior)が、保護政策を取りまとめる機関として設立されたとあるが、他の文献からP局の存在は確認できなかった。Steen, *supra* note 90, at 6.

第三節　国有地処分法の濫用

一　国有地処分法の濫用

こうして、国有地の処分事務は一般土地局(General Land Office)に委ねられた。しかし、その後に続く国有地処分は、きわめてずさんなもので、国有地は、土地投機師や大地主らによる投機、放牧、採鉱の対象とされ、大きな社会的不公平を招いたばかりか、今日に至る西部国有地の荒廃を引きおこすことになった。このような悪弊を招いた原因として、まず国有地処分法そのものの不備をあげることができる。ここでは悪用された法律の代表例として、一八六二年ホームステッド法(Homestead Act of 1862 (12 Stat. 392))、一八七七年砂漠地法(Desert Land Act of 1877 (19 Stat. 377))、および鉱山地諸法を取りあげる。

(一)　一八六二年ホームステッド法

連邦政府による国有地処分は有償譲渡が基本であった。しかし、先買権法などによっても土地を入手できない者が続出したために、連邦議会は、都市失業者の救済と家族規模の自作農制度の拡大を目標として、一八六二年五月二〇日、一定条件のもとで土地を「無償」譲渡することを認める画期的なホームステッド法を制定した。(1)

しかし、ホームステッド法は思ったほどの効果をあげなかった。(2) 失敗の原因は、鉄道会社や土地投機師の跳梁を許していた既存の法律を廃止できなかったことに加え、ホームステッド法自体に、土地の投機を制限(防止)する規定がまったく欠けていたからである。たとえば、土地取得には面積の上限が設けられていなかった。また同法による土地取得者は、当該土地を六カ月間占有したのちは、一エーカー当たり一ドル二五セントで権原を取得し、その後これを自由に売却することが許された。この売却条項が土地の投機的転売に利用されたのである。(3)

(二)　一八七七年砂漠地法

一八七七年、連邦議会は、西部の荒れた乾燥・半乾燥地帯を開拓する目的で、砂漠地法を制定した。(4) 同法は、灌漑を引き受けることを条件として、まず六四〇エーカーの土地に対して、一エーカー当たり二五セントを支払い、三年後に当該地域が灌漑化されている証拠があれば、一エーカー当たり一ドルの残額を支払うことにより、土地の所有権を付与するというものであった。(5)

しかし、一方で、より良好な土地を無償で取得できたことから、乾燥地に一エーカー当たり一ドル二五セントを支払い、さらに高額な灌漑設備を設置する者などいるはずがなかった。実際は、砂漠地の売却申請の大部分が、農業入植目的以外の詐欺的な土地取得であり、なかでも大規模な牧畜業者による土地取得が大部分であった。(6)

(三)　鉱山業諸法

連邦政府による国有地管理政策は、伝統的に、鉱物埋蔵地とそれ以外の鉱物非埋蔵地とを区別して取りあつかってきた。そして、一八六二年ホームステッド法などは、一般的に、後者の鉱物非埋蔵地の売却を目的としていた。ところが実際には、これらの法律が拡大解釈または悪用され、鉱物埋蔵地がつぎつぎと売却された。さらに連邦議会が鉱山業促進の目的でつぎのような法律を制定したため、鉱物埋蔵地は、一層無秩序な処分にさらされた。

まず、一八〇七年から一八四六年までの間、連邦議会は鉱物埋蔵地の一部を処分留保しただけで、残りは放置した。そこで、鉱山業者たちは、ミシシッピ川(Mississippi River)以東の莫大な価値を有する鉱物埋蔵地のほとんどを、先買権、現金購入、自作入植などの制度を利用することにより、一エーカー一ドル二五セントという廉価で買い占めた。(7) そのため国有地では、鉱山業者と自作入植者との激しい対立が起こった。また一八四八年、カリフォルニア州で発生したゴールド・ラッシュ(gold rush)が、人びとの鉱物埋蔵地に対する関心を高めた。(8) こうした背景から、一八五〇年から一八六六年にかけて、鉱山業活動の規制を目的にさまざまな法案が連邦議会に提出されたが、いずれも成立せず、〝早い者勝ち〟の慣行は是正されなかった。(9)

一八六六年、連邦議会は、関係業界からの強い圧力のもとで、鉱山業法(Mining Act of 1866 (14 Stat. 251))を制定した。(10) この法律は、当初、「国有地上の水路および運河の所有者に対し通行権を付与する法律(An Act granting the Right of Way to Ditch and Canal Owners over the Public Lands)」というタイトルで提出されたもので、当時日常的になされていた鉱物埋蔵地への不法侵入を正当化したうえ、一定の要件を満たすことで鉱脈を譲渡することも認めていた。そのため、同法は、鉱山業者等のマグナ・カルタ(miners' Magna Carta)とよばれている。(11) さらに連邦議会は、鉱物埋蔵地の不法占拠を合法化するために、一八七〇年砂鉱法(Placer Act of 1870 (16 Stat. 217))を制定した。(12) 同法は、それまで曖昧であった砂鉱(placer)の定義を、「石英鉱石と他の岩石を除く、あらゆる鉱床の形態」と定め、砂鉱の埋蔵地を、一エーカー当たり二ドル五〇セント

(ただし一六〇エーカーに限る)で売却するものであった。[13]

また一八七二年には、鉱山業法(Mining Law of 1872 (17 Stat. 91))が制定された。[14] 同法は、石油、天然ガス、石炭、および油母頁岩(oil shale)などの重要な鉱物を除き、合衆国に属するすべての価値ある鉱物資源を対象とし、これらの鉱物に対する権利を広く一般私人に譲渡することを認めた。[15] とくに、国有地内の鉱物発見者には特典が与えられた。[16] すなわち、国有地内で鉱物の試削を望む者は、連邦政府の承認を得ることなしに国有地に立ち入ることができた。また、埋蔵鉱物を発見した場合には、当該鉱物資源に対する確定した鉱業権と当該土地の所有権を得ることによって、そこから生ずる利益を排他的に享受することができた。

当時、国有地上の石油、天然ガス、石炭などの鉱物リースを所管していたのは、一般土地局であった。一般土地局は鉱物リースの付与または拒否について一定程度の裁量権を有していたが、実際には、鉱物管理に関する意思決定者というよりは、単なる記録処理および鉱物権に関する臨時仲裁人(occasional refree)にすぎなかった。[17] 連邦政府と一般土地局は、鉱物埋蔵地か否かをさほど重視せず、国有地を可能な限り迅速に処分することを主要な目標としていた。しかも、鉱業振興を理由に、不法・不正行為を厳しく取り締まることはしなかった。そのため、広大な鉱物埋蔵地が、またたく間に、鉱山技師、法人投資家、および大鉱山業者等の手に渡ってしまった。[18]

二　一般土地局による執行体制の不備

さて、連邦政府が推し進めた国有地処分政策の事務を一手に引き受けたのが一般土地局であったが、その任務は、すでに述べたように、国有地を適切に管理することではなく、可能な限り迅速にそれを処分することであった。その結果、つぎのような事態が生じた。

第一は、汚職や腐敗の発生である。当時の連邦議会や世論の関心は、国有地の迅速な処分にあったことから、一般土地局が不適切またはスキャンダラスな方法で国有地を処分しているかどうかは、さほど大きな問題ではなかった。[19] 連邦議会も、いかに多くの西部の土地を私人に売却するかということに夢中であり、土地売却の妨げになるような執行体制の強化や腐敗の防止には消極的だったのである。

第二に、人事にも大きな問題があった。一般土地局は、当時、権威ある行政機関と見なされ、その局長には、土地管理の専門家ではなく歴代の名士が任命された。[20] 一般職員も、政治的なコネで就職した者が大半であった。そのため、一般土地局は、広大な国有地を管轄する行政機関でありながら、土地管理の専門家を欠いていたのである。一般土地局の実際の仕事は、土地処分に関連する書類を管理する単なる書記にすぎなかった。[21]

第三に、一般土地局は、地方支所における仕事が中心であったが、顔見知りの利害関係者が多数いる地方の現場で、法律を適正に執行することはきわめて困難であった。すなわち、一般土地局職員が不法な入植者を告訴しても、地元の裁判官・陪審員が当該土地取得者に同情的な審判を下したために、不法行為の防止には効果がなかった。さらに、謹厳実直な職員は常に解雇を予想しなければならず、取締り活動を控えることになった。そのうえ、一般土地局は、慢性的な人員不足と資金不足の状態にあった。こうしたことから、一般土地局の内部では不正行為と権利濫用が横行し、スキャンダルと腐敗に満ちた官庁として悪名をとどろかせていたのである。[22]

(1) An Act to secure Homesteads to actual Settlers on the Public Domain, May 20, 1862, ch. 75, 12 Stat. 392. 法律の詳しい内容については、すでに、鈴木光「国有地管理と自然保護(一)——合衆国における史的発展——」北大法学論集四六巻四号一〇七三—一〇七四頁(一九九五年)で検討した。Walter Prescott Webb, *The Great Plains* 409 (University

of Nebraska Press 1981); Henry Nash Smith, *Virgin Land: The American West as Symbol and Myth* 165-173 (Harvard University Press 1970); H・N・スミス(Henry Nash Smith)著・永原誠訳『ヴァージンランド――象徴と神話の西部(*Virgin Land: The American West as Symbol and Myth*)』二〇四―二一一頁(研究社・一九七一年)、David A. Adams, *Renewable Resource Policy: The Legal-Institutional Foundations* 66 (Island Press 1993); Samuel Trask Dana & Sally K. Fairfax, *Forest and Range Policy: Its Development in the United States* 21 (2d ed., McGraw-Hill Publishing Company 1980).

(2) Smith, *supra* note 1, at 190; スミス(永原訳)・前掲書(注1)二三五頁。

(3) 鈴木・前掲論文(注1)一〇七四頁。

(4) An Act to provide for the sale of desert lands in certain States and Territories, Mar. 3, 1877, ch. 107, 19 Stat. 377. 同法は、一八七五年のバーデット(Samuel Swinfin Burdett)一般土地局長(Commissioner)の報告書の提案に対応したものといわれる。Paul Wallace Gates & Robert W. Swenson, *History of Public Land Law Development: Written for the Public Land Law Review Commission* 635-643 (Zenger Publishing Co. Inc. 1968); Webb, *supra* note 1, at 412-416; Dana & Fairfax, *supra* note 1, at 75-76.

(5) 同法は、灌漑を義務づけた点で、西部の地理的特性と水の重要性を反映したものであり、従来の入植法とは性格を異にする。Webb, *supra* note 1, at 412-415. たとえば、同法が土地処分区画のサイズを一六〇エーカーから六四〇エーカーに拡大したことは、連邦議会が乾燥した西部の特質を認識し始めた現れであると指摘する論者もある。Paul J. Culhane, *Public Lands Politics: Interest Group Influence on the Forest Service and the Bureau of Land Management* 78 (Johns Hopkins University Press 1981).

(6) 実際、砂漠地の灌漑は、個人では実現不可能な事業であり、入植者のほとんどがこの条件を無視した。George Cameron Coggins, Charles F. Wilkinson & John D. Leshy, *Federal Public Land and Resources Law* 80 (5th ed., Foundation Press 2002); Webb, *supra* note 1, at 414; Culhane, *supra* note 5, at 78; 餅田治之『アメリカ森林開発史』八三頁(古今書院・一九八四年)。

(7) Coggins, Wilkinson & Leshy, *supra* note 6, at 85.

(8) ゴールド・ラッシュが始まってから六年の間に、合衆国の金生産量は七三倍になり、世界の総生産量の四五%を占めるまでになった。また一八四八年には一万四〇〇〇人であったカリフォルニア州の人口は、一八五二年には二二万三〇〇〇人にまで増大した。Rodman W. Paul, *California Gold : The Beginning of Mining in the Far West* 20-25 (Harvard University Press 1947), reprinted in Coggins, Wilkinson & Leshy, *supra* note 6, at 86-87 ; Gates & Swenson, *supra* note 4, at 708-710.

(9) 当時、鉱山業者を取り締まる唯一の法律は、「鉱山業キャンプ法(law of the mining camps)」であったと述べる論者もあるが、同法の存在は他の文献からは確認できなかった。Coggins, Wilkinson & Leshy, *supra* note 6, at 86.

(10) An Act granting the Right of Way to Ditch and Canal Owners over the Public Lands, and for other Purposes, Jul. 26, 1866, ch. 262, 14 Stat. 251.

(11) 鉱物埋蔵地は、地方の慣習や慣行にしたがってなされる調査や作業に対して自由であり、かつ開放されていた。また、鉱山業者は、一定の鉱脈に対してすでに五〇〇ドル以上の人件費や改良工事費を投下している旨の申請書を提出すれば、当該鉱脈に対する権利を譲り受けることができた。Gates & Swenson, *supra* note 4, at 716-721 ; Coggins, Wilkinson & Leshy, *supra* note 6, at 90.

(12) An Act to amend "An Act granting the Right of Way to Ditch and Canal Owners over the Public Lands, and for other Purposes", Jul. 9, 1870, ch. 235, 16 Stat. 217.

(13) 16 Stat. 217 (1870). See Gates & Swenson, *supra* note 4, at 721-723 ; Coggins, Wilkinson & Leshy, *supra* note 6, at 90.

(14) An Act to promote the Development of the mining Resources of the United States, May 10, 1872, ch. 152, 17 Stat. 91. 同法は、前述の一八六六年鉱山業法と一八七〇年砂鉱法を改正・統合したものである。

(15) しかし実際には、これらの重要な鉱物と、その他の価値ある鉱物とを明確に区別することは困難であり、重要な鉱物を埋蔵している国有地が譲渡されてしまう可能性も少なくはなかった。

(16) Roger W. Findley & Daniel A. Farber, *Environmental Law in a Nutshell* 322-323 (3d ed., West Publishing Company 1992) ; Coggins, Wilkinson & Leshy, *supra* note 6, at 90.

(17) Michael James Lacey, *Government and Environmental Politics : Essays on Historical Developments since World War Two* 147 (Woodrow Wilson Center Press 1991).

(18) Findley & Farber, *supra* note 16, at 322-323.

(19) Culhane, *supra* note 5, at 41, 80; Lacey, *supra* note 17, at 147; Harold K. Steen, *The U.S. Forest Service: A History* 7 (University of Washington Press 1976).

(20) 一般土地局は、主要な国家政策であった国有地処分を担当する官庁として、数ある連邦政府機関のなかでも政治的に高い地位を占めていた。これは歴代の土地局長の職歴にも表れている。すなわち、一九世紀中に一般土地局長を務めた二八名には、元州知事または上院・下院議員が一六名、元副大統領が一名、および連邦最高裁判事（ただし人数は不明）が含まれていた。Culhane, *supra* note 5, at 79; Marion Clawson, *The Bureau of Land Management* 29 (Praeger Publishers 1971).

(21) Culhane, *supra* note 5, at 80.

(22) 一般土地局は、詐欺的な土地泥棒(land-grabbers)に買収されていたと評価する論者もある。Culhane, *supra* note 5, at 80; Lacey, *supra* note 17, at 147.

第二章　革新主義時代の国有地管理と自然保護（一八九〇年代―一九〇七年）

第一節　国立公園の成立

一　自然保護思想の誕生

新世界を発見し移り住んだヨーロッパ人は、大西洋を渡る以前から原生自然(wilderness)をよく知っていた。[(1)] それは、人間にとってよそよそしいもの、すなわち、絶えず文明が闘いを挑んできた危険で不快な環境であり、さらに、悪魔や悪霊の大群が住む場所であると想像されていた。楽園が太古の人間にとって最高のものであるとするならば、原生自然は、それとは正反対の最悪のものであると考えられており、あらゆる安全、幸福および進歩は、原生自然状態から脱却できるか否かにかかっていると考えられていた。[(2)]

西部の辺境地域への移住を目指していた開拓者にとっても、未開の原野は、「無益で、道徳的に邪悪な呪われた場所であり、大悪魔や異教徒のインディアンのような小悪魔たちの巣窟である」と考えられていた。開拓者たちにとっては、樹木を切り倒し、開墾することこそが勝利であり、特別な誇りであったのである。[3] 彼らはハトやビーヴァー(beaver)やバイソン(bison)などの野生動物を乱獲し、森林を無秩序に伐採したので、彼らの通り過ぎた後は自然の様相が一変するほどであった。[4] 彼らは、ある意味で、最大の環境破壊者であったといえよう。他方で、原生自然の存在は、開拓者の精神的なエネルギー源でもあった。開拓可能な土地や資源は無限にあり、一生懸命働けばだれもが自分の土地と家を手に入れることができる、というアメリカン・ドリームこそが、大自然を開拓する彼らの精神的な支えであった。

自然保護思想の萌芽となる新たな考え方は、主として比較的都市化の進んだ東部諸州から発展した。当時、東部地域では、次第に資源の枯渇問題が表面化しつつあり、また西部地域においても過剰な森林伐採を原因とする土壌浸食や砂嵐の頻発などの自然破壊現象が顕在化するようになっていた。こうした事情から、おもに、それまで自然の美しさを鑑賞し礼讃してきた東部諸州の文学家や芸術家らの間から、自然喪失に対する強い抗議の声が聞かれるようになったのである。[5]

自然保護の提唱者は、政治家、探検家、動植物学者、画家、作家、詩人など、きわめて多方面にわたっていた。原野(wild country)の真価を早くから認め、真っ先に原野の破壊に対する異議を唱えたのは、ジョン・ジェイムズ・オーデュボン(John James Audubon)である。オーデュボンは、一八二七年から一八三八年にかけて、ロンドンで『アメリカの鳥類(*Birds of America*)』を出版し、自然の生息地における鳥の美しさをはじめて広く人びとに知らしめた。[6] またこの時代、オーデュボンと同様に、失われつつある自然美に対する嘆きを表明していた者としては、『大平原(*The Prairie*)』を著した小説家ジェイムズ・フェニモア・クーパー(James Fenimore Cooper)、[7] 一八四一年に出版された『森林哀悼詩(*The Lament of the Forest*)』の作者である詩人兼画家トーマス・コウル(Thomas Cole)[8] などが代表的である。そのほか、詩人ウィリアム・カレン・ブライアント(William Cullen Bryant)[9]、旅行者兼エッセイストのチャールズ・ランマン(Charles Lanman)[10]、一八四九年に『カリフォルニアとオレゴン街道(*The California and Oregon Trial : Being Sketches of Prairie and Rocky Mountain Life*)』を著した歴史家フランシス・パークマン(Francis Parkman)[11]、アメリカン・インディアンの研究家兼画家であるジョージ・キャトリン(George Catlin)[12]らが著名である。

こうして、無秩序な自然破壊行為への抗議の声が高まるなかで、現存する原生自然の一部を原生自然状態のまま維持する制度の創設を促す考え方が現れるようになる。たとえばラルフ・ウォルドー・エマスン(Ralph Waldo Emerson)[13]とヘンリ・ディヴィッド・ソロー(Henry David Thoreau)[14]は、「暗黒の原始」そのものの価値をはじめて認め、ときには「開拓」よりも大切な「原始、自然」がありうることを示唆し[15]、初期の合衆国自然保護の基本的な思想を形作ったことで著名な人物である。

森林保護に関心を寄せる連邦官吏に対して理論的根拠を与えたのは、ジョージ・パーキンス・マーシュ(George Perkins Marsh)であった[16]。彼は科学者(生態学)、法律家、議会議員、世界旅行家、言語学および語源学の教授であり、テイラー大統領(Zachary Taylor, 1849-50)とリンカーン大統領(Abraham Lincoln, 1861-65)のもとでトルコおよびイタリア大使も務めた。マーシュは地中海旅行で目にした自然破壊に衝撃を受け[17]、合衆国の自然の将来に強い危機感を抱いた。帰国後彼は、環境破壊を防止し森林と水を管理するための体制改革を訴え、一八六四年に人間の謙虚な生き方を奨励する不朽の名著『人間と自然(*Man and Nature : Or Physical Geography as Modified by Human Action*)』を出版した[18]。「社会は自然の恵みを利用する権利はあるが、しかしそれを乱用する権利はない」こと、人間が「自然のもつ自発的な調整能力(spontaneous arrangements)」へ介入することへの警告、そしてすでに破壊されたものを回復させるための広範囲な計画を立てる必要性を主張するこの本は、短期間のうちにベストセラーとなり、その後何度も再発行され、連邦議会の議論においてもしばしば引用された[19]。

またマーシュは、「自然を愛する者がレクリエーションを楽しむ園(a garden for the recreation of the lover of nature)」として、また「野生生物の聖域(asylum for wildlife)」として、相当量の合衆国の土壌を、可能な限り原始状態(primitive condition)のまま維持するよう訴えてもいた[20]。

一方、マーシュの思想に感銘を受けて、これを実際の国有地管理実務に反映させようと努める者も現れた。すなわちジョン・ウェズリー・パウエル(John Wesley Powell)やカール・シュアツ(Carl Schurz)、および国有地管理の実務のみならず、当時の連邦議会にも積極的に働きかけたフリドリク・ロー・オムステッド(Frederick Law Olmsted)などである[21]。

パウエルは科学者、探検家、改革家および役人であり、一八六九年に、白人として最初にグランド・キャニオン(Grand Canyon)を横断した人物としても知られる。ユタ州、アリゾナ州、コロラド州、ワシントン州などで調査活動を行っていたパウエルは、西部を灌漑化することの必要性を強く感じ、一八七八年、詳細な調査結果に基づき長期的かつ現実的視点から土地政策を考察する『合衆国の乾燥地帯の土地に関する報告書(*Report on the Lands of the Arid Region of the United States, With a More Detailed Account of the Lands of Utah*)』を連邦議会に提出した[22]。そのなかで彼は、西部地域においてもっとも重視されるべきは水の管理であるとの信念から、第一に、西部大盆地(Great Basin)は慎重な管理を必要とする限られた農業にしか適さない地域であること、第二に、極西部における農業のためのダムや灌漑設備の建設計画を民間企業の手に委ねることはできないこと、第三に、ホームステッド法(Homestead Act of 1862 (12 Stat. 392))とそれに基づく土地の無償譲渡に対して異議を申し立て、水源を確保できない土地を政府がこれ以上売却しないよう主張した[23]。

ドイツの林業地域出身のシュアツは、一八七七年から一八八一年までの間、ヘイズ大統領(Rutherford Birchard Hayes, 1877-81)の内務省長官を務めた人物であり、彼の在任中に森林破壊に対する連邦政府の対応が本格化した。彼は西部からの反発を受けながらも、連邦政府による森林管理を積極的に提案し、[24] その業績は先のパウエルの報告書とともに、一八九一年森林保護法(Forest Reserve Act of 1891 (26 Stat. 1095, 1103))制定の原動力となったと評価されている。シュアツはパウエルと親しく、そのころ高まりつつあった土地政策再考論争における主要なリーダーとして活躍した。[25]

オムステッドは、とくにニューヨーク市(New York City)のセントラル・パーク(Central Park)の設計者として知られる世界的な造園学者である。後述のように、国有地管理と自然保護という観点から見ると、とくに彼が国立公園の創設に与えた影響は計り知れない。若くしてイギリスの風景式造園学を学んだオムステッドは、以後、自然をそのままの状態で保存する公園の維持管理のあり方を綿密に検討し、合衆国最初の自然公園であるヨセミテ(Yosemite)州立公園の誕生(一八六四年)にも大きな影響を与えた。[26]

最後に、文学とも自然科学とも異なる立場から自然への思索を深め、今日の自然哲学の基礎を築いたアメリカ自然保護史上の巨峰として、ジョン・ミューア(John Muir)があげられる。その全生涯を自然研究と自然保護活動に捧げた「アメリカ自然保護の父」ミューアの登場により、合衆国の自然保護運動は新たな局面を迎える。ミューアは、当時、自然擁護の叫び声をあげた人びとの、もっとも雄弁かつ力強い代弁者であった。彼は、精力的な執筆活動を行う一方で、原生自然の保存を目指す西部の運動の先頭に立ち、合衆国が世界に誇る国立公園制度の創設に大きく貢献した。[27] 彼は、今日世界的な自然保護団体として活動を続けるシエラ・クラブ(Sierra Club)の創設者および初代会長を務めたことでも広く知られている。

二　ヨセミテとイエローストーン

（一）　一八三二年アーカンソー・ホット・スプリングズの処分留保

原生自然の保護を求める意見が徐々に高まるにつれて、国家レベルにおける現実的な保護活動が開始された。一八三二年、連邦議会は、アーカンソー準州のホット・スプリングズ(Arkansas Hot Springs)とそれを取り囲む四つの地域を、合衆国による将来の処分のために(for the future disposal)、さまざまな土地諸法の適用から除外して処分を留保した。[28] だが、この留保は、原生自然や貴重な景勝地そのものの保護を目的とするものではなかった。というのも、この泉は、病気の治療に大きな効果があると考えられていたものの、当時すでに注目されていたナイアガラの滝(Niagara Falls)やヴァージニア州のナチュラル・ブリッジ(Natural Bridge)と比較すると、景観上とくに注目すべき点がなかったからである。[29] したがって、このホット・スプリングズの留保を、直ちに国有地管理における自然保護の始まりのひとつとして位置づけることには議論の余地がある。しかしこの指定は、当該泉を含む周囲の土地を、手付かずの原生自然状態のまま議会の法律で保護しようとするはじめての例であり、国有地管理法制史上、少なからぬ重要性を有しているといえよう。[30]

（二）　一八六四年ヨセミテ州立公園の成立

合衆国における国立公園創設の第一歩は、一八六四年のヨセミテ州立公園を創設する法律の制定である。[31] 同法制定の経緯は、しばしば謎めいたものと考えられている。しかし同法は、原生自然保護思想の高まり、公園思想の提唱、大規模な都市公園の出現、人びとの関心を自然保護へと向けさせたいくつかの重大な事件、有能な自然保護論者による働きかけなど、さまざまな社会的原因が作用した結果と考えられる。以下、ヨセミテ州立公園が誕生するまでの背景を、簡単に紹介しよう。

a　ヨセミテ州立公園設置法制定までの経緯

ア　公園思想の起源

合衆国には、限られた範囲ではあるが、植民地時代からすでに公立公園(public park)が存在していた。[32] たとえば、イギリス海軍大将の息子であり、ペンシルヴェニア州の開拓者でもあるウィリアム・ペン(William Penn)は、フィラデルフィアの地取りをする際に、最大で一〇エーカーの多数の広場(square)を公共利用地として指定した。そのほか、おもにニュー・イングランド地方(New England)の植民地には、イギリスで見られるような「共有地(commons)」が存在し、おもに牧草地に提供されたほか、閲兵場(parade ground)やレクリエーション用地としても利用された。しかし、都市における憩いの場としての意味合いをもつ都市公園の構想は、のちの国立公園の構想とは、趣を異にしていたと解される。

原生自然を手付かずの状態で公園として保護しようとする国立公園構想(national park idea)を最初に唱えたのは、前述の詩人キャトリンであるといわれる。[33] キャトリンの構想は、一八三二年に、インディアン領地から *New York Daily Commercial Advertiser* にあてた書簡のなかに示されていた。そこでキャトリンは、つぎのように述べている。「保護し、将来の洗練された市民や世界に披露する対象としては、なんと美しく、また感動的な見本であろうか！　国民の公園(nation's park)、それは、人と動物、さらに自然の美しさのもつすべての野性味と新鮮さ(freshness)を含むものである[34]」と。そしてこの構想は、多数の読者を有するニューヨークの新聞によって、広く一般に知らしめられた。

キャトリンの発案に次いで、公に発表された公園構想は、エマスンによるものであった。エマスンは、自然に対する正しい認識または深い理解、および彼の故郷の特性に関する数多くの言葉を残しているが、なかでも、彼が一八四四年に表明した所見は注目に値する。この年、彼は、ボストン(Boston)における講演で、「無限に続く森は、利用(use)と楽しみ(delight)のための優雅な公園(graceful park)とすべきである」と述べている。[35]

以上のような公園構想は、その後、代表的な自然保護論者の一人であるソローにおいて、一層明確化された。ソローは、一八五八年、彼が *Atlantic Monthly* に掲載した、メイン州への二度目の旅行に関する論稿の結論部分で、つぎのように述べている。「かつて英国の王たちは、遊猟または食料用に、『国王の獲物を維持する』専用の森を持っていた。彼らは、このような森を造り、もしくは拡張するために、時には村々を破壊した。しかし彼らは正当な本能に導かれていたのであろう。国王の権威を否定したわれわれは、どうしてわれわれ自身の自然保養地を持とうとしないのか。——村々を破壊する必要がなく、クマとピューマ(puma)が棲み、狩猟民さえ文明化されて追い出されることなく生き続けられる保養地を——その森は国王の獲物を維持するだけでなく、創造主という名の王そのものをも維持する——しかも、遊猟や食料のためにではなく、われわれがインスピレーションと真の休息を得るために。われわれは、ならず者のようにわれわれ自身の共有財産を蝕み、いつしかこれを根こそぎにしてしまうつもりなのか[36]」と。

こうした一連の自然保護思想家の発言などを通じて、一九世紀半ばごろまでには、多くの人びとが自然保護のための具体的な方途を講じる必要性を認識するに至ったのである。[37]

イ　大規模都市公園の成立

他方、時期を同じくして、ニューヨークでは、はじめての本格的な都市公園を創設する活動が進められていた。[38]この都市公園構想は、詩人であるブライアントによって考案され、一八四四年七月三日に、*New York Eve-*

ning Post で発表されたものである。[39] また、海外を広く旅し、各国の公園を観察してきたアンドゥルー・ジャクソン・ダウニング(Andrew Jackson Downing)は、アメリカはヨーロッパの公園文化を見習うべきであるとの強い信念をもち、大規模な公共都市公園(public city park)を設置するよう主張した。[40] 彼らの運動は、一八五一年についに功を奏し、ニューヨーク州が、マンハッタン地区(Manhattan)を公園用地として取得することを認める法律を制定した。[41] さらに、一八五三年、ニューヨーク州議会が約一平方マイルの面積の土地を購入したことにより、同公園計画は正式に実現される運びとなった。ダウニングの友人であり、かつ教え子でもあったオムステッドは、勤務先のニューヨークの出版会社が破産し、失業中であった一八五七年、この公園の管理者として採用された。[42] おりしもニューヨーク州は、同公園の計画をコンテストで決定することになったが、オムステッドは、イギリスの建築技師カルヴァート・ヴォークス(Calvert Vaux)とともにこれに応募し、三〇名以上の応募者のなかから第一位に選ばれたのである。以後数年の間、オムステッドは同公園を監督する仕事に従事し、一八六一年までには、造林と造園の作業をほぼ完了した。しかしこの間、公園整備事業は、オムステッドやヴォークスの望まない方向へと進んだため、失望したオムステッドは、一八六一年の南北戦争勃発を境に、セントラル・パークでの仕事を辞めることになる。つづいて彼は、赤十字(Red Cross)の前身である合衆国衛生委員会(Sanitary Commission)の事務局長に就任し、さらに二年後には、カリフォルニア州マリポサ鉱山地(Mariposa mining estate)の管理人に就任した。しかし、間もなく経営不振に陥り、サンフランシスコ湾(Sun Francisco Bay)地域における風致造園の仕事に転職せざるを得なくなった。オムステッドは、しばしばシエラ・ネヴァダ山脈(Sierra Nevada)を旅し、いつしかヨセミテ渓谷をカリフォルニア州の保護下におくことを求める議会活動を手伝うこととなる。[43] オムステッドが当時カリフォルニア州に所在したのは、まったくの偶然である。しかしこの出来事は、それ以後の合衆国国立公園史上、重大な意味をもつことになる。

ウ　ヨセミテへの関心の高まり

ヨセミテは、一九世紀半ばに至るも、ほとんど知られない未知なる領域であった。[44]しかしこのころから、さまざまな分野の人びとがヨセミテの原生自然に注目し、これを利用または賛美する活動が始まった。

一八五五年には、ヨセミテ渓谷に観光客の団体が足を踏み入れた。同年の六月下旬、ジェイムズ・メイスン・ハッチングズ(James Mason Hutchings)が、芸術家であるトーマス・アーマンド・エアズ(Thomas Almond Ayres)と二人のコンパニオン、および二名のインディアンのガイドを雇い、観光客を取りまとめ、はじめて渓谷へのツアーを実現させたのである。[45]これを契機として、ヨセミテへの観光熱が高まり、以後、渓谷内に観光客目当てのホテルが建設されるなど、[46]ヨセミテは、次第に観光地開発の波にのみ込まれていった。さらに、渓谷内の土地に対する権原を主張する複数の入植者や企業家も現れた。[47]

観光化が進むにつれて、ヨセミテ渓谷の自然美を称賛する声も徐々に聞かれるようになった。なかでも人びとにもっとも大きな関心をよびおこしたのは、一八五九年八月、*New York Tribune* の編集委員兼発行者であるホラス・グリーリ(Horace Greely)の発言である。ヨセミテ渓谷を訪れたグリーリは、「〔同渓谷は〕この地球上で、もっとも特異で威厳のある自然の驚異である」と形容し、発行部数が三〇万部にも達する新聞に寄稿したのである。[48]また、一八六〇年には、トーマス・スター・キング(Thomas Starr King)により、ヨセミテ渓谷を国家的資源と見なす機運が一層高められた。キングは、一八六〇年一二月一日から一八六一年二月九日にかけて、自身のヨセミテ渓谷騎馬旅行に関する八つの論文を、*Boston Evening Transcript* に発表し、「このような騎馬旅行は、地球上のいかなるところにもありえない」、「このような途方もなく大きな驚くべき岩山の景観は、アルプス(Alps)にもなく、アンデス(Andes)の山道とも異なり、巨大なオレゴン・レインジ(Oregon range)の峡谷にも存在しない」と断言し、全国の人びとの心に、ヨセミテへの強烈なあこがれと畏敬の念をよびおこした。そ

して、彼のヨセミテへの熱意は、彼をヨセミテ保護運動のリーダーの一人に押し上げることになった。(49)

また、芸術家たちも、ヨセミテ渓谷の荘厳な自然美を人びとの心に印象づけるのに重大な役割を果たした。チャールズ・リアンダ・ウィード(Charles Leander Weed)は、一八五九年にはじめてヨセミテ渓谷の写真を撮影した人物として知られ、その作品は前述のハッチングズが発行した出版物 *Hutchings' California Magazine* に掲載された。その二年後には、写真家カレントン・エマンズ・ワトキンズ(Carlenton Emmons Watkins)がマリポサの森(Mariposa Grove)を撮影している。さらに一八六三年には、有名な画家アルバート・ビアスタット(Albert Bierstadt)がヨセミテ渓谷の断崖絶壁、ドーム(dome)、および滝などの絵を描き、とくに東部地域の人びとに大きな感動を与えることとなった。(50)

かくして文学者や芸術家の間には、消え行く原生自然を自然公園として保護しようとする構想が芽生え、連邦議会でも原生自然を保護する最初の法律が制定された。(51) しかし、東部の人びとにとり、西部の大自然は、なお、未知なる世界であることに変わりはなかった。

こうしたなかで、自然保護のあり方にさほど関心をもたなかった東部の人びとに衝撃を与える二つの事件が発生した。そのひとつは、ナイアガラの滝における大規模な私有地化および観光地化と、観光客に対する詐欺行為の横行である。(52) もうひとつは、カリフォルニアにおける一八五四年の"Mother of the Forest"事件である。(53) これらの不幸な事件は、原生自然保護運動を引きおこす原動力となった。衝撃的なニュースと相前後して、合衆国では、偉大な自然を安易に破壊することへの激しい非難の声が巻きおこったのである。(54)

エ　ヨセミテ保護運動の発生と法案の準備

このようなヨセミテ渓谷をめぐるさまざまな動きを背景として、一八六四年冬、カリフォルニアの小さな団体が、当時カリフォルニア州選出の上院議員であったジョン・コネス(John Conness)に、ヨセミテ渓谷を私的な乱用から保護する法律の制定を求めた。[55] より明確なのは、一八六四年二月二〇日に、ニューヨークのセントラル・アメリカン汽船運送会社(Central American Steamship Transit Company)のカリフォルニア支部長であったイスラエル・ワード・レイモンド(Israel Ward Raymond)が、コネス議員に対し、セコイア(sequoia)の巨木が茂るマリポサの森を保護する法律の制定を求めた書簡である。[56] なお、レイモンドの提案を陰で支えていた人びとのなかには、前述のオムステッドとキングのほか、ジェシー・ベンタン・フリモント(Jessie Benton Fremont)[57]、ガレン・クラーク(Galen Clark)[58]、ジョシア・ドワイト・ウィットニ(Josiah Dwight Whitney)[59]、ジョン・F・モース(John F. Morse)[60]、スティーヴン・フィールド(Stephen Field)[61]などが含まれていたと考えられている。ただし、この時期のオムステッドが、レイモンドの提案に対し具体的にどの程度関与していたかは不明である。しかし、ヨセミテ保護運動がオムステッドのような造園家の支援を必要としていたときに、まさに彼がそこに居合わせたことに対しては、より一層の注意が払われるべきであろう。[62]

b　議会における法案の審議過程

こうして、一八六四年三月二八日、コネス議員は、公園として保護する目的で、ヨセミテ渓谷とマリポサの森をカリフォルニア州へ譲渡する法案を上程した。この法案は、前述のレイモンドの書簡をもとに、オムステッドやカリフォルニア州地質調査局(California Geological Survey)の局長ウィットニおよび他の局員らの協力のもと、連邦一般土地局(General Land Office)によって作成されたものであり、[63] 広大な原生自然地域を法律により公園として保護するはじめての試みであった。上院における議論は、とくに大きな混乱もなく進められ、順調に可決された。以下に、上院での議論の経過を簡単に紹介しよう。

一八六四年三月二八日、この法案は、上院において二度読み上げられた後、まず上院国有地委員会(Senate

Committee on Public Lands）へ審議を付託された。[64] そして、一八六四年五月一七日、上院は、国有地委員会からの報告を受けて本格的な議論に入った。

まずコネス議員は、法案を読み上げた後、法案の目的をつぎのように説明した。

「この法案は、カリフォルニア州シエラ・ネヴァダ山脈内に位置する特定の土地を譲渡することを目的としている。当該土地は、あらゆる公共目的にとって無価値な（worthless）土地であるが、しかし、そこには、おそらく世界でもっとも偉大な驚異（驚くべきもの）が含まれている。（中略）また、マリポサの森には、おそらく世界に比類のない樹木が存在する。それらの樹木は、現在、損害（damage）と危害（injury）の危機に瀕していることから、この法案は、これらの樹木を、カリフォルニア州の行政機関の継続的な保護による管理下に委ねようとするものである。これにより、それらの樹木は、一般大衆に公開され、人類の利益のために利用され、保護されることになろう。[65]」

これに対し、フォスタ（Foster）議員（コネティカット州選出）が、本件譲渡に関するカリフォルニア州の見解、および法案が提案されるに至った経緯について質問した。コネス議員は、「この法案は、財産をもち、品の良い、洗練されたさまざまな分野のカリフォルニア紳士たちからの要請によるものである」と応答している。さらに、フォスタ議員は、本件譲渡は「わたくしが記憶している限りでは、前例のない注目すべき譲渡である」と述べたうえで[66]、本件譲渡に関するカリフォルニア州の意向を再確認するよう求める質問を繰り返した。コネス議員は、自らがカリフォルニア州選出の議員であり、彼こそがカリフォルニア州の意見の代弁者である、と応答している。さらにコネス議員は、マリポサの巨木の樹齢は三千年であること、合衆国内に存在するそのような巨木の森は、マリポサの森とカラヴェラス（Calaveras）の森の二つであること、および数年前には、カラヴェラスの森から倒木の一部が切り出され、展覧会用にイギリスへ運ばれた事件などを紹介し、この法案は、先の二つの森のうちマリポサの森を壊滅(devastation)と危害(injury)から保護することを目的としている、と説明した。コネス議員の熱心な提案と説明を受けて、上院は即日、法案を可決した。[67] 下院は、ほとんど議論なく法案を可決し、一八六四年六月三〇日、リンカーン大統領が法案に署名した。[68]

c　ヨセミテ州立公園設置法

『ヨセミテ渓谷("Yo-Semite Valley")およびマリポサの森("Mariposa Big Tree Grove")を取り囲む地域をカリフォルニア州に譲渡する権限を付与する法律(13 Stst. 325 (1864))』

「カリフォルニア州マリポサ郡内のシエラ・ネヴァダ山脈の花崗岩ピークの絶壁(claft)および峡谷(gorge)、ならびにヨセミテ渓谷として知られるマセド川(Merced River)の上流を、カリフォルニア州へ譲渡するものとする。(中略)同州は、つぎのような明確な条件のもとでこの譲渡を受け入れるものとする。すなわち、〔当該地域は〕公共利用、リゾートおよびレクリエーションの目的で保持されるべきこと、いかなる場合であっても譲渡できないこと、ただし、一〇年を超えない賃貸が当該地域の一部について許容されること。特許権の賃貸から得られるすべての収益は、財産またはそこに至る道路の保存および改善に使われるものとする。(中略)〔当該地域は〕カリフォルニア州知事およびカリフォルニア州政府が任命する八人の委員によって管理される、ただし、その役務に対する報酬は支払われないものとする。」

d　ヨセミテ州立公園設立後の動き

ところで、当該地域の譲渡の正式な受諾には、州議会の同意が必要とされていたが、州議会は一八六六年まで開会される見込みがなかった。そこで、一八六四年九月二八日、カリフォルニア州知事フリドリク・ファーディナンド・ロー(Frederick Ferdinand Low)は、仮の受諾宣言を発表し、さらに権限付与条例(enacting act)第一条に基づく特権を利用して、同宣言のなかでヨセミテ公園委員を任命し発表した。[69]州知事によって任命された委員は、オムステッド、ウィットニ、クラークら八名であった。[70]オムステッドは、委員長になり、率先して当該保護地域の管理活動に取りかかった。同時に彼は、測量を依頼し、クラランス・キング(Clarence King)に地図を作成させるなどして、公園管理のための準備活動のリーダーとして活躍し始めた。[71]カリフォルニア州は、公園の発足にあたり二〇〇〇ドルを拠出することを決定した。[72]

こうして、ヨセミテの一部は、連邦からカリフォルニア州へ譲渡されたのであるが、この譲渡は、今日から見ると、きわめて幸運な結果をもたらした。というのは、州は、一般に入植者への土地譲渡に熱心ではなかったので、ヨセミテは入植者からの売却請求から逃れることができたからである。しかし、当時の状況下で、もし、ヨセミテがそのまま連邦に留保されていたなら、ほどなく入植者に占拠され、さまざまな土地処分法のもとで売却されてしまった可能性が高い。[73]また、ヨセミテが直ちに国立公園に指定されれば、結果はさらによいものになったかもしれない。しかし、今日とは異なり、たとえ国立公園に指定されても、その管理は惨憺たるもので、多くを期待できないのが当時の実状であった。その実態は、八年後に国立公園に指定されたイエローストーン(Yellowstone)を見ることで、さらに明らかになるのである。

(三)　一八七二年イエローストーン国立公園の成立

a　イエローストーン国立公園設置法制定までの経緯

アメリカのみならず世界最初の「国立」公園は、イエローストーン国立公園であるといわれる。イエローストーン国立公園が成立するまでの経過については、おびただしい数の文献があり、すでにわが国でも多くの紹介がなされている。ここでは、一般的な経緯を簡単に述べた後、とくに連邦議会での審議を中心に法律の制定過程を追うことにしよう。

イエローストーンを最初に訪れた白人がだれかについては、諸説がある。一九世紀初頭にはすでに白人が立ち入っていたといわれるが、それ以降、多数のハンター、わな猟師がイエローストーンに入った。なかでも有名なのが、ジェイムズ・フィーリクス・ブリジャー(James Felix Bridger)である。彼は、間欠泉(geyser)を含む多数のイエローストーンの奇景・奇観を吹聴してまわったが、彼の話は、誇張に満ちた奇警なほら話としか受けとられず、人びとの関心をよばなかった。(74) 一八六九年秋、今度は、チャールズ・W・クック(Charles W. Cook)、ディヴィッド・E・フォウルサム(David E. Folsom)、ウィリアム・ピータースン(William Peterson)の調査隊がイエローストーンを旅行し、ブリジャーの話が真実であることや、イエローストーン川グランド・キャニオン、イエローストーン湖(Yellowstone Lake)、ロウア・ガイザー・ベイスン(Lower Geyser Basin)の様子を報告したが、当時の人びとにとっては、報告書の記載があまりに空想的に思われたので、報告書を印刷・公表するのに多大な苦労をしなければならなかった。(75)

本格的な調査といえるのは、翌一八七〇年八月の、ヘンリ・デイナ・ウォッシュバーン(Henry Dana Washburn)率いる一九名のモンタナ州名士からなる探検隊の一カ月にわたる調査である。同隊には、ほかにナサニエル・ピット・ラングファド(Nathaniel Pitt Langford)、ロイトナン・グスターヴァス・C・ドーン(Lieutenant Gustavus C. Doane)が加わっていた。このウォッシュバーン＝ラングファド＝ドーンの探検隊は、クック調査隊の報告が正しいことを確認するとともに、アッパー・ガイザー・ベイスン(Upper Geyser Basin)やオールド・フェイスフル(Old Faithful)などを新たに「発見」した。(76) ドーンらの報告書が公表されると、人びとはイエローストーンに関心を寄せるようになり、ラングファドは、東部を講演してまわった。こうしたなかで、連邦議会もイエローストーンに関心を示し始めた。

翌一八七一年、連邦議会は、ネブラスカ州、およびワイオミング、ユタ、コロラドの各準州の大掛かりな地質調査を計画していたファーディナンド・ヴァンディヴィア・ハイデン(Ferdinand Vandiveer Hayden)博士による第三回目の調査隊に四万ドルを支出することを決定し、調査が実施された。調査隊には、昆虫学者、地形学者、動物学者、鉱物学者、気象学者、物理学者のほか、画家のトーマス・モラン(Thomas Moran)や写真家ウィリアム・ヘンリ・ジャクスン(William Henry Jackson)が含まれていた。ハイデン隊が公表した詳細な報告書は連邦政府の公文書として発行された。これは、連邦議会がイエローストーンを保護するための行動を開始する契機となった。ハイデンもラングファドと同様に、イエローストーンを国立公園として保護することを望み、積極的な議会工作に着手した。彼は、議員に対し、間欠泉地帯では、私的な利害関係者が土地分譲を請求する準備をしており、ナイアガラの滝のような悪夢の二の舞になるおそれのあることを喚起してまわった(77)。また、法案審議に先立ち、*Scribner's Monthly* 一八七一年五月号・六月号に掲載されたイエローストーンに関するラングファドの論文の写し四〇〇部が議員たちに配布された。

b　連邦議会での審議経過

こうした彼らの説得を受け、一八七一年一二月一八日、イエローストーン国立公園設置のための法律が上院と下院に同時に上程された。提案者は、ポメロイ(Pomeroy)上院議員(モンタナ州選出)とクラギット(Clagett)下院議員(カンザス州選出)であった。

法案は、上院で一八七二年一月三〇日に審議され、可決された。上院では、まず議長が法案を読み上げ、審議に移っている。法案の審議においては、以下に紹介するように、公園内での狩猟を一切禁止すべきであるとするアンサニ(Anthony)議員(ロードアイランド州選出)およびティプタン(Tipton)議員(ネブラスカ州選出)と、自己消費のための狩猟を禁止すべきではなく、狩猟の規制は内務長官による規則制定に委ねるべきだとするポメロイ議員との間で応酬があった。

まず、アンサニ議員は、「当該地域においては、狩猟鳥獣の破壊はいかなる目的を有するものであろうとも行われないようにするために、〝利益を得るために(for gain or profit)〟という文言を削除するよう提案する」[78]と述べた。つづいて、ティプタン議員も、「ひとたび門戸が開かれると、最終的には当該公園内のあらゆる狩猟鳥獣が完全に破壊されてしまうおそれがあるので、一切の目的での狩猟鳥獣の破壊を禁止すべきである」[79]と述べて、同調した。

これらの反対意見に対し、ポメロイ議員は以下のように応答した。「それは完全に内務長官の支配下におかれることになろう。内務長官は、狩猟鳥獣の破壊と捕獲を管理するための規則を制定することになっている。その点に関しては、内務長官は、たとえだれであれ、わたしたちと同じように用心深い人であると思われる」[80]と。

ついでエドゥマンズ(Edmunds)議員(ヴァーモント州選出)[81]が、「そこは、地球が有するあらゆる地域のなかで、もっとも驚異なる地域のひとつであることから、わたしたちは、それを保護しようと試みる人びとの物質的利益(material interests)に対しなんらの危害も加えない。この法案が、満場一致で可決されることを望む」と述べた[82]。

これに対してコウル(Cole)議員(カリフォルニア州選出)は、当時の一般的な見解をもっともよく示すつぎのような発言をした。「当該地域の天然の珍物(curiosities)は、人間のなしうるあらゆることをもってしても、決して害されえないものである。間欠泉は、たとえその土地の所有権がどこにあろうとも、〔そのまま〕残るであろう。したがって、なぜ入植者が、ロッキー山脈(Rocky Mountains)や他の地域にあるような四〇マイル平方の土地の区画から締め出されるべきなのか、理解できない。入植者に対してそれら〔天然の珍物〕への接近を許すと、その天然の珍物は、一体どのように害されることになるのか、理解できない。……合衆国の領土内のそのような広大な面積の土地を別にして取っておく理由、またはその妥当性が理解できない[83]」と。

最後に、トゥランバル(Trumbull)議員(イリノイ州選出)が、つぎのような格調高い賛成意見を述べた。「この地域はおそらく農業目的で居住されることはないが、しかし、一部の者がそこへ行き、これらの驚異なるものへ至る唯一の道の向こう側に権利を打ち立て、これらの山々の峡谷の間を通るすべての人びとから、一ドルか五ドルの入場料(fee)を徴収するということがありうるのである。また、彼はそこに障害物(obstruction)を設置し、これらの驚異なる創造物を見に行くすべての人びとから通行料金を徴収するかもしれない。……今、この驚くべき地域に関する議論があるという以前に、わたしたちは、それを一般的な国有地処分〔の対象〕から除外し、それを政府に留保しておくよう希望する。もし望むのであれば、将来いつのときか、それがだれかの邪魔になるのであれば、わたしたちはこの法律を廃止することができるのである。しかし今は、可決するのが非常に妥当な法案であると考える[84]」と。

同法案は、二月二七日に下院で審議された。下院では、ドーズ(Dawes)議員(マサチューセッツ州選出)が長大な賛成意見を述べたほかは、入植者およびインディアンとの権利の調整をめぐる若干の質疑があったのみであり、賛成一一五、反対六五、白票六〇で可決された。法案は、一八七二年三月一日、直ちにグラント大統領(Ulysses Simpson Grant, 1869-77)の署名を得て成立した[85]。

c　イエローストーン国立公園設置法

『イエローストーンを国立公園に指定する法律(17 Stat. 32 (1872))』

「モンタナ州およびワイオミング州内のイエローストーン川(Yellowstone River)の上流近くに位置する地域と、以下に記載される地域、すなわち、ガーディナーズ川(Gardiner's River)がイエローストーン川と合流する地点から始まり、イエローストーン湖の最東端まで一〇マイルの地点を通過する経線まで東へ進み、そこから、同経線に沿って、イエローストーン湖の最南端から一〇マイル南を通過する緯線まで南下し、そこから、同緯線に沿って、マディソン(Madison)湖の最西端から一五マイル西を通過する経線まで西へ進み、そこから、同経線に沿って、イエローストーン川とガーディナーズ川の合流点の緯線まで北上する。そこから、始点まで西へ進む〔ことによって囲まれる〕地域は、ここに、合衆国諸法に基づく入植、占有または売却から保護され、留保され、人びとの利益と楽しみのための遊興の場の公共的な公園(public park)または遊興の場(pleasuring ground)として献捧され(dedicated)、保持される(set apart)。当該地域または当該地域の一部を占拠し(locate)、入植し、または占有しようとする者は、以下に規定される者を除き、すべて不法侵入者(trespasser)と見なされ、その場所から立ち退かせられるものとする。

第二条

この公共的な公園は、内務長官の排他的な管轄のもとにおかれるものとする。また、内務長官は、実行可能となったときは直ちに、内務長官が当該地域の保護(care)と管理のために必要または適当(proper)であると判断する規定(rule)や規則(regulation)を制定し、公開する義務を負う。この規則は、当該公園内のすべての樹木(trees)、埋蔵鉱物(mineral deposits)、天然の珍物(natural curiosities)または驚異(wonders)を、危害(injury)または略奪(spoliation)から保護することを定める。内務長官は、その裁量において、訪問客の便宜のための建物を建設するのに必要な当該公園内の小規模な区画の土地を、一〇年を超えない範囲で、建築目的で賃貸することができる。当該賃貸によるすべての収益、および当該公園に関連した源泉から得られるすべての収益は、内務長官の裁量により、当該地域の管理および当該地域内の道路(roads)と馬道(bridle-paths)の建設のために費やされるものとする。また、内務長官は、当該公園内で発見される魚類および狩猟鳥獣(game)の悪意ある破壊(wanton destruction)、およびこれらの商取引(merchandise)または利益を得る目的での捕獲と破壊を禁止するものとする。さらに内務長官は、この法律の制定後、当該地域の不法侵入者をすべて立ち退かせるものとし、また一般に、本法律の目標(objects)および目的(purposes)を十分に達成するために必要または適当なすべての手段を講じる権限を付与される。」

(四)　一八九〇年ヨセミテ国立公園の成立

ヨセミテ渓谷とマリポサの森は、一八六四年、連邦からカリフォルニア州に譲渡され、カリフォルニア州がそれを正式に受領した一八六六年以後は、州立公園として管理された。しかし、連邦政府と同様に、カリフォルニア州も、ヨセミテ州立公園は自助努力で維持されるべきであって、費用を支出しないという立場をとったため、公園管理人に指名された前述のクラークも、ほとんど満足な仕事はできなかった。

このようななか、一八六八年、ミューアが住み込み、多数の東部の雑誌、とくにロバト・アンダウッド・ジャンスン(Robert Underwood Johnson)の知遇を得て、当時、高級誌といわれた *Century Magazine* に、ヨセミテを国立公園に指定することを訴える論稿を公表し続けた。当初、連邦議会は、このミューアの主張にまったく耳を貸さなかった。しかし、一部の議員のなかには彼に同調し、ヨセミテの保護を目的とした法案を提出する者が現れた。たとえば、一八七九年と一八八〇年には、カンヴァス(Converse)下院議員(オハイオ州選出)から、

「カリフォルニア州内の一定の森林地域を売却または処分から留保し保護(reserve)する権限を大統領に付与する」ための法案が連邦議会に提案された。また、一八八一年には、ミラ(Miller)上院議員(カリフォルニア州選出)が、「ヨセミテ渓谷およびマリポサの森の譲渡を拡大する」ための法案と「カリフォルニア州内の一定の土地の区画を公共公園として留保する」ための法案を提案している。ミラ議員は、一八八四年にもこれと同じ内容の法案を提出している。

また、そのころ、木材業者や投機家によるセコイアオオスギ(giant sequoia, big tree)の盗伐が世間から非難をあび、ミューアの主張に同調する者が次第に増加していた。しかし、木材業者、鉱山業者、牧畜業者、狩猟業者は、相変わらず連邦議会に対する強力な政治力を有しており、これらの法案が可決されるまでには至らなかった。

一八九〇年三月、ヴァンデヴァー(Vandever)下院議員(カリフォルニア州選出)が、「カリフォルニア州内にヨセミテ国立公園を設置する」法案を提出した。[86] さらに、同年九月三〇日、ペイスン(Payson)下院議員(イリノイ州選出)が、下院国有地委員会の代替案として、「カリフォルニア州内の一定の土地の区画を森林保護区(forest reservation)として留保(set apart)」する法案を下院本会議に報告した。彼は、「このような地域の原生美のすべてを政府が保存することは、現在および将来の世代に対する義務であると思われる。急速な人口増加とその結果もたらされる自然破壊は、わが国の驚異や美が人びとにとって知識のみならず喜びを提供できるように、それを侵害や破壊から保存することこそが、政府の責務であるということを示している」と述べて、法案の趣旨を説明した。[87]

この代替法案は、同日、下院を議論なしで通過し、上院に送られた。上院では、まずプラム(Plumb)議員(カンザス州選出)が、国有地委員会における法案の審議経過を説明し、つづいてヘイル(Hale)議員(メイン州選出)

が、この法案はもっと早く制定されるべきだった、と述べたほかは、さしたる発言もなく、反対なしで即日可決された。[88] こうして法案は、一八九〇年一〇月一日にハリスン大統領(Benjamin Harrison, 1889-93)の署名を得て成立した。おりから議会では、森林保護区を設置するための法案が審議中であった。

結局、長い間論争の的となり、木材業者等から激しく攻撃されていたこの法案は、わずか一日で連邦議会を通過した。いったいなにが起こったのであろうか。その理由としては、審議の速度が速く、反対派が十分な発言の機会を逃したこと、議員の多数が、まったく別の新しい公園と渓谷を混同していたこと、国有地委員会の報告がこの混同を助長したこと、数日前に認められたセコイア国立公園の設立[89]が、ヨセミテ国立公園の設立にも力を貸したこと、などの点が指摘されている。

(1) Roderick Frazier Nash, *Wilderness and the American Mind* 8 (4th ed., Yale University Press 2001); ロデリック・ナッシュ(Roderick Nash)著・鈴木美幸訳「原野とアメリカ人の心(*Wilderness and the American Mind*)」小原秀雄監修『環境思想の系譜(1) 環境思想の出現』七一頁(東海大学出版会・一九九五年)、Max Oelschlaeger, *The Idea of Wilderness: From Prehistory to the Age of Ecology* 3-4 (Yale University Press 1991).

(2) Nash, *supra* note 1, at 8-9; ナッシュ(鈴木訳)・前掲論文(注1)七一―七二頁。

(3) ロデリック・ナッシュ(Roderick Nash)著・足立康訳『人物アメリカ史(下)(*From These Beginings: A Biographical Approach to American History*)』六二頁(新潮社・一九八九年)。開拓は善であり、開拓を拒む自然は悪であるという考え方が一般的であった。岡島成行『アメリカの環境保護運動』八一頁(岩波書店・一九九〇年)。人びとは国境や条約を無視し、外国領にも侵入したが、これは以後、パブリック・ドメインの拡張を行うのに好都合な既成事実を作ることになった。有賀貞・大下尚一編『概説アメリカ史――ニューワールドの夢と現実』一七三頁(有斐閣・一九七九年)。

(4) Oelschlaeger, *supra* note 1, at 3-4; マックス・エルシュレイガー(Max Oelshlaeger)著・鈴木美幸訳「原野の観念――先史時代からエコロジー時代まで(*The Idea of Wilderness: From Prehistory to the Age of Ecology*)」小原秀雄監

修『環境思想の系譜(一) 環境思想の出現』三六頁(東海大学出版会・一九九五年)、ジョン・マコーミック(John McCormick)著・鈴木昭彦訳「環境主義のルーツ("*The Roots of Environmentalism*" *in Reclaiming Paradise : The Global Environmental Movement*)」小原秀雄監修『環境思想の系譜(一) 環境思想の出現』一一〇頁(東海大学出版会・一九九五年)。

(5) Oelschlaeger, *supra* note 1, at 3-4; エルシュレイガー(鈴木訳)・前掲論文(注4)三六、一一〇頁。

(6) 伝記として、クロード・シュベル(Claude Chebel)著・幸田礼雅訳『伝記・オーデュボン——鳥を愛した男の生涯(*Audubon : The Man Who Loved Nature*)』(TBSブリタニカ・一九九〇年)などがある。なお、彼の功績をたたえて、一九〇五年、今日世界的な環境保護団体として知られる全米オーデュボン協会(National Audubon Society)が設立された。Bernard Shanks, *This Land is Your Land : The Struggle to Save America's Public Lands* 56 (Sierra Club Books 1984).

(7) クーパーは、アメリカの自然景観を巧みに描写することで知られる傑出した小説家である。なお、クーパーの娘であるスーザン(Susan)も彼の活動に貢献していたと伝えられる。Alfred Runte, *National Parks : The American Experience* 16-18 (University of Nebraska Press 1984).

(8) コウルは、一九世紀前半に、原生自然の有する価値に無関心な当時の人びとを、新世界に侵入する破壊者(destroyer)であると批判し、原生自然はわずか「二、三年という短い期間のうちに」消滅してしまうであろう、と警告していた。Nash, *supra* note 1, at 97; ナッシュ(鈴木訳)・前掲論文(注1)八五—八六頁。

(9) ブライアントは、造園家であるアンドゥルー・ジャクスン・ダウニング(Andrew Jackson Downing)と並んで、もっとも早くから(少なくとも一八四四年には)、都市公園(city park または urban park)の概念を提案していた。Douglas H. Strong, *Dreamers & Defenders : American Conservationists* 19 (University of Nebraska Press 1988); Runte, *supra* note 7, at 4.

(10) ランマンは、「原生自然(wilderness)を魅力的にしている、ほぼすべてのものが、文明の手によって奪い取られつつある」と訴えた。Nash, *supra* note 1, at 97; ナッシュ(鈴木訳)・前掲論文(注1)八六頁。

(11) パークマンの名著『カリフォルニアとオレゴン街道』は何度か改版されており、各版の序文からは、原生自然に対する彼の見解の推移をはっきりと読み取ることができる。これによると、彼は次第に原生自然喪失の運命を実感するようになり(一八七三年版序文)、ついには、「西部は開拓され、未開地の魅力はすっかり失われてしまった」と嘆いている(一八九二年版序文)。Nash, *supra* note 1, at 100；ナッシュ(鈴木訳)・前掲論文(注1)八八—八九頁。

(12)　キャトリンは、アメリカン・インディアンに関する初期のもっとも著名な研究家および美術家として知られる。彼の著した *North American Indians: Being Letters and Notes on their Manners, Customs, and Conditions, Written during Eight Years' Travel Amongst the Widest Tribes in North America, 1832-1839* (London: George Catlin, 1880) は、破壊の危機に瀕するインディアンの大平原(Great Plains)での生活を見事に鋭く描写したものである。そこで彼は、スー族(Sioux)が、ウイスキーと交換するために大量のバッファロー(buffalo)を屠殺する光景を目の当たりにする。彼は、インディアンを研究し描くための度重なる西部旅行を通じて、発展しつつある文明の影響が辺境地域にまでおよんでいることを知り、同時にインディアンとバッファローの絶滅が近いことも実感し、原生自然と自然美を最終的な破壊から守り、将来の世代の人びとに伝える方法として、国民のための公園(nation's park)という考えを提唱した。おそらくキャトリンは、偉大な自然保護論者であるソローやミューアの名声の前では見劣りしていたであろうが、記録に残るものとしては最初の国立公園構想の考案者としての名誉を受けるに足る人物であると評価されている。Hans Huth, *Yosemite, the Story of an Idea: An Account of the Changes in the American Attitude toward Nature that Led to the Creation of the National Park System* 8 (Yosemite Natural History Association 1984)；Roderick Frazier Nash, *American Environmentalism: Readings in Conservation History* 31 (3d ed., McGraw-Hill 1990)；Frederick W. Turner, *Rediscovering America: John Muir in His Time and Ours* 237, n. 384 (Random House, Inc. 1987).

(13)　エマスンは牧師、評論家、哲学者であり、一八三六年に論文「自然(*Nature*)」を発表した。ここで彼は、自然の素晴らしさと豊かさを認め、それまで支配的であった、開拓の対象として自然をとらえる考え方に異論を唱えている。Huth, *supra* note 12, at 8；岡島・前掲書(注3)四四—四五頁。

(14)　ソローは生態学者であり、アメリカ「花暦学の父」ともよばれている。彼は一八三六年にはじめてエマスンと出会って以来、一八四二年から二年間の書生生活を経て親交を深め、一八四五年七月四日の独立記念日から二年二カ月の間、コンコード(Concord)の南のウォルデン湖(Walden Lake)のほとりで一人で生活した記録を、一八五四年、『森の生活——ウォルデン(*Walden, or Life in the Woods*)』として出版した。これはエマスンの思想にさらに磨きをかける業績となった。こうしてソローは「一九世紀半ばまでのアメリカ自然観をまとめあげ、つぎの自然保護運動時代の理論的根拠を築き、ありのままの自然の美と精神性を褒め称えたもっとも傑出した論者」と評されることになった。岡島・前掲書(注3)五〇—五二頁、ナッシュ

（足立訳）・前掲書（注3）六七頁。

（15） エマスンとソローの両者については、加藤尚武『環境倫理学のすすめ』一六三―一六八頁（丸善・一九九一年）、ロデリック・F・ナッシュ（Roderick Frazier Nash）著・松野弘一訳『自然の権利（*The Rights of Nature: A History of Environmental Ethics*）』七六―八〇頁（TBSブリタニカ・一九九三年）に詳しい。

（16） George Cameron Coggins, Charles F. Wilkinson & John D. Leshy, *Federal Public Land and Resources Law* 106 (3d ed., Foundation Press 1993). See also David Lowenthal, *George Perkins Marsh: Prophet of Conservation* (University of Washington Press 2000).

（17） 紀元前から無数の王朝が繁栄した地中海地方には、ギリシア・ローマ神話に多くの森の神や森の精が登場することからもわかるように、かつては鬱蒼と茂る森があった。しかしギリシア勃興の時代から、古代人による森林伐採が始まり、おもに農地に転用するため繰り返し森林が伐採された。その結果、森林の喪失、劣化、あるいは土壌侵食が極度に進み、カルストの岩石地や乾燥した砂漠のような回復不能な不毛の地に変えられてしまった。ジャック・ウェストビー（Jack Westoby）著・熊崎実訳『森と人間の歴史（*Introduction to World Forestry: People and Their Trees*）』五六―五九頁（築地書館・一九九〇年）、金子史朗『レバノン杉のたどった道』一九三―二三三頁（原書房・一九九〇年）。

（18） George Perkins Marsh, *Man and Nature: Or, Physical Geography as Modified by Human Action* (The Belknap Press of Harvard University Press 1965).

（19） 偉大な自然保全主義者ピンショーは、彼が尊敬した人物の一人としてマーシュをあげている。マーシュは、アメリカ自然保護運動史上きわめて重要な地位を占めている。たとえば、ナッシュ（松野訳）・前掲書（注15）八〇―八二頁参照。しかしデイナ（Dana）は、「マーシュは自然のバランスという言葉を語った最初の人物ではあるが、一方で彼は、死海（Dead Sea）を水で満たすための運河の建設も主張した」と指摘し、マーシュを原生自然保護主義者ととらえるのは誤りであると述べている。Samuel Trask Dana & Sally K. Fairfax, *Forest and Range Policy: Its Development in the United States* 38-39 (2d ed., McGraw-Hill Publishing Company 1980).

（20） Nash, *supra* note 1, at 105；ナッシュ（鈴木訳）・前掲論文（注1）九四頁。

（21） ピンショーは、彼が尊敬する人物として、マーシュのほかに、パウエルおよびシュアツをあげている。ナッシュ（足立訳）・前掲書（注3）六五頁。

(22)　パウエルの伝記としては、Donald Worster, *A River Running West : The Life of John Wesley Powell* (Oxford University Press 2001) が詳細である。Strong, *supra* note 9, at 49-51, 54.

(23)　のちに彼は、合衆国地質調査局(Geological Survey)主事に任命された。ナッシュ(足立訳)・前掲書(注3)六五—六六頁。そして彼は、所有地の境界は河川流域を取り囲む形で引かれるべきこと、自作農たちが共同作業によって自ら灌漑設備を作るよう奨励すべきこと、などを提案した。パウエルについては、*National Geographic*(日本版)創刊前特別号九八—一一五頁(日経ナショナル ジオグラフィック社・一九九五年)に紹介があるので参照されたい。

(24)　ナッシュ(足立訳)・前掲書(注3)六六頁。

(25)　Dana & Fairfax, *supra* note 19, at 47 ; Strong, *supra* note 9, at 49.

(26)　Dyan Zaslowsky & Tom H. Watkins, *These American Lands : Parks, Wilderness, and the Public Lands* 6 (Island Press 1994). 彼の業績はわが国にも広く紹介されている。たとえば、内山正雄「近代都市公園の発生と展開に関する研究」造園雑誌四〇巻一号(一九七六年)、同「近代都市公園の発生と展開に関する研究」造園雑誌四一巻四号(一九七八年)、佐藤昌『フレデリック・ロー・オムステッド、その一生と業績』(日本造園修景協会・一九八〇年)、アルバート・ファイン(Albert Fein)著・黒川直樹訳『アメリカの都市と自然——オムステッドによるアメリカの環境計画(*Frederick Law Olmsted and the American Environmental Tradition (Planning and Cities)*)』(井上書院・一九八三年)、石川幹子「ボストンにおける公園緑地系統の成立に関する研究」造園雑誌五四巻五号(一九九一年)など。オムステッドの報告書の内容は、Lary M. Dilsaver, *America's National Park System : The Critical Documents* 12-27 (Rowman & Littlefield Publishers, Inc. 1994) に詳細に収録されている。また、Joseph Sax, *America's National Parks : Principles, Purposes, and Prospects*, Natural History, Oct., 1976, at 57, 60 も参照。

(27)　George Cameron Coggins, Charles F. Wilkinson & John D. Leshy, *Federal Public Land and Resources Law* 116-118 (5th ed., Foundation Press 2002). ミューアの伝記としては、Stephen Fox, *The American Conservation Movement : John Muir and His Legacy* (University of Wisconsin Press 1985) ; Turner, *supra* note 12 ; Michael P. Cohen, *The Pathless Way : John Muir and American Wilderness* (University of Wisconsin Press 1984) ; Thurman Wilkins, *John Muir : Apostle of Nature* (University of Oklahoma Press 1995) などがある。また邦語の文献として、東良三『自然保護の父ジョン・ミューア』(山と渓谷社・一九七二年)、加藤則芳『森の聖者』(山と渓谷社・一九九五年)などがあ

る。

(28) An Act authorizing the governor of the territory of Arkansas to lease the salt springs, in said territory, and for other purposes, Apr. 20, 1832, ch. 70, 4 Stat. 505 ; David A. Adams, *Renewable Resource Policy : The Legal-Institutional Foundations* 179 (Island Press 1993) ; John Ise, *Our National Park Policy : A Critical History* 13 (Arno Press 1979) ; Zaslowsky & Watkins, *supra* note 26, at 13-14 ; Nash, *supra* note 1, at 105 ; Dana & Fairfax, *supra* note 19, at 356. さらに同法は、アーカンソー準州の知事が五年を超えない期間でこれらの泉を賃貸すること、およびその賃貸から得られる収益は、アーカンソー準州における道路の開通・改良のために用いられるべきことも定めていた。

(29) Ise, *supra* note 28, at 244 ; Runte, *supra* note 7, at 26. 連邦議会は、すべてのアメリカ人がその泉の温水に接することができるようにすべきであるとの認識をもっていた。Zaslowsky & Watkins, *supra* note 26, at 14. ホット・スプリングズは、とくに優れた景勝地とはいえなかったが、以後、イエローストーン地域やヨセミテ地域をはるかにしのぐ観光客数を誇ることになる。たとえば、一九一六年の合衆国全土における公園訪問者の総数は約三五万六千人であったが、そのうち約三分の一(約一一万九千人)はホット・スプリングズの「医療効果」のある泉を訪れた人びとであった。なお同年、イエローストーンには約三万六千人、ヨセミテには三万三千人の観光客が訪れたという。Ronald A. Foresta, *America's National Parks and Their Keepers* 12 (Table 2-1) (Resources for the Future, Inc. 1985).

(30) なおホット・スプリングズは、その後、連邦政府により公園として管理されていたが、一九二一年に正式に国立公園制度に組み込まれた。An Act Making appropriations for sundry civil expenses of the Government for the fiscal year ending June 30, 1922, and for other purposes, Mar. 4, 1921, ch. 161, 41 Stat. 1367, 1407 ; Zaslowsky & Watkins, *supra* note 26, at 14.

(31) Strong, *supra* note 9, at 23 ; An Act authorizing a Grant to the State of California of the "Yo-Semite Valley," and of the Land embracing the "Mariposa Big Tree Grove," Jun. 30, 1864, ch. 186, 13 Stat. 325.

(32) Huth, *supra* note 12, at 5.

(33) Runte, *supra* note 7, at 187 ; Huth, *supra* note 12, at 8.

(34) George Catlin, *Letters and Notes on the Manners, Customs, and Conditions of the North American Indians : Written During Eight Years' Travel (1832-1839) Amongst the Wildest Tribes of Indians in North America,*

With an Introduction by Marjorie Halpin and Over 250 Photographic Reproductions of Paintings in the Catlin Collection of the United States National Museum 261-262 (Dover Publications 1973).

(35) Huth, *supra* note 12, at 8.

(36) Nash, *supra* note 1, at 102; Huth, *supra* note 12, at 8; ヘンリー・D・ソロー(Henry David Thoreau)著・大出健訳『メインの森(*The Maine Woods*)』二五〇―二五一頁(冬樹社・一九八八年)、ヘンリー・D・ソロー(Henry David Thoreau)著・小野和人訳『メインの森(*The Maine Woods*)』二二四頁(講談社・一九九四年)、ナッシュ(鈴木訳)・前掲論文(注1)九一頁。

(37) Huth, *supra* note 12, at 9.

(38) ニューヨークでは、以前からレクリエーションのためのより大きなオープン・スペース(open space)や緑地が必要であることが認識されていたが、具体策がとられずにいた。事実、当時のニューヨークにおいては、都市化が進むにつれて、オープン・スペースは散り散りになった二、三エーカーにまで削減されていたのである。Strong, *supra* note 9, at 19.

(39) ブライアントの発想は、そのころ全国的に有名であったボストン近くのマウント・オーバン墓地(Mount Auburn Cemetery)のような風光明媚な共同墓地から生まれたのではないかと推測する論者もある。Strong, *supra* note 9, at 19-20.

(40) ダウニングは、彼がイギリス、フランスおよびドイツにおいて訪問した多数の公園について、ミュンヘン(München)のイギリス公園(England Park)がもっとも美しいと述べている。Huth, *supra* note 12, at 26.

(41) Strong, *supra* note 9, at 20.

(42) オムステッドとセントラル・パークについては、佐藤昌『欧米公園緑地発達史』二一八―二二一、二二七―二三三頁(都市計画研究所・一九六八年)に詳しい。なお、それ以前のオムステッドの経歴については、Strong *supra* note 9, at 16-19を参照されたい。

(43) Strong, *supra* note 9, at 22-23.

(44) Alfred Runte, *Yosemite: The Embattled Wilderness* 14 (University of Nebraska Press 1990); Sax, *supra* note 26, at 59; Ise, *supra* note 28, at 52.

(45) Runte, *supra* note 44, at 13; Ise, *supra* note 28, at 52.

(46) 一八五七年には、カニンガム(Cunningham)が"Lower Hotel"を建設した。さらにその二年後には、ヨセミテ渓谷からわずかに登ったところに"Upper Hotel"が建設された。Runte, *supra* note 44, at 17; Ise, *supra* note 28, at 52.

(47) ヨセミテ渓谷の初期の入植者ジェイムズ・C・ラマン(James C. Lamon)は、一八五九年、渓谷の土地の一部に対する権利を主張し始めた。彼は、渓谷に丸太小屋を建て、果樹を植え、庭の手入れをするなどして、夏の観光客の到来を待ち構えていた。Runte, *supra* note 44, at 17; Ise, *supra* note 28, at 52. このほか、何千人もの観光客が来ることを予想して、渓谷の土地の一部に対し権利を主張する企業家も出現した。また、一八六〇年には、営利目的で渓谷内の土地を富くじ販売の対象にする者まで現れた。Runte, *supra* note 7, at 28; Ise, ibid., 28, at 52.

(48) Runte, *supra* note 7, at 20.

(49) Ibid., at 20-21; Runte, *supra* note 44, at 14-15; Ise, *supra* note 28; at 52; Huth, *supra* note 12, at 28-29.

(50) Runte, *supra* note 7, at 24-25; Runte, *supra* note 44, at 16; Ise, *supra* note 28, at 52.

(51) 一部の勇敢な旅行者を除き、当時、あえて退屈な陸路や海路の旅を選ぶ観光客はいなかったのである。Huth, *supra* note 12, at 26.

(52) Sax, *supra* note 26, at 64; Runte, *supra* note 44, at 15. 当時もっとも有名で人気の高かったナイアガラの滝では、一八〇六年から、滝周辺の土地の私有化が進んでいた。ナイアガラの滝には、一八五〇年までに、一般大衆の興味・関心を引きつけるようなホテル、店、馬小屋、看板などが立ち並び、かつての様相とは一変していた。

(53) 一八五二年に巨木の生い茂るカラヴェラスの森が発見されてからわずか二年後のこと、ある実業家が、カラヴェラスの森のなかで最大の木であった、高さ三一五フィート(約九六メートル)、幹回り六一フィート(約一九メートル)の「森の母なる木"Mother of the Forest"」の樹皮を、一一六フィート(約三五メートル)にわたってはぎとり、これをいくつかの部分に切断し、船でイギリスへ運び去ってしまうという事件が発覚した。彼の目的は、東部海岸地域のいくつかの都市でショーを開き、さらにロンドンのシドナム(Sydenham)におけるCrystal Palace展覧会で展示することであった。しかし実際には、だれひとりとしてその樹皮が一本の木からとられたものであることを信じる者はいなかったので、展覧会は詐欺の烙印を押され、一八六六年にはとうとう中止に追い込まれたという。Sax, *supra* note 26, at 63-64; Huth, *supra* note 12, at 26-27; Runte, *supra* note 7, at 27. この事件は、当時、西部の原生自然が十分に理解されていなかったこと、むしろそのような自然の存在自体が人びとに知られていなかったことを如実に物語るものである。

(54) たとえば、一八五三年公刊のイギリスの雑誌*Gleason's Pictorial*には、Sierra Redwoodsの展覧会に激怒したカリフォルニア人からの手紙が掲載された。彼は、展示会のために“Discovery Tree”に傷をつけることは、「残忍な(cruel)考えであり、神聖なるものを完全に冒瀆するものである」と抗議した。さらに彼は、「そのような自然の産物は、もしそれがヨーロッパに生育していたならば、当然のこととして法律による愛護を受け、保護されていたであろう。しかし、このように金儲け主義で、まさに前進しつつある社会においては、三〇〇〇ドルから四〇〇〇ドルの金が支払われさえすれば、購入者はその木を切り倒し、これを見世物にするために船で運び去ってしまうのである」と非難した。Huth, *supra* note 12, at 27; Runte, *supra* note 7, at 27. また一八五七年には、同年に *Atlantic Monthly* の編集者となったジェイムズ・ラッセル・ロウエル(James Russell Lowell)からも同趣旨の見解が発表された。ロウエルは、彼の「木への慈愛(Humanity to Trees)」に関する論文のなかで、「われわれは、木々の取りあつかい方が野蛮(barbarous)であり、木々の破壊に対して無慈悲(wanton)である」との考えを披露し、樹木愛護協会(a society for the prevention of cruelty to trees)の設立を提案した。Huth, ibid., at 27.

(55)　この団体の活動内容の詳細は、現在に至るも十分に解明されておらず、また、これがレイモンドの所属する団体であったかも不明である。Runte, *supra* note 7, at 28.

(56)　この書簡の全文は、Huth, *supra* note 12, at 30-31 に紹介されている。そのなかでレイモンドは、ヨセミテとマリポサの森が、「公的な利用、リゾート、およびレクリエーションのために」カリフォルニア州に与えられ、その後は永遠に譲渡不能とされるべきことを求めている。この提案は、おそらくオムステッドの示唆を受けたものであるといわれる。オムステッドは、ヨセミテ国立公園創設期における隠れた理論家であり、彼の思想が先駆となって公園が創設されたとも評されているが、その明白な証拠はない。Sax, *supra* note 26, at 61; Adams, *supra* note 28, at 179.

(57)　ジェシーは、ジョン・C・フリモント(John C. Fremont)の妻であり、トーマス・ハート・ベンタン(Thomas Hart Benton)上院議員(ミズーリ州選出)の娘である。Sax, *supra* note 26, at 60.

(58)　クラークは、ヨセミテ渓谷内に居住していた開拓者の一人である。彼は一八六六年に、カリフォルニア州知事からヨセミテ管理者の一人として正式に任用されることになる。Runte, *supra* note 44, at 22, 37.

(59)　ウィットニは、著名なアメリカ人の家柄の子孫であり、かつカリフォルニア州地質調査局(California Geological Survey)の局長でもあった。彼の著作は、人びとの心をこの荘厳な景観の地に強く引きつける魅力を有していたという。Ise, *supra* note 28, at 53; Sax, *supra* note 26, at 60. なお、ウィットニとレイモンドの間を取りもったのは、カリフォルニア・スティーム・ナヴィゲイション会社(California Steam Navigation Company)の秘書を務めていたウィットニの義兄弟であったといわれる。さらにウィットニは、カリフォルニア州地質調査局設置法を起草したのはカリフォルニア州議会議員時代のコネス議員であったことから、コネス議員とも面識があった。Sax, ibid., at 60.

(60) モースは、サンフランシスコの医師であったということ以外には、その経歴がほとんど知られていない。Sax, *supra* note 26, at 60.

(61) Ibid., at 60.

(62) Huth, *supra* note 12, at 29-30.

(63) Ise, *supra* note 28, at 53.

(64) Congressional Globe, Mar. 28, 1864, at 1310.

(65) Congressional Globe, May 17, 1864, at 2300-2301.

(66) このフォスター議員の発言に関し、アイス(Ise)は、「これはしかし完全に正確な発言であるとはいえない。というのも、公園としての譲渡ではないが、州に対する譲渡は決して珍しいことではなかったからである」と指摘する。Ise, *supra* note 28, at 53. しかし、広大な原生自然地域を、公園として保護させるために州に譲渡することは、それまで前例がなく、画期的な出来事であったと評価すべきであろう。

(67) Congressional Globe, May 17, 1864, at 2301.

(68) Runte, *supra* note 44, at 21.

(69) Ibid., at 21.

(70) マリポサの森の発見者として名声の高かったクラークは、のちの一八六六年五月二一日、ヨセミテ渓谷と巨木の森の事実上の管理保護者に任命された。以後クラークは、副管理人と二人あわせて年俸五〇〇ドルの給料で一五年間にわたり献身的にその職務を遂行した。東・前掲書(注27)八九頁。なおアイスは、クラークについて、「公園管理能力に欠けていたうえ、仕事上必要な金も有していなかった」と評している。Ise, *supra* note 28, at 54.

(71) Huth, *supra* note 12, at 32-33. 一八六五年、オムステッドは、以後の州立・国立公園設立のための哲学的な基礎を形作ることになるひとつの報告書を発表する。そのなかでオムステッドは、「国家的な景観資源が一部のわずかな金持ちに独占されるのを防ぐために、政府が干渉すべきである」、「政府が関与しない限り、すべての精神および身体のレクリエーション上好ましい景観地は、大衆に閉ざされてしまうことになろう」と述べ、景勝地の政府による管理と大衆への公開という原則を提案した。Adams, *supra* note 28, at 180; Sax, *supra* note 26, at 64-65. なお、オムステッドの報告書は、一九五二年に発見されたもので、その全文は、Dilsaver, *supra* note 26, at 12-27 に収録されている。

(72) Ise, *supra* note 28, at 54.

(73) Ibid., at 53.

(74) Zaslowsky & Watkins, *supra* note 26, at 16; Runte, *supra* note 7, at 34-35.

(75) Ise, *supra* note 28, at 14; Runte, *supra* note 7, at 35-37.

(76) さて、ここに有名な逸話が登場する。ウォッシュバーン＝ラングファド＝ドーンの探検隊が、自分たちの見た奇観をキャンプ・ファイヤーを囲んで語るうち、このすばらしい土地をいかにして守るかについての議論に移った。そのとき、著名な法律家であったコーネリウス・ヘジス(Cornelius Hedges)が、イエローストーンはすべての人びとの永遠の楽しみのために公園として留保されるべきだと主張した。ラングファドもこれに同意し、二人は、この地を公園として留保するために努力すべきことを他のメンバーに対して説得した。これは「重大かつ歴史的な決定」であった。Ise, *supra* note 28, at 15; Runte, *supra* note 7, at 36-39; Nash, *supra* note 1, at 109-112.

(77) Runte, *supra* note 7, at 44, 45. なお、ハイデンの中間名は、ヴァンダヴィア(Vandeveer)とする説もある。

(78) Congressional Globe, Jan. 30, 1872, at 697.

(79) Ibid., at 697.

(80) Ibid., at 697.

(81) 彼は、議会における最初の環境保護論者といわれる。Ise, *supra* note 28, at 16.

(82) Congressional Globe, Jan. 30, 1872, at 697.

(83) Ibid., at 697.

(84) Ibid., at 697.

(85) この時期、国有地をあたかも略奪する法案が連邦議会の支持を得ていたことを考えると、二〇〇万エーカーという(東部の小さな州の二つに匹敵するような)広大な面積の地域をすべての私的な利用から隔離し、留保する法案が可決されたことは、ほとんど奇跡でさえあった。その理由として、この西部の地がはるかに遠く人目から隔たり、木材業者が中西部の松の森林を伐採するのに忙しく、この遠隔地には関心がなく、ハンターやわな猟師はさほど大きな政治力を有せず、国立公園破壊の主役である水力発電会社もこの地に関心を示さなかったことなどがあげられる。もし、国立公園の設立がこれよりも一〇年から一五年遅れていたとすると、商業・鉱山業への投資家らが殺到し、国立公園の設置は不可能となったであろう。Ise, *supra* note 28, at 17-18. イエローストーンの保護は、合衆国社会が急変するなかで、どうにか間に合ったのである。

(86) Tom Turner, *Sierra Club : 100 Years of Protecting Nature* 44-45 (Abrams, in association with the Sierra Club 1991)は、つぎのように記述している。一八八九年、西部を訪れたロバト・アンダウッド・ジャンスンは、ミューアの勧めで、ヨセミテの中心部にあるトゥーオラムニ・メドウズ(Tuolumne Meadows)に宿泊した。そこで二人は、草原や森林を調査し、羊、牛、木材業者、鉱山業者による惨状を中止させるには、なにか思い切った方法が必要であるという結論に達した。そこで、ジャンスンは、もしミューアがヨセミテ奥部の窮状を訴え、救済を求める論稿を *Century* に二本書くなら、彼は、連邦議会の議員や大統領に対して、ヨセミテ渓谷を包囲し保護する国立公園を設置するよう説得するために、彼の権限を行使すると約束した。こうしてミューアは、連邦政府は保護地域をカリフォルニア州から取り戻すべきであるという考えに至り、結局二人は、国立公園設置のための運動をワシントンに向けて行うことを決心した。そして、ジャンスンの助けを得て、連邦議会が行動するよう説得するために東部の影響力ある人びとの支援をつのることにした。

(87) 22 Congressional Record, Sept. 30, 1890, at 10740.

(88) Ibid., at 10740.

(89) セコイア国立公園設置法は、一八九〇年九月二五日に成立した。An act to set apart a certain tract of land in the State of California as a public park, Sept. 25, 1890, ch. 926, 26 Stat. 478. 一方、ヨセミテ国立公園とジェネラル・グラント国立公園の成立は同年一〇月一日である。An act to set apart certain tracts of land in the State of California as forest reservations, Oct. 1, 1890, ch. 1263, 26 Stat. 650. (Sections 1 and 2 of this act pertain to the Yosemite National Park, while section 3 sets apart General Grant National Park, and also a portion of Sequoia National Park.) しかし、これらの法律には、セコイア、ジェネラル・グラント、ヨセミテの名前は登場しない。これらの国立公園の名称は、のちに、ノウベル(Noble)内務長官によって名付けられたものである。Ise, *supra* note 28, at 58.

第二節　国有林制度の成立

一　森林保護制度の前史

（一）　森林の発見と乱伐の開始

a　序

アメリカ合衆国の面積(ここではアラスカ州を除く)は、一九億三〇〇万エーカーである。一七世紀の初頭にヨーロッパ人が東海岸に入植する以前は、約四五％にあたる八億二二〇〇万エーカーから八億五〇〇〇万エーカーが、よく成熟した経済林(commercial forest)であったと推定されている。森林は、大平原(Great Plains)をはさみ、四分の一が西の太平洋岸に、四分の三が東側に広がっていた。しかし、この果てしなく広がる森林は、それ以降、伐採、農耕、焼却、放牧、およびさまざまな事業活動などによって急速に姿を消していった。一九二〇年の統計によると、森林面積は四億七〇〇〇万エーカーに減少し、しかも当初の名残をとどめる森林は一億三八〇〇万エーカーにすぎなかった[1]。

このような急速な森林の消滅は、多くの人びとの危惧と不安をよびおこし、森林を保護する運動を生み出した。本節は、森林破壊に立ちむかい、今日の合衆国の森林保護制度の基礎を築いた人びとの物語である。

b　森林乱伐の時代

新大陸の入植者は、農耕、牧畜、建物や柵の建設、および材木生産や燃料確保などの目的のために、急速に森林を伐採した。[2] 森林は無尽蔵であり、人びとの共有財産であり、人間の労働によって開拓されてはじめてその土地に価値が与えられると考えられていたのである。[3]

独立戦争後も、森林伐採は進行した。伐採は、ニュー・イングランド地方(New England)から始まり、ニューヨーク州のアディロンダック山脈(Adirondack Mountains)とキャッツキル山脈(Catskill Mountains)へ進み、アパラチア山脈(Appalachian Mountains)へと南下し、ブルー・リッジ山脈(Blue Ridge Mountains)、グレイト・スモゥキ山脈(Great Smoky Mountains)を抜け、フロリダ州の端まで進んだ。その後、伐採の方向は五大湖地方へと進んだ。ミシガン州の原生林(original forest)やウィスコンシン州の老齢林(old forest)は、短期間のうちに手荒に伐採され、未加工木材としてフットボール競技場ほどの大きさの筏に組まれ、河川を利用して市場へと送られた。[4]

当時の森林伐採の形態には、つぎのような特徴がある。第一は、入植者による不法侵入(盗伐)である。合衆国では、一八七八年に至るまで国有地管理のための法律が制定されず、合法的に木材を取得する手段は競売に限られていた。しかし、競売は手続が煩雑なうえ、すでに土地投機師たちが広大な国有地を占拠していた。そのため人びとは、数々の入植地法によっても十分な入植地を取得することができず、森林を不法に伐採し、あるいは法律を欺罔して木材や入植地を獲得しようと試みたのである。[5] 第二は、木材業者による大規模な森林伐採が進んだことである。木材産業は、木材需要の増加にともなって急成長し、競売等を不正に利用することで膨大な森林地を廉価で獲得し伐採していた。また、木材需要の増大に応じて、大規模で商業的な盗伐も横行し始めた。[6]

（二）　森林保護の黎明

a　植民地時代の試み

植民地時代においても、一部の森林は伐採から保護されていた。その最初の試みが、将来に至る継続的な木材供給を念頭に、プリマス植民地(Plymouth Colony)において、「統治者および植民地議会の許可なく、一切の木材を植民地の外部へ売却・輸送することを禁止」した一六二六年五月二六日の立法である。そのほか、ウィリアム・ペン(William Penn)は、ペンズ・ウッド植民地(Penn's Wood Colony)を設立するにあたり、当時広く行われていた皆伐を防止することを意図し、一定割合の樹木を伐採せずに残すよう命じた。(7)

より大規模な森林地保護の試みが、イギリス海軍用木材保護区の設置である。当時、イギリス政府は、同国の安全がイギリス海軍と商船隊(merchant marine)に大きく依拠していたことから、海軍の維持・増強に努めていた。ところが、イギリス本国では、長年の森林伐採と植林・樹木改良の失敗により、マスト(mast)用木材が不足していた。そこで、次第に、北アメリカ大陸の森林、とりわけメイン州とニューハンプシャー州に生育するストローブマツ(white pine)が注目されるようになったのである。(8)しかし、北アメリカ大陸においても、マストに適した樹木は貴重なものになりつつあった。そこでイギリス政府は、イギリス海軍のための十分なマスト用木材の確保を目的として、一六九一年のマサチューセッツ湾憲章(1691 Charter of Massachusetts Bay)のなかに、一定レベルの樹木の伐採を留保し、無許可伐採者を厳罰に処する旨の規定をおいた。(9)またイギリス政府は、のちに別の法律により、イギリス海軍用木材保護区内のマスト用ストローブマツに、イギリス海軍のシンボルであるブロード・アロー(broad arrow)を刻印し、海軍への木材供給源の確保に努めた。(10)

しかしこの政策は、当時、植民地で広く普及していた経済自由の原則(自由な伐採と売却)に真っ向から対立するものであったため、結局、失敗に終わった。許可なく森林に侵入し樹木を伐採することは一般的な慣行であり、世論も取締りに強く反対していた。また、これらの侵入者を監視する官吏もほとんどいなかった。(11)

b　合衆国建国後の試み

入植者や木材業者による森林伐採は、独立戦争後も、引き続き急速に進んだ。そのため合衆国政府も海軍の造船用木材を確保する必要性を認識し、イギリス政府が失敗したにもかかわらず、ふたたび海軍用木材保護区を設置する政策を採用した。一七九九年、連邦議会は、海軍用木材保護区の購入費用として二〇万ドルの予算を承認した。(12)連邦議会、連邦政府および海軍省(Navy Department)は、その後およそ四〇年の間、保護区の管理予算を承認し、不法伐採者に対する罰則等を定める法律を制定するなど、保護区の管理・拡大に努めた。

しかし、連邦議会や海軍省の努力にもかかわらず、この海軍用木材保護区の設置と管理は、次第に行き詰まった。一八四三年、ルイジアナ保護区が廃止されたのを皮切りに、一八七九年にフロリダ州の海軍用保護区の大部分がふたたび売却予定地のなかに戻され、また一八九五年には、アラバマ州、ミシシッピ州、およびフロリダ州の保護区が廃止された。そして一九二三年、ルイジアナ州内の最後の保護区が廃止された。(13)

海軍用木材保護区政策が失敗に終わった理由として、つぎの諸点が指摘されている。第一に、そもそも一部の森林を保護するという発想自体が、人びとにとっては受け入れがたい、奇警なものであった。大自然と対峙していた辺境の入植者にとり、森林を伐採・開拓し、生活基盤を整えることは天命であり、なによりの誇りであったのである。第二に、海軍用木材保護区を維持・管理するための体制を整えることが困難であった。地方官吏は入植者による森林伐採を事実上黙認しており、腐敗や贈収賄が横行し、不法な伐採行為は放置され、効果的な取締りはほとんど行われていなかった。(14)第三に、海軍用木材保護区の設置後、軍艦が木造船から鉄・鋼鉄船に変化し、合衆国海軍が、当初ほど木材を必要としなくなった事情があげられる。[15]

しかし、この海軍用木材保護区を設置するという政策は、合衆国の自然資源政策史上、つぎのような注目すべき教訓を残した。すなわち、第一に、国有地は原材料供給源としての価値を有していること、第二に、連邦議会は国有地に対する完全な支配権を有していること、第三に、自然資源政策は一般大衆の支持がなければ成功しえないこと、が確認されたのである。[16]

c　盗伐の激増

一九世紀に入ると、森林伐採の地域は五大湖周辺から西部へと進んだ。[17] 開拓が進むにつれて、入植者による柵の設置、住居の建設、燃料確保、農地拡大などのために、森林伐採は増加の一途をたどった。[18] 五大湖周辺の森林からは依然として大量の木材が搬出される一方、入植に適した大平原地域の河畔林は、土地所有者の承諾もなしにまたたく間に伐採された。

この止むことのない森林伐採に拍車をかけていたのが、先に指摘した辺境の人びとの独特な道徳観である。また入植者たちは、彼らが木材を必要としていることを連邦政府の職員が理解し、盗伐行為を黙認していることや、たとえ逮捕されたとしても地元の判事・陪審員が弁明してくれることを十分承知しており、伐採活動を躊躇することはなかったのである。[19]

d　連邦政府による取締り

入植者による森林伐採が進む一方で、交通機関の発達にともなう木材需要も急増した。まず、蒸気機関車の発達が新たな木材需要を引きおこした。北米大陸の鉄道網は一八五〇年代に急速に発展し、鉄道沿いの森林が、その質を問わず燃料用として大量に伐採されたのである。また、鉄道と並ぶ重要な輸送手段のひとつであった蒸気船も、石炭燃料に代わるまで、大量の燃料用木材を消費した。このことも可航河川沿いの森林伐採に拍車をかけた。(20)

さらに、大平原の農場や西部地域の大都市における木材需要の急激な高まりを反映して、木材業者による大規模な伐採活動が顕著になってきた。とりわけ五大湖周辺の森林地域にはつぎつぎと製材所が建設され、大掛かりな伐採活動が繰り広げられた。当時の連邦政府は、明確な森林地管理政策や土地区分制度を示しておらず、途方もない面積の森林地が、求められるままに、通常の土地と同様に廉価かつ無制限に売却処分されたのである。(21)

こうしたなかで、連邦政府が一八四〇年ごろまで採用していた公式の土地政策は、独立戦争の債務償還のために迅速に土地を売却することであり、そのために国有地上から不法侵入者を締め出すことであった。しかし実際には、連邦政府はこれを厳重に取り締まることはしなかった。一八二一年に法務総裁(Attorney General)が、長年の論争の末、国有地の不法侵入者に一八〇七年一般不法侵入法(General Trespass Law of 1807 (2 Stat. 445))を適用すること、連邦政府は陸軍を用いて不法侵入者の排除に努めること、森林を荒廃させた者は、罰金刑および拘禁刑による厳罰に処せられるべきことを決定したが、これは国有地上の森林を積極的に保護する趣旨ではなかった。また、一八三一年には、連邦議会が、国有地からの木材搬出を禁止し、一八五四年には、内務省一般土地局(General Land Office/GLO)に国有地管理の権限を与えたが、これらの試みも効果がなく、不正の横行はやむことを知らなかった。そして一八七二年まで、森林管理のための予算は認められなかったのである。(22)

とはいえ連邦政府も、商業的な森林伐採が本格化するにつれて重い腰をあげざるを得なくなり、徐々に取締り活動に乗り出した。取締りの基本方針は、個人的に必要な合理的な量の木材伐採は認容するが大量の木材略奪は認めないというものであり、森林破壊の現場を押さえ、起訴のための証拠収集をする森林監督官(timber agents)が任命された[23]。

ところが、森林監督官の前途は多難であった。森林監督官の活動に対して、まず最初に異議を唱えたのは、ウィスコンシン州とミネソタ州であった。両州の州議会は、長期間にわたる森林伐採活動の黙認によりすでに莫大な数の労働者が木材産業で生計を営んでいることを理由に、すべての起訴および木材没収の取消しと、不法侵入者が占有した森林地の売り払いを主張した。西部州選出議員は、一般に森林監督官の活動に反対し、「罪のない入植者」の弁護にまわった。

一八七〇年に至るも、国有地内の森林の盗伐や不正手段による購入は一向に収まる気配がなく、むしろ拡大していった。とりわけ西部地域では、木材に対する需要が高いにもかかわらず、木材を簡易に入手する合法手段がなく、手っ取り早く木材を入手するには、不法な森林伐採や官吏による不正行為に頼らざるを得なかった。

e　シュアツ内務長官による改革と挫折

このような自由放任主義的な伝統のなかにあって、連邦政府による森林保護の必要性に気づき、盗伐防止のための抜本的改革に取り組もうとする官吏が、一八七〇年代後半、国有地を管轄する内務省やその内部部局である一般土地局のなかにようやく現れ始めた。なかでも内務長官カール・シュアツ(Carl Schurz)、一般土地局長ジェイムズ・アリグザンダ・ウィリアムスン(James Alexander Williamson)、および一般土地局長ウィリアム・アンドゥルー・ジャクスン・スパークス(William Andrew Jackson Sparks)は、出色の指導者であった[24]。彼らは、国有地上の不法な木材伐採を除去または減少させるために奮闘した。以下では、彼らの活動を振り返りながら、当時の森林管理の実態を検討してみよう。

盗伐放任の時代は、一八七七年、ヘイズ大統領(Rutherford Birchard Hayes, 1877-81)の内務長官としてシュアツ[25]が就任したことで大きな転機を迎えた。シュアツの活動により、森林伐採が、ようやく国家的な課題として正面から検討されることになる。シュアツと時の一般土地局長ウィリアムスン[26]は、連邦官吏として森林の略奪問題をはじめて深刻にとらえ、具体的かつ精力的な森林保護活動を開始した。彼らはまず、連邦行政機関による効果的な森林保護活動が行われず、従来のような無制限な盗伐行為が継続されるなら、合衆国の木材供給は二〇年以内に不足する、と予測した[27]。そして、現行法を改正するよりも、むしろこれを厳格に執行することが森林保護にとって急務であるとの揺るぎない確信をもち[28]、いくつかの具体的な試みを開始した。

第一に、国有地における盗伐を厳重に取り締まるため、盗伐された木材の売り手と買い手の両方を厳しく処罰する勧告が発表された[29]。第二に、連邦が所有する森林の管理をめぐる汚職(不正行為)を一掃し、連邦行政機関による法律の執行を強化するために、土地官吏の大胆な人事改革が行われた。すなわちシュアツは、政治的後ろ盾を得て官吏の地位についた者や不正行為の加担者をきっぱり解雇し、特定の者と利害関係をもたない人物を新たな土地官吏に任命したのである[30]。第三に、一八七七年、森林に対する不法侵害の取締り権限を地方官吏(local land district officers)に委任することを定めた一八五五年の長官命令を廃止し、地方官吏が有していた国有地管理権限を、一般土地局が指名する連邦官吏(agent)に委任する新しい通達を発した。それまで地方官吏は、地域的な利害と密着し、効果的な取締りを行っていなかった。そのため、森林の不法侵入者は、二〇年もの間、五大湖周辺や他の国有森林地において、連邦官吏の目をまぬがれて伐採活動を続けてこられたのである。内務省は、一八七七年に至り、ようやくこの取締り権限の地方官吏への委任が不法伐採の原因のひとつであることを認め、連邦による直接の取締り活動を強化したのである[31]。

しかし、こうしたシュアツらの一連の活動に対して、木材産業を支持基盤とする西部州選出議員から公然と非難の声があがった。すなわち、シュアツはプロイセン帝国の方法をそのまま民主国家である合衆国へ持ち込んでいる、というものである[32]。森林の国家的管理や統制という方法を、ドイツとはまったく異なった政治的・社会的環境を有する合衆国に持ち込もうとする彼らの試みは、その熱心さと性急さが祟り、強い反発を招いたのである[33]。これを受けて、連邦議会も内務省予算の削減に踏み切ったため、彼らが任命した木材検査官(timber inspector)は解雇され、盗伐の取締りは振り出しに戻ってしまった[34]。

こうしてシュアツは、森林保存を目指す闘いにおける最初の敗北者となった。しかしシュアツは、商業上の利害関係をまったくもたない潔癖の士であり、国家的観点から森林保存運動を支持したはじめての内務長官として、高く評価されるべきであろう。シュアツの努力は、直ちに実を結ぶことはなかったが、結果として、国有地管理に対する新たな包括的アプローチの必要性が強く認識されることとなったのである[35]。

シュアツの思想を忠実に受け継ぎ、実施しようとしたのが、クリーヴランド大統領(Stephen Grover Cleveland, 1885-89, 1893-97)のもとで一八八五年に一般土地局長に就任したスパークスである。スパークスは、カリフォルニア州北部で横行していた木材詐欺を正面から批判し、このような状況を規制するためにすべての権利の申し込み(entry)を留保するなど、シュアツと同様の積極的な取締り活動を試みた。彼は、大企業による不法伐採や一八七八年木材・石材法(Timber and Stone Act of 1878 (20 Stat. 89))の濫用を目の当たりにし、不法行為を繰り返す大企業を摘発し、企業を相手に損害賠償訴訟を提起して損害額を国庫に取り戻すとともに、木材・石材法に基づいて取得できる土地価格に上限を設定した。しかし、西部の新聞は、彼の一連の活動に対して猛烈な非難運動を行い、彼に「西部の敵」のレッテルを貼って攻撃した。これらの声に押され、一八八八年、スパークスは、訴追手続の執行に消極的な内務長官リューシャス・クウィンタス・ラマー(Lucius Quintus Cincinnatus Lamar)によって、辞任させられてしまった[36]。

二　森林保護制度の展開

(一)　森林保護活動の胎動

a　ホフと一八七六年予算法

シュアツやウィリアムスンが入植者・木材業者と果てしない攻防を繰り返していたころ、一方で、森林保護を求める世論が、ゆっくりとではあるが、ひとつの大きな流れにまとまろうとしていた。このなかのひとつは、注目すべきことに、連邦議会が委任した調査から発展したものであった。その中心になった人物がフランクリン・ベンジャミン・ホフ(Franklin Benjamin Hough)である。(37)

シュアツが既存の制度・法律のなかで、ともかく取締りを強化することによって森林資源の乱獲や浪費を阻止しようとしたのに対し、ホフは、森林資源を本格的に調査研究し、それに基づき保護計画の樹立を訴えた森林学者であった。同時に彼は、森林保存に対する行政府の役割をはじめて正面から取りあげ主張した連邦官吏であり、国勢調査の資料を利用し、連邦議会に独自の報告書を提出することによって、合衆国の森林保護法制度の形成に直接・具体的な貢献をしたのである。以下、彼の活動を中心に、当時の議会や行政府の動きを追うことにしよう。

一八七三年八月二一日、ホフは、メイン州ポートランド(Portland)で開催されたAAAS(American Association for the Advancement of Science)の年次総会において、「森林保存に関する政府の義務について(*On the Duty of Governments in the Preservation of Forests*)」と題する有名な報告を行った。(38)この報告のなかでホフは、気候、土壌侵食(erosion)、地表流水(runoff)、木材供給における森林の重要性を一般大衆と森林所有者に教育する必要性を強調し、さらに啓蒙活動のための具体的な方法をいくつか提案していた。また彼は、連邦議会と州議会は、森林の保護、植林(cultivation)、利用規制、拡大などの問題を検討すべきであるという考えを披露した。(39)

ＡＡＡＳは、ホフの主張を受けて決議案を可決した。その内容は、第一に、連邦議会といくつかの州議会に森林保護の重要性を訴える請願書を提出すること、第二に、森林保護に必要な法律を勧告するための委員会を設置するというものであった。(40)

かくして設置された委員会には、ホフをはじめとする優れた自然科学者が含まれていた。(41) 委員会は、連邦議会議員、内務長官、一般土地局長、大統領などと協議を重ねたうえでＡＡＡＳの見解を声明文にまとめ、一八七四年二月、グラント大統領(Ulysses Simpson Grant, 1869-77)を経てこれを連邦議会へ提出した。この声明文は、森林の急激な減少が原因で一般大衆がこうむると予想される深刻な損害について言及し、大統領に対して直接答申することのできる森林委員会(commission of forestry)の設置を求めるものであった。(42)

ホフとＡＡＡＳの活動は、二年を待たずして実を結ぶことになった。すなわち連邦議会では、それ以前から森林状況調査委員会の設置を求める複数の提案がなされていたが、一八七四年、ハーンダン(Herndon)下院議員(テキサス州選出)が、ＡＡＡＳの決議を受けて、「森林破壊および木材保護のために必要な手段を調査するための委員会を指定する」法案を上程したのである。(43) また国有地委員会のメンバーであるマーク・ダナル(Mark Dunnell)下院議員(ミネソタ州選出)も、この提案に賛同する報告書を作成した。しかしこの法案は、第四三会期の間はなんの進展もなかった。

しかし一八七六年八月一五日、ダナル議員は、委員会に特別の権限を委任する単独法を制定する可能性は乏しいとの判断から、作戦を変更し、一八七七会計年度の一般歳出法案のなかに、実験目的で種子(seeds)を無料配布することを定める修正付加条項(rider)を加えることに成功した。これにより、農務長官は、(ａ)統計学的調査の手順にとりわけ精通し、かつ木材(森林)に関する国家的需要について高い見識を有する学識経験者を雇い、(b)木材その他の森林生産物に対する現在と将来の需要から予想される将来の供給量、および森林の保存と回復に最適な手段を調査研究し、(c)その調査結果に基づく報告書を連邦議会に提出させるために必要な経費として、二〇〇〇ドルを支出することが認められた。[44] そして、ほかならぬホフが、合衆国最初の森林調査官(forestry agent)に任命され、合衆国の森林に関する情報を包括的に収集する任務を命じられたのである。[45]

こうして、森林地は内務省が管轄するが森林調査は農務省に所属するという役割分担が開始することになった。連邦政府は、たった一人の職員とどうにか間に合う程度の予算によって、全国的な森林調査という、はじめての冒険に乗り出したのである。[46]

ホフは、彼に割り当てられた任務に意欲的かつ情熱的に取り組んだ。[47] 彼は限られた予算のなかで献身的に資料を収集し、これを一八七七年、一八八〇年、一八八二年、一八八四年に四冊の『森林報告書(*Report Upon Forestry*)』にまとめて発表した。これらの報告書は、森林伐採は一部の地域においては減少したが、他の地域では劇的に増加していることを暴露し、森林の破壊がさまざまな段階で進んでいることを指摘していた。[48]

同じころ、ホフの主張を強力に支持する他の報告書が現れた。一八八〇年、ハーヴァード(Harvard)大学の植物学者チャールズ・スプレイグ・サージェント(Charles Sprague Sargent)が指揮する別の政府調査団が、現在の速度で森林伐採が継続されるなら森林は一〇年以内に消滅するであろうと予測したのである。サージェントの予測はきわめて悲観的なものであったが、実際、その調査団の構成員のなかで、森林が三〇年以上もちこたえられると信じていた者はほとんどいなかった。[49]

ホフを中心とする専門家の活躍は、森林資源の重要性を人びとに正しく理解させ保護の機運を盛り上げるのに貢献した。こうして合衆国の森林は、さまざまな自然資源のなかで比較的早くから重要性を認識され、保護の面

でもっとも幸運なスタートを切ったのである。(50)

b　森林部の設置

この時期は、行政組織のうえでも顕著な進歩があった。従来森林は、売却予定地として内務省一般土地局によって管理されてきた。しかし、森林資源の枯渇とその保存を訴える各種の報告書が相次ぎ、森林管理の専門官が徐々に育つにつれて、森林を一般的な土地とは区別して管理すべきであるという気運が高まってきた。こうした潮流の中心となったのが農務省である。農務省は、森林の調査・管理に対する取り組みを強化するために、一八八一年、行政措置によって省内の正規な部署として森林部(Division of Forestry)を設置し、一調査官にすぎなかったホフを部長(chief)に任命した。(51)なお、一八八六年六月三〇日、連邦議会は、農務省森林部の設置を正式に承認した。(52)

一八八六年三月一五日、バーナード・ファーノウ(Bernhard Fernow)が森林部長に就任し、ファーノウの時代が始まった。(53)ファーノウは、森林実務の専門訓練を受けた、合衆国最初の資源管理官(resource manager)と評される。(54)西部プロイセンで豊富な森林管理経験を積んだファーノウが部長に就任したことにより、森林部の役割が、森林の保護や科学的管理にあることが一層強調されることになった。

ファーノウの基本的な考えは、科学的原則を重視し、さらに経済的な要素を考慮し、森林を規制的な手法で管理するというものであった。また、「木材を持続的に収穫して社会に供給する」という持続的収穫概念を基本とする点で、森林保護よりも森林の功利主義的利用を前面に押し出したものであった。(55)その後、森林部は、功利主義的な管理思想とドイツ林学教育の影響を強く受けることになる。(56)

c　連邦議会の動き

しかし当時の連邦議会は、必ずしも一貫した森林政策をとっていたわけではない。一八七八年、連邦議会は、シュアツ内務長官の取締り強化に対抗し、木材自由法(Free Timber Act of 1878 (20 Stat. 88))と木材・石材法を同時に可決した。[57]前者は、西部の九州において鉱物埋蔵地上の森林を家屋、農耕、採鉱などのために伐採することを認めるものであったが、その適切な執行までは手が回らなかった。また後者は、一エーカー当たり二ドル五〇セントという低価格で一人につき一六〇エーカーを限度として入植者に土地を払い下げるというものであったが、土地や立木伐採権の譲渡を禁止する条項がなかったために、一部の者が集中的に森林を取得するのに用いられ、森林荒廃を招く原因となった。[58]

さらに、一八八〇年、連邦議会は、国有地上での不法伐採を事実上容認する法律を可決することにより、行政機関による森林保全活動に水を差した。同法は、一八七九年三月一日以前に国有地上の森林を不法伐採した者は、不法伐採地一エーカー当たり一ドル二五セントを支払うことにより、民事または刑事的起訴を免除されることを規定していた。[59]

このように連邦議会では、森林調査官を任命し、枯渇しつつある森林資源の調査を命ずる一方で、入植者や木材業者の権益を盾に、森林地がさらに荒廃することを放置したのである。[60]

d　社会の動き

森林の大規模な破壊や消滅は、将来における木材枯渇のおそれのみならず、水源地の汚染、土壌浸食、災害などを引きおこした。人びとは、洪水を防止するには森林の維持が重要であることを認識するようになり、また、森林のレクリエーション的価値や審美的価値にも着目するようになった。とくに、当時、一般の人びとのみならず、連邦官吏や科学者に強い影響と衝撃を与えたのが、ジョージ・パーキンス・マーシュ(George Perkins Marsh)の名著『人間と自然(*Man and Nature: Or, Physical Geography as Modified by Human Action*)』である。マーシュは、科学的な方法に基づいて世界各国の森林の状態をつぶさに観察し、一八六四年、同書を著し、人間の文明が環境に対して破壊的な衝撃を与えたことを指摘し、合衆国の森林の現状に警鐘を鳴らしたのである。(61)

このような森林問題に対する社会的関心の高まりには、つぎのような背景があった。

第一に、森林に関連する教育研究機関が各地に設置された。たとえば一八七〇年には、ハーヴァード大学に、農業・園芸学部(school of agriculture and horticulture)が開講された。そして、一八七二年には、同大学の別の機関に樹木育成(tree culture)学の教授をおき、植物園を維持するために、一〇万ドルの基金が設けられた。(62)また、同大学のサージェント教授は、一八八〇年の国勢調査のための「北アメリカの森林(*Forests of North America*)」と題する報告のなかで、五大湖州(Lake States)には驚くほどわずかなストローブマツしか残っていないことを指摘した。(63)

第二に、森林を科学的に研究しようとする学者やそれを実際に森林管理に生かそうとする森林管理者による重要な職能団体が形成された。その代表がＡＡＡＳやＡＦＡ(American Forestry Association)である。こうして、水管理や森林・牧畜に関する専門家集団が次第にできあがり、学術・実務の両面で森林保護運動を支えることになった。内務省や農務省による森林保護活動は、このような全国的な森林団体に助けられていたのである。(64)また、これらの団体は、ホフらの主張を全国的に宣伝・補強すると同時に、森林の調査・保全活動の予算を確保するため、積極的な議会活動も行った。(65)

第三に、全米の市民の身近な森林保護運動として、「植樹の日(Arbor Day)」が誕生した。「植樹の日」は、一八七二年四月一〇日、ネブラスカ州において、州知事の音頭ではじめて祝賀されたのを皮切りに、デラウェア州を除くすべての州で挙行され、さらにオーストラリアをはじめとする外国でも採用された。「植樹の日」は、森林に対する人びとの関心を一気に高めたのである。(66)

第四に、国立公園の設置運動も、森林保護を求める世論の形成に拍車をかけた。前述のように、一八七二年、世界で最初と評される国立公園が合衆国内に誕生している。(67)また森林保護についての関心は、州レベルの具体的な活動も引きおこした。ニューヨーク州は、アディロンダック山脈一帯の荒廃による洪水・土壌流出やハドソン川(Hudson River)とエリー運河(Erie Canal)の水位低下が危惧されたことから、州立公園委員会を発足させた。そして、綿密な調査・検討ののち、一八八五年、アディロンダック山脈に広大な森林保全地域を設置した。一八九一年、同保全地域は州立公園に格上げされた。(68)

e　木材業者の動き

一大産業に成長した木材産業は、自分たちの好きなように「(樹木を)たたき切り、めった切りし、燃やす」ことを慣行化していた。(69)しかし一八八〇年代に入ると、さすがの木材業者も、森林の枯渇を現実問題として認識し、無秩序な伐採活動の影響を深刻に考えるようになった。実際、木材業者自身も、過剰生産・過剰供給・低価格・工場閉鎖の繰り返しに悩まされていたのである。しかし彼らは、このような事態に適切に対処することができず、逆説的ではあるが、喜んで森林専門家の勧告を受け入れ始めた。今日から見ると、木材業者は、安定性を確保するひとつの道具として保全運動を利用し、法的・規則的手段を、自己の長期的目標に組み込もうとしたのである。すなわち、木材業者は、統一的に行動したわけではないが、彼ら自身の利益を守るために、実際ひとつの大きな流れに合流したのである。将来、法律と規則の影響を受けるであろう小規模な投機師と入植者のみが、これに反

対していた。(70)

(二) 一八九一年森林保護法の制定

a 森林保護区の設置を求める法案

各地・各界において高まった前述のような森林保護運動は、一八九〇年代に入るとついに連邦議会を動かし、合衆国の森林保護史上、もっとも重要な法律を生み出すことになった。これが、一八九一年森林保護法(Forest Reserve Act of 1891 (26 Stat. 1095, 1103))と一八九七年基本法(Organic Act of 1897 (30 Stat. 11, 34))である。以下では、この二つの記念碑的な法律の制定過程をやや詳しく追うことにしよう。

ア フォート法案

国有地上に森林保護区(forest reserve)を設置しようとする声は、連邦議会のなかにも早くからあった。その嚆矢は、一八七六年二月一四日、グランベリ・L・フォート(Granberry L. Fort)下院議員(イリノイ州選出)が上程した法案である。(71) フォート法案の目的は、「合衆国内の可航河川および他の河川の水源地に隣接する国有地(national domain)上の森林を保護すること」であった。この法案は、連邦議会の関心を引かなかったが、連邦議会が、森林保護区を設立する法案を審議した最初のときとして記録されている。(72) また、一八七八年にはシュアツ内務長官も森林保護法案を提出した。(73)

イ 多数の森林保護法案

一八八〇年代に入ると、連邦議会には、一八七三年林地育成法(Timber Culture Act of 1873 (17 Stat. 605))を修正し、森林学校を創設し、一般的な森林地や特定木材のために指定されている森林地、分水嶺および他の地域を地種区分し、売却もしくは保護する制度の確立を求めるさまざまな法案が提出され、その数は、一〇年間で二〇〇をはるかに超えた。こうして連邦議会は、ゆっくりと保全(conservation)の方向に向かったのである。(74)

一八八〇年一月、カンヴァス(Converse)下院議員(オハイオ州選出)が、「カリフォルニア州内の一定の森林地域を売却または処分から留保し保護(reserve)する権限を大統領に付与する」ための法案を提出した。カンヴァス法案は、下院では反対なしで可決されたが、上院ではまったく議論されなかった。一八八二年には、バタワース(Butterworth)下院議員とシャーマン(Sherman)上院議員(いずれもオハイオ州選出)が両院に法案を提出したが、委員会レベルで廃案となった。

第四八会期(一八八四―一八八五年)における攻防は注目すべきものであった。上院と下院の双方に多数の森林保護法案が提出されたのである。なかでも、「ミズーリ川(Missouri River)の上流に保護区を設置することを求める」エドゥマンズ(Edmunds)上院議員(ヴァーモント州選出)の法案は、上院においてはほとんど反対なく可決された。また、委員会による調査が済むまで、すべての森林地域を処分対象から留保(withdraw)することを求めたミラ(Miller)上院議員(ニューヨーク州選出)の法案も、委員会では好意的に受けとめられた。

ところが、翌年の第四九会期になると、風向きは大きく変わり、エドゥマンズ上院議員が再度提出した法案は、上院では可決されたものの、前年と同様に下院を通過することはできなかった。シャーマン上院議員は一般森林保護法案(general forest reservation bill)を提出したが、連邦議会に報告すらされなかった。また、一八八六年、ハッチ(Hatch)下院議員(ミズーリ州選出)が別の森林保護法案を提出したが、なんの結果も生じなかった。

しかし、一八八七年になると、連邦議会ではふたたび森林保護の問題が盛んに議論されるようになる。エドゥマンズ上院議員は、ミズーリ川の上流に保護区を設置することを求める法案を再度提出し、シャーマン上院議員とマーカム(Markham)下院議員(カリフォルニア州選出)も法案を提出した。また一八八八年、下院で三つの法案が審議され、森林地域の管理と処分の計画策定を求める二つの決議文が採用された。そのうちのひとつは、内務長官による森林保護計画の策定を明確に求めていた。これを受けて、バウアズ(Bowers)調査官(inspector)らは精巧な計画(後述)を連邦議会に提出したが、下院でそれ以上の進展はなかった。

一八八九年、テイラー(E. B. Taylor)下院議員(オハイオ州選出)とシャーマン上院議員が森林保護に関する法案を提出し、一八九〇年には、クルーニ(Clunie)下院議員(カリフォルニア州選出)もこの法案に賛同する意見を述べた。この年のはじめに、ハリスン大統領(Benjamin Harrison, 1889-93)は、森林保護区の設置を求めるAAASからの請願書を連邦議会に送った。そしてダナル下院議員は、このAAASの請願書をもとに作成した法案を提出したが、やはり失敗に終わった。(75)

b　森林保護への関心の高まり

ア　二つの重要な報告書

一方、こうした連邦議会の動きにあわせて、内務省や農務省の内部にも森林保護法案の可決を促す積極的な動きが見られるようになる。とくに、一八八七年に発表された二つの報告書は、その後の立法の動向を決定づけたものとして、ことさら重要である。

第一は、法律家であり、土地局(Land Office)の特別代理人を務め、のちにAFA会長(一八八九―九一年)となった、エドワド・A・バウアズ(Edward A. Bowers)が執筆した『国有森林地の管理と処分のための計画(*Plan for the Management and Disposition of the Public Timberlands*)』と題する詳細な報告書である。バウアズは、「森林または森林成長にとって価値あるすべての国有地」を処分対象から留保すること、保護区の管理と同区域内の木材免許制度は、内務省森林部が所轄すること、木材窃盗に関する法律と罰則を一般に厳格化すること、などを求めていた。(76)この報告書は、一八八八年四月に連邦議会へ送られたが、森林や森林成長に有益なすべての国有地を売却処分対象地から除外し留保することを勧告する計画が、連邦議会で真剣に検討される可能性はなかった。[77]

第二は、「ロッキー山脈の森林状況(Forest Conditions of the Rocky Mountains)」に関する森林部の第二回年次報告書である。[78] この年次報告書には、当該森林地の大縮尺図(large-scale map)が添えられていたが、それまで、このような広い地域の森林状況に関する詳細で正確な情報や、それらを精密に記載した森林図はまったくなかった。

イ　ヘイル法案

一八八七年、ロッキー山脈を視察したファーノウは、その森林の状況に強い危機感を抱いた。[79] そこで彼は、国有森林地を入植対象地から除外して留保し、留保地を農業用地、森林用地および保存林に利用区分することを求める森林保護法案を起草した。この法案は、ユージェイン・ヘイル(Eugene Hale)上院議員(メイン州選出)を通じて連邦議会へ提出された。これが、今日ヘイル法案として知られる法案である。

ヘイル法案は、(1)国有森林地(public timberland)を、その用途別に、農業的価値のある地域(農業用地：この地域は自作入植に開放するものとする)、耕作よりも森林目的のほうが価値のある地域(森林用地)、商業的利用に適した地域(商業用地)などに分類すること、また国有森林地が調査・分類されるまでの間、すべての国有森林地における登録申請(entry)を留保すること、(2)大統領命令により、あらゆる利用から保護される永久的な「保存林(protect forest)」を設定すること、(3)内務省内に特別の森林担当機関を設置して国有森林地を管理させ、内務長官は、どの土地が保護されるべきかについて大統領に推薦できること、(4)一般土地局長は監視官を指名し、木材伐採、放牧、および保護区におけるその他の利用のための規則を制定すること、(5)紛争を最小限度にとどめる措置をとること、などを規定していた。

森林保護区の設置とその管理手段の両方を提案したヘイル法案は、当時の状況では、あまりにも大胆で非現実的なものと見なされ、委員会を通過することができなかった。しかしこの法案は、その後に続く法案の範となった点で、大きな教育的効果を有していた。[80]

c　一八九一年森林保護法の制定

ア　幕開け

連邦議会は、たび重なる森林の管理・保護を唱える声を受けて、一八九一年、公的に国有地を管理するための包括的政策を確立する法律を制定した。これが、一八九一年の森林保護法である。しかし、この森林保護法の構想は二年前に始まっていた。ファーノウとその他の人びとが、可決までのおよそ二年間、連邦議会に対し、連邦政府が森林を保護することの必要性を納得させようと積極的な活動を繰り広げていたのである。[81]

一八八九年四月、ファーノウや一般土地局のバウアズを含むＡＦＡの法律委員会がハリスン大統領と面会し、効果的な森林政策を採用するよう請願した。[82] 一方、ＡＦＣ(American Forest Congress)も、毎年のように森林保護法の制定を求める請願活動を続けていた。一八八九年末、ＡＦＣとＡＡＡＳは共同行動をとることに合意し、両団体の代表団が、ジョン・ウィラク・ノウベル(John Willock Noble)内務長官に対し、森林保護区の設置と保護について彼らが重大な関心をもっていることを伝えた。そして、森林保護区の設置を求める請願書を、異例の措置ではあったが、連邦議会にではなく大統領に直接送付した。この行為は、のちに重要な意義を有することになる。[83]

イ　一八九一年森林保護法の審議過程

【Timber Culture Lawsを廃止する法案】

森林保護法制定の機会は、だれにも予想できない方法で、突然やってきた。一八九〇年第五一議会第二会期の初頭、土地法を改正するための待望の法案が提出された。それは、一般に、権利濫用を助長した悪法と評価されていたTimber Culture Lawsを廃止する法案であった(84)。

連邦議会では、この法案が提出されると、きわめて早い段階で、AFCとAAASからの合同請願書が読み上げられた。この合同請願書は、国有地は、そのどの部分が自然河川の分水嶺内に位置しているかを確定するまで、売却が留保されるべきことを求めていた。そしてこの合同請願書には、「われわれの広大な森林地域の急速かつ不必要な破壊を防止するため」の適切な法律を求める、ハリスン大統領のことづけも添えられていた(85)。

この法案の審議は難航し、一八九一年の会期終了前にまでもつれこんだ。しかし上・下院は、何年もの間検討を続けてきたこの長大な一般土地法改正案をどうにか可決し、それぞれの法案を両院協議会に送った。

【突然に浮上した森林保護条項】

しかしドラマは、両院協議会で起こった。そもそも上・下院の法案は、森林保護区についてまったくふれておらず、両院協議会では、単に二つの法案の相違点を除去することになっていた。ところが、両院協議会から協議会案が現れたとき、その最後の条項には、両院協議会の報告書に新しい部分(material)を付け加えることを禁止した議院規則に違反して、それまで法案に含まれていなかった修正付加条項が追加されていたのである(86)。問題の修正付加条項とは、つぎのような内容であった。

第二四条「合衆国大統領は、必要に応じて、全部または一部が森林や下草に覆われた国有地を有する州または準州において、商業価値の有無にかかわらず、〔当該国有地を〕公的な保護区(public reservation)として除外し、保留(reserve)することができる。また大統領は、公の宣言により、それらの保護区の設立およびその範囲を宣言するものとする。」

この修正付加条項(第二四条)が、のちに森林保護法として知られることになる条項である。この重大な修正付加条項が、いかなる目的で、だれの手により、どのようにして両院協議会案に追加されたのかは、永遠の謎とされており、今日に至るまでさまざまな憶測がなされている。もっとも有力とされる見解は、ノウベル内務長官が、深夜に両院協議会を説得して修正付加条項を滑り込ませたというものである。しかし、これには反対説もある。歴史学者アイス(Ise)は、両院協議会の六名のメンバーのうち、少なくとも四名は森林保護に好意的であり、積極的に反対する者はいなかったという事実を指摘している。[87] いずれにせよ、この修正付加条項は、連邦議会の慣例を無視して、突然森林保護史上に姿を現したのである。

【両院での審議と可決】

一八九一年二月二八日、上院と下院は、修正付加条項(第二四条)が追加された両院協議会案を受けとった。このとき、会期終了期日が目前に迫っており、審議の時間は、わずか四日間しか残されていなかった。

上院では、プラム(Plumb)議員(カンザス州選出)が迅速な検討を求めたため、最終法案は、印刷もされず、ほとんど議論もなく迅速に可決された。すなわちコール(Call)議員が、法案の重要性に鑑み、報告書の印刷と慎重な議論を要求したのに対し、プラム議員は、すでに十分な議論がなされていること、会期期日が切迫し他の法案の審議が急がれることなどを理由に、この要求を押し切ってしまったのである。[88]

一方、下院では、幾人かの議員がこの第二四条に異議を唱えたため、若干の実質的議論が行われた。[89] たとえば、トーマス・チプマン・マクレイ(Thomas Chipman McRae)議員(アーカンソー州選出)は、第二四条は、大統領に「法外(extraordinary)かつ危険な」権限を与えるものであると指摘し、「同条項は、大統領に対してあまりにも大きな権限を与えすぎており、だれもその結果を予測することができない」と述べ、同条項を公然と非難した。[90] また、長い間森林保護法の制定を主張し続けてきたマーク・ダナル議員は、「同法案は印刷して検討できるようになるまで審議を保留されるべきである」と主張した。さらに彼は、森林保護は別個の森林保護立法(forest reserve legislation)に基づいて行われるべきであると主張し、この第二四条を一般的な土地法改正法案のなかに加えることに反対した。[91]

これらの反対意見に対し、ペイスン(Payson)議員(イリノイ州選出)は、大統領が権限を濫用する危険性は低いこと、万が一そのような事態になった場合でも、連邦議会は両院共同決議を可決し、または、大統領が保護したすべての土地を入植者に開放する法案を可決することができる、と述べて下院を安心させたのである。[92]

これにより実質的な議論は終了した。三月二日、下院にもう一度法案を審議する機会がめぐってきたが、審議の時間はまったく残されていなかった。法案はコメントなしで可決され、三月三日に大統領によって署名された。かくして合衆国の自然保護史を画する森林保護法が成立したのである。[93] この法律は、のちにジフォード・ピンショー(Gifford Pinchot)が語ったように、「合衆国の森林管理史上もっとも重要な法律」であった。[94]

ウ　第二四条をめぐる二つの解釈

ところで、この法案の審議期間がわずか四日間であったことは、第二四条の歴史的評価に少なからぬ影響を与えることになった。すなわち、同条項をめぐっては、つぎの二つの解釈がある。

第一は、この法案は同条項の意味が十分に理解されぬまま可決されたとする解釈である。すなわち法案は、閉会直前に、上・下院および両院協議会で短時間で審議され、さらに一括法案(omnibus bill)の一部でもあったため、議員の十分な注意を引かず、諸事に「まぎれて」連邦議会を通過したという考えである。このように、同法は連邦議会が積極的に森林問題を議論した成果ではなく、偶然に、駆け込みで可決されたものであるという解釈は、いわば通説といってよいだろう(95)。

たとえば、有力な論者は、両院協議会で修正付加条項(第二四条)が滑り込んだことは、連邦議会がこの問題について直接に行動することを不可能にするような特別な事件の組み合わせの賜物であり、この法案の可決は、「連邦議会の主導によるものではなく、むしろ、連邦議会がその条項に関与する機会がなかったことによる」と述べている(96)。

また、別の論者は、この法案の可決は、当時の連邦議会の姿勢の変化や森林保護論者による議会活動の成果を示すものではなく、(a)この法案の可決にあたりペイスン下院議員が強圧的手段を用いたことが議事録から読み取れること、(b)幸運な状況の並外れた組み合わせによること、などが原因であるとし、この法案の含意を十分に認識している者は連邦議会にはほとんどいなかったと述べている(97)。

そのほか、連邦議会の議員たちが一八九一年三月三日に行おうと予定していたことは、もっとも不適当かつ言語道断な方法で濫用された土地諸法の一部を廃止することのみであり、第二四条の立法によって歯止めのない森林伐採の危険性を除去することをはじめから意図していたわけではなく、同法は、議員が森林問題を周到に熟考した結果によるものではないと評価し、もし議員があらかじめ法案の内容を熟慮していれば、絶対にその可決を許さなかったであろうと述べる論者もある(98)。

第二は、この法案は、意味が理解されずに偶然に可決されたものではなく、むしろ連邦議会によって十分にその内容を了承されていたという説である。デイナ(Dana)やフェアファックス(Fairfax)は、森林保護区に関する条項は、確かに、両院協議会によってはじめて法案に追加されたものであったが、保護区という概念自体は、それまでに提案されていた二〇〇を超える法案を通じて、すでによく知られかつ議論されていたと反論する。さらにデイナやフェアファックスは、この時期の新聞が連邦議会と同様に第二四条に好意的であったこと、広大な国有地を抱える西部やその他の地域からなんらの異議も唱えられなかったこと、一八九一年森林保護法制定後、大統領によってなされた大規模な森林地の処分留保に対して、連邦議会がそれらの保護区または大統領権限を廃止するための行動を即座に起こさなかったことなどをあげ、同法は、繰り返しなされた議論の末に制定され、制定後も問題は生じなかったと結論づけている。[99]

私見によれば、確かに連邦議会における同法の審議は不十分であったが、すでに連邦議会では、森林保護法を受け入れる素地が十分に形成されていたといえよう。たとえば、一八六四年のヨセミテ(Yosemite)州立公園設置法、一八七二年のイエローストーン国立公園(Yellowstone National Park)設置法を受けて、一八九〇年にヨセミテ国立公園設置法が制定されたことを考慮すると、当時の連邦議会は、森林の一部を処分対象から留保し保護する方法を十分に承知していたともいえる。ただし、森林保護区の実態としては、国立公園(park)のようなものを想像していた可能性がある。[100] というのも、一八九一年森林保護法は、留保した森林地の管理についてはなんの原則も示しておらず、しかも、合衆国で科学的森林管理の研究が始まるのはしばらく後のことだからである。しかし、連邦議会にこのような法案を受け入れる余地があったとしても、一八九一年の議会でそれが可決されたことは、多分に偶然という幸運が作用した結果ということもできよう。

d　一八九一年森林保護法の歴史的な評価

以上のように、第二四条をめぐる学説上の解釈は分かれており、その真相は定かではない。立法過程の評価が論者によって異なる原因は、一八九一年森林保護法の制定に関する原資料の大半が失われていることにもある。[101]合衆国の森林保全史におけるもっとも重要な法律の制定過程が不明なことは残念である。しかし、少なくとも一八九一年森林保護法は、(a)イエローストーン国立公園設置法と並び、連邦政府の国有地売却政策を明確に転換したこと、(b)現代に至るまで国有地の自然環境保全のためのもっとも有効な手段のひとつとされる大統領の処分留保権限を、法律上はじめて認めたこと、の二点で、きわめて注目に値する立法であったといえよう。建国以来の、国有地を可能な限り早く売却処分するという政策は、こうして大きく方向転換されたのである。(102)

なお、法解釈上の問題にひとこと言及しておくと、合衆国憲法第一条八節一七項は、連邦議会の権限として、「特定の州が譲渡し、連邦議会が受領することにより合衆国の政府の所在地となる地区(一〇マイル平方を超えてはならない)に対して、いかなる事項に関しても専属的な立法権を行使すること。要塞、武器庫、造兵廠、造船所その他必要な建造物の建設のために、それぞれの州の議会の同意を得て購入した土地のすべてに対して同様の権限を行使すること」と規定し、国有地等の連邦所有財産は、本来、連邦議会が管理するものとしている。したがって、連邦議会が、一八九一年森林保護法のなかで前述のような大統領権限を認めたことは、少なくとも「全部または一部が森林や下草に覆われた国有地」を売却から留保する権限は、連邦議会から大統領へと委任されたことを意味する。(103)

e　ハリスン大統領による森林保護区の設置

一八九一年森林保護法の効果は、連邦議会の予想をはるかに超える規模で、直ちに現実のものとなった。ハリスン大統領は、同法の可決後一カ月も経ない一八九一年三月三〇日、イエローストーン森林地を最初の森林保護区に指定し、連邦議会を驚かせた。これは、長年の懸案であったイエローストーン国立公園区域を実質的に拡大するため、同公園に隣接する一二三万九〇四〇エーカーを森林保護区に指定するものであった。さらにハリスン大統領は、任期満了までに、おもに水の供給源を確保するため、一四の宣言によって合計一三〇五万三四四〇エーカーの森林地を森林保護区に指定した。(104)

しかし、これらの指定は、環境保護派からはそれほど注目されなかった。というのも彼らは、大統領が山火事や洪水等を防止するために森林保護区を設置したものと考え[105]、森林保護区設置の真の意義に気づかなかったからである。また、初期の森林保護区の選定は、十分な知識や専門家を一切欠いたまま行われたために、設置には当たり外れが多く、わずかな森林しか含まれていない保護区もあった。そのため、訓練を受けた職員が森林保護区を再調査し、境界を修正するなどの作業が必要であった[106]。

(三) 一八九七年基本法の制定

a 法律制定までの経緯

ア クリーヴランド大統領による森林保護区の拡大

一八九三年九月二八日、クリーヴランド大統領は、オレゴン州に合計四五〇万一三〇〇エーカーの二つの保護区を追加することを宣言した。しかし、その後クリーヴランド大統領は、一八九一年森林保護法が森林保護区の保護・管理についての規定を一切定めていないことを理由に、連邦議会がこれらの管理基準を定めるまではそれ以上の森林保護区を設置しないという態度をとった。実際、当時の連邦政府は、森林保護区の取りあつかいについて明確な方針をもっていなかったのである。結局、森林保護区は管理されず放置され、森林保護区以外の地域と同じような状態になってしまった[107]。

このクリーヴランド大統領の指定活動停止を契機に、森林保護区の管理のあり方をめぐる活発な議論が巻きおこった。そこでは、森林保護区の完全保護を主張する者、ドイツを手本として森林を農地のように科学的に管理することを主張する者、森林保護区制度を廃止し州や私人を対象とする処分政策の復活を望む者などが意見を交わしたが、結局、明確な合意には至らなかった[108]。

イ　連邦議会の動き

連邦議会では、一八九一年森林保護法の成立直後から、森林保護区を適切に管理する必要性が強く認識され、その方法を模索する議論が始まっていた。当初の有力な案は、合衆国陸軍を用いて、森林保護区を不法侵入、山火事、災害、過剰牧畜などから守ろうとするもので、森林保護区への軍隊の派遣や陸軍士官学校での森林学教育が提案された。しかし、この案は、合衆国の憲法および法律が、軍隊を森林保護区の保護のために用いることを明確には認めていないことを理由に、実現しなかった[109]。

一八九二年三月、上院の農業・森林委員会(Committee on Agriculture and Forestry)の委員長アルジャナン・シドニ・パダック(Algernon Sidney Paddock)議員(ネブラスカ州選出)が、「公的森林保護区の設立、保護、および管理」のための法案を提出した。パダック法案は、森林保護区を管理する権限を農務省に与えることを提案していた。この法案は、その後すべての公的森林地を処分留保しこれを軍による保護下におくこと、さらに森林保護区内の農業用地を現行法のもとで処分可能にするために売却予定地に戻すよう修正された。しかしこの法案は、上院では好評だったものの、ＡＦＡの強力な反対にあい、立法化には至らなかった[110]。

一八九三年、下院国有地委員会(Committee on Public Lands)の委員長で、ＡＦＡの会員でもあったマクレイ議員が、「森林保護区を守るために」と題する法案(H.R. 119)を提案した。マクレイ法案は、(a)木材を、少なくとも評価額を下回らない価格で、最高額の入札者に売却し、その収益で森林保護区を保護すること[111]、(b)陸軍長官に対し、森林保護区を保護する目的で、必要に応じて軍隊を派遣する権限を付与すること、(c)森林保護区内の農業に適した土地を、すべて売却対象地に戻すこと、などを規定していた。さらに、マクレイ法案を審議した委員会は、木材売却について、その対象地を森林保護区に限定せず、国有地上のすべての森林地に拡大する修正付加条項を追加した[112]。またマクレイ法案では、内務省が森林保護区を管轄することになっていた[113]。

しかし、マクレイ法案は、第一に、木材売却条項は明らかに森林破壊を引きおこし、ひいては水供給を危機に陥れる可能性がある、[114] 第二に、この法案は、西部の木材を大規模な木材業者や企業に独占させるものである、[115] 第三に、木材の有償化は、西部の入植者、鉱山業者、および家畜業者を西部から閉め出すものであり、危険な先例になりかねない、[116] などの激しい非難を受けた。マクレイ議員は、その後繰り返し同旨の法案を提出したが、その都度否決された。

また、一八八二年から一八八五年まで内務長官を務めたヘンリ・ムア・テラ(Henry Moore Teller)上院議員(コロラド州選出)が新たな法案を提出した。これは、下院のマクレイ法案とはまったく内容が異なり、木材供給を森林保護区の設置基準とすべきではなく、水(源)保護のみを設置基準とすべきであるというものであった。[117] しかし、このテラ法案も両院協議会で廃案にされてしまった。連邦議会は、最終的にはマクレイ法案の主要部分を採用することになるが、それは、思いがけない方法で行われることになった。[118]

ウ　全国森林委員会の設置

このように、連邦議会には、森林保護区を管理するための法案が幾度も提案されていた。しかし、これらの法案はもっぱら森林保護区をあつかうものであり、国有地上のすべての森林を視野に入れたものではなかった。そこで、これに不満をもったAFA、ピンショー、ハーヴァード大学の植物学者サージェント、編集者ウィリアム・A・スタイルズ(William A. Stiles)、*Century Magazine* の編集者ロバト・アンダウッド・ジャンスン(Robert Underwood Johnson)らは、省庁間の壁を越えたまったく新たな機関を創設して、全国の森林とその管理に関する徹底的な研究に取り組むべきことを提案した。[119]

森林保護区の管理状態を憂えていたマイクル・ホウク・スミス(Michael Hoke Smith)内務長官は、この提案に心を動かされ、全米科学アカデミー(National Academy of Sciences)の会長ウルカト・ギブズ(Wolcott

Gibbs)に話をもちかけ、効果的な森林保護区政策に必要な法律の内容、および森林地保護の実用性と必要性について諮問する委員会の委員を指名するよう依頼した。[120]

これを受けて、一八九六年、全米科学アカデミーは全国森林委員会(National Forest Commition)を設置した。委員会は七名の委員から構成され、そのなかには、ハーヴァード大学の植物学者サージェント、イエール(Yale)大学の植物学者ウィリアム・H・ブルーア(William H. Brewer)、鉱山経営者兼動物学者アリグザンダ・アガシズ(Alexander Agassiz)、全米科学アカデミー会長ギブズ、当時すでに著名な自然保護思想家であったジョン・ミューア(John Muir)、そしてのちに森林保護政策の立役者となるピンショーが加わっていた。[121]

全国森林委員会は、二万五〇〇〇ドルの予算で西部の森林地域を三カ月かけて調査し、(a)ワシントン州、カリフォルニア州、ワイオミング州、モンタナ州、ユタ州、サウスダコタ州、アイダホ州内に新たに一三の森林保護区を設置し、(b)ヨーロッパ、とくにドイツの森林管理を範として利用規制・保護のための包括的政策をとるべきである、との見解をまとめた。そしてサージェント委員長は、ピンショーの反対を押し切って、同委員会の報告書の公式発表を待たずに、事前に大統領にその内容を口頭で勧告した。[122]このことが、のちにクリーヴランド大統領の性急な活動を引きおこすことになった。

こうして完成した『合衆国森林地の森林政策の創設に関する全米科学アカデミー全国森林委員会の報告書』は、問題に精通した科学者が、いかに優れた報告書を作成することができるかを見事に示すものであった。この報告書は、(a)委員会が実地調査した森林保護区では、探鉱者(prospector)、鉱山業者、旅行者の故意または不注意による山火事が、不法侵入者よりもはるかに大きな悪影響を森林に与えていること、(b)山火事に次いで若木と下草を破壊するのが牧羊であり、羊は水源地の草地に多大なる悪影響を与えていること、(c)森林保護区は、特定の階級に属する人びとのものではなく、すべての人びとのものであり、すべての人びとのために管理されること、(d)急傾斜地における皆伐、羊の過剰放牧、鉱山業者による森林・草地の焼き払いは禁止されること、(e)農業または鉱山業に適した土地は森林保護区から除外されること、(f)成熟木(mature timber)は伐採し売却されること、(g)入植者と鉱山業者は必要な木材のみの伐採が許されること、などを勧告していた[123]。また、報告書は、一八七八年木材自由法を「これまで連邦議会が手がけたもっとも大きな贈り物」と非難したスパークス一般土地局長の言葉を引用し、(h)鉱山会社の違法行為を助長した一八七八年木材自由法と一八七八年木材・石材法は廃止されるべきこと、(i)森林保護区の管轄権は、非政治的で、最高の科学技術訓練を受け、優れた人格を有する者に委ねられること、そして彼らに多額の給料と終身雇用(permanent tenure)を保証することを求め、さらに組織構成や部署ごとの具体的人数までを明示していた[124]。

エ　一八九七年二月二二日の森林保護区設定と西部の反発

報告書の公開前に伝えられた全国森林委員会の勧告に強い感銘を受けたクリーヴランド大統領は、任期満了直前の一八九七年のワシントン誕生日(二月二二日)に、合計二一四二万六六〇エーカーを超える一三の新たな森林保護区の設置を宣言した[125]。

大統領による大規模な森林保護区の設置に対しては、一八九一年森林保護法制定当初より不満の声があったが[126]、クリーヴランド大統領の二月二二日の指定を契機に、「森林保護区の指定は、自然資源の凍結(lock up)であり、西部の発展と雇用と繁栄を封じ込めるものである」という抗議の声が一気に爆発した。とくに西部の政治家や住民は、西部の産業発展や雇用問題を前面に押し出して反対した。しかし実際には、西部州選出議員は、森林保護区の設置により、それまでほぼ完全に彼らの縄張りであった西部の国有地に対する影響力が部分的に損なわれることを恐れていたのである[127]。

反対派は、連邦議会内でも次第に勢力を増していった。彼らは、クリーヴランド大統領が設置した森林保護区の廃止と森林保護区の設置・廃止手続の見直しを迫り、本会議や公聴会の場で、州議会の請願書、公務員の書簡、地方紙の社説などを振りかざして強い非難行動を繰り返した。とくに、ワシントン州、アイダホ州、カリフォルニア州、ワイオミング州、ユタ州選出の議員、とりわけサウスダコタ州選出のゴーマン(Gorman)上院議員は、大統領が、西部のことをまったく知らない屁理屈屋(ピンショーやサージェント)の助言に基づいて恣意的に行動したと批判した。[128] 彼らは、森林保護区の設置により、西部の主要産業である鉱山業と木材産業が完全に停止してしまうと主張したため、一時は、森林保護区および一八九一年森林保護法の森林保護区条項の両方が廃止されかねない切迫した雰囲気になった。[129]

このように、一八九一年森林保護法に対する不満が各方面から高まってきたが、それは、森林保護区の設置に反対する西部諸州のみならず、森林保護区のより厳正な保護と管理を求めるＡＦＡ[130]や自然保護論者、より包括的な管理指針を求める内務省一般土地局、[131] 科学的な国有地管理を求める全国森林委員会など、まったく立場の異なる者から発せられたものであった。[132]

b　一八九七年基本法の制定

ア　一八九七年基本法の審議過程

怒りが頂点に達した西部州選出議員らは、クリーヴランド大統領の行動に断固反対するために、一連の大統領宣言の取消しを主張し、そのための条項を修正付加条項として民生関係歳出法案(Sundry Civil Bill)に追加した。ところが任期満了直前のクリーヴランド大統領は、こうした連邦議会の行動に反発し、この歳出法案を握りつぶしてしまった。[133] そのため、後任のマキンリ大統領(William Mckinley, 1897–1901)は政府を運営する資金に欠き、一八九七年三月一五日、特別会期を招集した。

上院では、ペティグルー(Pettigrew)議員(サウスダコタ州選出)が、新たな歳出法案に対して、森林保護区の保護と管理体制の確立を求める修正付加条項の追加を提案した。[134] これは、先のマクレイ法案を基礎としたもので、事前に内務長官やマキンリ政権との議論を経たものであった。この修正案は、森林保護区にとっては最良のものであったが、ペティグルー議員は、途中でこの修正案に、クリーヴランド大統領の森林保護区設置宣言の効力を一八九八年三月一日まで停止する条項を付け加えた。そのため、その後はもっぱらこの効力停止条項をめぐる激しい議論に焦点が移り、法案の重要な中身はほとんど話し合われなかった。[135] このペティグルー修正案は、三二対一四で可決された。

一方、下院では、上院以上にクリーヴランド大統領の宣言を無効にすべきだという声があがったが、森林保護区の存続を求める声も依然として強く、結局なにも起こらなかった。また、両院協議会は、森林保護区の設置に敵意をもつ委員が少数であったこともあり、ペティグルー修正案を若干修正しただけで両院へ送り返した。この両院協議会案は、上院では三二対二五、下院では八九対六で可決され、一八九七年六月四日、大統領の署名を得て法律となった。[136]

イ　法律の内容

一八九七年基本法は妥協の産物だった。森林保護区に対しては、さまざまな意見があったが、法律はこれらの要求を少しずつ満たすように巧みに作られていた。つまり、河川の航行、野生生物、レクリエーション、美観に関心をもつ保護派と、合理的な木材管理に関心をもつ木材業者や連邦官吏の双方が、それぞれ希望する文言を加えていた。それは、以下に紹介する条文から明らかである。[137]

第一に、この法律は一八九八年三月一日まで、一八九七年二月二二日のクリーヴランド大統領の宣言の効力を停止し、この処分留保地を、ふたたび売却予定地に編入させた。入植者やその他の者の土地または資源に対する権利を認めるために、クリーヴランド大統領が設置した二一〇〇万エーカーの保護区の設置が九カ月間延期されたのである。(138)

第二に、もっとも重要なことは、一八九七年基本法が、森林保護区の設置目的を、(a)山火事と略奪(depredations)から森林を保護すること、(b)順調な水流状態を確保すること、(c)継続的に木材を供給することと定め、それらの利用のために必要な規定等を定める権限を内務長官に認めたことである。

「森林保護区は、森林保護区内の森林を改良・保護し、または順調な水流の状態を確保するため、および合衆国市民の利用と需要のために木材の継続的供給を提供する場合を除き、設置されないものとする。しかし、これらの条項は、森林の目的以上にそのなかの鉱物や農業目的にとってより価値のある土地を、森林保護区に多く含めることを意図するものではない。」(30 Stat. 35 (1897))

第三に、一八九七年基本法は内務長官に木材売却権を与え、その要件を具体的に定めた。

「内務長官は、森林保護区内の生育中の(living and growing)樹木を保存し、若木の成長を助長するため、彼が定める規定と規則(rules and regulations)に基づき、当該森林の利用状況と両立する量の森林保護区内の枯死木、成熟木、または巨木を指定し、査定することが求められる。さらに内務長官は、これらの樹木を、その査定価格を下回らない価格で売却することができる。(中略)これらの樹木は、売却前に印をつけて指定したうえ、内務長官が指名する監督官のもとで伐採され、搬出されるものとする。」(30 Stat. 35 (1897))(139)

第四に、同法は、以下のように定めて、入植者等が森林保護区に立ち入ることを許可する権限を内務長官に与えた。

「内務長官は、善意の入植者、鉱山業者、居住者、および採鉱者が、薪、柵、建造物の建築、および他の自家用の目的のために、森林保護区内の木材と石材を無償で利用することを、許可することができる。なお、これらの木材は、当該国有林(national forest)が位置する州または準州のなかで用いられるものとする。」(30 Stat. 35 (1897))

第五に、森林保護区内の土地であっても、農業・鉱山業・牧畜に適した土地は、利用者に提供された。

「森林保護区内の、森林としての用途より鉱山業または農業の目的に適すると認められる国有地は、すべて、売却予定地に編入することができる。また、従来、現行の合衆国鉱山業諸法に基づく登録申請に服してきたあらゆる森林保護区内の鉱物埋蔵地は、この法律の規定にかかわらず、すべて鉱区指定と登録申請に服するものとする(中略)森林保護区内の水は、州法もしくは連邦法、およびそれらにしたがって制定された規則に基づき、自家用の採掘、製材、または灌漑の目的で用いることができる。」(30 Stat. 36 (1897))

ウ　一八九七年基本法の歴史的評価

一八九七年基本法の森林管理史上の歴史的意義は、第一に、森林保護区の設置目的を明確化したことである。第二に、以上の規定を受けて、森林保護区の利用に道を開いたことである。[140] これによって国有林の科学的管理が法律上も可能になったのである。同時に、これは、(陸軍による)完全な保存を主張したジョン・ミューア(John Muir)やサージェントの敗北を示したものでもあった。第三に、一八九七年基本法は、内務長官に対し、森林保護区の「占有(occupancy)と利用」を制限する権限を与えた。この条項は、のちに森林保護区の管理を移管された森林局が、(a)放牧規模の縮小・放牧料の徴収、(b)キャンプ場・避暑用別荘地の設置、(c)木材収穫量の制限、を実施するための法律上の根拠を与えることになった。すなわち、一八九七年基本法には、現代の合衆国の森林政策の柱である持続的収穫政策(木材の継続的供給)・多目的利用政策(木材収穫、水源地保護、鉱山業)・森林保護政策(略奪からの保護)につながる管理原則がすべて含まれていたのである。[141]

三　革新主義の時代

（一）　ピンショーの登場

a　ピンショーの登場

一八九八年七月一日、一七年間にわたり森林部長を務めたファーノウに代わり、ピンショーが森林部長の座についた。ピンショーはそのとき、わずか三三歳であった。その後ピンショーは、有名なバリンジャー・ピンショー論争（Ballinger-Pinchot controversy）にからんで一九一〇年に解任されるまでの一二年間、森林部（のちに森林局）に君臨した。いわゆるピンショーの時代である。この時期、ピンショーは今日に至る国有林制度の基礎を築いたばかりではなく、セオドア・ローズヴェルト大統領（Theodore Roosevelt, 1901-09）の片腕として合衆国内の自然資源の保護にも大きな貢献をした。ピンショーの時代は、「自然保護」の黄金時代でもあったのである。

ピンショーの経歴は、すでに邦語でも広く紹介されているので簡単に記述する。[142] ピンショーは、一八六五年、ニューヨークの豊かな家に生まれた。ニューヨーク市内の私立学校、ニューハンプシャー州の Phillips Exeter Academy を卒業し、一八八五年にイエール大学に入学している。しかし、子供のころから森林官を目指していたピンショーは、一八八九年、大学卒業後ドイツに渡り、著名な森林官ディートリク・ブラーンディス（Dietrich Brandis）に出会った。ブラーンディスはこの若き秀才に惚れこみ、ピンショーにフランスのナンシー（Nancy）の森林学校に入学することを勧めた。しかしピンショーは講義にはあまり興味を示さず、森林管理の実際を見聞するためにヨーロッパ各地を旅行し、彼の質問に答えてくれる森林官とはだれとでも会った。一三カ月の学習を終えたピンショーは、彼がヨーロッパで得た知見を母国で実施したいという思いにかられ、さらに二年は勉強すべきだというブラーンディスの忠告を振り切って帰国した。[143]

b　森林部長への就任

帰国後ピンショーは、ノースカロライナ州ビルトモア(Biltmore)にヴァンダビルト(Vanderbilt)家が所有する五〇〇〇万エーカーの森林の管理人を引き受け、彼の理論の確かさを実証するとともに、一八九三年、その経過を小冊子として発表した。[144]

一八九六年、前述の如く、全米科学アカデミーの要請を受けてサージェントを委員長とする全国森林委員会が作られ、ピンショーもこれに参加した。しかしこの委員会では、森林資源の軍隊による厳格な保護を主張するサージェントやミューアと、訓練を積んだ森林官による管理と利用を主張するピンショーの考えの違いが表面化したのである。その後、彼は内務省の特別森林監督官に任命され、森林保護区の調査、境界線変更の勧告、管理組織上の提言などを行っている。このようなときに、彼の大先輩であり友人でもあったファーノウが森林部長を辞任し、農務長官ジェイムズ・ウィルスン(James Wilson)はピンショーを新しい部長に任命したのである。[145]

(二)　国有林の誕生

a　森林局への昇格

ピンショーが部長に就任した森林部は、果たして、二つの事務室と少数の職員、それにわずかの予算しかもたない小さな部局であった。[146]彼は、間もなく内務省と協定を結び、森林保護区の管理に技術的支援を与えることを約するとともに、私有林管理に対しても技術指導を開始した。すると、資源の枯渇や、植林などの技術者不足に悩んでいたワイアハウザ(Weyerhaeuser)などの巨大製材企業が彼の助言を受けることを表明したために、実践的林学者として彼の名声はさらに高まった[147]。こうして森林部は、人員と予算を飛躍的に伸ばし、一九〇一年三月二日、異例の早さで森林局(Bureau of Forestry)に昇格したのである[148]。

b　内務省から農務省への移管

しかし、ピンショーにとって最大の問題は、訓練を受けた森林管理官を擁しない内務省一般土地局が、依然として広大な森林保護区を管理しているという事実であった。一般土地局には森林専門家がほとんどおらず、法律家が要職を占めていた[149]。しかも、当時の風潮にもれず情実人事が横行し、実際の森林管理にあたる地方事務所は、木材業者、土地投機師、牧畜業者とつながりのある者であふれていた[150]。彼らは、彼らの権益(縄張り)を維持するために森林保護区の管理に固執し、外部の森林専門家の意見に耳を貸そうとはしなかった。このため森林局は、森林保護区に対して手出しができず、助言役に甘んじざるを得なかったのである。

ところが、一九〇一年九月一四日、ピンショーの親友であったセオドア・ローズヴェルトが大統領に就任したことで、森林保護区の農務省への移管の可能性がにわかに高まった。ピンショーは、大統領や内務長官の支持を取りつけると、早速、森林保護区を内務省から農務省に移管する工作に取りかかった。一九〇二年、森林保護区の管理を農務省に移管する法案が連邦議会に提出された。この法案は、下院国有地委員会を通過したものの、歳出委員長ジョー・カナン(Joe Cannon)の反対にあい、本会議では、一〇〇対七三で否決されてしまった[151]。

しかし、移管に強硬に反対していた内務省一般土地局で大規模な汚職が発覚したことや、移管に好意的なウィリアム・アフタン・リチャズ(William Afton Richards)が一般土地局長に就任したことから、風向きはピンショーに有利になった。一九〇三年一二月、ローズヴェルト大統領は移管を求める教書を連邦議会に送り、内務省から農務省への移管を支援し、再度、移管法案が連邦議会に提出された。一方、ピンショーは、シエラ・クラブ(Sierra Club)などの環境保護団体やＡＦＡの支持を取りつけ、連邦議会に向けた運動を誘導した。[152] また、移管に反対する西部州選出議員に対しても精力的な工作を行い、鉱山業者、牧畜業者、木材業者は森林局の管理のもとでも従来どおりの森林保護区の利用が認められること、森林の商業的利用を阻害する国立公園や野生生物保護区の設置には反対することを確約して、彼らを渋々納得させた。[153]

かくして周到に根回しされた移管法案は、今度はさしたる反対もなく簡単に連邦議会を通過した。[154] 大統領は直ちに法案に署名し、その結果、一九〇五年二月一日をもって六三〇〇万エーカーにのぼる森林保護区の管理権が、農務省に与えられたのである。

その一カ月後の三月三日に成立した農業関係歳出法により、従来の森林局の名称は、合衆国森林局(United States Forest Service)に変更された(発効は七月一日)。[155] これは、森林局は、国民に対し役務(service)を提供する機関であるというピンショーの信念を反映したものであった。[156] ピンショーは、初代森林局長(chief)となったのである。

ところが、一九〇七年一月にローズヴェルト大統領がワシントン州カスケイド山脈(Cascade Range)北部の広大なアメリカ松(Douglas fir)の原生林地域を森林保護区として留保したことで、西部州選出議員の不満が爆発した。連邦議会は、コロラド州、アイダホ州、モンタナ州、オレゴン州、ワシントン州、それにワイオミング州の六州において、連邦議会が法律を制定する場合を除き、森林保護区の範囲を現在以上に拡大することを禁止する法案を通過させた。この条項は歳出法に付加されていたために、ローズヴェルト大統領はこれを拒否することができず、やむを得ず法案に署名した。[157] しかし、ローズヴェルト大統領とピンショーは簡単には引き下がらず、最後の賭に出た。彼らは一月末から二月にかけて、連日の徹夜作業で地図の上に森林保護区を書き込み、三月一日と二日、一六〇〇万エーカーの森林保護区を大統領命令で指定したのである。これが今日、真夜中の留保地

(midnight reserves)とよばれる逸聞である。[158] 先の法律が発効したのは、三月四日であった。

また、一九〇七年三月四日、森林保護区は、国有林(national forest)と名称変更された。これは、ピンショー自身の説明によれば、「森林保護区」という表現はいかにも保護だけを目的とし、利用を排除しているように聞こえるところから、森林の商業利用が奨励されることを明らかにするための措置であった。[159]

こうして、ローズヴェルト大統領とピンショーは、巧みに連邦議会を出し抜いたのであるが、この時期がピンショーの全盛期であった。その後ピンショーは、国有林にとどまらず、合衆国全土にわたる効果的な資源管理計画を作成し、連邦政府が自然資源を管理・支配することを主張し、全米知事会議を自ら主催した。だが、彼の強引ともいえるやり方に対する批判も急速に拡大していた。そしておそらくそれが一因となって、彼は一九一〇年のバリンジャー・ピンショー論争を引きおこし、一九一〇年一月七日、タフト大統領(William Howard Taft, 1909-13)によって森林局長の地位を解任されたのである。しかし彼の後任には、イエール大学時代からの彼の友人で、長年彼の補佐役を務めてきたヘンリ・ソウロン・グレイヴズ(Henry Solon Graves)が就任した。ピンショーは、これらのイエール人脈を使い、その後も森林局に対し影響力を保持し続けた。

(三)　国有林制度の確立

a　ピンショーの功績

ピンショーの功績は、第一に、国有林の面積を著しく拡大したことである。彼の時代に一億四八〇〇万エーカーの国有林が追加されたが、それは今日の全国有林面積の実に四分の三にあたる。

第二に、改めて指摘するまでもなく、ピンショーがその精力的な執筆活動や啓蒙活動をとおして、[160] 森林保護の必要性の認識や管理技術の向上に貢献したことである。彼の指示で一九〇五年に作成された『国有森林保護区の利用――規則と指示』(一般に *Use Book* といわれる)は、国有林に関する一般情報、通達、規則、特別の指示等を一〇〇頁以上にわたり収録したもので[161]、その基本は今日の管理手引書に引き継がれている。また、彼は母校イエール大学の森林学部設立のために私財を寄付し、その後の森林学の研究と教育を促した。

第三に、彼は、国有林の管理組織を整備する一方で、「地方の問題は、地方の事務官により、地方の事情に基づき決定されるべきである[162]」として、中央集権的な管理組織を排除し、決定権限を大幅に地方の事務所に委任したことである[163]。この地方分権型の行政組織に対しては、地方事務官の裁量権を拡大させ、地方の利己的な利益を全国的な利益に優先させる結果を招いたとの批判もあるが[164]、これが今日の森林管理に住民を参加させる森林局の伝統に結びついているといってよいだろう。

第四に、国有林内における放牧規制の方式を確立したことである。これは過剰放牧による弊害が出ていた国有林における放牧を許可制にするとともに、許可料を徴収するというものである。この方式は、しかし大規模牧畜業者の支持を得た。というのは、この許可制度は、料金の支払いと引きかえに、彼らに長期的かつ独占的な使用権を保障するとともに、彼らの厄介者であった牧羊業者と入植者を国有林から閉め出してくれたからである[165]。

第五に、ピンショーが、地方の木材企業の利益を侵害しない範囲内で国有林を伐採し地方の経済的必要に応える、という地方経済優先の方針をとったことである。そのため、第二次世界大戦に至るまで、国有林からの木材売却は、木材総生産量のごくわずかの割合にとどめられた[166]。

b　ピンショーの自然保護思想

ところで、ピンショーが与えた影響はこうした国有林管理のあり方に限られない。彼の自然観や自然保全哲学は、国有林の管理だけでなく、合衆国の自然保全思想を長年にわたり強く支配することになった。それが、良い意味でも悪い意味でも、彼の残した最大の遺産であろう。

彼の自然保全思想は、すでに広く紹介されているが、なかでも、彼の自然保全哲学をもっともよく示すものとして引用されるのが、彼が一九〇五年二月一日に作成し、農務長官から彼への書簡という形式をとって公表された「ピンショー書簡」である。

「森林保護区の管理にあたり、以下のことが銘記されるべきである。すべての土地は、個人や企業の当面の利益のためではなく、すべての人びとの恒久的な利益のために、そのもっとも生産的な利用に供されるべきである。森林保護区のすべての資源は利用(use)されるためにあり、その利用は、それぞれの資源の永続性を確保するような規制に服しつつ、首尾一貫して、迅速にかつ実務的(businesslike)方法で実行されなければならない。(中略)森林資源の恒久性は継続的繁栄にとって欠くべからざるものであり、その保護と利用のための農務省の政策は、これらの資源の保全的利用(conservative use)はいかなる場合でもその永続的価値と対立してはならないということを念頭に、一貫してこの事実によって指導される。

森林保護区の水、木材、および飼料は、なによりも住宅建築者の利益のために保全され、賢明に利用される。農業、林業、鉱山業および牧畜利害関係者の持続的繁栄は、水、木材、飼料の恒久的で入手可能な供給に直接に依拠している。のみならず、迅速さ、実効性および良識によって執行される実務的な規制のもとにおけるこれらの資源の現在および将来の利用にも依拠している。個々の保護区の管理にあたり、地方的問題は地方の事情(local ground)に基づき判断される。(中略)また、相対立する利害の調停が求められるとき、問題は常に、長期的な最大多数の最大の利益(the greatest good of the greatest number in the long run)という観点から決定されなければならない。(167)」

この書簡はピンショーの自然保全哲学を凝縮したものといわれ、国有林管理のマグナ・カルタ(Magna

Carta)[168]として今日も森林局のなかに目に見える形で翻刻され、日常的な意思決定の指針となっているといわれる。[169]この書簡を手がかりに、ピンショーの自然保全哲学の特徴を整理してみよう。

第一に、ピンショーの自然保全哲学を貫くのが、政治から独立した専門家による自然資源の科学的管理という思想である。彼は、自然資源の政治的利用や無計画な浪費に強く反対し、専門家による管理を主張した。[170]こうした彼の視点によれば、一八九七年基本法も、「森林保護区を利用者に開放し、林学の実践を含む健全な管理に対する道筋を明らかにした」[171]ものとして画期的な意味をもつのである。この科学優先の思想は、それまでの無計画で収奪型の自然資源利用とは明らかに対立しており、この点で、ピンショーやローズヴェルト大統領は、新しい時代を目指す革新主義者であったといえる。また、彼が州ではなく、連邦政府による規制を強く求めていたことも注意されよう。

第二に、ピンショーは自然資源の利用を排除せず、むしろ利用こそが自然資源の効用を引き出す最良の方法と考えていたことである。彼の考えによると、「林学とは、穀物のように樹木を育てることである」[172]、「林学とは、道ばたに植樹をすることではない。それは公園や庭園とは性質が異なり、田園の飾りとはなんの関連もなく、景観はその分野外である。そして、樹木園で林学を学ぶことは、ドラッグ・ストアで処方を学ぶことと同じようなものである」[173]、「われわれの森林政策の目的は、それが美しいからとか、原生自然の野生の創造物にとっての隠れ家であるからとかいう理由ではなく、豊かな住宅を作るための森林を保存することにある。それ以外の一切の考慮は二次的である。」[174]彼にとって、森林を含むすべての自然資源は景観保全や野生生物保護のために管理されるのではなく、利用(use)のために管理されるべきものであった。この理念を明確にするために、彼は「保全(conservation)」という今日にまで受け継がれる用語をそれに充てたのである。[175]すなわち、「保全とは、大地とその資源を人びとの究極の利益のために賢明に利用すること(wise use)」[176]にほかならなかった。この点で、彼は資源の絶対的な保存を主張するサージェントやミューアとは明らかに異なる立場に立っていた[177]。

第三に、それにもかかわらず、ピンショーが、資源の短期的な効用や金銭的な価値よりも、資源の恒久性や継続的利用を重視し、将来的な価値の維持と矛盾しない限度での利用を主張していたことは評価してよいだろう。たとえば、「それが再生可能であれ、再生不能であれ、自然資源の利用に対してはそれぞれの世代が最初に権利を有する。しかしながら、いかなる世代も、一切の自然資源を利用し、または誤って利用することによって、将来の一般的な富や福祉を不必要に損傷し、または減少させることは許されない[178]」という指摘は、今日の「持続的利用」の主張にそのまま通じるものがある。また「木材、水、鉱物、およびその他の資源は、人びとの利用のためにある」という指示[179]は、合衆国国有林管理の基本である多目的利用原則を先取りした発想ともいえる。しかし、その場合でも、なによりも「豊かな住宅を作るために森林を保存すること」が最優先するのであり、「それ以外の一切の考慮は二次的」なのである。結局、森林の木材生産以外の価値がピンショーの頭のなかにあったとは考えにくい[180]。

第四に、ピンショーは、革新主義者として、特定個人や大企業の利益を規制し、一般大衆の利益を擁護したことである。彼によれば、「保全の目的は、人びとの利益のために、自然資源を所有し、統制し、開発し、加工し、分配し、そして利用することであり、まさにその性質において、独占の対立概念である」、「独占は、人びとを苦しめる多数の経済的、政治的、社会的害悪の根元であり、その廃止または規制は、保全政策の欠くべからざる部分である[181]。」しかし、彼は革新主義者ではあっても人民党員(Populist)や労働者階級の味方ではなかった[182]。たとえばピンショーは、国有林制度を確立するために牧畜業者、鉱山業者などと妥協し、合理的な国有地の利用を求める彼らと利害を共通にした[183]。また、ピンショーは、宣伝能力に長け、巧みな演出で大衆を説得した。大企業や財閥への批判が渦巻くなかで、一般大衆が、大企業と戦うピンショーやローズヴェルト大統領を、彼らの味方と誤解したのも無理はなかろう。[184]

最後に、ピンショーは、放任よりも規制を、それも連邦政府(国家)による規制を主張した。西部にとって、ピンショーやローズヴェルト大統領は、東部の財閥を代表するエリートであり、西部の敵であった。[185]また、プロイセン的な国家統制を合衆国に持ち込もうとする点で、民主主義の敵でもあった。[186]木材業者、鉱山業者、牧畜業者、それに無数の入植者がいかに西部の自然を大規模に破壊したとはいえ、森林や鉱物資源は、彼らの生きるすべである。ピンショーが、森林保護区(国有林)を拡大し、入植者を締め出し、統制を強化したことは、当然の成り行きとして、西部の一般民衆の強い怒りを買った。[187]今日にまで尾を引いている西部の東部に対する反発、西部州政府の連邦政府に対する反発は、この時期にさらに大きくなったのである。

c　むすび

アメリカ合衆国の国有林制度は、森林資源が無法に収奪され、大規模に失われたことに対する反省から生じた広範囲な資源保全運動の成果である。この運動には、本章が検討したように、多数の行政官、科学者、芸術家、市民、それに政治家が参加した。ファーノウやピンショーの力だけでは国有林制度を築きえなかったことは明らかである。しかし、まさに時代がその指導力を求めているときに、ファーノウ、ピンショー、それにローズヴェルト大統領のような傑出した指導者が現れたのは、幸運な歴史の偶然といえよう。それだけにピンショーの自然保全哲学は、森林局の職業倫理を長年にわたって支配した。[188]それは森林管理の専門家としての森林官の使命感や団結心を高め、森林局をまたたく間に「一流官庁」に押し上げた。しかしそのことが、逆に森林局が外に目を向け、その後の社会の要求に柔軟に対応することを遅らせたともいえる。[189]そして、その重いつけが、森林保護法が制定されてから一〇〇年後にやってくるのである。[190]

(1) Michael Williams, *Americans and Their Forests: A Historical Geography* 3 (Cambridge University Press 1989). アメリカ大陸の森林の歴史や現状を簡潔に説明したものに、赤澤威・阪口豊・冨田幸光・山本紀夫編『アメリカ大陸の自然史(1) アメリカ大陸の誕生』(岩波書店・一九九二年)、安田喜憲・菅原聰編『森と文明』一〇三—一一六頁(朝倉書店・一九九六年)がある。また、合衆国の森林保護の歴史を記述したものとして、アレキサンダー・メイサー(Alexander S. Mather)著・熊崎実訳『世界の森林資源(*Grobal Forest Resources*)』四六—五六頁(築地書館・一九九二年)がある。なお、本書の原論文(北大法学論集四六巻四号から同四八巻六号)の発表後、大田伊久雄『アメリカ国有林管理の史的展開——人と森林の共生は可能か?』(京都大学学術出版会・二〇〇〇年)という優れた研究業績が発表された。

(2) 人口の多い入植地においては、入植後五〇年の段階で、すでに森林伐採による影響が感じられるようになったという。Dyan Zaslowsky & Tom H. Watkins, *These American Lands: Parks, Wilderness, and the Public Lands* 60 (Island Press 1994); Williams, *supra* note 1, at 53. なお、植民地時代の森林伐採や森林保護については、ジョン・パーリン(John Perlin)著・安田喜憲・鶴見精二訳『森と文明(*A Forest Journey: The Role of Wood in the Development of Civilization*)』三二四—三四五頁(晶文社・一九九四年)を参照。

(3) 当時の西部諸州では、未開の土地は、人間の労働によって森林を伐採し、建物、道路、および社会施設を建設し、柵を設置し、土地を埋め立てるまでは、まったく無価値であると考えられていた。Paul Wallace Gates & Robert W. Swenson, *History of Public Land Law Development: Written for the Public Land Law Review Commission* 534 (Zenger Publishing Co. Inc. 1968).

(4) Zaslowsky & Watkins, *supra* note 2, at 62.

(5) Samuel Trask Dana & Sally K. Fairfax, *Forest and Range Policy: Its Development in the United States* 35-37 (2d ed., McGraw-Hill Publishing Company 1980).

(6) このような木材産業の成長を支えた要因としては、(a)シカゴ(Chicago)、ミルウォーキー(Milwaukee)、セント・ルイス(St. Louis)などの大都市の成長にともなう木材需要、(b)木材燃料船への燃料供給、(c)蒸気機関車への燃料供給、などが指摘されている。Gates & Swenson, *supra* note 3, at 534.

(7) 植民地時代の木材政策については、パーリン(安田・鶴見訳)・前掲書(注2)三二四頁以下がとくに詳しい。そのほか、Dana & Fairfax, *supra* note 5, at 5; Zaslowsky & Watkins, *supra* note 2, at 60; 島田錦蔵『アメリカ林業発展史』

四五頁(地球出版・一九四八年)、餅田治之『アメリカ森林開発史』二四頁(古今書院・一九八四年)を参照。

(8) David A. Adams, *Renewable Resource Policy : The Legal-Institutional Foundations* 114-115 (Island Press 1993) ; Gates & Swenson, *supra* note 3, at 532 ; パーリン(安田・鶴見訳)・前掲書(注2)三五四—四二三頁。

(9) 一六九一年のマサチューセッツ湾憲章の原文は、Adams, *supra* note 8, at 114-115に収録されている。

(10) この政策はブロード・アロー政策(Broad Arrow Policy)とよばれ、一七一一年、その対象地は、ニュー・イングランド地方、ニュージャージー州、およびニューヨーク州へと拡大された。Adams, *supra* note 8, at 115. なお、ブロード・アロー政策については、パーリン(安田・鶴見訳)・前掲書(注2)三四五頁以下、餅田・前掲書(注7)二一—二四頁に詳しい。

(11) Gates & Swenson, *supra* note 3, at 532 ; Adams, *supra* note 8, at 114-115.

(12) An Act authorizing the purchase of timber for naval purposes, Feb. 25, 1799, ch. 16, 1 Stat. 622. なかでも、ノースカロライナ州からルイジアナ州(当時はスペイン領)にかけての海岸沿いに生育する天然のカシ(oak)に対しては、とりわけ関心が高かった。カシの枝の広がり方が、天然の肋材、隅材、マスト、キール(keel)および他の造船に不可欠な部品を作るのに適していたからである。また、カシは、きわめて腐食に強い性質を有していた点も重視された。Bernard Shanks, *This Land is Your Land : The Struggle to Save America's Public Lands* 37 (Sierra Club Books 1984) ; Gates & Swenson, *supra* note 3, at 532. なおデイナは、この海軍用木材保護区を、連邦による最初の森林保護区と位置づけている。Dana & Fairfax, *supra* note 5, at 35.

(13) Adams, *supra* note 8, at 116 ; Gates & Swenson, *supra* note 3, at 533 ; Dana & Fairfax, *supra* note 5, at 35.

(14) Shanks, *supra* note 12, at 37 ; Dana & Fairfax, *supra* note 5, at 37 ; Adams, *supra* note 8, at 115-116 ; Zaslowsky & Watkins, *supra* note 2, at 62.

(15) 一八五〇年代には、鉄(iron)と鋼鉄(steel)による造船の時代が到来した。連邦の木造船艦隊が、連合軍のメリマック(Merrimac)甲鉄艦隊との戦いに敗れたことが、木造軍艦時代の終焉を象徴する出来事であった。Dana & Fairfax, *supra* note 5, at 35.

(16) Dana & Fairfax, *supra* note 5, at 35 ; Adams, *supra* note 8, at 115-116.

(17) John B. Loomis, *Integrated Public Lands Managemen : Principles and Applications to National Forests, Parks, Wildlife Refuges, and BLM Lands* 31 (2d ed., Columbia University Press 2002). 一八一〇年から一八六〇年の森林伐

採の状況については、一般に、Williams, *supra* note 1, at 111-189を参照されたい。

(18) Gates & Swenson, *supra* note 3, at 534.

(19) しかし人びとは、水供給と治水が森林管理と連関していることにすでに気づいていた。伐採後に放置された森林地は、地滑りを起こしやすい荒れ地と化し、各地で洪水のような集中的な水害が発生したのである。このころ、科学的森林管理概念が、ヨーロッパからはじめて伝えられた。Harold K. Steen, *The U.S. Forest Service : A History* 7 (University of Washington Press 1991) ; Loomis, *supra* note 17, at 31 ; Gates & Swenson, *supra* note 3, at 534.

(20) Gates & Swenson, *supra* note 3, at 535 ; パーリン(安田・鶴見訳)・前掲書(注2)四三九―四四六頁。たとえば蒸気船は、小型船で一日一二～二四コード(cord)、大型船で一日五〇～七〇コードもの木材を消費したという(コードは燃料用木材の体積単位で、一コードは三・六二四六立方メートルである)。

(21) 大量の木材が伐採された背景のひとつとして、連邦議会が、土地に関する立法作業のうえで、森林地という土地区分を明確に考慮していなかったことがあげられよう。Steen, *supra* note 19, at 7. 国有地の迅速な処分を第一目標としていた当時の連邦議会は、おもに入植に適した農地であるか否かという観点から国有地を区分し、処分した。そのため森林地は、当時、木材需要が急速に高まっていたにもかかわらず、他の土地と同様に測量調査され、売却に付されてしまった。しかも多くの場合、木材業者たちは、協定を結ぶことによって価格競争(競争入札)を回避し、政府の設定した最低価格である一エーカー当たり一ドル二五セントを支払うことにより、広大な森林地を無制限に入手していたことが指摘されている。Gates & Swenson, *supra* note 3, at 535-536.

(22) Dana & Fairfax, *supra* note 5, at 36 ; Steen, *supra* note 19, at 6. 一八〇七年一般不法侵入法については、An Act to prevent settlements being made on lands ceded to the United States, until authorized by law, Mar. 3, 1807, ch. 66, 2 Stat. 445を参照されたい。

(23) たとえば、アリグザンダ・ヒュー・ホウムズ・スチュアト(Alexander Hugh Holmes Stuart)内務長官は、森林監督官に対する通達において、現実の入植者が、入植者自身による利用または公共的開発のために合理的な量の木材を取得することを認める一方、投機目的で国有地を略奪する者に対しては、断固たる措置をとるよう命じていた。内務省による盗伐取締りの経緯については、Gates & Swenson, *supra* note 3, at 533-561に詳細な記述がある。本書も基本的にこれによっている。

(24) 以下は、Gates & Swenson, *supra* note 3, at 545-550, 554-558による。なお、シュアツ内務長官が行ったいくつかの

改革については、Peyton, *Forestry Movement of the Seventies, in the Interior Department, under Schurz*, 18 Journal of Forestry 391 (1920) に詳しい説明がある。

(25) シュアツは、すでに森林科学(science of forestry)が広く実践されていたドイツで生まれ育った。一八四八年から一八四九年の革命時にドイツで活動したのち合衆国へ逃亡し、奴隷制度に反対する熱心な共和党員として活躍し、リンカーン大統領(Abraham Lincoln, 1861-65)やジャンスン大統領(Andrew Johnson, 1865-69)に仕えた。シュアツは、南北戦争の際には将官(general)として軍隊を率いて戦い、合衆国上院議員も一期務めた経歴を有する。またシュアツは、当時盛んに行われていた土地政策再考論争の中心人物であったジョン・ウェズリー・パウエル(John Wesley Powell)とも親交があった。Dana & Fairfax, *supra* note 5, at 47.

(26) シュアツは、国有地上の森林は、持続的収穫を基本原則として、政府によって積極的に保護(care)・管理(custody)されるべきであると考えていた。すなわちシュアツは、彼の長い報告書のなかで、連邦政府が、盗伐の防止と森林を現在の所有のままに保持することを目標として、国有地上の森林を連邦政府の管理下におくこと、自然の成長による森林の更新と若木の慎重な保存を確保するために、木材の伐採と売却を厳重に規制することなどを求めていた。こうした森林管理に関するシュアツの見解は、最終的には、合衆国国有林管理政策の基礎(本質)を形作るものであった。しかしこの政策は、一八七〇年代末から一八八〇年代初頭に至るも遂行されなかった。Frederick W. Turner, *Rediscovering America: John Muir in His Time and Ours* 306-307 (Random House, Inc. 1987); Williams, *supra* note 1, at 397.

(27) Turner, *supra* note 26, at 306; Williams, *supra* note 1, at 397; Steen, *supra* note 19, at 15.

(28) Dana & Fairfax, *supra* note 5, at 47; Williams, *supra* note 1, at 397. 後述のホフも、シュアツと同意見であった。Steen, *supra* note 19, at 15.

(29) シュアツは木材の略奪者を容赦なく告訴した。取締りが強化されてからわずか三カ月後には、過去二〇年間の総額を上回る木材不法侵害に対する罰金が徴収されたという。Steen, *supra* note 19, at 15; Shanks, *supra* note 12, at 44.

(30) Zaslowsky & Watkins, *supra* note 2, at 63.

(31) Williams, *supra* note 1, at 397; Dana & Fairfax, *supra* note 5, at 36, 47. さらに同年(一八七七年)、シュアツは、盗伐木材相当額の損害の回復だけではなく、国有地上に現存する森林の伐採に統一的料金を課し、木材伐採権を売却するという斬新な考えを採用した。Zaslowsky & Watkins, *supra* note 2, at 63. しかしこの料金(stumpage charge)の徴収は、それぞれの樹木の時価を評価せずに実施され、伐採可能な区域や量は、連邦官吏以外の者が決定した。そのうえ、実際の伐採量を厳密に計測する監視員すらいなかった。Dana & Fairfax, *supra* note 5, at 36-37.

(32) Shanks, *supra* note 12, at 44. たとえば、木材関係者の代弁者であったジェイムズ・ジレスピ・ブレイン(James Gillespie Blaine)下院議長は、シュアツの森林管理思想はプロイセン専制君主的であり、合衆国のような民主主義社会には適さない、と批判した。Turner, *supra* note 26, at 307.

(33) Williams, *supra* note 1, at 399.

(34) Shanks, *supra* note 12, at 44.

(35) Ibid., at 44; Dana & Fairfax, *supra* note 5, at 47. シュアツの活動は、内務省の歴史上前例のない、新たな法律執行運動の始まりを意味するものであった。運動遂行予算は不十分であったが、森林監督制度(timber agent system)がはじめて効を奏したことは、合衆国の森林法制史上、記念すべきことといえよう。シュアツらの盗伐取締り活動は、実際には不法伐採を減少させる効果しかなかったが、一般大衆と連邦議会の関心を、国家の有する莫大な木材資源へと引きつけることに成功したのである。

(36) Gates & Swenson, *supra* note 3, at 557-558.

(37) ホフは、内科医でアマチュア森林官であり、一八七〇年には合衆国国勢調査の監督官を務めた。彼は、一八七二年、公立森林公園設置のための州の検討委員に任命されたときに、本格的な森林研究を始めたといわれる。彼は、マーシュの著書『人間と自然(*Man and Nature: Or Physical Geography as Modified by Human Action*)』に強い影響を受け、森林を、自然史、地理、数学、物理などの観点から総合的に考察した最初の人物であるといわれる。Zaslowsky & Watkins, *supra* note 2, at 64-65; Steen, *supra* note 19, at 9.

(38) Dana & Fairfax, *supra* note 5, at 41-42. ウィリアムズは、会議の開催時期を一八七二年八月としている。Williams, *supra* note 1, at 400. なお、以下のホフの活動については、Steen, *supra* note 19, at 9 以下に詳細な記述がある。本書の記述は基本的に同書による。

(39) ホフの主張は、その大部分が経済的観点に基づくものであった。すなわち彼は、木材は合衆国国民の生活に深くかかわっており、その需要が増えつつあること、さらに森林は、西部への入植を進めるうえできわめて重要な降水量に影響を与えること、などを重視したのである。Williams, *supra* note 1, at 400.

(40) Dana & Fairfax, *supra* note 5, at 42. なお、この請願書に対する回答も含めて、John Ise, *The United States Forest Policy* 34-35, 42 (Yale University Press 1920) を参照。

(41) Dana & Fairfax, *supra* note 5, at 42. 指名された委員は、ニューヨークのホフのほかに、ボストン(Boston)のジョージ・B・エマスン(George B. Emerson)、ケンブリッジ(Cambridge)のエイサ・グレイ(Asa Gray)教授、カリフォルニアのJ・D・ウィットニ(J. D. Whitney)教授、ニューヨークのJ・S・ニューバリ(J. S. Newberry)教授、ニューヨークのルイス・モートゥン(Lewis Morton)教授、ニュー・ヘイヴァン(New Haven)のウィリアム・H・ブルーア(William H. Brewer)教授、クリーヴランド(Cleveland)のチャールズ・ウィトレズビ(Charles Whittlesby)弁護士、およびアン・アーバ(Ann Arbor)のE・W・ヒルガード(E. W. Hilgard)教授であった。Ise, *supra* note 40, at 35.

(42) Dana & Fairfax, *supra* note 5, at 42.

(43) Ise, *supra* note 40, at 42; H.R. 249; 43 Cong. 1 Sess. また、一八七四年には、内務長官も国有地上の森林破壊を阻止するための立法活動を試みたが、失敗に終わっている。Steen, *supra* note 19, at 12. さらに一八七五年、ダナル議員は、森林破壊を調査する委員会を指名するための法案を上程したが、この法案もまた棚上げにされてしまった。Ise, ibid., at 42; H. Rept. 259; H.R. 1310; 44 Cong. 1 Sess. つづいて、一八七六年一月、ダナル議員は、先の法案と類似した別の法案を上程した。一方ホフも、同年二月、ワシントンへ赴き、下院国有地委員会で法案に関する証言を行ったが、この法案もまた廃案となった。Steen, ibid., at 11-12. なお、ダナル議員は、一八七四年三月四日にホフと出会って以来、ホフのよき相談相手および擁護者として彼を支えた。

(44) An act making appropriations for the legislative, executive, and judicial expenses of the Government for the year ending June thirtieth, eighteen hundred and seventy-seven, and for other purposes, Aug. 15, 1876, ch. 287, 19 Stat. 143, 167; See also Dana & Fairfax, *supra* note 5, at 50; Williams, *supra* note 1, at 16 note 47; Zaslowsky & Watkins, *supra* note 2, at 65; Steen, *supra* note 19, at 13; Ise, *supra* note 40, at 42. 当時、この法案は、十分にその内容が理解されないまま可決されたといわれる。しかし、一般歳出法案に修正付加条項を追加するという、このダナル議員の見事な戦略は、以後、合衆国農務省が森林関係機関を有する決定的なきっかけとなった。

(45) Zaslowsky & Watkins, *supra* note 2, at 64-65; Williams, *supra* note 1, at 400.

(46) Dana & Fairfax, *supra* note 5, at 50.

(47) Ibid., at 50. ホフは十分な旅行資金や助手雇用のための資金を確保できなかったため、もっぱら文献と通信によって彼の報告書を仕上げなければならなかった。しかし彼は、各方面へ精力的に手紙を書き、国内外の学識者から驚くほど膨大な資料を収集することに成功した。

(48) Williams, *supra* note 1, at 400; Zaslowsky & Watkins, *supra* note 2, at 65. ホフは、彼の記念すべきはじめての『森林報告書』を完成させた。これには、ヨーロッパの森林モデルの概要と、合衆国の森林問題を解決するために必要な青写真が記されており、合衆国の森林を包括的に眺めた最初の書物といえるものであった。一八八〇年の第二報告書は、おもに合衆国の森林生産物の輸出入およびカナダの木材貿易に焦点を当てたものであった。一八八二年の第三報告書は、山火事を主題としたものであった。そのなかでホフは、国有地上の木材売却の保留政策(reservation policy)を支持し、合衆国各地に森林実験所(forest experiment station)を設置することを強く主張した。一八八四年の第四報告書は、鉄道会社、オハイオ州の森林地、ニューハンプシャー州・ウエストヴァージニア州の木材取引、および「かえで糖(maple sugar)」生産に関する木材利用についての研究である。しかしこれらの研究の大半は私有地を舞台とするものであった。ホフは、彼の研究が、国有地にも同様に適用されるべきであるということを、連邦議会に納得させることができなかった。なおホフは、公式の報告書に加えて、一八八二年七月に『森林学原理(*The Elements of Forestry*)』と題する書物も出版した。この本は、森林問題を、学問(森林学)としてとらえるものであり、この分野の合衆国最初の基本的な教科書となった。Shanks, *supra* note 12, at 60; Ise, *supra* note 40, at 42; Zaslowsky & Watkins, ibid., at 65; Dana & Fairfax, *supra* note 5, at 50-51; Steen, *supra* note 19, at 19-20.

(49) Zaslowsky & Watkins, *supra* note 2, at 65; パーリン(安田・鶴見訳)・前掲書(注2)四六二—四六四頁。

(50) Dana & Fairfax, *supra* note 5, at 51; Shanks, *supra* note 12, at 60. 一方、野生生物、公園、鉱物、水、放牧地といった国有地の他の自然資源の管理者は、森林の場合とは対照的に、二〇世紀になるまで、彼らの管理する領域について包括的な展望をもつことはなかった。

(51) Steen, *supra* note 19, at 17; Dana & Fairfax, *supra* note 5, at 50-51.

(52) An act making an appropriation for the Department of Agriculture for the fiscal year ending June thirtieth, eighteen hundred and eighty-seven, and for other purposes, Jun. 30, 1886, ch. 575, 24 Stat. 100, 103.

(53) Williams, *supra* note 1, at 400; Steen, *supra* note 19, at 23. 一八八五年、ホフが、より精緻な森林管理制度を調査

する目的でヨーロッパを旅行している間に、情実による人事異動が行われ、ナサニエル・エグルスタン(Nathaniel Egleston)が、同部の新しい部長に就任した。そして、エグルスタンは、一八八六年三月一五日に、ファーノウと交替した。エグレスタンについては、Williams, ibid., at 16. n. 51 参照。

(54) ファーノウは、西部プロイセン帝国のミュンデン(Münden)の有名な森林学校を卒業後、シュレジア(Silesia)、ブランデンブルク(Brandenburg)、および東部プロイセンのさまざまな森林で実務経験を重ねた。その後、一八七五年に渡米し、一八八三年に市民権を獲得した。彼は、森林部長に就任するまでは、鉄工に炭を供給する硬木林(一万五〇〇〇エーカー)を管理していた。また、合衆国の森林状況を研究するため、広く調査活動を行った。一八八二年には、シンシナティ(Cincinnati)で開催されたアメリカ森林会議(American Forestry Congress)で論文を発表している。Dana & Fairfax, *supra* note 5, at 51.

(55) Loomis, *supra* note 17, at 32. ファーノウの指導のもとで、森林部の調査活動は強化された。すなわち、調査対象は、すべての森林に拡大され、調査活動は、(a)森林生物学、樹木学(timber physics)、土壌学(soil physics)、土壌化学(soil chemistry)を含む科学、(b)統計学、(樹木学に適用される)技術、森林政策を含む経済、(c)森林の組織、管理、調整、収穫を含む実務、を基本として行われた。なお、ここでいう持続的収穫とは、毎年、樹木の年間成長量と同一量しか収穫しないことを意味する。この考えは、当時、ドイツで広く流布していた法正林(Normalwald)の考えに依拠したものである。法正林については、黒田迪夫『ドイツ林業経営学史』七三―九〇頁(林野共済会・一九六二年)参照。

(56) Dana & Fairfax, *supra* note 5, at 51-53.

(57) Turner, *supra* note 26, at 306; Dana & Fairfax, *supra* note 5, at 47; An act authorizing the citizens of Colorado, Nevada and the Territories to fell and remove timber on the public domain for mining and domestic purposes, Jun. 3, 1878, ch. 150, 20 Stat. 88; An act for the sale of timber lands in the States of California, Oregon, Nevada and in Washington Territory, Jun. 3, 1878, ch. 151, 20 Stat. 89.

(58) Dana & Fairfax, *supra* note 5, at 48; 餅田・前掲書(注7)八四頁を参照。

(59) Dana & Fairfax, *supra* note 5, at 365; Zaslowsky & Watkins, *supra* note 2, at 63-64. この法律に対しては、合衆国東部と五大湖周辺の市民から、激しい非難の声が巻きおこった。過剰な森林伐採がもたらす破壊的な影響をすでに経験していたこれらの人びとは、この法律を、「国有地上での窃盗を許可する法律である」、「罪を許し、不法侵入を招来し、窃盗を拡大する法律である」と批判した。

(60)　ここに見られる自然保護と入植者の権益を守る運動との対立、さらに、森林地を含む国有地管理をめぐる東部と西部の対立という図式は、その後も長らく合衆国の国有地管理に影を落とすことになる。このことについては、後述の一八九七年基本法に関する動きのなかで再度取りあげる。

(61)　George Parkins Marsh, *Man and Nature: Or, Physical Geography as Modified by Human Action* (The Belknap Press of Harvard University Press 1965); Gates & Swenson, *supra* note 3, at 563; 鈴木光「国有地管理と自然保護(一)——合衆国における史的発展——」北大法学論集四六巻四号一〇六三頁(一九九五年)。なおマーシュの簡単な伝記として、Eileen Lucas, *Naturalists, Conservationists, and Environmentalists* 18-33 (Facts on File 1994)がある。

(62)　Ise, *supra* note 40, at 29-30.

(63)　このころ、国有地における木材業者の浪費的かつ破壊的な略奪を非難する内容の、大量の書物や論文が発表された。Gates & Swenson, *supra* note 3, at 563-564.

(64)　Ise, *supra* note 40, at 29-30.

(65)　当時を代表する団体のひとつが、AAASである。AAASは、一八七六年に農務長官に対し二〇〇〇ドルの森林調査予算を与える法案が可決される直接のきっかけを作ったほか、連邦議会に対し、全国の河川を水理学上好ましい状態(favorable hydrological condition)に保つために、国立森林保護区(national forest reserves)の設立を提案する覚書を送付するなど、その後、数十年にわたり、合衆国の森林保全運動にとって不可欠な存在であり続けた。Turner, *supra* note 26, at 307. そのほか、AAASと並ぶ巨大な森林団体にAFAがある。AFAは、一八七五年に市民活動家ジョン・A・ウォーダ(John A. Warder)が最初の会議を招集したことを契機として、森林問題に関心を抱く数多くの地方グループにより一八七六年に結成された森林団体である。当時の典型的な市民活動家であったウォーダは、オハイオ州の内科医、果樹栽培学者、造園技師、アマチュア森林官であった。Ise, *supra* note 40, at 95; Dana & Fairfax, *supra* note 5, at 42.

一八八一年には、ヴァージニア州ヨーク・タウン(York Town)降伏の一〇〇年記念式典として、シンシナティで大規模なAFC(American Forestry Congress)の会議が開催された。Ise, ibid., at 95. 一八八二年、AFAはAFCと合併した。一八八三年、ファーノウは、AFA・AFCの渉外部長(corresponding secretary)となり、同時に実行委員会議長および会報編集者を務めた。森林部長がこれらの地位を兼務していたことは、当時AFA・AFCが森林政策にきわめて大きな影響をおよぼす重要な立場にあったことを示している。ＡＦＡ・ＡＦＣは、その会議を永続的な組織とすることを決定し、一八八八年、アトランタ(Atlanta)でＳＦＣ(Southern Forestry Congress)と合併するための会議を開いた。一八八九年、ＡＦＡ・ＡＦＣは、ＳＦＣと合併し、ＡＦＡとよばれる新しい組織を結成した。ＡＦＡは、それ以後、名のとおった影響力のある保全団体として、資源政策をめぐる議論において、決定的かつ中心的な地位を占め続けた。Williams, *supra* note 1, at 410-411; Dana & Fairfax, ibid., at 42-43. その他の森林団体の活動については、Ise, ibid., at 95-96を参照。

(66) Williams, *supra* note 1, at 382-383; Dana & Fairfax, *supra* note 5, at 40-41; Ise, *supra* note 40, at 29-30. このころ、降雨と森林の関連が一般に広く知られるようになった。とりわけネブラスカ地域では、ジューリアス・スターリング・モートゥン(Julius Sterling Morton)の示唆により、学者、行政官、政治家によるひとつのグループが結成され、人工降雨の研究に取りかかった。それに関連して、同地域では、一八七二年四月一〇日(のちに四月二二日に変更)に、合衆国最初の「植樹の日」が挙行された。「植樹の日」という発想は、もともとネブラスカ地域内に果樹木の植樹を推進したいというモートゥンの取りつかれたような願望から来たものであったが、この行事は、またたく間に全米に広がった。なお、モートゥンは、開拓民、新聞編集者、のちのＡＦＡの会長であり、第二期クリーヴランド政権(一八九三—一八九七年)時の農務長官を務めた。「植樹の日」ブームは、人びとの関心を森林や樹木に引きつけたことには疑いがない。しかしファーノウは、「この興味深くかつ美しい考えは、人びとをして、『現存する森林の保護管理』ではなく、『植樹』こそが重要な問題であると誤って認識させたことにより、森林学の実践を遅らせた」とこれを批判している。だが、ファーノウは、州および連邦的な規模で「植樹の日」を祝うために積極的に活動したという。

(67) 国立公園誕生については、Gates & Swenson, *supra* note 3, at 56; 鈴木・前掲論文(注61)一〇三八—一〇六五頁で詳しく論じた。

(68) Adams, *supra* note 8, at 116-117; Dana & Fairfax, *supra* note 5, at 43-44; 岡島成行『アメリカの環境保護運動』七八—七九頁(岩波書店・一九九〇年)。

(69) Williams, *supra* note 1, at 409.

(70) Ibid., at 409.

(71) 4 Cong. Rec. 1070 (Feb. 14, 1876); Cf. Williams, *supra* note 1, at 15, n. 46.

(72) Ise, *supra* note 40, at 112; Shanks, *supra* note 12, at 60.

(73) Ise, *supra* note 40, at 110, 112; Williams, *supra* note 1, at 16, n. 48.

(74) 以下の経緯は基本的に、Dana & Fairfax, *supra* note 5, at 55; Shanks, *supra* note 12, at 61; Ise, *supra* note 40, at 109-118による。

(75) 当時の連邦議会が、森林保護区の設立と伐採規制の重要性を真に認識していたかどうかは疑わしい。しかし、絶え間ない大量の法案の提案は、連邦議会の森林問題に対する意識の向上に貢献することとなった。多数の法案については、Ise, *supra* note 40, at 110-114を参照されたい。

(76) Dana & Fairfax, *supra* note 5, at 55; Williams, *supra* note 1, at 409-410.

(77) Dana & Fairfax, *supra* note 5, at 55.

(78) Williams, *supra* note 1, at 409.

(79) Ibid., at 17, n. 52.

(80) Steen, *supra* note 19, at 25; Dana & Fairfax, *supra* note 5, at 55-56; Williams, *supra* note 1, at 410. なお、一八九〇年三月、ディヴィッド・ダナル(David Dunnell)下院議員(ミネソタ州選出)は、ヘイル法案をベースとした新しい法案を提出した。しかし、この法案の審議はつぎの会期にまわされ、継続審議となった。

(81) Zaslowsky & Watkins, *supra* note 2, at 68.

(82) Williams, *supra* note 1, at 403-411.

(83) Ibid., at 410; Turner, *supra* note 26, at 307; Gates & Swenson, *supra* note 3, at 566.

(84) この法案は、とりたてて目新しいものではなかった。というのは、森林破壊の元凶であった当時の土地諸法を改正するための法案は、それまでも幾度か連邦議会に提案されていたからである。また、この法案が審議される直前、国有地の払い下げを防止するために、イエローストーン国立公園設置法が可決されていたことも注目されよう。合衆国における国立公園設置の経緯については、畠山武道『アメリカの環境保護法』二四九―二五五頁(北海道大学図書刊行会・一九九二年)、鈴木・前掲論文(注61)一〇三八頁以下も参照。

(85) Williams, *supra* note 1, at 411.

(86) この修正付加条項(第二四条)には目的が明記されておらず、その起草者も明らかではない。ファーノウたちに説得されたノウベル内務長官が両院協議会で深夜に工作したという説が有力である。Steen, *supra* note 19, at 26-27; Zaslowsky &

Watkins, *supra* note 2, at 68. そのほか、この修正付加条項は、ワシントンの裕福なウィリアム・ヘイ・フィリップス(William Haie Philips) 弁護士によって起草され、これをノウベル内務長官が一晩かけて両院協議会に説明し、両院協議会案に付け加えさせたと指摘する論者もある。Roger L. DiSilvestro, *Reclaiming the Last Wild Places : A New Agenda for Biodiversity* 66 (John Wiley & Sons Inc. 1993). しかし、ノウベル内務長官がファーノウに説得されて第二四条を押し込んだという通説的見解に対して、ファーノウとノウベルの役割を疑問視する説もある。Steen, ibid, at 27. ファーノウがノウベルにあてたとされる書簡はいまだ発見されておらず、これが真実の解明を困難にしている。

(87) Dana & Fairfax, *supra* note 5, at 56-57 ; Ise, *supra* note 40, at 116.

(88) 22 Cong. Rec. 3546-3547 (Feb. 28, 1891). なお、コール議員の選出州は、議事録からは確認できなかった。

(89) Gatches, *Managing the Public Lands : The Authority of the Executive to Withdraw Lands*, 22 Nat. Res. J. 279, 286 (1982).

(90) 22 Cong. Rec. 3614 (Feb. 28, 1891).

(91) 22 Cong. Rec. 3614-3615 (Feb. 28, 1891). ダナル下院議員は、森林保護法案の熱心な推進者であったが、今回は別の理由からこの法案に反対した。すなわち、法案が廃止を予定していた法律のうち林地育成法は、かつて彼が提案し成立した法律だったからである。しかし国有地委員会がダナル下院議員の反対を無視したため、結局法案は可決され、第二四条も残ることとなった。こうして考えると、他の独立立法で森林保護区を設置すべきだというダナル議員の反対にもかかわらず同法案を可決した下院議員たちは、法案の内容をよく知っていたともいえる。Steen, *supra* note 19, at 27.

(92) 22 Cong. Rec. 3614-3616 (Feb. 28, 1891).

(93) An Act to repeal timber-culture laws, and for other purposes, Mar. 3, 1891, ch. 561, 26 Stat. 1095, 1103.

(94) Gifford Pinchot, *Breaking New Ground* 85 (Island Press 1978) ; Williams, *supra* note 1, at 410-411.

(95) 伊藤太一『アメリカの森林環境保全の黎明』八九頁(京都大学農学部・一九九三年)。この混乱した状況を裏付ける証拠のひとつとして、同条項が目的語を欠いているという文法上の誤りが指摘されている。

(96) Ise, *supra* note 40, at 117.

(97) Williams, *supra* note 1, at 411. 法案は、読み上げられ、印刷され、目を通されるべきだという主張にもかかわらず、これらの要求は拒否され、回避され、うまく切り抜けられ、結局下院は法案に対する注意を欠いたまま同法を可決したと指摘されている。Ibid., at 411.

(98) Zaslowsky & Watkins, *supra* note 2, at 68.

(99) Dana & Fairfax, *supra* note 5, at 57-58.

(100) 一八九〇年のヨセミテ国立公園設置法の審議においては、州立公園設置の目的でカリフォルニア州に譲渡されたのちに連邦へ返還されることになった土地は、「森林保護区(forest reservation)」とよばれ議論された。鈴木・前掲論文(注61)一〇四八頁。そこで、これとほぼ同じ時期に一八九一年森林保護法が審議されたことを考えると、連邦議会が森林保護区を公園のように保護するものと考えていた可能性は十分ありうる。ノウベル内務長官自身も、森林保護区を国立公園の単なる添え物程度に考えていたという指摘もある。Dana & Fairfax, *supra* note 5, at 57; Steen, *supra* note 19, at 28.

(101) Steen, *supra* note 19, at 26.

(102) Gatches, *supra* note 89, at 284; Gates & Swenson, *supra* note 3, at 567; Zaslowsky & Watkins, *supra* note 2, at 68. ただし、つぎの点は付言しておく必要があろう。一八九一年森林保護法は、先買権法と一八七三年林地育成法を廃止したが、同時に、一八七八年木材・石材法と木材自由法を拡大した。すなわち一八九一年森林保護法は、従来、カリフォルニア州、ネヴァダ州、オレゴン州、ワシントン州の四州内に限って、耕作には適さないが木材・石材の採取には適する土地を払い下げることを定めていた一八七八年木材・石材法の適用地域を、すべての州に拡大した。その結果、この法律はさらに濫用され、森林減少が目立ってきた一九〇三年においても、一年間に約一八〇万エーカーの国有地が、この法律によって払い下げられたという。また一八九一年森林保護法は、九つの州における鉱物埋蔵地上の森林の自由な伐採を認めていた一八七八年木材自由法の対象地域を、アリゾナ州とニューメキシコ州を除く西部州の売却予定地の全地域に拡大し、森林破壊を一層助長した。Adams, *supra* note 8, at 118; Dana & Fairfax, *supra* note 5, at 57.

(103) Wheatley, *Withdrawals under the Federal Land Policy Management Act of 1976*, 21 Ariz. L. Rev. 311, 314. 合衆国憲法第一条八節一七項の邦訳は、初宿正典・辻村みよ子編『新解説世界憲法集』六三頁(三省堂・二〇〇六年)による。

(104) そのほか、ハリスン大統領による森林保護区の設置については、Gates & Swenson, *supra* note 3, at 567; Dana & Fairfax, *supra* note 5, at 27-28; 畠山・前掲書(注84)二九〇—二九一頁参照。

(105) 実際、森林保護区のなかには、森林自体の保護を目的とするもののほか、水源地における過剰放牧が原因で汚泥が沈滞した山岳河川から水の供給を受けている住民の要求に基づいて設置されたものも多かった。Gates & Swenson, *supra* note 3,

at 567.

(106) Ibid., at 567; Zaslowsky & Watkins, *supra* note 2, at 69.

(107) Ise, *supra* note 40, at 120; Steen, *supra* note 19, at 28.

(108) Paul W. Hirt, *A Conspiracy of Optimism: Management of the National Forests since World War Two* 29 (University of Nebraska Press 1994).

(109) 一八九四年、スミス内務長官とサイラス・W・ラモーラー(Silas W. Lamoreux)一般土地局長が、陸軍長官に対し、森林保護区への軍隊の派遣を依頼したが、陸軍次官は、森林保護区を保護する目的で軍隊を用いることは、憲法上も法律上も明記されておらず、違法の疑いがあるとの陸軍主任法務官代理(acting judge advocate general)の意見にしたがい、これを拒否した。Ise, *supra* note 40, at 120-122.

(110) ホゥルマン(Holman)議員(インディアナ州選出)、マクレイ(McRae)議員(アーカンソー州選出)、タウンゼンド(Townsend)議員(コロラド州選出)も、パダック法案と同様の法案を提出したが、失敗に終わった。Williams, *supra* note 1, at 413; Ise, *supra* note 40, at 122; Steen, *supra* note 19, at 29.

(111) この考えは、かつてファーノウが起草した一八八八年のヘイル法案と酷似していた。

(112) 50 Cong. Rec. 2371 et seq. (Oct. 12, 1893); 50 Cong. Rec. 2430 et seq. (Oct. 12, 1893). See also Ise, *supra* note 40, at 122-123; Williams, *supra* note 1, at 413.

(113) Steen, *supra* note 19, at 29.

(114) この法案について、ピクラー(Pickler)議員(サウスダコタ州選出)は、森林保護区を設置する法律の目的自体を根底から覆すものであると批判し、ハーマン(Hermann)議員(オレゴン州選出)は、「公的森林保護区を裸にする(denude)法案」と改称すべきであると皮肉った。また、シンプスン(Simpson)議員(カンザス州選出)は、森林保護区のみならず全国有地の木材伐採権が内務長官に付与されている点に異議を唱えた。ドゥーリトゥル(Doolittle)議員(ワシントン州選出)は、木材業者に森林保護区内での木材伐採許可を与えておきながら森林保護を期待することは、狼に羊の番をさせるに等しい、と批判した。Ise, *supra* note 40, at 123.

(115) Ibid., at 124.

(116) Ibid., at 125.

(117) Steen, *supra* note 19, at 30.
(118) Ibid., at 30.
(119) Williams, *supra* note 1, at 413-414 ; Ise, *supra* note 40, at 128.
(120) クリーヴランド大統領のもとで新たに内務長官に就任したスミスは、森林保護区を単に国立公園の添え物程度に考えていたノウベル前内務長官とは異なり、森林制度を包括的に規定する立法の制定に熱心であった。Steen, *supra* note 19, at 28 ; Williams, *supra* note 1, at 413.
(121) Pinchot, *supra* note 94, at 89-93.
(122) Gates & Swenson, *supra* note 3, at 568 ; Hirt, *supra* note 108, at 30.
(123) Adams, *supra* note 8, at 119 ; Gates & Swenson, *supra* note 3, at 568.
(124) 具体的には、所長、副所長、四人の森林監督官、二六地域に割り当てられた二六人の主任森林官と二六人の副森林官、二〇〇人のレインジャーをおくこと、および新たな政府機関の最初の予算を二五万ドルとすることなどを勧告していた。Gates & Swenson, *supra* note 3, at 568-569 ; Adams, *supra* note 8, at 119.
(125) これらの森林保護区は、性急に選定され、十分な調査に基づく線引きがなされなかったために、保護区内に農業や鉱山業に適した土地が含まれているなどの反対意見が巻きおこった。Shanks, *supra* note 12, at 61 ; Gates & Swenson, *supra* note 3, at 569.
(126) Dana & Fairfax, *supra* note 5, at 58 ; Zaslowsky & Watkins, *supra* note 2, at 69 ; Steen, *supra* note 19, at 28 ; Gates & Swenson, *supra* note 3, at 567-568.
(127) Hirt, *supra* note 108, at 30.
(128) 30 Cong. Rec. 899-900 (May 5, 1897) ; 30 Cong. Rec. 908-925 (May 6, 1897).
(129) Gates & Swenson, *supra* note 3, at 569.
(130) 森林保護区の設置に関して詳細な勧告を行ってきたＡＦＡは、慎重かつ厳密に施行されるべき「賢明で公正な制度」を求めていた。Steen, *supra* note 19, at 28.
(131) 森林保護区を保護し管理するための法律の制定を求める声は、一般土地局のなかにも早くからあった。一般土地局長トーマス・ヘンリ・カーター(Thomas Henry Carter)は、すでに一八九一年の報告書において、森林保護区を積極的に管理する必要性を指摘していた。また、ノウベル内務長官は、「連邦議会は、森林保護区を国立公園と同様のものとして設置すること」、または(森林保護区を)一般大衆による利用のために州に譲渡することを、緊急に勧告していた。Ibid., at 28.

(132) Hirt, *supra* note 108, at 30.

(133) Pinchot, *supra* note 94, at 112-113.

(134) この修正付加条項は、もともと地質調査局(Geological Survey)のチャールズ・ドゥーリトゥル・ワルカ(Charles Doolittle Walcott)が、マクレイ法案をベースに起草し、ペティグルー議員に依頼したものであったと指摘する論者がある。Pinchot, *supra* note 94, at 113; Ise, *supra* note 40, at 132.

(135) Ise, *supra* note 40, at 136. 環境保護論者は、それほど目覚ましい努力をしなかった。というのも彼らは、クリーヴランド大統領の宣言は西部に困難を強いるものである、との西部の主張に道理があると考えていたからである。Ibid., at 136.

(136) An Act Making appropriations for sundry civil expenses of the Government for the fiscal year ending June thirtieth, eighteen hundred and ninety-eight, and for other purposes, Jun. 4, 1897, ch. 2, 30 Stat. 11, 34. 一八九七年基本法の連邦議会における審議については、一般に、Ise, *supra* note 40, at 130-141 参照。

(137) その反面、全員がこの法律に不満を抱えていた。つまり、木材業者は、保護により経済活動が大きく制約されていることを、また保護派は、木材生産活動により森林が損なわれることを心配した。Hirt, *supra* note 108, at 31.

(138) この条項は、森林保護区の廃止や開発に対する西部の権限を求めていた人びとの要求を受け入れたものであった。これは、自然保護論者にとっては衝撃的であったが、西部の人びとの気持ちを静めるために必要な措置であった。しかし実際には、クリーヴランド大統領が指定するはずだった森林保護区はほとんど縮小されなかった。また、「合衆国大統領は、彼が一般大衆にとって利益があると判断する場合に、森林保護区を設置する大統領命令の一部または全部を取り消し、修正し、留保する〔見合わせる〕権限を有する。またこの修正により、地域を縮小し境界線を変更し、さらに森林保護区を創設するすべての命令を取り消すことができるものとする」(30 Stat. 34, 36)と規定して、大統領に、過去に指定された森林保護区を修正、縮小、廃止することのできる権限を与えた。Hirt, *supra* note 108, at 30; Adams, *supra* note 8, at 121.

(139) 同法は、内務長官は、個別的に「印をつけて指定する(marked and designated)」ことを条件に、森林保護区内の「枯死木、成熟木、または巨木(dead, matured, or large growth of trees)」を売却することを認めた。しかしこの規定は、七〇年以上も後になって、森林局の皆伐行為の是非を争う自然保全団体によって用いられ、森林局を悩ませることとなった。

Adams, *supra* note 8, at 121; 畠山・前掲書(注84)三〇二—三〇四、三一五頁。そのほか、一八九七年基本法により、森林保護区内の土地または資源に対する権利は、同面積の未使用の国有地の譲渡証書と、無償で交換できることになった。これにより、単なる請求権(claim)にすぎないものを所有権と交換することが可能になった。この森林交換条項(Forest Lieu)は、国有地関連法のなかで、もっとも濫用された条項のひとつといわれる。Dana & Fairfax, *supra* note 5, at 63-64; Hirt, *supra* note 108, at 30.

(140) Hirt, *supra* note 108, at 31; Adams, *supra* note 8, at 122; 畠山・前掲書(注84)二九一頁。ピンショーは、一八九七年基本法の意義を、森林保護区の利用と管理を可能にしたことであるとしている。Pinchot, *supra* note 94, at 116.

(141) Hirt, *supra* note 108, at 31.

(142) ピンショーの生涯については、彼自身の回顧録である Pinchot, *supra* note 94 がもっとも詳細である。また、Char Miller, *Gifford Pinchot and the Making of Modern Environmentalism* (Island Press 2001); ロデリック・ナッシュ(Roderick Nash)著・足立康訳『人物アメリカ史(下)(*From These Beginnings: A Biographical Approach to American History*)』五七一—一〇八頁(新潮社・一九八九年)も読み応えのある伝記である。ほかに、Douglas H. Strong, *Dreamers & Defenders: American Conservationists* (University of Nebraska Press 1988).

(143) しかし、彼がヨーロッパ林学を学んだことは、つぎの二つの点で、彼の森林観や自然観に決定的な影響を与えた。第一は、樹木は穀物と同じように森林を破壊することなく育成し収穫されうるということ、すなわち、適切な管理によって持続的(保続的)収穫が確保できるということである。これが当時のドイツで台頭しつつあった法正林(Normalwald)概念の影響を受けていることは疑いがない。彼はこの経験から、森林の無制限な破壊にも絶対的な保存にも反対し、十分な木材収穫を維持しながら森林を保護することが可能だという確信を得たのである。第二に、森林伐採に対する政府の規制が必要だということである。これは、彼がスイスを旅行した際に、政府の伐採規制によって高山地帯の急傾斜地森林が維持されていることに感銘を受けたものといわれている。Strong, *supra* note 142, at 63.

(144) Steen, *supra* note 19, at 48.

(145) Ibid., at 53.

(146) Pinchot, *supra* note 94, at 138-139. 一八九九年の森林部の予算は二万八五二〇ドル、職員は五四人であった。Christopher McGrory Klyza, *Who Controls Public Lands?: Mining, Forestry, and Grazing Policies, 1870-1990*, 74 (Uni-

versity of North Carolina Press 1996).

(147) Gates & Swenson, *supra* note 3, at 571-572; Samuel P. Hays, *Conservation and the Gospel of Efficiency: The Progressive Conservation Movement, 1890-1920*, 29-30 (Harvard University Press 1959).

(148) An Act Making appropriations for the Department of Agriculture for the fiscal year ending June thirtieth, nineteen hundred and two, Mar. 2, 1901, ch. 805, 31 Stat. 922, 926. なお、内務省一般土地局は、一九〇一年一一月一五日、予算措置で局内に森林部(Forest Division)を設置し、森林保護区の管理を試みた。しかし、森林管理に必要な情報や技術者を得られず、一九〇三年二月に廃止された。Dana & Fairfax, *supra* note 5, at 65-66.

(149) Hays, *supra* note 147, at 37-38.

(150) Gates & Swenson, *supra* note 3, at 573.

(151) Pinchot, *supra* note 94, at 197-200; Gates & Swenson, *supra* note 3, at 579.

(152) ピンショーが仕組んだ最大のショーが、一九〇五年一月二日から六日まで開催された第二回アメリカ森林会議(American Forest Congress)であった。この会議には、ピンショーの呼びかけに応じ、鉱山業者、木材業者、鉄道業者、牧畜業者、開墾局職員、一般土地局職員、両院議員、新聞雑誌記者などが参集した。これは、おりから移管法案を審議中の連邦議会に対する強力な政治的アピールおよび圧力となった。Hays, *supra* note 147, at 138-139.

(153) Strong, *supra* note 142, at 70; Steen, *supra* note 19, at 74; Hays, *supra* note 147, at 40-41. 実際、ワイアハウザのような巨大製材企業は、国有林を含めて、森林が実践的な森林管理専門官によって管理・指導されることを歓迎するようになっていた。Pinchot, *supra* note 94, at 255; Hays, ibid., at 29.

(154) An Act Providing for the transfer of forest reserves from the Department of the Interior to the Department of Agriculture, Feb. 1, 1905, ch. 288, 33 Stat. 628.

(155) An Act Making appropriations for the Department of Agriculture for the fiscal year ending June thirtieth nineteen hundred and six, Mar. 3, 1905, ch. 1405, 33 Stat. 861, 872-873.

(156) 「わたしはBureauという名前をどうしても好きになれなかった。そこで、Bureau of Forestryという名前が農業関係歳出法から消え、Forest Serviceに変わったとき、だれよりも喜んだのはわたしであった。」Pinchot, *supra* note 94, at 258.

(157) An Act Making appropriations for the Department of Agriculture for the fiscal year ending June thirtieth

nineteen hundred and eight, Mar. 4, 1907, Pub. L. No. 242, ch. 2907, 34 Stat. 1256, 1271.

(158) Charles F. Wilkinson, *Crossing the Next Meridian : Land, Water, and the Future of the West* 127 (Island Press 1992) ; Steen, *supra* note 19, at 84-86.

(159) Pinchot, *supra* note 94, at 116-122 ; Hirt, *supra* note 108, at 33 ; Wilkinson, *supra* note 158, at 130.

(160) 彼がいかに広報活動に力を入れたかについては、Steen, *supra* note 19, at 85-86 参照。

(161) Pinchot, *supra* note 94, at 264-265 ; Steen, *supra* note 19, at 78-80.

(162) Pinchot, *supra* note 94, at 267.

(163) Steen, *supra* note 19, at 76-77.

(164) Hays, *supra* note 147, at 272 ; 大森弥「行政における機能的責任と『グラス・ルーツ』参加（一）」国家学会雑誌八三巻一・二号一〇一―一〇二、一二〇―一二二頁（一九七一年）。

(165) ピンショーは、森林や草地に対し「多数の牛が悪質な問題を引きおこしているが、羊は牛の一〇倍も悪質である」との認識をもっており、「正直に告白すると、羊が嫌いであり、とりわけその臭いが嫌いであった」と述べている。Pinchot, *supra* note 94, at 270. 羊を憎む点で、彼はミューアと同じ意見であった。

(166) Strong, *supra* note 142, at 71.

(167) 手紙の全文は、Pinchot, *supra* note 94, at 261-262 に収録されている。

(168) David A. Clary, *Timber and the Forest Service* 22 (University Press of Kansas 1986).

(169) Steen, *supra* note 19, at 75.

(170) この時期の資源保全運動に関する古典とされているHays, *supra* note 147によれば、保全とは、なによりも科学的な運動であり、その歴史上の役割は、近代社会における科学と技術の関係から生じたものである。Ibid., at 2, 71-72, 122-124, 265-266.

(171) Pinchot, *supra* note 94, at 116.

(172) Ibid., at 31-32.

(173) Ibid., at 72.

(174) Hays, *supra* note 147, at 41-42.

(175) 保全という言葉が選ばれた経緯については、大森・前掲論文(注164)九一頁参照。

(176) Pinchot, *supra* note 94, at 505.

(177) Adams, *supra* note 8, 124-125. そのクライマックスが有名なヘッチ・ヘッチー(Hetch Hetchy)論争であったことはよく知られている。また、ピンショーは、ニューヨーク州のアディロンダック州立公園やグレイシャ国立公園(Glacier National Park)の設立に反対した。Roderick Frazier Nash, *Wilderness and the American Mind* 161-181 (4th ed., Yale University Press 2001); Hirt, *supra* note 108, at 32; Wilkinson, *supra* note 158, at 130; 畠山・前掲書(注84)二五〇―二五二頁、岡島・前掲書(注68)八八―九五頁。

(178) Pinchot, *supra* note 94, at 505.

(179) Ibid., at 266.

(180) Wilkinson, *supra* note 158, at 129.

(181) Pinchot, *supra* note 94, at 506-507.

(182) 彼らは大企業の価値を認めており、反独占行為は生産性を害すると警告した。また、組織的な労働運動はより合理的生産を阻害するとしてそれを恐れた。Hays, *supra* note 147, at 126.

(183) Ibid., at 141.

(184) Hirt, *supra* note 108, at 32; Hays, *supra* note 147, at 141-146; 大森・前掲論文(注164)一一四頁。

(185) ピンショーによれば、その批判の内容は、「ワシントンにいるわれわれは理論主義者であり、西部を無視している、森林局の地方事務官は専断的で専制的である、国有林は広大な面積の樹木のない地域を含んでいる、森林局は入植者を国有林から締め出している、小さき者に対立して大企業や大牧場主を助けている、西部から木材を剝ぎとっている、など」であった。Pinchot, *supra* note 94, at 299.

(186) Hirt, *supra* note 108, at 31, 34. アメリカ林学がヨーロッパ、とくにプロイセン林学の影響を強く受けていたことについては、Clary, *supra* note 168, at 6-8 参照。

(187) Hays, *supra* note 147, at 264-265.

(188) Wilkinson, *supra* note 158, at 127-128.

(189) ピンショーの時代には、森林レクリエーションや野生生物保護は、広く大衆の声とはなっていなかった。したがって、彼が多目的利用とはいいながら、これらの諸利益を軽視し、「なによりも住宅建築者の利益のために」と称して木材生産を優先させたのは至極当然といえる。問題は、こうしたピンショーの主張を金科玉条のものとし、今日に至るまでそれを内部から修正できなかった森林官の意識と森林局の組織のあり方にあるものと思われる。Wilkinson, *supra* note 158, at 131 ; Glen O. Robinson, *The Forest Service : A Study in Public Land Management* 258 (Johns Hopkins University Press 1975).

(190)　その事件とは、太平洋沿岸北西部の老齢林(old growth)伐採とキタ・ニシヨコジマフクロウ(Northern Spotted Owl)保護をめぐる論争である。森林局の信用を大きく失墜させたこの事件については、畠山武道・鈴木光「フクロウ保護をめぐる法と政治——合衆国国有林管理をめぐる合意形成と裁判の機能——」北大法学論集四六巻六号二〇〇三頁以下(一九九六年)で詳細に論じた。

第三章　国有放牧地と未完の改革（一八八〇年代―一九三四年）

第一節　放牧とその影響

一　西部における放牧の濫觴

（一）　スペイン牛の導入

ミルクと蜜の地への夢が破れ、大部分の入植者が去った後で、広大な西部の主役の座についたのは牧畜業者である。本章では、国有地における牧畜に目を転じ、国有地の管理の実態と荒廃の様子を見ることにしよう。合衆国に肉牛を最初に持ち込んだのはスペイン人であるといわれる。(1) 一八世紀後半、スペイン人宣教師のミッション(missions, 伝道目的の一種の農園)が設置されたのにともない、カリフォルニア州とテキサス州にスペイン原産の長角牛(longhorn)が導入された。(2) また、一九世紀初頭に、英国人入植者がオレゴン州のウィラミット渓谷(Willamette Valley)にスペイン牛を持ち込み、さらに、オレゴン街道(Oregon Trail)を通してさまざまな種類のヨーロッパ種の牛が持ち込まれた。(3) しかし、西部入植初期の国有地上の放牧は、管理技術も設備も未発達であり、入植地のごく周辺地域に限られていた。(4)

西部における牛の数は、カリフォルニア州のゴールド・ラッシュ(gold rush)を契機として飛躍的に増加した。金採掘の目的で西部に到来した鉱山業者の大半は、結局、西部に居残り、その大部分が農業や牧畜業に従事することになった。また、人口の急増したカリフォルニア州の肉牛需要を満たすため、大量の牛がウィラミット渓谷からカリフォルニア州スィスキユス(Siskiyous)へと移送された。その後、一八五〇年代から一八六〇年代に、金・銀鉱山を中心とした鉱山町が、ネヴァダ州、オレゴン州、モンタナ州、およびアイダホ州に広がるのに呼応して、カリフォルニアのセントラル・ヴァリ(Central Valley)から大量の牛が各地へ送られた。(5)

(二) 鉄道の発達と東部消費地の拡大

こうして、西部の広大な土地を舞台に牧畜業が展開された。おりしも、東部の大消費地の拡大や、(6) 北米大陸横断鉄道が西進し、東部市場に通じる確実な輸送路が確保されたことにより、牧畜業は大いに活気づいた。(7)

牧畜業のなかで、まず牧牛業が発展した。牧牛業者は、牛を無料の草地に自由に放って成長させ、鉄道を使って出荷した。牧牛業は、南北戦争後の約二〇年間にブームを迎え、大量の牛がテキサス州などの放牧地から東部の市場に輸送された。一八八〇年代なかごろ、牛街道は鉄道の末端にまで到達した。遅れて牧羊業も参入し、鉄道輸送を利用して次第にシェアを伸ばしていった。(8)

（三）　有刺鉄線の普及

放牧が広がるにつれて、各種の柵が大平原(Great Plains)に登場した。柵を最初に設けたのは入植者である。入植者にとり柵は生活必需品であり、農場の柵作りが大きな課題であった。柵は単に境界を設定するためだけではなく、牧畜業者と接するようになると、農作物を家畜から守るために不可欠なものになった。ミシシッピ川(Missisippi River)以東の地域では、柵は一般に小規模で、石、柵(rails)、密生した生け垣(dense hedges)を利用して作られることが多かった。とくに乾燥した西部では、広大な土地を囲い込む必要があったが、柵の材料となる木材が不足していた。そのため、木製の柵は設置と維持に膨大な手間と費用がかかり、実際的ではなかった。(9)

この手間と費用を劇的に減少させたのが有刺鉄線(barbed wire)である。一八七四年、イリノイ州ダ・カルブ(De Kalb)の農業従事者ジョウズィフ・ファーウェル・グリドゥン(Joseph Farwell Glidden)が、有刺鉄線とその生産技術を考案し、特許を取得した。(10)以後、ダ・カルブに建設された有刺鉄線工場は、蒸気機関の利用と製造機械の改良により有刺鉄線を大量に生産し、その普及に貢献した。入植者は草原を耕作し、土地を有刺鉄線で囲った。(11)牧畜業者も、この便利な道具に飛びつき、国有草地を占拠する手段として盛んに活用した。かくして、それまですべての人びとに開放されていた西部の国有地が、無秩序に占拠され、次第に大牧場主の手に落ちていったのである。(12)

二　放牧の拡大と自然破壊

（一）　不法放牧の発生

西部国有地上での放牧が拡大するにつれ、入植者、牧牛業者、牧羊業者の間で激しい対立が生じるようになった。[13]しかし仲裁手段は、合意または暴力以外になかった。というのも、連邦政府は、国有地上の放牧に関して有効な対策を講じようとせず、また一九一六年までは、草地利用や放牧を直接規制する法律が制定されなかったからである。そのため、国有地上で放牧しようとする者は、入植地の取得に関する法律などを利用して国有地譲渡証書(patent)を取得するか、なんの権原もなく不法に草地を利用するしか方法がなかった。牧畜業者たちは、鉱山業者と同じように、連邦政府が放置したこれらの空き地(void)を無断で占拠し、法律の認めない財産権を独自に設定することで、相互の縄張りを維持しようとした。[14]このような国有地の利用は認められておらず、すべて不法侵入(trespass)であった。しかし、土地は豊富にあったうえ、こうした土地は放牧以外に有益な使い道がないと考えられていたことから、不法侵入は、さほど問題視されなかった。[15]

（二）　不法放牧を促した法的・制度的要因

ここで、放牧を促した法的・制度的要因をもう一度整理しておこう。

第一は、土地政策の失敗である。建国以来、連邦の国有地処分政策は、一六〇エーカーを売却の基準面積としていた。しかし、一区画一六〇エーカーという面積は、比較的降水量の多い東部では十分に営農可能な広さであったが、乾燥した西部では、たとえこの倍の面積でも農耕に耐えうるだけの水を確保することは困難であった。[16]

のちに入植の標準面積は三二〇エーカーに拡大されたが、それでも農業で生計を立てるには不十分な面積であった。[17]

むしろ西部の土地は、農業よりも家畜の放牧に適していた。西部にはすでに「無償」で広大な土地があり、水場さえ確保できれば、牧畜は、灌漑が必要な農耕よりはるかに容易で現実的な商売であった。[18]また、国有地と未入植地の双方を、放牧共有地(grazing commons)、すなわち無償の餌場として利用することが可能であった。[19]放牧をする権利を獲得する唯一の方法は、だれよりも早く、真っ先に自分の家畜を大量に放つことであった。

第二に、水場を得た者が、周囲の土地を独占できたことである。乾燥した西部において、決定的な要素は水であり、人びとは競って水源を確保しようとした。そこで、ある入植者または牧畜業者が特定の水場を占有すると、ほかの者にとって近接の土地は無価値なものとなり放置された。その結果、水場を最初に得た牧畜業者が、周囲の広い土地を、開放放牧地として、事実上独占的に利用することができた。[20]

第三に、入植地の大半が、厳しい気候条件のため、利用されず地主不在のままに置かれていたことである。南北戦争前後、多くの入植者が西部に移住したが、極度に水の少ない西部の土地で農業を営むことは困難であり、失敗する者が続出した。とくに水場のない地域では、多数の地主不在の土地が放置されていた。[21]また、南北戦争後の牧畜ブームのなかで、外国や合衆国東部の多数の企業が西部で牧畜を試みたが、[22]広大な土地を取得した後に破産する例が後を絶たず、土地の権原が別の債権者に渡った後には、ただ荒漠たる無人の草地が残された。また、州や鉄道会社に譲渡されながら管理されずに放っておかれた土地もあった。このように、西部の土地は、連邦のほか、さまざまの主体が所有権を有していたが、実際には所有者不在という例が多く見られたのである。地主の不在は、放牧を促す格好の要因となった。[23]

第四に、法律の不備があげられる。国立公園や森林保護区(一九〇七年以後は国有林)を除くと、これらの開放的な国有地を管理する連邦法はなく、当該地域の州法が適用されることになっていた。しかし実際には、州法すらなく、放牧活動の規制はもちろん、放牧地をめぐる入植者や牧畜業者等の争いを解決する法的手段もまったく存在しなかったのである。[24]

(三) 一八八五年フェンス防止法

こうした事態の進行に対し、連邦議会は有効な対策を講じようとはせず、放牧活動に関しては無法状態が継続した。連邦議会がわずかに試みたことは、国有地の不法な囲い込みを法律によって禁止することであった。国有地を無断で囲い込むことは明らかな不法行為であるが、当時、柵による囲い込みは、牧畜業者と入植者の双方にとり、必要かつ便利な手段であった。一八七四年の有刺鉄線の発明を契機として、国有地の不法な囲い込みは飛躍的に増加し、多数の大規模牧畜業者が広大な国有地(開放草地)の周囲を柵で囲い込み独占的に利用した。連邦議会は、こうした囲い込みに対する小規模牧畜業者・入植者の不満の声を受けて、一八八五年二月二五日、フェンス防止法(Unlawful Enclosures Act of 1885 (23 Stat. 321))を可決し、国有地上の自由通行を妨げる障害物の建設を規制したのである。[25]

同法は、権原なく国有地を囲い込むこと、既存の柵を維持すること、および権原なく国有地の包括的利用および占領を主張することなどを禁止した。しかし同法は、さしたる効果がなかったため、一八八五年八月、クリーヴランド大統領(Stephen Grover Cleveland, 1885–89, 1893–97)は、あらゆる柵の撤去を命じるとともに、すべての者に同法の遵守を命じる声明を改めて発表する必要があった。[26]

こうして、国有地上の不法な柵は一時的に除去され、草地はふたたび開放された。その結果、柵や相互の合意により暗黙のうちに守られていた縄張りをめぐって、ふたたび深刻な争いが生じることになった。とくに移動が活発な牧羊業者は、地元の取り決めを無視して放牧し、ある草地から追い出されると別の草地に移動しては同じことを繰り返したため、牧牛業者等との間で争いが絶えなかった。(27)間もなく各地に新しい不法な柵が建設された。結局、国有地の不法占拠を法律で是正することはできなかった。(28)

（四）　自然破壊の進行

しかし、こうした資源収奪的な放牧は、必然的に過剰放牧による自然破壊を招くことになった。(29)放牧適正数(grazing capacity)をはるかに超える家畜が放牧され、草地の質が急速に低下した。家畜が好む草木種はまたたく間に消費され、それに代わって、家畜の飼料に利用できない草木種の生育地が拡大した。牧畜業者と入植者による草地の争奪が繰り広げられ、過剰放牧が顕著であったテキサスでは、無尽蔵と思われていた草地が、数年のうちにすべて消費されてしまった。緑の喪失は土壌侵食を引きおこし、川は沈泥でふさがれ、豊かな草地は土埃の舞う荒れ地と化した。(30)いわゆる共同牧場の悲劇である。(31)また、生息地が競合したバッファロー(buffalo)は、牧牛・牧羊活動に追われ、さらに大規模な狩猟によって激減の途をたどった。(32)

（五）　牧畜ブームの終焉

牧畜ブームは、一八八〇年代半ばに、とうとう破局を迎えた。一八八六年の冬は例年になく厳しく、猛吹雪が吹き荒れ、気温は零度を下回った。さらにこの苛酷な冬の後に、日照りが続いた。すでに質の低下していた草原は、過剰放牧に続く猛吹雪と日照りのために荒廃し、ほとんどの家畜の群れが死に絶えた。さらに、旱魃と凶作が人びとを打ちのめした。被害は乾燥地のみならず、農業が営まれていた半湿潤地域にまでおよび、すべての作物が枯れてしまった。(33)

この惨事は、そもそも西部の乾燥地が農耕や牧畜に適しているのかどうか、さらに東部を模範とした開発が西部の乾燥地において可能なのかという根本的な問題を提起した。また、国有草地の無制限な利用に限界があることを明らかにし、牧牛業者と牧羊業者に二つの共通の課題を示した。すなわち、科学的な草地管理と国有地における放牧規制の必要性である。(34)

(1) 合衆国における牧畜の起源と発展については、Charles F. Wilkinson, *Crossing the Next Meridian : Land, Water, and the Future of the West* 82-83 (Island Press 1992) ; Jeremy Rifkin, *Beyond Beef : The Rise and Fall of the Cattle Culture* 45-51, 68 (Dutton 1992) ; ジェレミー・リフキン(Jeremy Rifkin)著・北濃秋子訳『脱牛肉文明への挑戦——繁栄と健康の神話を撃つ(*Beyond Beef : The Rise and Fall of the Cattle Culture*)』四七—五七、七七—七八頁(ダイヤモンド社・一九九三年)参照。スペイン人が開始した放牧の歴史については、Walter Prescott Webb, *The Great Plains* 85-139 (University of Nebraska Press 1981) がとりわけ詳細である。

(2) この牛は、テキサス長角牛(Texas longhorns)として知られる。強靱で動きの活発な長角牛は、シカよりも野生的で、馬に乗っていない者にとっては、もっとも獰猛なバッファローより五〇倍も危険であるといわれた。Rifkin, *supra* note 1, at 45, 69 ; リフキン(北濃訳)・前掲書(注1)四七、七九頁。なお、スペインでは、すでに一六世紀ごろから、過剰放牧による放牧地の荒廃と砂漠化が問題となっていた。

(3) David. A. Adams, *Renewable Resource Policy : The Legal-Institutional Foundations* 90-91 (Island Press 1993) ; Wilkinson, *supra* note 1, at 82.

(4) 放牧地域が限定されていたのは、家畜を守る意味もあった。というのは、遠くで放牧すると、インディアンに略奪されるおそれがあったからである。Adams, *supra* note 3, at 90.

(5) Webb, *supra* note 1, at 216-227 ; Wilkinson, *supra* note 1, at 82.

(6) Dyan Zaslowsky & Tom H. Watkins, *These American Lands : Parks, Wilderness, and the Public Lands* 116 (Island Press 1994).

(7) Adams, *supra* note 3, at 90. なお、北米大陸横断鉄道の開通と冷蔵輸送技術の開発には、合衆国からの牛肉輸入を企図していたイギリス企業による資金援助が大きな役割を果たした。Rifkin, *supra* note 1, at 86-92; リフキン(北濃訳)・前掲書(注1)一〇六―一一四頁。牧畜業者は、チェッカーボード方式で処分された鉄道用地およびその周辺地を鉄道会社から購入し、鉄道用地に囲まれた国有地を自由に利用した。Paul J. Culhane, *Public Lands Politics: Interest Group Influence on the Forest Service and the Bureau of Land Management* 81 (Johns Hopkins University Press 1981); Phillip O. Foss, *Politics and Grass: The Administration of Grazing on the Public Domain* 29 (University of Washington Press 1960).

(8) 南北戦争が終結したとき、西部では、テキサスを中心に、少なくとも三〇〇万頭から四〇〇万頭以上の牛が飼育されていた。のちに長角牛は、北部や西部へ送られ、その群れは、ときには一万頭にもなった。一八七一年には、六〇万頭の長角牛がテキサスから各地へ送られたといわれる。Wilkinson, *supra* note 1, at 82-83; Adams, *supra* note 3, at 90-91.

(9) Samuel P. Hays, *Conservation and the Gospel of Efficiency: The Progressive Conservation Movement, 1890-1920*, 49-50 (Harvard University Press 1959); Webb, *supra* note 1, at 280-318; Foss, *supra* note 7, at 29. ミシシッピ川以東では二〇ドルで建設できる一六〇エーカー農場用の木柵が、大平原地域では、ウィスコンシンから材料を運ぶため、実に一〇〇〇ドルに達する例もあったという。平野孝「西部開拓と自然保護――大平原と人間」正井泰夫編『総合研究アメリカ(二) 環境と資源』四四―四五頁(研究社・一九七六年)。

(10) 有刺鉄線の発明から規制に至る経緯は、Webb, *supra* note 1, at 280-318 に詳しい。そのほか、Foss, *supra* note 7, at 29-30; Rifkin, *supra* note 1, at 100-102; リフキン(北濃訳)・前掲書(注1)一二四―一二六頁も参照。

(11) 有刺鉄線の生産量は、一八八〇年から一八九〇年にかけて飛躍的に増大し、それにともない価格が低下した。このため有刺鉄線は、爆発的な売れ行きを示した。Foss, *supra* note 7, at 29; ロデリック・ナッシュ(Roderick Nash)著・足立康訳『人物アメリカ史(下)(*From These Beginnings: A Biographical Approach to American History*)』七三頁(新潮社・一九八九年)、平野・前掲論文(注9)四五頁。

(12) たとえば、コロラドやニューメキシコでは、数百万エーカーの国有地が牧畜業者によって囲い込まれた実例が報告されている。ただし、こうした不法柵は、一概に草地に悪影響を与えたとはいえない。というのも、不法に国有地を囲い込んだ牧畜業者のなかには、限られた草地のなかで継続的な収益を上げるために、草地の積極的な管理を試みた者がいたからである。不法柵の流行が、一部の者に、限られた草地資源を有効かつ持続的に利用しようとする意識をもたらしたといえる。Foss, *supra* note 7, at 29; Hays, *supra* note 9, at 50.

(13) Wilkinson, *supra* note 1, at 83-85, 89; Adams, *supra* note 3, at 90. 牛と羊を比べると、管理面では牧羊のほうが手間(コスト)がかかった。牧牛は、牛を草地に放っておくだけでよかったが、牧羊は群形を維持し監視するために牧夫(herder)を常駐させる必要があったからである。しかし羊は、(a)牛ほど水を必要としない、(b)牛に比べて越冬力が強い、(c)羊肉に加えて羊毛も生産する、(d)羊肉相場が牛肉相場に比べて安定している、などの点で、結局、市場競争では牛よりも有利であった。Adams, ibid., at 91. また、入植者も自身の入植地や周囲の土地を守るために、牧畜業者と同様に、周辺の国有地に牛を放牧するなどの対策を講じた。Foss, *supra* note 7, at 31.

(14) Dennen, *Cattlemen's Association and Property Rights in Land in the American West*, 13 Explanations in Economic History 423-428 (1976).

(15) 草地をめぐる対立は、すでに牧畜が西部の主要な産業に成長していたにもかかわらず、連邦議会が、西部をあくまでも農耕可能地と見なし、西部の農業入植に固執し、牧畜業者を一時的な入植者にすぎないと考えていたことにも起因する。連邦議会の認識と現実の齟齬が対立を助長したのである。Samuel Trask Dana & Sally K. Fairfax, *Forest and Range Policy: Its Development in the United States* 49 (2d ed., McGraw-Hill Publishing Company 1980); Christopher McGrory Klyza, *Who Controls Public Lands?: Mining, Forestry, and Grazing Policies, 1870-1990*, 110 (University of North Carolina Press 1996); Foss, *supra* note 7, at 30-35; Adams, *supra* note 3, at 90; Hays, *supra* note 9, at 50-52.

(16) 「西部の無法地帯における入植者・牧牛業者・牧羊業者間の草地争いの原因は、連邦の土地政策が西部地域に適合していなかったことにあるのであり、西部の人びとが、過度に攻撃的で非良心的な異常な人種であったからではない。」Foss, *supra* note 7, at 30.

(17) Culhane, *supra* note 7, at 80; Foss, *supra* note 7, at 28, 30-31.

(18) Culhane, *supra* note 7, at 80-81.

(19) John B. Loomis, *Integrated Public Lands Management: Principles and Applications to National Forests, Parks, Wildlife Refuges, and BLM Lands* 57 (2d ed., Columbia University Press 2002).

（20）Culhane, *supra* note 7, at 80-81; Foss, *supra* note 7, at 28.
（21）Roger L. DiSilvestro, *Reclaiming the Last Wild Places: A New Agenda for Biodiversity* 105 (John Wiley & Sons Inc. 1993).
（22）牧畜でひと儲けをたくらむ人びとが、合衆国東部のほか、イギリス、スコットランド、カナダ、オーストラリアなどからも押し寄せてきた。Webb, *supra* note 1, at 234; Rifkin, *supra* note 1, at 86-92; リフキン（北濃訳）・前掲書（注1）一〇六―一一四頁。
（23）地主の不在に乗じて、無断で土地を放牧利用する者が多数いたことはいうまでもない。Foss, *supra* note 7, at 30. 農耕、木材生産、鉱山業、都市用地などに向かない、生産性の低い土地だけが残された西部では、必然的に乾燥に耐えうる唯一の産業、すなわち大規模な牧畜業が発展したのである。畠山武道『アメリカの環境保護法』二四五頁（北海道大学図書刊行会・一九九二年）。
（24）George Cameron Coggins, Charles F. Wilkinson & John D. Leshy, *Federal Public Land and Resources Law* 129-130 (5th ed., Foundation Press 2002).
（25）An act to prevent unlawful occupancy of the public lands, Feb. 25, 1885, ch. 149, 23 Stat. 321. See Foss, *supra* note 7, at 29; Dana & Fairfax, *supra* note 15, at 49; Hays, *supra* note 9, at 52; Rifkin, *supra* note 1, at 102-103; リフキン（北濃訳）・前掲書（注1）一二八頁。
（26）Dana & Fairfax, *supra* note 15, at 49. その結果、一般土地局長は、一八九一年までに、国有地の不法な囲い込みは、わずか一三件（三万四三五八エーカー）にまで減少したと報告した。Foss, *supra* note 7, at 29.
（27）Foss, *supra* note 7, at 29-30. 羊は、牧牛業者にとって無視できない脅威となった。Hays, *supra* note 9, at 54.
（28）この不法柵は、のちに重要な意味をもつことになる。すなわち、一九三四年テイラー放牧法（Taylor Grazing Act of 1934 (48 Stat. 269)）の制定時に、柵が土地の優先利用（prior use）または歴史的利用（historic range use）の証拠とされ、柵の所有者に、優先的に放牧権が与えられたからである。Dana & Fairfax, *supra* note 15, at 49; Foss, *supra* note 7, at 30. 一九三四年テイラー放牧法については、本章第五節で検討する。
（29）Hays, *supra* note 9, at 50-51.
（30）Adams, *supra* note 3, at 91; Culhane, *supra* note 7, at 81; Wilkinson, *supra* note 1, at 78-80 には、過剰放牧が

自然破壊をもたらす典型的な例が紹介されている。

(31) Garrett Hardin, *The Tragedy of the Commons*, 162 Science 1243, 1244-1245 (Dec. 13, 1968); ギャレット・ハーディン(Garrett Hardin)著・桜井徹訳「共有地の悲劇(*The Tragedy of the Commons*)」シュレーダー＝フレチェット(K. S. Shrader-Frechette)編・京都生命倫理研究会訳『環境の倫理(下)(*Environmental Ethics (second edition)*)』四五一—四五四頁(晃洋書房・一九九三年)。

(32) 牧畜産業の発展にとり、インディアンとバッファローは邪魔者であった。そのため牧畜業者は、東部の資本家や合衆国陸軍と結託して、集中的かつ徹底的なバッファロー駆除を行った。これには、インディアンの生存の糧を断つ意図もあった。また鉄道会社は、「車上から快適で安全なバッファロー狩りができる」との謳い文句で、これを商売に利用した。その様子は、Hans Huth, *Nature and the American: Three Centuries of Changing Attitudes* 162 (University of Nebraska Press 1991)に描かれている。こうしてバッファローは、一八七〇年代の終わりには、ほぼ姿を消してしまった。Wilkinson, *supra* note 1, at 82-83; Rifkin, *supra* note 1, at 72-83; リフキン(北濃訳)・前掲書(注1)八四—一〇二頁。

(33) Douglas H. Strong, *Dreamers & Defenders: American Conservationists* 54 (University of Nebraska Press 1988); Webb, *supra* note 1, at 237; Adams, *supra* note 3, at 91.

(34) Adams, *supra* note 3, at 91; Webb, *supra* note 1, at 239-240.

第二節　パウエルと土地制度改革

一　合衆国の乾燥地帯の土地に関する報告書

西部の放牧地を舞台に牧牛業者、入植者、および牧羊業者が相変わらず抗争を続けていたころ、放牧地を含む西部には大きな改革の波が押し寄せつつあった。それは、国立公園や森林保護区（のちの国有林）の設置と同じように、資源保全運動の一環として、資源の科学的な管理方法を西部の乾燥地に持ち込もうとする試みであった。その結果、西部の乾燥地は、その様相を大きく変えることになったのである。

（一）　ジョン・ウェズリー・パウエル

東部の豊饒な土地と西部の乾燥地との違いをいち早く指摘し、科学的な調査と計画的な開発を主張し、のちに西部乾燥地の開発に甚大な影響を与えたのがジョン・ウェズリー・パウエル（John Wesley Powell）である。そのためパウエルは、連邦開墾事業の父とよばれる。(1) ここではパウエルの生涯を簡略にたどりながら、連邦政府が西部の乾燥地の開発に介入し、技術と資本を投下し、その結果、今日にまで至る西部と東部の対立の構図を作りあげていった経緯を見ることにしよう。

パウエルは、イギリスから渡米したメソディスト教（Methodist）巡回牧師（宣教師）の子として、一八三四年にニューヨークで生まれた。一家はニューヨークからオハイオ、ウィスコンシン、イリノイへと移住し、パウエルは幼少期の大半を中西部の辺境で過ごした。そのため彼は、地質学、植物学、民族学、哲学、文学などを含む博物学に強い関心を示すようになった。その後パウエルは、ウィスコンシンの学校教師、イリノイの地方大学の学生などの経験を経て、イリノイ州博物学協会の初代幹事に就任し、科学者としての頭角を現した。(2) しかし、まもなく勃発した南北戦争のなかで、彼は右腕を失い、その姿がパウエルのトレードマークとなった。(3)

（二）　グランド・キャニオン探検

一八六五年、パウエルはイリノイ・ウェズリアン（Wesleyan）大学の博物学教授に就任したが、ほどなく、イリノイ州博物学協会が設立した博物館の館長に指名された。しかし、彼を全国的に有名にしたのは、一八六七年以降のロッキー山脈(Rocky Mountains)地域の探検と、一八六九年のグランド・キャニオン(Grand Canyon)探検であった(4)。

こうしたパウエルの活動は、連邦議会の関心をよび、一八七〇年、連邦議会はパウエルの調査活動を全面的に支援することを決定した(5)。パウエルは、ロッキー山脈地域の地理学・地質学的調査を実施し、一八七一年にふたたびグリーン川(Green River)とコロラド川(Colorado River)を探検し、勇敢な科学者・西部探検家としての名声を不動のものにした(6)。以後、パウエルの調査隊は、連邦の資金援助をめぐり、ファーディナンド・ヴァンディヴィア・ハイデン(Ferdinand Vandiveer Hayden)らの調査隊と競いながら、一八七〇年代の終わりまでに、ユタ州からコロラド州、アリゾナ州、ニューメキシコ州にわたる広大な高原地域(Plateau Province)を探検・調査し、峡谷地域の特異な景観を作り出す侵食過程や乾燥地の特徴の解明に努めた(7)。

(三) 一八七八年『合衆国の乾燥地帯の土地に関する報告書』

パウエルが名声を勝ち得た理由は、人跡未踏の地への大冒険を繰り返したことに加え、博物学の知識をもとに、大峡谷、砂漠、草地を含む広大な西部の乾燥・半乾燥地帯の管理のあり方について、豊かな先見性をもった独自の説を積極的に展開したことにある。

パウエルは、一八七四年、下院の国有地委員会の公聴会で、はじめて乾燥地に対する彼の主張を述べ、カリフォルニア州、オレゴン州、およびワシントン準州の一部を除き、西経一〇〇度線または九九度線以西のすべての地域は乾燥地であること、したがって、この地域では、灌漑なくして農業を営むことは不可能であることを指摘した。さらに彼は、国有地を科学的に測量調査し、経済的開発が可能な地域を区分すべきであると強く主張した(8)。

しかし、彼の提案が取りあげられる可能性はまったくなかった。
一八七七年、ヘイズ大統領(Rutherford Birchard Hayes, 1877–81)が、改革派のカール・シュアツ(Carl Schurz)を内務長官に指名したことにより、パウエルに大きな好機がめぐってきた。一八七八年四月一日、パウエルは、西部の詳細な調査結果に基づき、長期的かつ現実的視点から土地政策を考察する有名な報告書である、『合衆国の乾燥地帯の土地に関する報告書(*Report on the Lands of the Arid Region of the United States, With a More Detailed Account of the Lands of Utah*)』を、連邦議会および内務長官シュアツに提出する機会を得たのである。(9)

人間と自然の関連についてのパウエルの基本姿勢は、人間は自然の征服者でも創造者でもなく、自然環境に適応すべき存在である、というものであった。(10) そのうえで彼は、つぎのようないくつかの画期的な提案を行った。

第一に、パウエルは、西経一〇〇度線が湿度の高い東部と乾燥した西部とを区別するおおまかな境界であって、合衆国国土の約四〇%を占める西経一〇〇度線以西の乾燥地域は、東部とは気候、土壌、地形、水文がまったく異なること、また西経一〇〇度線以東の地域であっても、水源の分布次第では繰り返し旱魃が起きる地域があること、さらに、西経一〇〇度線以西の乾燥地の将来は、ひとえに灌漑にかかっていることを指摘した。(11)

第二に、パウエルは、西部乾燥地における水の重要性をとくに強調した。実際、西部乾燥地では、水がなければ農耕は不可能であり、土地の所有権を取得しても、水場がなければ土地の価値は無きに等しかった。すなわち乾燥地域では、土地だけではなく水に対する権利が必要であり、土地の独占よりも水利権の独占こそが深刻な問題であった。そこで彼は、東部で考案され、これまでとくに疑問もなく利用されてきた方形測量方式に代えて、水源地の確保を念頭においた土地区画制度と大規模な灌漑施設の建設を主張した。さらに彼は、合衆国のすべての国有地を、鉱物、石炭、灌漑可能農地、木材、放牧など、その土地の最良の利用方法によって区分し、処分すべきであるとしたうえで、西部乾燥地を、低地の灌漑可能地域(irrigable land)、山岳傾斜地の森林地域(forest land)、およびこれらの間の牧草地域(pasture land)の三つの地域に区分することを提案した。[12]

第三に、パウエルの試算によれば、西部乾燥地では、利用できる河川をすべて利用しても、農地の全部を灌漑することは不可能であった。そこで彼は、灌漑が可能な農地と不可能な農地を区別し、灌漑不可能農地の売却中止を提案した。また、入植地の単位を最低でも六四〇エーカーとし、さらに個人ではなく、複数の農業従事者による水源地を中心とした共同入植が望ましい、とした。そして、灌漑施設の設置・維持は民間企業に委ねず、水源地を利用する農業従事者が共同であたるべきであると主張した。[13]

第四に、パウエルは、灌漑が困難な地域では、農業よりは牧畜業が現実的であると考え、そのための具体的なガイドラインを示した。[14]

同時にパウエルは、共同灌漑農業入植案を具現化するための法案を自ら作成し、それを報告書に添付した。この法案は、(a)入植を認められた九名以上の者は、(集団で)灌漑地区(irrigation district)を組織し、灌漑可能地域に対する権原を取得し、当該地域の土地と水の利用を規制することができる、(b)水場への接近が可能な三二〇エーカーまたはそれ以上の土地は灌漑可能地域として分類される、(c)個人に配当される土地は八〇エーカーを超えてはならない、(d)水利権は本来土地に属するものであり、当該土地が五年間利用されない場合を除き剥奪されない、などの事項を定めていた。パウエルは、こうした法律を制定することで、一部の者による土地の独占、すなわち西部の要ともいえる水場の独占を防ごうとしたのである。[15]

またパウエルは、放牧にしか適さない国有地において、自作入植者による牛と羊の放牧区(pasturage district)の管理組織を定める第二の法案を提案した。この法案は、灌漑可能地域が二〇エーカーに満たない地域では、それぞれ二五六〇エーカー以上の広さの個人区分(individual tract)への入植を認め、九名以上の組合員からなる組合が運営する放牧区を設置すること、放牧区では、従来の方形測量方式ではなく、賢明な土地区画制度(wise system of parceling the lands)を通じて、組合が自ら土地と水場を公平に分配すること、などを内容としていた。[16]

(四)　パウエルの挫折

しかし、パウエルの一八七八年の報告書および法案は、当時の人びとの「常識」に著しく反するものであり、人びとに衝撃を与えると同時に、強い反発を招いた。[17]

第一に、人間は、自然の征服者でも創造者でもなく、自然環境に適応すべき存在である、というパウエルの持論は、人間は自然を征服すべきであると考える当時の「常識」とは、根本的に相容れないものであった。第二に、水源地を共同管理し水を公平に分配するという発想は、個人主義と自由放任主義が支配していた当時の西部では、まったく受け入れがたいものであった。この提案に、すでに水源地を独占的に利用していた大規模牧場主や大企業、土地投機師、鉄道会社が猛反対したことはいうまでもない。彼らは、それまで享受してきた水源地の独占的な利用権を脅かされることを危惧したのである。[18]第三に、パウエルの提言は、人びとに急進的にすぎるという印象を与え、土地投機師のみならず、彼が保護しようとした入植者からも強い反発を受けた。パウエルの報告書と法案は、その画期的な内容ゆえに、既得権に固執する多数の者やその代弁者から恐れられたのである。[19]

二　土地制度改革の進行と挫折

(一)　地質調査局の設置

パウエルの熱意は、しかし、ついに連邦議会を動かした。イエール(Yale)大学の古生物学者オスニアル・チャールズ・マーシュ(Othniel Charles Marsh)教授、ヒューイト(Hewitt)下院議員(ニューヨーク州選出)などが、パウエルの報告書と法案を支持した。とくに、ヒューイト下院議員は、巧妙な議会工作の末、西部の土地測量調査に関する諸問題を検討し、その再建計画を提案することを全米科学アカデミー(National Academy of Sciences)に要請する決議を連邦議会から手に入れた。その結果、全米科学アカデミーが、国有地問題の研究を一手に引き受けることになった。[20]

パウエルは、この機会を見逃さなかった。全米科学アカデミーの評議会が意見を表明する前に、彼は一八七八年の報告書の写しをマーシュ教授を通じて配布した。この作戦は功を奏し、一八七八年末に全米科学アカデミーが連邦議会に提出した報告書は、利用目的に沿って西部国有地を土地区分するというパウエルの提案を大幅に受け入れたものであった。[21]

全米科学アカデミーの報告書を受けて、一八七九年三月三日、連邦議会は、国有地調査に関与する複数の政府機関を内務省地質調査局(Geological Survey)に一本化するための法律を制定した。[22]しかし、法案に対しては反発も強く、地質調査局は、当初の任務を大幅に縮小され、役割を科学的調査活動に限定されてしまった。さらに連邦議会は、同じ法律によって、はじめて国有地委員会(Public Land Commission)を設置し、国有地の調査と処分に関する現行法の法典化および国有地区分制度とその基準の検討などを命じた。[23]国有地委員会は、西部のすべての州および準州を視察した後、一八八〇年、連邦議会に報告書を提出した。その内容は、ふたたびパウエルの考えを明確に反映したものであったが、連邦議会は、国有地委員会の勧告を葬り去ってしまった。[24]

（二）パウエル局長の時代

一八八一年、パウエルは、辞任したクラランス・リヴァズ・キング(Clarence Rivers King)局長の後を継いで、二代目の地質調査局長に就任した。パウエルは、一八九四年に局長を辞するまで、独創的かつ巧みに地質調査局を運営した。なかでも、パウエルが本格的に取り組んだのは、乾燥地の地質地図、地形図、水理地図の作成であった。地質調査局は、パウエルの指導のもとに、全国の地形図を作成するという大掛かりな作業に取りかかったが、これは数年がかりの大仕事であった。[25]

パウエルにとって幸運だったのは、一八八四年に両院協議会が地質調査局の科学的調査の妥当性を支持したこと、一八八〇年代後半に厳冬と日照りが続きパウエルの予言が現実のものとなったこと、西部の年間降水量が減少し、事態が悪化するにつれて、西部の農場経営者が連邦政府に灌漑事業の実施を求めたことなどである。[26]

連邦議会のなかでパウエルに接近してきたのが、ステュアート(Stewart)上院議員(ネヴァダ州選出)や他の西部州選出議員からなる灌漑閥であった。彼らは、土地投機師や牧畜業者が参入する以前に貯水池用地を確保する必要があった。そこで彼らは、一八八八年三月、灌漑可能地域、貯水池、および水路用地の選定とそのための測量調査を内務長官に依頼する合同決議を採択し、一八八八年一〇月二日、それに必要な支出予算法案を可決して、測量調査を急がせた。[27]

同法は、地質調査局に対し、灌漑可能な乾燥地の範囲を決定すること、貯水池用地と灌漑水路用地に選定したすべての土地、およびそれらの設備によって灌漑可能なすべての土地を留保できること、灌漑可能認定地域への立ち入り、占拠、売却を禁止できること、などを定めていた。これは、事実上、調査が完了するまで国有地処分を凍結するものであった。そこで、パウエルは、一二七箇所の貯水池用地と三〇〇〇万エーカー以上の灌漑可能地域を処分対象から留保した[28]。

しかしステュアト上院議員は、パウエルにこのような強大な権限を与えたことをすぐに後悔した。というのは、パウエルの遠大な構想が完了するまで、土地の売却は事実上停止する可能性があったからである[29]。さらにステュアト上院議員を窮地に追い込んだのは、一八九〇年四月の一般土地局(General Land Office)の局長L・E・グロフ(L. E. Groff)による国有地処分凍結宣言であった。すなわち、一八八八年一〇月二日の支出予算法可決から約一〇カ月後の一八八九年八月五日、一般土地局長代理のウィリアム・M・ストウン(William M. Stone)が、一般土地局の各地方支部に対し、一八八八年一〇月二日以降に処理した国有地取得許可をすべて取り消すよう命じた。しかしこの間(約一〇カ月間)、すでに一般土地局により、一三万四〇〇〇件(九〇〇万エーカー)もの国有地取得許可が出されていたため、一八九〇年四月に、一般土地局長が改めて国有地の処分凍結を宣言したのである。そしてこの宣言は、実際には、パウエルの測量調査が終わるまで、国有地を公式に閉鎖することを意味していた。さらにタフト(Taft)法務総裁は、支出予算法が制定された一八八八年一〇月二日以降になされた一般土地局による西部国有地取得許可はすべて違法であるという裁定を下し、クリーヴランド大統領(Stephen Grover Cleveland, 1885-89, 1893-97)もこれに同意した[30]。

ステュアト上院議員らの灌漑閥は、猛反撃に出た[31]。結局、連邦議会は、一八九〇年、地質調査局の貯水池用地の留保制限に制限を加え、国有地をふたたび入植者に開放した。さらに彼らは、灌漑調査予算と地質調査局の年次予算を大幅に削減したため、地質調査局は存亡の危機に陥った。その結果、パウエルは、一八九四年に地質調査局を辞任した。

パウエルは、その先見性が一般に認められず、失意のうちに政治の舞台から去ったが、パウエルが合衆国の資源保全運動の基礎形成に果たした役割は、今日、高く評価されている。とりわけ彼は、西部乾燥地について、従来の、土地の特質を無視した処分・利用と連邦政府の非干渉を改め、連邦政府が自ら科学的な情報を収集し、適切な国有地管理を行うべきことを提言した。これが、その後の資源保全運動の指導者たちに大きな影響を与えたのである。(32)

（1）パウエルに関する記述は、基本的に、Douglas H. Strong, *Dreamers & Defenders: American Conservationists* 39-59 (University of Nebraska Press 1988); Wallace Stegner, *Beyond the Hundredth Meridian: John Wesley Powell and the Second Opening of the West* (Penguin Books 1992); Donald Worster, *A River Running West: The Life of John Wesley Powell* (Oxford University Press 2001); Donald Worster, *Rivers of Empire: Water, Aridity, and the Growth of the American West* 131-143 (Oxford University Press 1992); David A. Adams, *Renewable Resource Policy: The Legal-Institutional Foundations* 95-104 (Island Press 1993) による。邦語文献としては、大森弥「行政における機能的責任と『グラス・ルーツ』参加(三)」国家学会雑誌八四巻一一・一二号五四—七〇頁(一九七一年)、「グランド・キャニオンに挑んだ男」National Geographic(日本版)創刊前特別号九〇—一一九頁(一九九四年)が詳しい。

（2）Stegner, *supra* note 1, at 11-18; Strong, *supra* note 1, at 39-40; National Geographic(日本版)・前掲論文(注1)一〇二頁。

（3）Stegner, *supra* note 1, at 17. パウエルは、一八六二年四月、現在のシャイロウ国立戦場公園(Shiloh National Military Park)における戦いで、南軍のライフル射撃を受け、右腕を肘下から失った。Strong, *supra* note 1, at 40-41; National Geographic(日本版)・前掲論文(注1)九八頁。

（4）このときの探検・調査の詳細については、John Wesley Powell, *The Exploration of the Colorado River and its Canyons: History* (Dover Publications, Inc. 1961); National Geographic(日本版)・前掲論文(注1)一〇四—一〇七頁参照。

（5） An act making Appropriations for sundry civil Expenses of the Government for the Year ending June thirty, eighteen hundred and seventy-one, and for other Purposes, Jul. 15, 1870, ch. 292, 16 Stat. 291. 同法に基づき連邦議会は、パウエルによるロッキー山脈地域の地形・地質調査に対して年間一〇万ドルの予算を承認した。Stegner, *supra* note 1, at 114 ; Strong, *supra* note 1, at 44.

（6） パウエルはインディアン研究についても造詣が深かったことで知られる。パウエルは、かねてより民族学に関心をもち、偏見をもたずにインディアンに接し、彼らの言語や習慣を学び、彼らの文化を尊敬した。パウエルは、一八七一年の二回目のコロラド川探検旅行を境に、コロラド高原(Colorado plateau)のインディアン研究に力を注ぐようになる。パウエルは、その知見をもとに、インディアン局(Bureau of Indian Affairs)と地方のインディアン事務局の汚職や浪費を指摘し、これらの政府機関がインディアンの福祉を軽視していると批判した。これらの研究が契機となり、一八七九年にはスミソニアン民族学研究所(Smithsonian Institution's Bureau of Ethnology)が発足し、パウエル自身がその初代所長を二三年間務めた。パウエルのインディアン研究については、Samuel Trask Dana & Sally K. Fairfax, *Forest and Range Policy : Its Development in the United States* 39 (2d ed., McGraw-Hill Publishing Company 1980) ; Stegner, *supra* note 1, at 257-269 ; Strong, *supra* note 1, at 44 ; National Geographic(日本版)・前掲論文(注1)一〇八頁参照。

（7） 当時ハイデンは、おもにネブラスカ、ワイオミング、コロラド、およびアイダホの各準州の地質調査に従事していた。ハイデン調査隊については、鈴木光「国有地管理と自然保護(一)――合衆国における史的発展――」北大法学論集四六巻四号一〇五二頁(一九九五年)でふれた。そのほかの調査隊については、Strong, *supra* note 1, at 47-48 ; 大森・前掲論文(注1)五七頁参照。しかし、こうしたパウエルの調査結果にもかかわらず、ミシシッピ川(Mississippi River)とロッキー山脈の間の地域には荒れ果てた広大な大砂漠(Great American Desert)が存在するという、西部乾燥地に対する誤った考えは、簡単には払拭されなかった。とりわけハイデンは、その後もパウエルに敵対し、彼の提案をつぶそうとした。Stegner, *supra* note 1, at 203 ; Strong, ibid., at 44-46.

（8） Stegner, *supra* note 1, at 212-242 ; 大森・前掲論文(注1)六八頁注(10)・(11)。この指摘は、その後の乾燥農法(dry farming)の発達までを視野に入れたものではないが、現在でも西部の大半の地域に当てはまる。Henry Nash Smith, *Virgin Land : The American West as Symbol and Myth* 196-197 (Harvard University Press 1970) ; H・N・スミス(Henry Nash Smith)著・永原誠訳『ヴァージンランド――象徴と神話の西部(*Virgin Land : The American West as*

Symbol and Myth)』二四二—二四三頁(研究社・一九七一年); Strong, *supra* note 1, at 48.

(9) 一八七八年の報告書の内容は、Roderick Frazier Nash, *American Environmentalism: Readings in Conservation History* 63-68 (3d ed., McGraw-Hill 1990); Stegner, *supra* note 1, at 219-231に詳しく紹介されている。そのほか、Paul Wallace Gates & Robert W. Swenson, *History of Public Land Law Development: Written for the Public Land Law Review Commission* 419-420 (Zenger Publishing Co. Inc. 1968); Dana & Fairfax, *supra* note 6, at 39-40参照。この報告書は、いわば予言的な記録集(prophetic document)で、歴史家バーナード・ダヴォート(Bernard DeVoto)の*The Federalist*と並ぶ、これまでアメリカ人によって書かれた土地利用に関するもっとも基本的で革命的な書物のひとつと評価されている。Strong, *supra* note 1, at 49.

(10) 平野孝「西部開拓と自然環境——大平原と人間」正井泰夫編『総合研究アメリカ(二) 環境と資源』五三頁(研究社・一九七六年)。

(11) Dana & Fairfax, *supra* note 6, at 39-40; Strong, *supra* note 1, at 49.

(12) Dana & Fairfax, *supra* note 6, at 40; Strong, *supra* note 1, at 49.

(13) Strong, *supra* note 1, at 51; National Geographic(日本版)・前掲論文(注1)一一一頁。当時すでに住民が協力して灌漑設備を管理していた地域として、ユタ州のモルモン教徒による地域協力組織(community cooperation)や、カリフォルニア州南部の灌漑居住区(irrigation colony)があげられる。Stegner, *supra* note 1, at 228; Strong, ibid., at 49-50.

(14) Phillip O. Foss, *Politics and Grass: The Administration of Grazing on the Public Domain* 40 (University of Washington Press 1960).

(15) Stegner, *supra* note 1, at 229; Strong, *supra* note 1, at 50.

(16) Stegner, *supra* note 1, at 229; Strong, *supra* note 1, at 50-51; Foss, *supra* note 14, at 40-41.

(17) 法案が反発を受けたことに関して、パウエルは、「法律が迅速に可決されなければ、二、三人の者が水を独占し、国有地はすべての者にとり無価値なものとなるだろう」と指摘した。この言葉は、のちに現実のものとなった。Foss, *supra* note 14, at 41.

(18) Dana & Fairfax, *supra* note 6, at 40; Foss, *supra* note 14, at 41; National Geographic(日本版)・前掲論文(注1)一一一頁。

(19) しかし、パウエルが西部乾燥地の特質を正確に把握し、利用目的に沿った土地区分と灌漑の必要性を強調したことは、今日から見ても正しい指摘である。パウエルは、合衆国の国有地管理政策が処分から保全・管理へと大きく方向転換する過程で、きわめて重大な役割を果たしたと評価できよう。Paul J. Culhane, *Public Lands Politics : Interest Group Influence on the Forest Service and the Bureau of Land Management* 81 (Johns Hopkins University Press 1981) ; Strong, *supra* note 1, at 51 ; 平野・前掲論文(注10)四六―五三頁。デイナは、パウエルは時代に三〇年から八〇年ほど先んじた先見性を有していた、と評価している。Dana & Fairfax, *supra* note 6, at 40.

(20) Stegner, *supra* note 1, at 232-234 ; Strong, *supra* note 1, at 51 ; Smith, *supra* note 8, at 197 ; スミス(永原訳)・前掲書(注8)二四三頁、大森・前掲論文(注1)六一頁。

(21) 報告書は、内務省内に、地図作成および地形調査のために沿岸内陸調査局(coast and interior survey)を、また地質構成調査および経済価値のある資源調査のために地質調査局(geological survey)を設立すべきであると勧告していた。そして、この新たな二つの局が、これまでの連邦資本による調査活動を引き継ぎ、国有地の測量調査と処分に関する現行法を再検討するものとされていた。Smith, *Clarence King, John Wesley Powell, and the establishment of the United States Geological Survey*, 33 Mississippi Valley Historical Review 37-58 (1947) ; Stegner, *supra* note 1, at 234-235 ; Strong, *supra* note 1, at 51-52. パウエルの提案が受け入れられた原因は、彼を支持するマーシュ教授が、全米科学アカデミー総裁に就任したからであると指摘されている。Smith, *supra* note 8, at 197 ; スミス(永原訳)・前掲書(注8)二四三頁、大森・前掲論文(注1)六一頁。

(22) An act making appropriations for sundry civil expenses of the government for the fiscal year ending June thirtieth, eighteen hundred and eighty, and for other purposes, Mar. 3, 1879, ch. 182, 20 Stat. 377. See Dana & Fairfax, *supra* note 6, at 365. 法案の審議過程は、Smith, *supra* note 21, at 37-58 ; Stegner, *supra* note 1, at 235-240 ; 大森・前掲論文(注1)六一―六三頁参照。

(23) 20 Stat. 394. See Dana & Fairfax, *supra* note 6, at 34, 46-47.

(24) 一八八〇年の報告書の勧告は、「合衆国国有地の測量調査および処分に関して規定する」法案の形式で示されていた。そのおもな内容は、(a)国有地は、連邦の測量調査により、耕作可能地、鉱物埋蔵地、灌漑可能地、放牧地、および木材生産地に区分されるべきこと、(b)各区分地は、その特質に応じた法律および規則によって処分されるべきこと、であった。

Dana & Fairfax, *supra* note 6, at 46 ; Smith, *supra* note 8, at 198-199 ; スミス(永原訳)・前掲書(注8)二四五頁。

(25) パウエルは、キングとは異なり、地質調査局の任務を広く考えていた。すなわちキングが、地質調査局をおもに鉱山業者への助言者(adviser)と位置づけていたのに対し、パウエルは、同局は地学(earth sciences)に関する任務全般を担当すべきであると考えていた。Strong, *supra* note 1, at 52-54.

(26) Sterling, *The Powell Irrigation Survey, 1888-1893*, 27 Mississippi Valley Historical Review 421-434 (1940) ; Stegner, *supra* note 1, at 296 ; Strong, *supra* note 1, at 54 ; 大森・前掲論文(注1)六四頁。

(27) An act making appropriation for sundry civil expenses of the Government for the fiscal year ending June thirtieth, eighteen hundred and eighty-nine, and for other purposes, Oct. 2, 1888, ch. 1069, 25 Stat. 505. パウエルとステュアト上院議員は、(a)灌漑可能地域は、投機師と入植者による一層の侵入を避けるために、直ちに測量調査をすべきこと、(b)水理学的測量調査と土木工学的研究を駆使し、貯水池用地および水路用地を選定すべきこと、(c)測量調査終了後、各地域の農場経営者による共同組織が、責任をもって灌漑設備を建設し維持すべきこと、という点で合意していた。Stegner, *supra* note 1, at 299-304 ; Sterling, *supra* note 26, at 421-434 ; Strong, *supra* note 1, at 55 ; 大森・前掲論文(注1)六四頁。一八八九年のはじめ、パウエルは、灌漑調査のためにさらに三五万ドルを要求した。連邦議会は、二五万ドルを支出することでこれに応じた。An act making appropriations for sundry civil expenses of the Government for the fiscal year ending June thirtieth, eighteen hundred and ninety, and for other purposes, Mar. 2, 1889, ch. 411, 25 Stat. 939, 961.

(28) 25 Stat. 527. See Dana & Fairfax, *supra* note 6, at 76 ; Stegner, *supra* note 1, at 322.

(29) 乾燥地を長期的かつ包括的に測量調査し、資源利用計画を作成するというパウエルのやり方は、ステュアト上院議員をはじめ、迅速な西部開発を望む人びとをいらだたせた。多くの連邦議会議員が、地形図の作成は不必要であると述べ、「パウエルは貯水池用地の選定に際して資金を横領した」と非難する者すら現れた。また一部の上院議員は、パウエルの提案する共同管理組織は、反アメリカ的で(un-American)、非現実的であり、「パウエルは発展を妨げる男である」と非難した。Strong, *supra* note 1, at 56 ; Stegner, *supra* note 1, at 340 ; 大森・前掲論文(注1)三六頁。ステュアト上院議員がパウエルに投げつけた非難の言葉は、Sterling, *supra* note 26, at 429 に詳しく引用されている。

(30) 一般土地局長は、地質調査局に灌漑調査部(Irrigation Survey)を設けた一八八八年一〇月二日以後は、国有地譲渡証書を一切発行しないと宣言した。Sterling, *supra* note 26, at 422-427; Stegner, *supra* note 1, at 298-324; Strong, *supra* note 1, at 57; 大森・前掲論文（注1）六六頁。

（31）灌漑閥のみならず、小規模農場経営者も、連邦政府が土地の利用区分をする間、国有地の大半が閉鎖されることを懸念した。小規模牧畜業者は、パウエルの放牧地区制度案のもとでは、大牧畜組合が小規模牧畜業者を締め出すのではないかと心配した。また、パウエルは乾燥地の木材利用、鉱物利用、商業利用の可能性を軽視していると批判する者もいた。土地投機師や扇動家も仕事が奪われることを恐れた。彼らは、上院委員会の公聴会でパウエルを激しく攻撃した。Strong, *supra* note 1, at 54. このような状況下で一八八九年夏に実施された上院灌漑委員会の西部視察旅行において、迅速な西部開拓を求めるスチュアト上院議員とパウエルの考えの相違が改めて露呈し、一層険悪な雰囲気となった。Ibid., at 57.

（32）Strong, *supra* note 1, at 59. 一方で、パウエルの要求は、当時の人びとが一般に信奉していた「明白な運命（manifest destiny）」論を放棄することを求めるのに等しく、これは、人びとにとってあまりにも厳しく過大な要求であったと評する論者もある。Smith, *supra* note 8, at 200; スミス（永原訳）・前掲書（注8）二四六―二四七頁。

第三節　ローズヴェルト政権の試み

一　資源保全運動の台頭

一九世紀末から二〇世紀初頭の時期は、合衆国政治史上、革新主義の時代といわれる。すなわち、州・自治体政府内での腐敗の蔓延、都市における貧富の差の拡大、中西部の農業従事者の困窮、鉄道・銀行資本などの大独占資本の横暴などが、一般大衆、専門職業家、学者などの広範な怒りをよびおこし、それらを契機に、合衆国の政治・経済体制は大きく変化した。(1) 同時に、無尽蔵と思われていた森林資源・鉱物資源などの枯渇、森林破壊による洪水の頻発や飲料水への影響などが顕著になるにつれて、これまでの無計画で収奪的な資源浪費に対する批判が高まり、資源保全運動が大きな前進を見せたのも、この時期である。(2)こうした自然保全運動の旗振り役が、セオドア・ローズヴェルト大統領(Theodore Roosevelt, 1901-09)と、ジフォード・ピンショー(Gifford Pinchot)、フリドリク・ヘインズ・ニューアル(Frederick Haynes Newell)を代表とする資源管理の専門技術官僚であった。(3)ところで、革新主義の時代における森林保全運動については、すでに第二章第二節でふれたので、ここでは同時期の西部放牧地をめぐる動きを整理しておこう。(4)

さて、当時の西部では、大規模牧畜業者、木材業者、鉄道会社、それにひと儲けをたくらむ土地投機師が相変わらず国有地にむらがっていたが、西部放牧地の管理については、つぎの二つの問題が指摘されていた。

第一は、放牧地の荒廃がさらに進み、放置できない状態になったことである。連邦政府は、放牧地の利用規制を求める一部の連邦議会議員の意見を無視し、規制を実施しなかったばかりでなく、(5)むしろ従来の時代にそぐわぬ国有地処分政策を続行し、放牧地の過剰利用と荒廃を助長しさえしたのである。(6)

広大な西部国有地の大部分を管理していたのは、すでに見たように、内務省一般土地局(General Land Office)であった。しかし、一般土地局は、依然として人員・予算の不足、土地管理専門家の不在、不正・汚職の横行などに悩まされ、専門的な知識と経験が要求される土地管理や放牧問題をあつかうだけの余裕がなかった。一般土地局が講じた対策は、これまでと同じように、国有地における放牧を不法行為と認定し、その撤収を求めることだけであった。こうした一般土地局の無策は、一八九一年森林保護法(Forest Reserve Act of 1891 (26 Stat. 1095, 1103))によって国有地の一部が森林保護区に指定され、同局にその管理が委ねられたのちも、しばらく変わらなかった。(7)

第二は、一時の肉牛ブームが去って牧畜業界自体が危機に陥り、大幅な体質改善を求める動きが業界内部から出てきたことである。これまで牧畜業界は、肉牛ブームにのって無計画な規模拡大を繰り返してきたが、それが原因で深刻な牧草不足を招来した[8]。他方で牧牛業者は、増え続ける入植者や、強力な競争相手である牧羊業者とも戦わなければならなかった。そこで、大手の牧畜業者の間には、短期的・投機的な牧場経営に代わる長期的で安定した牧場経営を目指し、牧草や飼料の管理、品種改良、疫病対策などに自ら取り組む動きが高まってきたのである。彼らは団結し、国有放牧地の設置と賃貸、入植者・牧羊業者の締め出しなどを求め、連邦議会に対する強力な議案通過運動を開始した[9]。

二　ローズヴェルト政権の試み

（一）　不法フェンス取締り強化

国有地政策の大幅な改革が求められていた時代の大統領として、ローズヴェルトはまさに最適の人物であった。実際、ローズヴェルト政権の資源保全活動の成果は、歴代政権のそれに比べてずば抜けたものであり、ローズヴェルト自身、資源保全政策を彼の大統領任期中のもっとも重要な国内的成果と自負していた[10]。なかでも特筆すべきなのが、大統領権限を行使して広大な面積の国有地を処分留保し、国有林、野生生物保護区、国有記念物に指定したことである[11]。

さて、ローズヴェルト大統領が放牧について最初に取り組んだのが、不法柵の再度の取締りであった。すでに見たように、一八八五年フェンス防止法(Unlawful Enclosures Act of 1885 (23 Stat. 321))は、国有地上に不法に張りめぐらされた柵の除去を命じた[12]。しかし、同法は、単に不法柵の除去を命じたにすぎず、国有地で実際に行われている放牧活動に即した新たな土地利用規則を示すものではなかった。また、国有地を、自由な立ち入りが可能な開放共有地(open commons)としたことは、同時に、過剰放牧やその結果生じる草地の破壊に対してだれも責任を負わないことを意味していた。根本的な問題はなにひとつ解決されていなかったのである。実際、こうした無責任な放任の結果、過剰放牧はとどまらず、広大な地域がさらに荒廃した。[13] そして、国有地利用者同士の争いの現実的な解決策として、ふたたび不法柵が各地に建設された。

一九〇一年、業を煮やしたローズヴェルト大統領は、改めて一八八五年フェンス防止法の執行強化を命じた。また一九〇二年、一般土地局長バンジェイ・ハーマン(Binger Hermann)は、国有地の不法な囲い込みが入植の妨げになっていることを指摘した。[14] さらに同年、ローズヴェルト政権の最初の内務長官イーザン・アラン・ヒチコク(Ethan Allen Hitchcock)も、重ねて国有地上の不法柵の除去を命じた。[15] 一九〇五年には大統領命令が公布され、[16] 一八七八年木材・石材法(Timber and Stone Act of 1878 (20 Stat. 89))に基づく入植申請が一時停止された。

(二)　大統領の年次教書

ところでローズヴェルト大統領は、一九〇二年一二月二日の年次教書のなかで西部の国有地問題を包括的に取りあげ、その憂うべき現状を指摘するとともに、改善のためのいくつかの提言を行った。ここでは、その概要を記しておこう。[17]

(a)残りの農業に適した土地は、あくまでもその土地の上に家を建て、そこに住む入植者のために厳格に保持されるべきである。(b)一八七七年砂漠地法(Desert Land Act of 1877 (19 Stat. 377))、一八七八年木材・石材法、および一八六二年ホームステッド法(Homestead Act of 1862 (12 Stat. 392))の悪用により、実際の入植者以外の者が広大な土地を取得し、また国有草地の枯渇が深刻化している。(c)これまでの国家としての繁栄は、一八六二年ホームステッド法の適正な執行に負うところが大きいが、乾燥した西部の国有放牧地においては、従来の一六〇エーカーという入植面積では生計を維持することが不可能である。[18] (d)国有地に対する権原を有しない者が、一八八五年フェンス防止法を無視し広大な国有地を不法に柵で囲っている。不法侵入に対しては、これまでも警告を発してきたが、今後は、大統領の命令により、不法侵入を阻止するためのあらゆる措置が講ぜられる。(e)問題の重要性に鑑み、連邦議会が早急にこの問題に取り組むことを提案するが、それが困難な場合には、問題を調査・報告するために、専門家からなる委員会を設置することを勧告する。

(三)　国有地委員会の報告書

しかし、連邦議会を牛耳るカナン(Cannon)下院議員(イリノイ州選出)やオールドリッチ(Aldrich)上院議員(ロードアイランド州選出)らの保守派は、資源保全にほとんど関心がなく、[19] ローズヴェルト大統領の勧告は店晒しにされてしまった。そこで、一九〇三年一〇月、ローズヴェルト大統領は、連邦議会に対して先手を打ち、自ら国有地委員会(Public Lands Commission)を設置した。[20]

国有地委員会の委員は、一九〇三年に一般土地局長に就任したウィリアム・A・リチャズ(William A. Richards)、一九〇二年に開墾局(Reclamation Service)の技師長に就任したニューアル、および森林局(Bureau of Forestry)の局長ピンショーの三名であった。[21] 国有地委員会の任務は、国有地管理に関する現行法の執行状況とその効果を報告書にまとめ、かつ必要な改革を連邦議会に勧告することであった。

国有地委員会は、まずワシントンを皮切りに全国各地で公聴会を開催し、州知事、土地管理機関、関係する公務員、および土地問題に関心をもつ市民と長時間にわたる議論を重ねた。さらに同委員会は、全米家畜協会

(National Livestock Association)と全米羊毛生産者協会(National Wool Growers' Association)の会議に参加する一方で、資源保全論者の意見にも耳を傾けた。また同委員会は、森林局、地質調査局(Geological Survey)、開墾局の協力をあおぎながら独自の調査活動を行い、報告書作成のための膨大な情報を収集した。[22]こうした精力的な調査・検討の結果、一九〇四年三月七日と一九〇五年二月一三日の二回に分けて、同委員会の二分冊の報告書が大統領を経て連邦議会に送付された。[23]

報告書は、まず、国有地処分法を利用した詐欺的な土地取引が横行していること、およびこれまでに譲渡された国有地譲渡証書の総数が現実に建築された家の総数を大幅に上回り増加し続けていることを根拠に、[24]「現行法は、残された国有地の状況に適合していない」と、国有地管理の現状を批判した。こうした事実認識のうえに、報告書は、すべての国有地は「現実に家を建てる者」のために保持されるべきであるとの基本原則を宣言し、詐欺的土地処分行為の除去および公共資源の最善の利用方法の確立を具体的な課題として、つぎのようないくつかの改革案を提案した。

第一に、報告書は、残された国有地を農業的価値の有無によって利用区分するための調査を勧告した。また報告書は、入植者に実際に土地を開拓させるには、一家族を支えるのに十分な広さの農場が必要であり、その規模は各地の実状に応じて多様なものであるべきである、と主張した。第二に、報告書は、未利用の国有地に関する包括的計画を提案した。なかでもとくに注目すべきは、大統領に放牧区(grazing district)の設立権限を与え、さらに農務長官に放牧区管理権限を与えるべきであるとしたことである。すなわち、放牧区の利用を希望する者は、農務長官の定める規則に基づき、毎年または毎シーズン、放牧許可を取得し、適正な利用料金を支払うことが必要とされた。第三に、報告書は、未利用国有地上の木材の売却、森林保護区の管理、一八七八年木材・石材法と一八七七年砂漠地法の改正などに向けて、多岐にわたる勧告を行った。[25]

しかし、現状維持と速やかな土地処分を望む西部州選出議員は、この報告書に強く反対し、これを敵視ないしはほとんど無視してしまった。また、自作入植者や牧羊業者も不満を表明し、さらに灌漑事業を推進する連邦職員も強く反対した。そのため大統領も、報告書をどうあつかうべきか対応を決めかねる状態が続いた。(26)

のちに、国有地委員会の勧告に基づき、一八七八年木材・石材法の代替地条項の廃止、(27)森林保護区での入植を認める森林入植法の制定などを含む四つの立法措置がとられたが、それ以外の提案は、結局、日の目を見ないままに終わった。(28)

国有地委員会が強く求めた国有地における放牧区の設置が実現するのは、一九年後の一九三四年である。その間、国有地における放牧は黙認され、規制のための措置はなにも講じられなかった。

(四) 国有林における放牧区の先行的設置

国有地委員会の報告書は、西部国有地における放牧活動にさしたる変化をもたらさなかった。牧畜業者は、牧草地の賃借も柵の設置も認められないまま、不法な放牧活動を継続せざるを得なかったのである。その結果、牧草地争いが一層激化し、土地の荒廃がさらに進んだ。牧畜産業は、まさに八方ふさがりの状況に直面していた。

このような状況下で、牧畜業者の窮状を救済しつつ、彼らに対する自己の権益を拡大しようとしたのが、ピンショーである。ピンショーは、森林保護区から放牧活動を閉め出すという内務省の方針に当初から反対し、森林局のなかに放牧部(Division of Grazing)を設け、一九〇一年には、西部の牧羊業界に大きな力をもっていたアルバート・ポーター(Albert Potter)を部長に任命した。(29)

森林保護区の管理を内務省から農務省に移管することを熱望していたピンショーは、こうした条件を整えたうえで、牧畜業者が移管法案を支持することを条件に、森林保護区内の柵の維持継続を提案したのである。(30)

ピンショーの提案は、国有放牧地の開放と安定した牧畜経営を希望していた牧畜業者に即座に受け入れられた。その結果、牧畜業者の全面的な支持を得て、一九〇五年、森林保護区の管理は内務省から農務省に移管された。[31]これを受けてピンショーは、森林保護区内に放牧区を設置し、放牧許可制の導入、放牧料徴収などの先行的試みを開始したのである。さらに一九〇六年には森林入植法(Forest Homestead Act of 1906 (34 Stat. 233))が制定され、森林保護区ではじめて合法的な放牧が認められることとなった。[32]

こうした森林局による放牧の規制と放牧料の徴収は、当初は、牧畜業者からも支持されていた。[33]また、牧畜業者のなかには、彼らの望む放牧地賃貸法案を実現するためには、国有地上の放牧地の管轄を内務省から農務省に移管するのが早道だと考える者も現れた。他方、ローズヴェルト大統領やピンショーも、牧草地を保全するには放牧区の設置が最善策であると考え、放牧地賃貸法案を支持したことから、ここに両者の利害が一致したのである。[34]しかしこの目論見は、つぎに見るように、国有地は土地をもたない入植者のために保持されるべきであると主張する連邦議会議員や世論の反発を招き、容易には実現しなかった。[35]

（1）　有賀貞・大下尚一・志邨晃佑・平野孝編『世界歴史大系・アメリカ史(二)』一〇一―一五四頁(山川出版社・一九九三年)、有賀貞『アメリカ政治史(一七七六―一九七一年)』一三五―一四二頁(福村書店・一九七二年)、有賀貞『アメリカ史概説』二四八頁(東京大学出版会・一九八七年)、Richard Hofstadter, *The Age of Reform : From Bryan to F.D.R.* 5-11, 131-163 (Vintage Books 1955)；R・ホーフスタッター(Richard Hofstadter)著・斎藤眞・有賀弘・清水知久・宮島直機・泉昌一・阿部斉訳『アメリカ現代史――改革の時代(*The Age of Reform : From Bryan to F.D.R.*)』三―八頁、一二一―一四九頁(みすず書房・一九六七年)、Richard Hofstadter, *The Progressive Historians : Turner, Beard, Parrington* 3-43 (Knopf 1968).

（2）　当時のアメリカ社会の閉塞状況を象徴する出来事として、人びとに大きな衝撃を与えたのが、連邦政府の「フロンティア消滅宣言」(一八九〇年)とフリドリク・ジャクスン・ターナー(Frederick Jackson Turner)の学会報告論文(一八九三年)であった。ターナー論文は、無計画な開拓の時代が過去のものになったことを告げ、もはや「残されているアメリカの豊かさを保存し、国勢調査報告書の不吉な暗示を否定して、国の将来に関する不安を和らげる手段が、自然保護以外にないこと」を明らかにするものであった。自然保護こそが、合衆国の若さ、活力、繁栄、民主主義、健全さを保持するための新たなフロンティアとなったのである。Paul J. Culhane, *Public Lands Politics : Interest Group Influence on the Forest Service and the Bureau of Land Management* 80 (Johns Hopkins University Press 1981). ただし、西部への拡大が当時の社会的矛盾を解決してきたとするターナー学説については、多方面からの批判がある。ターナー論文については、フレデリック・J・ターナー(Frederick Jackson Turner)著・渡辺真治・西崎京子訳『アメリカ古典文庫(九) フレデリック・J・ターナー』六三—九三頁(研究社・一九七五年)、F・J・ターナー(Frederick Jackson Turner)著・松本政治・嶋忠正訳『アメリカ史における辺境(フロンティア)(*The Frontier in American History*)』五—四二頁(北星堂書店・一九七三年)、アメリカ学会訳編『原典アメリカ史第四・五巻——現代アメリカの形成(上)』三三三—三八三頁(岩波書店・一九五五年)参照。また、ターナー学説に関する評価については、渡辺真治『ターナーとフロンティア精神』二八五—二九九頁(御茶の水書房・一九七三年)のほか、岡田泰男『フロンティアと開拓者——アメリカ西漸運動の研究』二九一—三一二頁(東京大学出版会・一九九四年)が、最近までの議論を要約している。

(3) Samuel P. Hays, *Conservation and the Gospel of Efficiency : The Progressive Conservation Movement, 1890-1920*, 14 (Harvard University Press 1959).

(4) 当時の西部乾燥地では、連邦政府による大規模な河川改修や灌漑事業が開始され、西部はその様相を大きく変えようとしていた。Samuel Trask Dana & Sally K. Fairfax, *Forest and Range Policy : Its Development in the United States* 76 (2d ed., McGraw-Hill Publishing Company 1980) ; Hays, *supra* note 3, at 114-121 ; 大森弥「行政における機能的責任と『グラス・ルーツ』参加(三)」国家学会雑誌八四巻一一・一二号七四八—七五三頁(一九七二年)。専門技術者集団が主導権を握った革新主義時代の資源保全運動を語るうえで、これら水専門家・水技術者集団の役割を無視するわけにはいかない。しかし、その詳細を取りあげる紙幅の余裕はないので、ここでは一九〇二年開墾法(Reclamation Act of 1902 (32 Stat. 388))の内容を簡単に説明するにとどめる。

一九〇二年開墾法の制定を契機に、内務省地質調査局内に開墾局(Reclamation Service)が創設された。同局は、莫大な予算を投下し、連邦政府主導型の一大灌漑事業を開始した。An Act Appropriating the receipts from the sale and disposal of public lands in certain States and Territories to the construction of irrigation works for the reclamation of arid lands, Jun. 17, 1902, 32 Stat. 388. 同法は、ミシシッピ川以西の特定州内の国有地の売却等から得られる収益をもとに「開墾基金(Reclamation fund)」を創設した(第一条)。さらに同法は、内務長官に対し、灌漑可能地域を入植申請の対象地から除外し留保して、灌漑事業を実施する権限を付与した(第三条)。また同法は、灌漑事業が完了した国有地への入植を認め、そのような国有地を、灌漑事業費を開墾基金に償還することが可能な見積価格で売却することを定めていた。

(5) 当時、一般的に連邦政府による国有地管理が最良の策と考えられていたわけではなく、むしろ大多数の西部入植者や州権論者は連邦政府の介入に反対した。しかし実行可能な代替手段はなかったのである。Paul Wallace Gates & Robert W. Swenson, *History of Public Land Law Development : Written for the Public Land Law Review Commission* 610 (Zenger Publishing Co. Inc. 1968) ; Roger L. DiSilvestro, *Reclaiming the Last Wild Places : A New Agenda for Biodiversity* 105-106 (John Wiley & Sons Inc. 1993).

(6) Dana & Fairfax, *supra* note 4, at 159.

(7) 内務省は、放牧を森林保護区の正当な利用方法とは認めず、一八九四年、森林保護区における牛、羊、その他の家畜の放牧および採草を禁止する命令を発した。しかし、内務長官には不法侵入を取り締まる権限がなく、森林保護区を巡視する任務を有する陸軍省も、取締りを拒否した。しかもこの立入禁止措置に対して、牧畜業者から猛烈な反対がわき起こった。一八九八年、ついに内務省は、森林保護区内の放牧を求める圧力に抗しきれなくなり、大部分の森林保護区における牧牛活動を許可し、一八九九年には、一〇の森林保護区における牧羊活動を許可した。一方で内務省は、森林保護区における放牧は基本的には不法行為であり、これらの放牧許可は行政府の裁量により取り消すことが可能な恩典にすぎないという立場をとり続けた。Hays, *supra* note 3, at 56-57.

(8) 鈴木光「国有地管理と自然保護(三)――合衆国における史的発展――」北大法学論集四八巻三号四〇六―四〇九頁(一九九七年)。

(9) Hays, *supra* note 3, at 33-34, 51-55.

(10) Robert A. Shanley, *Presidential Influence and Environmental Policy* 14 (Greenwood Press 1992).

(11) Gatches, *Managing the Public Lands : The Authority of the Executive to Withdraw Lands*, 22 Nat. Res. J.

279, 282 (1982)；鈴木光「アメリカ国有地管理政策の転換と自然保護——自然保護に関する大統領権限の歴史的発展——」北大法学研究科ジュニア・リサーチ・ジャーナル一号四三—七〇頁（一九九四年）。

(12) 鈴木・前掲論文（注8）四〇七—四〇八頁。

(13) Benjamin Horace Hibbard, *A History of the Public Land Policies* 479 (University of Wisconsin Press 1965)；Gates & Swenson, *supra* note 5, at 489；鈴木・前掲論文（注8）四〇六—四〇七頁。

(14) Gary D. Libecap, *Locking up the Range：Federal Land Controls and Grazing* 34 (San Francisco, Calif.：Pacific Institute for Public Policy Research；Cambridge, Mass.：Ballinger Pub. Co. 1981).

(15) ヒチコク内務長官は、土地取引をめぐる詐欺行為の調査研究に乗り出し、最終的には一〇〇万エーカー以上の国有地を連邦に返還することに成功した。Dyan Zaslowsky & Tom H. Watkins, *These American Lands：Parks, Wilderness, and the Public Lands* 118 (Island Press 1994). ヒチコク内務長官の調査によると、たとえば、一九〇二年当時のネブラスカ州では、浮浪者などの他人名義を用いて広大な国有地を放牧目的で集める者が後を絶たなかったという。Gates & Swenson, *supra* note 5, at 497. しかし、こうした連邦政府による不法柵の厳重な取締りは、牧畜業者の間で暗黙のうちに取り決められていた放牧権とそれに基づく牧場経営を危機に陥れることを意味し、牧畜業者の強い反発を招いた。Libecap, *supra* note 14, at 34.

(16) 一八七八年木材・石材法は、農耕に不向きな国有地の随意売却を認めたものであったが、同法は、一八六二年ホームステッド法や一八七七年砂漠地法が家畜業者によって濫用されたのと同様に、木材業者によって著しく濫用された。Zaslowsky & Watkins, *supra* note 15, at 118.

(17) President's Annual Message to Congress, 57th Cong., 2d Sess., 36, Cong. Rec. 11 (1902). この年次教書については、ほかに、Gifford Pinchot, *Breaking New Ground* 244 (Island Press 1987)；Gates & Swenson, *supra* note 5, at 488参照。

(18) 西部国有地における入植の困難さは、行政府の内部でつとに指摘されており、ローズヴェルトがこれを公式に表明した最初の大統領ではない。たとえば、一八七五年、一般土地局長の年次報告書は、西部に一八六二年ホームステッド法を適用することが不適切であると指摘し、同年一二月には、グラント大統領(Ulysses Simpson Grant, 1869-77)が、西部は牧場にしか適さず、一八六二年ホームステッド法は不適切であり、土地は大規模な面積で保持されるべきである、と述べていた。Phil-

lip O. Foss, *Politics and Grass: The Administration of Grazing on the Public Domain* 40-41 (University of Washington Press 1960).

(19) Shanley, *supra* note 10, at 14.

(20) Pinchot, *supra* note 17, at 243-245; Foss, *supra* note 18, at 41; Gates & Swenson, *supra* note 5, at 488; Dana & Fairfax, *supra* note 4, at 74.

(21) Pinchot, *supra* note 17, at 245. なお、リチャズ一般土地局長の中間名は、少なくともアフタン(Afton)とオールファド(Alford)の二説があるが、特定しえなかった。

(22) 以上の経緯について、Gates & Swenson, *supra* note 5, at 488-489参照。なお、国有地委員会が実施した牧畜業者に対するアンケート調査の結果、牧畜業者自身も、国有地管理法の不備と不公正さを十分認識しており、彼らの七割が、連邦政府によるなんらかの土地利用規制を望んでいることが判明した。Foss, *supra* note 18, at 42.

(23) 報告書の内容は、Pinchot, *supra* note 17, at 246-250; Foss, *supra* note 18, at 41に詳しく紹介されている。また、報告書とは別に、ある仔細な付属文書が、大統領のことづけ付きで連邦議会に送付された。

(24) 一九〇〇年の国勢調査によると、たとえば、ノースダコタ州とサウスダコタ州では、一二万六七八の国有地譲渡証書が発行されていたが、実際には、九万七九五四の農場しか存在しなかった。また、ワイオミング州では、同年までに六六七五の国有地譲渡証書が発行されていたが、実際には五八八〇の農場しか存在しなかったという。Gates & Swenson, *supra* note 5, at 491.

(25) Dana & Fairfax, *supra* note 4, at 74-75; Gates & Swenson, *supra* note 5, at 491. たとえば報告書は、森林保護区内の農業的価値を有する土地の入植者への開放、土地交換の禁止、一八九七年基本法の代替地条項の廃止、一八七七年砂漠地法に基づいて取得できる土地の最大面積の六四〇エーカーから一六〇エーカーへの縮小、一八七七年砂漠地法に基づく土地譲渡の条件に、二年間の現実の居住、一定の土地改良、当該地域の四分の一以上の地域における価値ある穀物の生産などを加えること、などを勧告した。

(26) Foss, *supra* note 18, at 41. なお、Dana & Fairfax, *supra* note 4, at 75は、この報告書は、連邦議会に対して即座に劇的な影響を与えはしなかったが、報告書には、当時の行政府が国有地管理についてすでに大きな関心と危機感を抱き、大胆な改革が必要であると考えていた状況が率直に記されていた、と評価する。

(27) 一八七八年木材・石材法は、木材会社によって悪用されたため、一九〇五年、売却申請を一時停止する大統領命令が発令されるとともに、悪用の著しかった代替地条項が廃止された。An Act Prohibiting the selection of timber lands in lieu of lands in forest reserves, Mar. 3, 1905, ch. 1495, 33 Stat. 1264. しかし実際には、同条項の廃止は、国有地委員会の報告書が連邦議会に送られる以前に可決されていた。そのため、Gates & Swenson, *supra* note 5, at 491は、国有地委員会の報告書は、同条項を廃止に追い込んだというよりは、むしろ同条項の抜け穴を利用してきた連邦議会、一般土地局、およびその他の権力者の広範囲な詐欺行為を暴露したというべきである、と評価する。

(28) 当時の森林保護区(一九〇七年三月四日以降「国有林」に名称変更)は、森林に関する情報が不十分なまま区域を設定したものも多く、その内部にはしばしば農業的価値を有する土地が含まれていた。後述の一九〇六年森林入植法は、まさにこうした状態を改善するための法律で、農務長官に対し、森林保護区内の農業的価値を有する土地を入植者に開放する権限を与えた。An Act To provide for the entry of Agricultural lands within forest reserves, Jun. 11, 1906, ch. 3074, 34 Stat. 233. See Harold K. Steen, *The U.S. Forest Service : A History* 79 (University of Washington Press 1976) ; Dana & Fairfax, *supra* note 4, at 75, 102-103. しかし、迅速な入植を目指していた連邦議会の入植支持派議員は、同法に満足せず、一九一二年の予算法案に、「国有林内のすべての地域を可能な限り迅速に選択、利用区分、分離し、入植諸法に基づく入植申請に開放する」ことを農務長官に命じる修正付加条項を追加し、可決へこぎつけた。森林局は、こうした圧力を受けて、農業に適しかつ私人への譲渡が可能な国有林内の土地を特定し分離せざるを得なくなり、結局、一九一九年までに、アラスカを除く土地の利用区分を終了し、約二五〇万エーカー、総計二万箇所以上の分譲区画(separate tract)を入植申請対象地とした。これらの地域の一部は処分留保されたが、最終的に譲渡された国有地は総計約一八〇万エーカーに達した。また、一二〇〇万エーカーの地域が、境界線の変更により、国有林から削除された。Dana & Fairfax, ibid., at 103.

(29) ポーターは、ピンショーのもとでもっとも影響力のある人物となった。彼は、ピンショーが森林局長を辞任したのちも森林局内にとどまり、その後の森林局の放牧政策を取り仕切った。Hays, *supra* note 3, at 57-58.

(30) 一九〇〇年以降、不法柵の取りあつかいは、大統領、農務省、および内務省が、さまざまな土地政策に対して牧畜業界の支持を取りつける際の、格好の取引材料となった。Libecap, *supra* note 14, at 34-35.

(31) そのため一般土地局は、一八九一年森林保護法の制定からわずか一五年後に森林保護区の管轄権を失い、価値ある国有地(この場合は森林保護区)を適切に管理する能力がない行政機関という不名誉なレッテルを貼られてしまった。Culhane, *supra*

note 2, at 79. 森林保護区の農務省への移管については第二章第二節でふれた。鈴木光「国有地管理と自然保護(二)――合衆国における史的発展――」北大法学論集四七巻四号一一〇五―一一〇六頁(一九九六年)。森林保護区の移管については、つぎの法律を参照されたい。An Act Making appropriations for the Department of Agriculture for the fiscal year ending June thirtieth nineteen hundred and six, Mar. 3, 1905, ch. 1405, 33 Stat. 861, 872-873.

(32) William D. Rowley, *U.S. Forest Service Grazing and Rangelands : A History* 52-64 (Texas A & M University Press 1985); An Act To provide for the entry of Agricultural lands within forest reserves, Jun. 11, 1906, ch. 3074, 34 Stat. 233.

(33) 放牧料徴収の是非やその法的根拠をめぐっては長い論争の経緯がある。Steen, *supra* note 28, at 66-67; Hays, *supra* note 3, at 57, 59-60; Culhane, *supra* note 2, at 82.

(34) 同時に、ピンショーが、放牧区の設置を機に、すべての国有地に対して自己の権益を拡大することを意図していたことは明らかである。これは、国有地委員会の報告書に添付された計画が、放牧区を農務省の管轄下に設置するよう求めていたことからも判断できる。Libecap, *supra* note 14, at 35.

(35) Gates & Swenson, *supra* note 5, at 497-498.

第四節　放牧地賃貸法案をめぐる攻防

一　放牧に関する初期の法案

では、こうした行政府の施策とは別に、当時の連邦議会では、西部の放牧地をめぐりどのような議論がなされ、どのような法律が制定されたのであろうか。本節では、議員相互の主張や利害が鋭く対立した連邦議会を中心に、当時の政策の推移を追うことにしよう。

さて、牧畜産業が大不況によって停滞し、牧草地の荒廃が進むなかで、一九世紀終盤から二〇世紀初頭にかけて、連邦議会には、放牧の規制や牧畜産業の救済を図るための法案が多数提出されるようになった。その背景として、以下のことが指摘できる。第一に、これまでの資源収奪的な放牧活動が牧草不足や土地荒廃を招いたことへの反省から、放牧地の秩序正しい管理を望む声が連邦議会のなかにも高まったことである。第二に、西部国有地における放牧は不法な行為とされていたが、牧畜業者は、西部の放牧地が着々と柵で囲まれ減少するなかで、増え続ける入植者と競合しながら、現実に生活していたということである。この点で、連邦政府の政策と現実との齟齬は否めなかった。したがって、牧畜業者の間には、放牧地の賃貸を求める声が根強く、連邦議会には、牧畜業者からの圧力により、入植を制限し放牧地の賃貸を求める法案が繰り返し提案されたのである。(1)

その嚆矢は、一八九九年、フォスタ(Foster)上院議員(ワシントン州選出)が提出した放牧地賃貸法案である。フォスタ法案は、国有放牧地を牧畜業者に賃貸し、その収益を農耕開発に利用することを認める内容であった。(2)また下院では、スティーヴンズ(Stephens)下院議員(テキサス州選出)により、乾燥地域における国有放牧地の賃貸を求める法案が繰り返し提案された。(3)

乾燥地域における国有放牧地の賃貸を認める法案は、その後もたびたび連邦議会に登場した。法案提出の常連は、いうまでもなく牧畜業者や牧畜地域の利益を代弁する中西部州選出の議員であった。それらは具体的には、いずれも成立には至らなかったものの、国有地の賃貸を認める法案、(4)入植者に放牧特権を付与する法案、(5)一定地域の放牧地利用を制限する法案などであった。(6)

ところが、これらの放牧地賃貸法案は、好意的な反応を得られなかった。とりわけ、最初に提案されたフォスタ法案に対しては、カーター(Carter)上院議員(モンタナ州選出)らが強い反対意見を表明した。(7)また、北西部七州の知事も、そろって同法案に反対することを決議した。(8) そのほか、国有地を放牧目的で賃貸することを認める法案に対しては、アイダホ州議会からの反対意見が紹介された。(9) 一方、牧畜業者は、これらの法案に対して統一的な主張をもたず、法案可決の推進力にはなりえなかった。(10) このため、これらの法案は、ひとつとして成立には至らなかった。

二　一九〇四年キンケイド法

（一）　入植拡大を求める動き

連邦議会には放牧地賃貸法案が毎年のように提案されていたが、議員の大勢は、相変わらず農業入植者を西部開拓のシンボルと考え、大牧場主に対する不信を隠そうとはしなかった。そのため連邦議会は、放牧地賃貸法案や不法放牧規制法案には耳を貸さず、むしろ入植地の面積を拡大する法案を支持したのである。(11)

こうしたなかで、当時、入植申請のために開放されながら入植が進まずに残された国有地の取りあつかいが問題になってきた。その大半は、ノースダコタ、サウスダコタ、ネブラスカ、オクラホマの各地に分布していたが、(12) なかでもネブラスカ州には、約九〇〇万エーカーもの入植開放地が入植申請されずに放置されていた。(13) そこで同州選出の議員が、州内の国有地処分を推進するため、入植拡大法の制定を目指して積極的な活動を開始し、これを契機に入植規模拡大の是非が連邦議会で本格的に議論されることになったのである。(14)

(二) 法案の審議

まず、上院では、一九〇三年から一九〇四年にかけて、ディートリク(Dietrich)議員(ネブラスカ州選出)が、ネブラスカ州における放牧地の賃貸を認める趣旨の法案を三回提出した。[15]

下院では、ネブラスカ州選出の議員が中心となり、放牧目的の大規模な入植を認める法案等が提案された。[16]これは、国有地における放牧を合法化しようとする従来の法案の流れを受け継ぐものであったが、結局、下院を通過しなかった。しかし、同じネブラスカ州選出のキンケイド(Kinkaid)下院議員が一九〇四年四月六日に提出した法案は、これらの法案とは若干異なる色合いをもっていた。すなわち同法案は、放牧目的の入植に限らず、すべての入植地について、その面積を、一挙に一六〇エーカーの四倍の六四〇エーカーに拡大しようとするものであったからである。[17]

キンケイド法案の審議は、まず下院国有地委員会に付託された。つづいて同法案は、国有地委員会の全員一致の合意を得て、下院での審議に委ねられた。下院では、キンケイド議員が、同法案はネブラスカ州西部に位置し、ワイオミング、コロラド、サウスダコタの各州と隣接する砂地を譲渡することを目的としている、と説明した。さらに同議員は、ネブラスカ州が、(a)当該地域を私有地化し当該地域に課税すること、(b)当該地域に関する長年の論争を終了させること、(c)当該地域に地域社会を建設し、家のない人のために家を建てることを希望している、と述べた。[18]

下院における審議の争点は、第一に、同法案は国有地における入植地の規模を拡大する前例にならないか、第二に、同法案は大規模土地所有者への土地集積を助長しないか、という点に絞られたが、いずれの可能性もキンケイド議員によって否定され、法案は可決された。[19]

つづいて同法案は上院国有地委員会に付託された。上院国有地委員会は、同法案に三つの修正を加え、その内容は、同法案の支持者であったディートリク上院議員を経て上院に伝えられた。上院では、クラーク(Clark)議員(ワイオミング州選出)とテラ(Teller)議員(コロラド州選出)から、修正条項が与える影響および同法案の適用範囲に関する質問があったほかは、これというほどの議論がなく、法案は簡単に可決された[20]。

同法案は、両院協議会において若干の修正が加えられたのち[21]、一九〇四年四月二六日に両院で可決され[22]、一九〇四年四月二八日、「ネブラスカ州内の一定の未利用地(unappropriated lands)と未留保地(unreserved lands)に関する入植諸法を修正する法律」として成立した[23]。以下、本書では同法をキンケイド法(Kinkaid Act of 1904 (33 Stat. 547))と称することにする。

(二)　法律の内容と執行

一九〇四年キンケイド法は三条からなる。第一条は、ネブラスカ州北西部の通称サンド・ヒルズ(Sand Hills)地域(約八〇〇万エーカー)内の非灌漑可能地に限り、これまでの入植地の標準面積である一六〇エーカーに代えて六四〇エーカーの入植を認めた[24]。第二条は、すでに当該地域の権原を有する入植者が、既有の一六〇エーカーに加えて四八〇エーカーを追加取得することを認めた。さらに第三条は、入植者に対し、一エーカー当たり少なくとも一ドル二五セントを下回らない価格の恒久的な土地改良事業を行うことを命じていた[25]。

一九〇四年キンケイド法の重要性は、第一に、入植地の標準面積を一六〇エーカーとする一八六二年ホームステッド法(Homestead Act of 1862 (12 Stat. 392))以来の伝統を打ち破った、最初の入植拡大法であった点にある。キンケイド法の制定を契機に、入植地の標準面積を六四〇エーカーにする方式を、ネブラスカ州以外の国有地にも拡大適用することを求める声が高まり始めた[26]。キンケイド法は、まさしく同法の審議のなかでロビンスン(Robinson)下院議員(インディアナ州選出)が懸念を表明したように[27]、入植地を拡大する「前例」となったのである。

第二に、同法は、放牧を国有地の合法的な農業的利用のひとつと認め、放牧目的で利用することを前提に大規模な国有地の処分を認めた、おそらく最初の法律であったということである[28]。同法には、放牧目的の入植を明示的に認める条文はなかった。しかし、同法の提案者であるキンケイド下院議員は、同法の審議のなかで、国有地への牧畜入植を認める必要性を繰り返し訴えており、その過程で連邦議会は、牧畜業者が国有地を利用することを十分に承知していたと思われる。

ただし、同法は、入植面積を拡大した点を除き、形式的には一八六二年ホームステッド法の内容を受け継いだものであり、国有地における放牧活動を明確に認めるものではなかった。当時の状況では、連邦議会は小規模農業を目的とする入植者を偶像視する一方で、牧畜業者に不信の念を抱いていた。牧畜業者にとり、連邦議会の大勢を押し切って正面から放牧地賃貸法を制定することは困難であり、彼らはさしあたり放牧のための土地取得が認められたことで、しばらく満足しなければならなかったのである。

一九〇四年キンケイド法は、適用範囲がキンケイド下院議員の選挙区であるネブラスカ州の北西部に限定されていたにもかかわらず、予想以上の大きな影響力を発揮し、制定後一〇年間に、当該地域内で約二五万エーカーの入植が実現した。その後、徐々に入植地域が拡大し、一九二〇年には、ネブラスカ州内のすべての土地が入植の対象となった[29]。しかし入植地の大部分は、結局、これまでと同じように、さまざまな手段を通して大牧場主の手に渡ったため、比較的小規模な牧畜入植者を援助しようとする同法の目的は達成されなかった[30]。

三　一九〇九年入植拡大法

（一）「乾燥農法」ブーム

一九〇四年キンケイド法におとらず重要な土地処分法が、一九〇九年入植拡大法(Enlarged Homestead Act of 1909 (35 Stat. 639))である。[31] これは、九つの州・準州内で三二〇エーカーの入植を認めるものであった。

一九〇九年入植拡大法の制定を促した要因は、これまで見たように、連邦議会において従来の入植法の不合理さがようやく認識されたことにある。連邦議会は、一八六二年ホームステッド法の失敗にもかかわらず、廉直な農夫による農業入植という考えに固執してきたが、西部の乾燥・半乾燥地域では、一六〇エーカーという面積が一家の生計を支えるうえで不十分なことは、もはや疑う余地がなかった。

しかし、より大きな要因は、「乾燥農法(dry farming)」の流布であった。「乾燥農法」の概念自体は、これまでにも提唱されていたが、それらの多くはあやしげなものであった。しかし、一九〇〇年ごろに新たに発表された「乾燥農法」は、夏休閑システム(summer-fallow system)の採用により土地の湿度を維持することができ、たとえ極端な乾燥地であっても二年に一度は作物を栽培できるというふれこみのものであった。「乾燥農法」は、鉄道会社、不動産業者、商業者などによって「西部の気候風土に適した新しい農業技術」として大いに宣伝され、またたく間に西部全域に広まった。[32]

当初、この「乾燥農法」の多くが成功した。そのため、西部の乾燥地においても「乾燥農法」を用いれば容易に農業経営が可能であるという期待が高まり、おびただしい数の人びとがふたたび西部の乾燥地へ殺到した。しかし、「乾燥農法」にはこれまで以上に広い土地が必要であり、入植規模の拡大を求める声が一気に増加したの

である。(33)

(二) 法案の審議

入植規模の拡大を求める議員の動きは、第六〇会期で最高潮に達した。まず下院では、モンデル(Mondell)議員(ワイオミング州選出)とアンドゥルーズ(Andrews)議員(ニューヨーク州選出)から、四度にわたり、入植地の拡大を求める法案が提出された。(34)

一方、上院では、一九〇八年三月一六日、スムート(Smoot)議員(ユタ州選出)が入植地の拡大を認める法案を提出した。(35) 同法案をめぐっては、上院では、ガリンジャ(Gallinger)議員(ニューハンプシャー州選出)とマカンバ(McCumber)議員(ノースダコタ州選出)を中心に、「乾燥・半乾燥」と「灌漑可能地・非灌漑可能地」の用語の定義をめぐる議論が交わされた。(36) 下院では、モンデル議員らがもっぱら法案の説明役を務め、同法案は大きな混乱もなく可決された。(37) 同法案は両院協議会で調整され、両院へ報告された。両院協議会案は、上院では議論なく可決されたが、下院では議論がまとまらず、可決には至らなかった。その理由は、第一に、東部州選出議員と西部州選出議員の間で入植に関する考えが対立したこと、第二に同法案が牧畜業者を利することになるのではないかという懸念が解消されなかったことにある。(38) しかし、同法案は、おりからの「乾燥農法」ブームの後押しを受け、第二回目の両院協議会案をもって両院を通過し、一九〇九年二月一九日、「入植の拡大を認める法律」として成立した。(39) 以下、本書では同法を入植拡大法と称することにする。

(三) 法律の内容

入植拡大法は、西経一〇〇度線以西の地域、すなわち、アリゾナ、コロラド、モンタナ、ネヴァダ、ニューメキシコ、オレゴン、ユタ、ワシントン、ワイオミングの合計九つの州・準州に限り、三二〇エーカーの入植を認めるものであり、これはキンケイド法の認める入植地面積の半分であった。また、入植目的は農業利用に限定されており、入植が許される土地も、鉱物非埋蔵地、非灌漑可能地、商業用木材非含有地に限られていた。土地の交換は禁止された。入植者は、入植地の最終的な譲渡を受けるためには、入植後二年目には入植地の少なくとも八分の一の地域で継続的に作物を栽培し、さらに入植後三年目には入植地の少なくとも四分の一の地域で継続的に作物を栽培していなければならなかった。(40)

その後、同法の適用地域は、アイダホ、カンザス、ノースダコタ、サウスダコタ、カリフォルニアの各地域にも拡大された。(41)また、一九一〇年には居住条件が変更され、入植者は入植地から二〇マイル以内の土地に離れて住むことが認められた。また、義務づけられる継続的耕作の面積も、従来の基準に加え、入植後四、五年目には入植地の二分の一の地域を耕作するよう改正された。(42)

(四)　法律の執行と土地ブーム

入植拡大法は、おりからの「乾燥農法」ブームのなかで、入植者から大歓迎された。最後のフロンティアを求める多数の入植者が先を争って西部に押し寄せ、同法の制定後わずか一年間に、一八〇〇万エーカーの土地が入植された。これは、従来のさまざまの入植法に基づいて一年間に入植申請された土地の総面積としては最大規模であった。こうして最後の入植ブームが到来し、(43)西部はふたたび人びとの熱気につつまれた。(44)

しかし、夢は長くは続かなかった。「乾燥農法」の成功は、たまたま例年以上の降雨が続くという好条件に恵まれた結果にすぎなかったのである。(45)その後、日照りが二年続いたことで、早くも一九一二年には「乾燥農法」の限界が明らかになった。「乾燥農法」を試みた入植地の大半が失敗し、(46)「乾燥農法は、雨の多い年にしか成功しない」という噂を立証することになった。その結果、広大な土壌が破壊され、多くの勤勉な入植者が窮地に陥った。[47] 土地はまたしても大牧場主の手に渡り、牧草地の破壊はいよいよ深刻になった。[48]

四　一九一六年牧畜入植法

(一)　牧畜入植法案

入植拡大法の制定後も、連邦議会には、引き続き、国有地における放牧活動の合法化と廉価による国有地の賃貸を求める法案が提案された。[49] これらの放牧地賃貸法案に対し、一九一五年一二月、フェリス(Ferris)下院議員(オクラホマ州選出)は、西部のすべての州で六四〇エーカーの牧畜入植を認めるという妥協案を提出した。[50] しかしフェリス法案は、牧畜業者の目から見て明らかに不十分なものであり、彼らの目論見を挫折させるものでしかなかった。そのため、牧畜業者は、フェリス法案に激しく抵抗した。ところが同法案は、小規模入植者や牧羊業者を後押しする議員の支持を得て易々と連邦議会を通過し、一九一六年一二月二九日、牧畜入植法(Stock-Raising Homestead Act of 1916 (39 Stat. 862))として制定された。[51] 今回も、牧畜業者は敗者であった。

(二)　法律の内容

一九一六年牧畜入植法第一条は、入植者が、入植諸法に基づき、未占有、未留保の国有地を、六四〇エーカーを限度として牧畜入植することを認めた。

第二条は、内務長官に対し、入植諸法に基づき、おもに放牧と飼料用作物の栽培に適し、商業用木材を含まず、既知の水源地からの灌漑が不可能で、一家族を支えるには六四〇エーカーが合理的であるような特質を有する国有地を牧畜用地(stock-raising lands)に指定し、当該用地を、六四〇エーカーを限度として入植者に譲渡する権限を与えた。これは、放牧目的の入植を公式に認めるとともに、従来、ネブラスカ州の一部でのみ認められていた一九〇四年キンケイド法の適用範囲を、残りのすべての国有地に拡大することを意味していた[52]。

第三条は、入植者は、農耕の代わりに一エーカー当たり一ドル二五セントの資金を投下する恒久的土地改良事業を行うこと、またそれらの土地改良事業の少なくとも半分は入植開始後三年以内に行うべきことを定めていた。入植者は、家畜の飼育と、日照りに強い飼料用作物の栽培などが義務づけられ、土地の交換は禁止された。

さらに第九条は、入植地内の石炭および他の鉱物はすべて合衆国に留保され、石炭および他の鉱物の埋蔵地に関する諸法律に基づき処分されること、および第一〇条は、公共用水のために必要な土地と現に利用されている池や水が含まれる土地は牧畜用地には指定されず、一九一〇年ピケット法[53](Pickett Act of 1910 (36 Stat. 847))に基づき、公共利用のために留保されることを定めていた[54]。

(三)　法律の執行と評価

一九一六年牧畜入植法に基づく入植申請は、第一次世界大戦の勃発で延期されたが、同法制定後二、三年のうちに五〇〇〇万エーカー以上の入植申請があり、約三二〇〇万エーカーの国有地が実際に譲渡された[55]。ただし、同法が入植者に義務づけていた土地改良事業は、ほとんど実施されなかった[56]。

一九一六年牧畜入植法に対しては、以下のような歴史的評価が可能である。

第一に、同法は、牧畜業者をはじめて入植関連法の適用対象者とし、「国有地の不法侵入者、入植者にとっての障害[57]」と見なされていた国有地上の放牧活動を公認したことである。換言すれば、国有地を実際問題として放牧に開放せざるを得ないこと、さらに放牧にとっては一六〇エーカーという面積が現実的でないことを、連邦議会が正式に認めたともいえよう。

結果的に、多くの大牧場主が、この法律の恩恵をこうむることになった。しかし、あくまでも放牧地の賃貸を望む牧畜業者にとっては、一九一六年牧畜入植法の制定は政治的敗北でしかなかった。連邦議会は、依然として西部の大牧場主に対する不信の念を払拭しようとはせず、放牧地賃貸法案およびこれと対になった不法放牧規制法案には耳を貸そうとはしなかったのである。[58]

第二に、一九一六年牧畜入植法は、連綿と続いた入植諸法のなかで、最後の大規模入植法であった。当初、六四〇エーカーという広さに魅せられて、多数の農民が乾燥地に入植を試みた。しかし、残されていた土地は生産性の低い土地ばかりであり、実のところ六四〇エーカーでも一家族の生計を支えるには不十分であった。[59] そのため、入植地は次第に放棄され、買い占めや土地投機の引き金となった。[60] そしてこの状態は、一九三四年にテイラー放牧法(Taylor Grazing Act of 1934 (48 Stat. 269))が可決されるまで存続したのである。[61]

五　放牧地賃貸運動の挫折

放牧地賃貸法案は、一九一六年牧畜入植法の制定後も、引きも切らず提案された。その提案者は、キング(King)上院議員(ユタ州選出)[62]、シナット(Sinnott)下院議員(オレゴン州選出)[63]、前述のスムート上院議員[64]、およびフィプス(Phipps)上院議員(コロラド州選出)[65]などである。また、一九二五年から一九二九年の間にも、毎会期、多数の放牧法案が提出されている。[66] ただしこれらの放牧法案の大部分は、西部州選出議員の手になる票目当てのパフォーマンスであり[67]、結局、成立に至ったものはひとつもなかった。

放牧法案が連邦議会の支持を得られなかった理由をここに要約しておこう。[68]

第一は、東部州選出議員を中心に、依然として牧畜業者に対する不信の念が強かったことである。とくに一九二四年の放牧料値上げをめぐる森林局(Forest Service)と牧畜業者との対立や、[69]翌年の上院公聴会における森林局への非難の嵐は、[70]東部を中心とする資源保全主義者の警戒心を強め、彼らをして、牧畜業者に資する法律は一切制定すべきではないという立場をとらせることになった。

第二は、「入植」に固執する牧畜業者の存在である。ファーガスン(Ferguson)議員(ニューメキシコ州選出)など、あくまでも従来の六四〇エーカー単位の入植に固執する議員が、放牧地賃貸法案や放牧許可制法案に反対していた。彼らは、すでに六四〇エーカーの入植制度がある以上、新たな放牧法案は必要ないという姿勢をとり続けた。

第三は、牧羊業者の反対である。放牧法案は、一般に牧牛業者からは支持されたが、牧羊業者からは反対された。牧羊業者は、国有牧草地に対するあらゆる規制に反対し、入植を望んでいなかった。また、彼らの姿勢は、入植拡大法や牧畜入植法の制定のたびに変わり、とりわけ牧牛業者と連邦政府が手を組んで牧羊業者を追い出すような動きには強く反対した。しかし彼らは、とくに具体的ななにかを提案するわけでもなかった。

第四は、州権論者の主張が強かったことである。彼らは州政府による国有地の管理や利用規制を望み、連邦政府や東部州選出議員が西部の国有地問題に口出しすることを快く思わなかった。彼らは、放牧区の設置を突破口として、ジフォード・ピンショー(Gifford Pinchot)流の土地利用規制が西部の地におよぶことを恐れたのである。こうした州の連邦に対する反対、西部の東部に対する反発は、一九七九年のヨモギ反乱(Sagebrush Rebellion)の前兆であり、さらに今日の反環境保護運動とも連なるものである。

第五は、合衆国の一般の人びとが、西部の牧草地の保全についてほとんど関心を抱いていなかったことである。

人びとにとり、草はどこにでもあり、ときには迷惑なものでもあった。そのため牧草地は、セオドア・ローズヴェルト大統領(Theodore Roosevelt, 1901–09)とピンショーが資源保全運動を主導した時期においてさえ、保全の対象外であった。森林、樹木、野生生物について生じたような保護運動や世論は、牧草地については生じなかった。

第六は、放牧規制をめぐって内務省と農務省が権限争いを続けていたことである。内務省は、かつて奪われた国有林の管理権を農務省から取り戻すことを考えていたが、農務省は、国有林内の放牧地のみならず、国有林以外の国有放牧地を利用規制する任務も農務省が適任であると自負し、譲らなかった。

この権限争いは、ヘンリ・カントウェル・ウォリス(Henry Cantwell Wallace)農務長官とヒューバト・ワーク(Hubert Work)内務長官の時代に一度沈静化した。一九二六年には、両省の職員が合同で、両省がいずれも満足する内容の法案(両省合同法案)を作成し、一九二七年、フィプス上院議員を通して上院に提出した。しかし、この法案は成立しなかった。[71]

以上のように、結局いずれの放牧法案も成立しなかったものの、この時期における放牧法案をめぐる議論は、(a)西部においては従来のホームステッド法が不適当であること、(b)放牧地を連邦政府の管理下におくこと、(c)連邦政府による放牧地管理の任務は、農務省ではなく内務省に委ねること、(d)牧畜業者もある程度の土地利用規制を希望していること、(e)地元の牧畜業者による諮問委員会を設置すること、(f)国有地上の放牧活動に州権を適用することなど、ホームステッド法や放牧地の管理をめぐる多様な考えが併存することを明らかにし、[72]一九三〇年代の放牧政策に関する議論に有益な素材を提供したといえよう。

(1) Paul Wallace Gates & Robert W. Swenson, *History of Public Land Law Development: Written for the Pub-*

lic Land Law Review Commission 497 (Zenger Publishing Co. Inc. 1968); E. Louise Peffer, *The Closing of the Public Domain: Disposal and Reservation Policies, 1900-50*, 157 (Stanford University Press 1951); Phillip O. Foss, *Politics and Grass: The Administration of Grazing on the Public Domain* 26 (University of Washington Press 1960); George Cameron Coggins, Charles F. Wilkinson & John D. Leshy, *Federal Public Land and Resources Law* 80-81 (5th ed., Foundation Press 2002).

（2）「国有放牧地の賃貸を認め、農業開発のための収入をまかなう法案」S. 1947, 56th Cong., 1st Sess., 33 Cong. Rec. 600 (Dec. 20, 1899). See Foss, *supra* note 1, at 41. 同法案は、結局、上院農業・森林委員会を通過しなかったものと思われる。

（3）「合衆国内の乾燥地域にある州と準州において国有放牧地の賃貸を認める法案」H.R. 5061, 56th Cong., 1st Sess., 33 Cong. Rec. 637 (1900);「合衆国の乾燥した国有地の賃貸を認める法案」H.R. 9920, 56th Cong., 1st Sess., 33 Cong. Rec. 3258 (1900);「合衆国内の乾燥地域にある州と準州において国有放牧地の賃貸を認める法案」H.R. 6246, 57th Cong., 1st Sess., 35 Cong. Rec. 291 (1901);「合衆国の乾燥した国有地の賃貸を認める法案」H.R. 7954, 57th Cong., 1st Sess., 35 Cong. Rec. 489 (1902);「合衆国の乾燥した国有地の賃貸を認める法案」H.R. 25, 58th Cong., 1st Sess., 37 Cong. Rec. 152 (1903). いずれの法案も、下院国有地委員会に審議を委託されたが、成立には至らなかった。

（4）モンデル(Mondell)下院議員(ワイオミング州選出)の「一部の国有地を開墾し賃貸することを認める法案」H.R. 5481, 56th Cong., 1st Sess., 33 Cong. Rec. 693 (1900); バウアソク(Bowersock)下院議員(カンザス州選出)の「未使用の国有地を放牧目的で賃貸し、入植と鉱山業に関するすべての申請権を保留し、地代収入を灌漑のための特別資金とすることを認める法案」H.R. 7212, 57th Cong., 1st Sess., 35 Cong. Rec. 428 (1901); ミラド(Millard)上院議員(ネブラスカ州選出)の「未使用の国有地を放牧目的で賃貸し、入植と鉱山業に関するすべての申請権を保留し、地代収入を灌漑のための特別資金とすることを認める法案」S. 3311, 57th Cong., 1st Sess., 35 Cong. Rec. 1048 (1902) などが提案された。

（5）レイシ(Lacey)下院議員(アイオワ州選出)が、「乾燥・半乾燥地域における入植者と小規模農場所有者に放牧特権(grazing privileges)を付与する法案」H.R. 14108, 57th Cong., 1st Sess., 35 Cong. Rec. 4905 (1902);「乾燥・半乾燥地域における入植者と小規模農場所有者に放牧特権を付与する法案」H.R. 2528, 58th Cong., 1st Sess., 37 Cong. Rec. 235 (1903) を提案した。いずれの法案も、下院国有地委員会に審議を付託された。

（6）マーティン(Martin)下院議員(サウスダコタ州選出)が、「合衆国の国有地上の公共貯水池用地(public reservoir sites)周辺の放牧地利用を制限する法案」H.R. 4517, 58th Cong., 1st Sess., 37 Cong. Rec. 390 (1903)を提案した。同法案は、下院国有地委員会に審議を付託された。

(7) 一九〇〇年三月二日、カーター上院議員は、同法案は、そもそも連邦政府の国有地政策に反しており、残りの国有地と水場を一部の私人に独占利用させることになる、と主張した。また、ステュアト(Stewart)上院議員(ネヴァダ州選出)とテラ(Teller)上院議員(コロラド州選出)も、カーター上院議員の反対意見に同調した。56th Cong., 1st Sess., 33 Cong. Rec. 2461-2462 (1900).

(8) この決議は、フォスタ法案を審議していた上院農業・森林委員会へ付託された。なお、この会議は、一九〇〇年二月二二日のワシントンにおける予備的会議を経て、同年四月一八日、ソルト・レイク・シティー(Salt Lake City)において、乾燥した国有地の処分と管理のあり方を検討することを目的として開催されたものである。参加者は、ユタ州、ワイオミング州、ネブラスカ州、サウスダコタ州、モンタナ州、ワシントン州、およびアイダホ州の各知事であった。一連の経過は、カーター上院議員らにより、請願書として連邦議会に報告されている。56th Cong., 1st Sess., 33 Cong. Rec. 2461-2462 (1900), 5933 (1900).

(9) この反対意見は、一九〇一年一月二一日、アイダホ州選出のハイトフェルド(Heitfeld)上院議員とウィルスン(Wilson)下院議員により、アイダホ州議会からの請願書として両院に提出された。56th Cong., 2d Sess., 34 Cong. Rec. 1244, 1281 (1901).

(10) なお、一部の牧畜業者が団結して具体的な国有地利用方法を提案することもあった。たとえば、一九〇一年、全米家畜協会(National Livestock Association)会長が、年次報告のなかで、ジョン・ウェズリー・パウエル(John Wesley Powell)の二五六〇エーカーの牧畜入植案を支持する旨を表明した。また同じころ、アメリカ牛飼育者協会(American Cattle Growers)は、国有地の賃貸制度の確立を求めた。Foss, *supra* note 1, at 41.

(11) Foss, *supra* note 1, at 26.

(12) Paul J. Culhane, *Public Lands Politics : Interest Group Influence on the Forest Service and the Bureau of Land Management* 79 (Johns Hopkins University Press 1981). 一九〇〇年当時、西経一〇〇度線以西の諸州の面積の三分の二が、依然として国有地のままであった。

(13) Coggins, Wilkinson & Leshy, *supra* note 1, at 80.

(14)　以下のキンケイド法に関する記述は、基本的に、Samuel P. Hays, *Conservation and the Gospel of Efficiency: The Progressive Conservation Movement, 1890-1920*, 61 (Harvard University Press 1959); Benjamin Horace Hibbard, *A History of the Public Land Policies* 392 (University of Wisconsin Press 1965); Dyan Zaslowsky & Tom H. Watkins, *These American Lands: Parks, Wilderness, and the Public Lands* 118 (Island Press 1994); Walter Prescott Webb, *The Great Plains* 422 (Grosset & Dunlap 1931); Gates & Swenson, *supra* note 1, at 498-501; Foss, *supra* note 1, at 24-25; Culhane, *supra* note 12, at 78による。

(15)　ディートリク上院議員は、「ネブラスカ州内の放牧地の賃貸を認める法案」S. 6886, 57th Cong., 2d Sess., 36 Cong. Rec. 703 (1903);「ネブラスカ州内の入植地の譲渡を制限し、ネブラスカ州内の放牧地の賃貸を認める法案」S. 4379, 58th Cong., 2d Sess., 38 Cong. Rec. 2646 (1904);「ネブラスカ州内の未利用地(unappropriated lands)に関する入植諸法を修正し、ネブラスカ州内の放牧地の賃貸を認める法案」S. 5207, 58th Cong., 2d Sess., 38 Cong. Rec. 3546 (1904)を提案した。これらは、いずれも上院国有地委員会に審議を付託されたが、成立には至らなかった。

(16)　下院では、一九〇一年から一九〇二年にかけて、ネブラスカ州選出の議員から、相次いで一八六二年ホームステッド法の修正を求める法案が提出された。まず一九〇一年一二月、バーキット(Burkett)議員(ネブラスカ州選出)が、「合衆国修正法二三〇七条と二三〇八条を修正し、入植を一層促進させる法案」H.R. 7475, 57th Cong., 1st Sess., 35 Cong. Rec. 450 (1901)を提案した。一八七八年の入植に関する合衆国修正法二三〇七条は、陸軍および海軍に従事していた入植申請者が死亡した場合の、残された未亡人と未成年の子供に与えられる権原について規定したものである。また同修正法二三〇八条は、陸軍および海軍に従事する入植申請者の軍隊在籍期間を一八六二年ホームステッド法が定める居住期間に算入すること、およびその者の入植申請が軍隊在籍中に取り消された場合、軍隊がその者に別の土地を充当することを規定したものである。つづいて一九〇二年四月、ネヴィル(Neville)議員(ネブラスカ州選出)が、「一八七八年の入植に関する合衆国修正法二二八九条を修正する法案」H.R. 13393, 57th Cong., 1st Sess., 35 Cong. Rec. 3751 (1902)を提案した。議事録からこの法案の詳細を知ることはできなかったが、合衆国修正法二二八九条は、未利用国有地の申請が可能な者について一定の条件を示したうえで、条件を満たす者に対し、四分の一セクション(一六〇エーカー)の未利用国有地の占有を認めた規定である。ネヴィル法案が、この規定の修正を求めたとすれば、同法案が、Gates & Swenson, *supra* note 1, at 498のいう、一二八〇エーカーの入植拡大を求める法案である可能性がある。ただし、バーキット法案とネヴィル法案は、いずれも上院国有地委員会に審議を付託されたが、成立には至らなかった。

(17) 「ネブラスカ州の一定の未利用地と未保留地に関する入植諸法を修正する法案」H.R. 14826, 58th Cong., 2d Sess., 38 Cong. Rec. 4409 (1904). なおキンケイド議員は、いずれも未成立に終わったものの、これ以前にも、ネブラスカ州内の未利用地に関する入植諸法の修正を求める法案などを提案している。H.R. 10426, 58th Cong., 2d Sess., 38 Cong. Rec. 903 (1904); H.R. 11273, 58th Cong., 2d Sess., 38 Cong. Rec. 1355 (1904); H.R. 13786, 58th Cong., 2d Sess., 38 Cong. Rec. 3158 (1904); H.R. 13787, 58th Cong., 2d Sess., 38 Cong. Rec. 3158 (1904).

(18) 58th Cong., 2d Sess., 38 Cong. Rec. 5007 (1904).

(19) ロビンスン(Robinson)下院議員(インディアナ州選出)とクラーク(Clark)下院議員(モンタナ州選出)は、この法律が国有地上の入植地を拡大する前例になりかねないという懸念を繰り返し表明した。さらにロビンスン議員は、同法は、大規模土地所有者による土地の集積を助長する可能性がある、と指摘した。これに対してキンケイド議員は、同法の適用対象地の地形、土壌、環境、気候はきわめて特異であって、他の国有地に同一の土地はなく、したがって前例になるおそれはないと説明し、リンド(Lind)下院議員(ミネソタ州選出)もこの主張を擁護した。なお同法案を支持するレイシ下院議員は、同法案は、乾燥した国有地での入植面積を拡大する一種の実験であるが、法律制定後ネブラスカ州で好結果が確認されれば、今後ほかの国有地内の類似の地域においても、入植面積の拡大を試みる可能性がある、と述べた。また、土地の集積を助長するという指摘に対しては、レイシ議員は、同法案が土地交換を禁じていること、土地の取得には五年間の居住を条件としていることを根拠に、その可能性を否定した。最後にモンデル議員が、同法案は一八六二年ホームステッド法の精神と矛盾しないこと、当該地域は特異な性質を有しており、そこで生活するには少なくとも六四〇エーカーが必要であること、当該地域と類似する地域があれば同法を拡大適用する可能性はあるが、現時点では当該地域と完全に類似する国有地は発見されていないこと、などを説明し、ようやく法案の可決へと導いた。58th Cong., 2d Sess., 38 Cong. Rec. 5006-5009 (1904).

(20) 58th Cong., 2d Sess., 38 Cong. Rec. 5242-5243 (1904).

(21) 上院の両院協議会メンバーには、ハンズバラ(Hansbrough)議員(ノースダコタ州選出)、ディートリク議員、ニューランズ(Newlands)議員(ネヴァダ州選出)が、下院からはレイシ議員、モンデル議員、およびリンド議員が選出された。58th Cong. 2d Sess., 38 Cong. Rec. 5345, 5407 (1904). 両院協議会では、キンケイド法案に、従前からの入植者による追加的な申請は同法制定後九〇日以内に行うものとする、という条文を追加した。

(22) 58th Cong., 2d Sess., 38 Cong. Rec. 5601, 5636 (1904).

(23) An Act To amend the homestead laws as to certain unappropriated and unreserved lands in Nebraska, Apr. 28, 1904, ch. 1801, 33 Stat. 547. 同法は一般にキンケイド法(Kinkaid Act)と称されている。なお、Kincaid Act と表記する論者もある。See Foss, *supra* note 1, at 24-25; Zaslowsky & Watkins, *supra* note 14, at 118; Culhane, *supra* note 12, at 79. しかし、本書の執筆にあたっては、これらの Kincaid Act は、その文脈から、Kinkaid Act と同一の法律を指すものと判断した。

(24) 33 Stat. 547 (1904). なお、この六四〇エーカーという面積は、現実には必ずしも牧畜活動を行うに十分な面積ではなく、一種の「当て推量」で決められた数値にすぎなかったという。Foss, *supra* note 1, at 25.

(25) 33 Stat. 548 (1904).

(26) Foss, *supra* note 1, at 25; Zaslowsky & Watkins, *supra* note 14, at 118.

(27) 58th Cong., 2d Sess., 38 Cong. Rec. 5007-5009 (1904).

(28) Foss, *supra* note 1, at 24-25; Culhane, *supra* note 12, at 79. なお、Webb, *supra* note 14, at 422 は、レイシ下院議員が、同法の審議中に、キンケイド法はひとつの「実験」であると述べた点を重視し、この発言をもって同法の評価に代えている。

(29) Coggins, Wilkinson & Leshy, *supra* note 1, at 80. なお、Gates & Swenson, *supra* note 1, at 495-497 は、キンケイド法の果たした役割について、「一九〇〇年以前は、西部の土地を求める『入植者』といえば、西部の入植地に農園を作り、農業に自身の生活を委ねようとする者を意味していた。ところが一九〇〇年以降になると、キンケイド法が認めた六四〇エーカー入植地やインディアン指定保留地にむらがる人びとの多くは、それまでの農業入植を目的とする者とは異なり、労せずして土地を転がし莫大な利益を得ようとする裕福な人びとであった。真に土地を求める時代はとうに過ぎ去り、土地を媒介にした金儲けの時代になったのである」と評している。

(30) ある地域では、一九二八年までに、牧場の平均面積が六六八〇エーカー、または法律の認める最高限度の一〇倍以上に相当する六四〇〇エーカーに達するところがあった。Coggins, Wilkinson & Leshy, *supra* note 1, at 81.

(31) 結局、成立することはなかったが、一九〇四年キンケイド法制定後から一九〇九年入植拡大法制定に至る間も、国有放牧地の賃貸を求める法案が、絶えることなく連邦議会に提出された。年代順に列記すると、スティーヴンズ下院議員の「合衆国の乾燥した州・準州内の国有放牧地の賃貸を認める法案」H.R. 439, 59th Cong., 1st Sess., 40 Cong. Rec. 52 (1905)；カーティス(Curtis)下院議員(カンザス州選出)の「内務長官に放牧目的による土地賃貸権限を付与する法案」H.R. 10509, 59th Cong., 1st Sess., 40 Cong. Rec. 747 (1906)；キンケイド下院議員の「西部の乾燥・半乾燥地域の放牧地を賃貸する法案」H.R. 12068, 59th Cong., 1st Sess., 40 Cong. Rec. 1164 (1906)；リーダ(Reeder)下院議員(カンザス州選出)の「国有地を賃貸する法案」H.R. 15916, 59th Cong., 1st Sess., 40 Cong. Rec. 3248 (1906)；レイシ下院議員の「内務長官に放牧目的による土地賃貸権限を付与する法案」H.R. 17759, 59th Cong., 1st Sess., 40 Cong. Rec. 4757 (1906)；スティーヴンズ下院議員の「合衆国の乾燥した州・準州内の国有放牧地の賃貸を認める法案」H.R. 124, 60th Cong., 1st Sess., 42 Cong. Rec. 14 (1907) などである。

(32) 本文でいう「乾燥農法」ブームは、一九〇五年から一九一〇年ごろに流行したものである。Samuel Trask Dana & Sally K. Fairfax, *Forest and Range Policy : Its Development in the United States* 103 (2d ed., McGraw-Hill Publishing Company 1980). この「乾燥農法」運動のもっとも有名な代弁者は、ハーディ・キャンブル(Hardy Campbell)であるといわれる。キャンブルは、気候に左右されないと自称する土地利用法を考案した。この農法の具体的な説明は、Donald Worster, *Dust Bowl : The Southern Plains in the 1930s* 87 (Oxford University Press 1979)；Webb, *supra* note 14, at 369-372 参照。のちに、フランクリン・ナイト・レイン(Franklin Knight Lane)内務長官は、この「乾燥農法」を、「近年発見された、国有地に影響を与える発見のなかで、もっとも価値ある発見」と評した。Foss, *supra* note 1, at 25.

(33) Foss, *supra* note 1, at 25；Zaslowsky & Watkins, *supra* note 14, at 118；Dana & Fairfax, *supra* note 32, at 103.

(34) モンデル議員は、H.R. 301, 60th Cong., 1st Sess., 42 Cong. Rec. 18 (1907)；H.R. 17700, 60th Cong., 1st Sess., 42 Cong. Rec. 2321 (1908)；H.R. 18970, 60th Cong., 1st Sess., 42 Cong. Rec. 3114 (1908) を提案、アンドゥルーズ議員は、H.R. 21092, 60th Cong., 1st Sess., 42 Cong. Rec. (1908) を提案した。

(35) 「入植地の拡大を認める法案」S. 6155, 60th Cong., 1st Sess., 42 Cong. Rec. 3358 (1908).

(36) 60th Cong., 1st Sess., 42 Cong. Rec. 4214-4218 (1908), 4399-4405 (1908), 4767-4775 (1908).

(37) 60th Cong., 1st Sess., 42 Cong. Rec. 6093-6098 (1908).

(38) 60th Cong., 1st Sess., 42 Cong. Rec. 6830-6840 (1908). 東部州選出議員は、一六〇エーカーの入植制限を継続し、そ

の後の経緯を見守ることを望んでいた。こうした姿勢は、当時のローズヴェルト大統領やジェイムズ・ルードルフ・ガーフィールド(James Rudolph Garfield)内務長官の考えと一致していた。一方、西部州選出議員は、あくまでも国有地への迅速な入植を求め、当該地域に適した現実的な入植制度を望んでいた。Peffer, *supra* note 1, at 144-147.

(39)　An Act To provide for an enlarged homestead, Feb. 19, 1909, ch. 160, 35 Stat. 639.

(40)　35 Stat. 639 (1909).

(41)　一九一〇年にはアイダホ州、一九一二年にはカリフォルニア州とノースダコタ州、一九一五年にはカンザス州とサウスダコタ州に、その適用範囲が拡大された。36 Stat. 531 (1910)；37 Stat. 132 (1912)；38 Stat. 953, 1163 (1915).

(42)　36 Stat. 532 (1910). 水がほとんどない地域で耕作を求めることの不合理さは、いずれにせよ土地は耕作されるべきであると信じていた連邦議会議員の頭には思い浮かばなかった。Webb, *supra* note 14, at 422.

(43)　Dana & Fairfax, *supra* note 32, at 103；Worster, *supra* note 32, at 87.

(44)　一九一二年の三年ホームステッド法(Three-Years Homestead Act of 1912 (37 Stat. 123))による入植条件の緩和が、ブームを加速した。Foss, *supra* note 1, at 26. この三年ホームステッド法は、一八六二年ホームステッド法の定める五年間の居住条件を、毎年最低七カ月間居住し、合計が三年を超えると国有地譲渡証書を与えるよう修正した。権原取得に必要な期間が二年間短縮され、入植者は毎年五カ月間入植地を留守にすることが可能になったのである。An Act To amend section twenty-two hundred and ninety-one and section twenty-two hundred and ninety-seven of the Revised Statutes of the United States relating to homesteads, Jun. 6, 1912, ch. 153, 37 Stat. 123. なお、三年ホームステッド法の果たした役割について、論者の見解は統一されていない。たとえば、Webb, *supra* note 14, at 422；Hibbard, *supra* note 14, at 394-396は、同法は入植者の窮状を救うための慈悲であったと述べ、同法の制定目的や効果に肯定的である。しかし、Foss, *supra* note 1, at 26は、当該地域は、たとえ居住期間が短縮されても放牧以外に適さないことに変わりはなく、しかも放牧には面積が狭すぎることから、同法は、結局のところ、入植者が土地の権原を取得する期間を短縮し、早く立ち去ることを可能にしたにすぎないという。

(45)　Gates & Swenson, *supra* note 1, at 503；Dana & Fairfax, *supra* note 32, at 103.

(46)　Foss, *supra* note 1, at 25. 申請された二五〇件の入植地のうち二四七件の土地が放棄された地域もあったという。Coggins, Wilkinson & Leshy, *supra* note 1, at 81.

(47) Dana & Fairfax, *supra* note 32, at 103.「乾燥農法」は結局失敗し、数百平方マイルの牧草地が耕されたのちに見捨てられた。大平原には、放棄された何千もの丸太小屋と錆びた風車が点在し、牧草地を耕作しようと試みた入植者の打ち砕かれた希望と浪費された年月を象徴していた。Foss, *supra* note 1, at 26.

(48) Coggins, Wilkinson & Leshy, *supra* note 1, at 81. 牧草地の破壊は、当時の牧畜業者のみならず、その土地にやってくる将来の牧畜業者にとっても途方もなく大きな損失であった。牧草地の破壊は、土地の湿度を保つ草の覆いを消滅させ、土壌侵食をさらに加速させたからである。Foss, *supra* note 1, at 26.

(49) これらの放牧地賃貸法案は、スティーヴンズ下院議員とグロナ(Gronna)上院議員(ノースダコタ州選出)により提案された。年代順に、H.R. 23582, 62d Cong., 2d Sess., 48 Cong. Rec. 5081 (1912); H.R. 25628, 62d Cong., 2d Sess., 48 Cong. Rec. 8721 (1912); S. 2695, 63d Cong., 1st Sess., 50 Cong. Rec. 2365 (1913); H.R. 13774, 63d Cong., 2d Sess., 51 Cong. Rec. 3814 (1914); H.R. 336, 64th Cong., 1st Sess., 53 Cong. Rec. 21 (1915).

(50)「牧畜入植を認める法案」H.R. 407, 64th Cong., 1st Sess., 53 Cong. Rec. 23 (1915).

(51) An Act To provide for stock-raising homesteads, and for other purposes, Dec. 29, 1916, ch. 9, 39 Stat. 862.

(52) 39 Stat. 862 (1916). See Foss, *supra* note 1, at 27; Dana & Fairfax, *supra* note 32, at 103-104; Peffer, *supra* note 1, at 167. 連邦議会は、国有地全域における牧畜入植を容認するとともに、牧畜入植には六四〇エーカーの土地で十分であることを望んでいた。西部の乾燥した国有地は放牧利用を目的として大規模な単位で譲渡すべきであるという一八七八年のパウエルの報告書が、ようやく日の目を見たのである。Webb, *supra* note 14, at 424. ただし、パウエルが提唱した面積は二五六〇エーカーであった。

(53) 一九一〇年ピケット法は、大統領に対し、国有地の処分を一時的に留保(withdraw)し、または当該国有地を特定目的のために保留(reserve)する権限を与えた。この留保・保留は、大統領または連邦議会の法律によって廃止されるまで有効とされた。ただし、すべての留保地は、鉱山業法に基づく、石炭、石油、天然ガス、および燐酸塩以外のすべての鉱物の調査、占有、および購入に開放されていた。An Act To authorize the President of the United States to make withdrawals of public lands in certain cases, Jun. 25, 1910, ch. 421, 36 Stat. 847. ピケット法については、別稿でふれた。鈴木光「アメリカ国有地管理政策の転換と自然保護——自然保護に関する大統領権限の歴史的発展——」北大法学研究科ジュニア・リサーチ・ジャーナル一号六〇—六一頁(一九九四年)。

（54）　39 Stat. 864-865 (1916).

（55）　なお、一九〇九年入植拡大法が、地表資源に対する権原（title）だけを譲渡し、地表下（subsurface）の鉱物に対する権原を譲渡しなかったことは、一九六〇年代の終わりに連邦政府が入植地に埋蔵されている石炭のリースを始めたことを契機に、大きな問題を引きおこすことになる。しかし、一九〇九年入植拡大法の制定当初は、将来、入植地に埋蔵されている鉱物に大きな価値がつくと予想した者はほとんどいなかった。Dana & Fairfax, *supra* note 32, at 103-104 ; Coggins, Wilkinson & Leshy, *supra* note 1, at 81.

（56）　Zaslowsky & Watkins, *supra* note 14, at 119.

（57）　「牧畜業者は国有地上の不法侵入者であり、入植者にとっての障害であり、せいぜいよくても鍬を象徴とした農夫を先発隊とする、粗野な文明の先駆者」と見なされていた。Webb, *supra* note 14, at 424.

（58）　Hays, *supra* note 14, at 65.

（59）　Foss, *supra* note 1, at 27.　入植地を六四〇エーカーに拡大しても、灌漑可能地域でなければ西部での入植生活は実現不可能であった。一九一六年牧畜入植法は、一九〇九年入植拡大法と同じように、単に、大平原への入植は絶望的であることを重ねて印象づけたにすぎなかった。Dana & Fairfax, *supra* note 32, at 22-24.

（60）　Coggins, Wilkinson & Leshy, *supra* note 1, at 81 ; Zaslowsky & Watkins, *supra* note 14, at 119.

（61）　ただし、Foss, *supra* note 1, at 27は、一九一六年牧畜入植法が、長期にわたる明らかに不適切かつ非現実的な一連の土地諸法を終了させた、と評価する。

（62）　S. 1516, 66th Cong., 1st Sess., 58 Cong. Rec. 727 (1919). See Foss, *supra* note 1, at 43.

（63）　H.R. 7908, 67th Cong., 1st Sess., 61 Cong. Rec. 4286 (1921). See Foss, *supra* note 1, at 43.

（64）　Foss, *supra* note 1, at 43.　ただし議事録からは確認できなかった。

（65）　S. 2325, 68th Cong., 1st Sess., 65 Cong. Rec. 1779 (1924). See Foss, *supra* note 1, at 43.

（66）　Peffer, *supra* note 1, at 201.　それらの法案は、放牧区の設置、牧畜産業の安定化、内務長官への放牧地管理権限の付与などを定める内容であり、フィップス上院議員、スタンフィールド（Stanfield）上院議員（オレゴン州選出）、キング上院議員、コゥルタン（Colton）下院議員（ユタ州選出）、ハウガン（Haugan）下院議員（アイオワ州選出）らによって提案された。年代順に、S. 752, 69th Cong., 1st Sess., 67 Cong. Rec. 483 (1925) ; S. 2584, 69th Cong., 1st Sess., 67 Cong. Rec. 2174 (1926) ;

H.R. 7846, 69th Cong., 1st Sess., 67 Cong. Rec. 2269 (1926); H.R. 9458, 69th Cong., 1st Sess., 67 Cong. Rec. 4199 (1926); S. 3498, 69th Cong., 1st Sess., 67 Cong. Rec. 5308 (1926); S. 4043, 69th Cong., 1st Sess., 67 Cong. Rec. 7907 (1926); S. 5206, 69th Cong., 2d Sess., 68 Cong. Rec. 1415 (1927); H.R. 7950, 70th Cong., 1st Sess., 69 Cong Rec. 876 (1927); S. 2329, 70th Cong., 1st Sess., 69 Cong. Rec. 1162 (1928); H.R. 9283, 70th Cong., 1st Sess., 69 Cong. Rec. 1468 (1928); S. 5033, 70th Cong., 2d Sess., 70 Cong. Rec. 852 (1928); H.R. 16166, 70th Cong., 2d Sess., 70 Cong. Rec. 1609 (1929).

(67) Foss, *supra* note 1, at 43.

(68) 以下の記述は、基本的にFoss, *supra* note 1, at 43-45による。

(69) 放牧料をめぐる争いは、一九〇六年、森林局が放牧家畜数の削減と放牧料の値上げを提案したときに始まる。その後一九一六年と一九二四年に、森林局が牧畜業者の反対を押し切って放牧料の値上げを決行したことで両者は決裂した。放牧料論争は、多数の利害関係者を巻き込んで、放牧に対する政府介入の是非をめぐる議論にまで発展した。Roger L. DiSilvestro, *Reclaiming the Last Wild Places: A New Agenda for Biodiversity* 106 (John Wiley & Sons Inc. 1993).

(70) 一九二五年三月四日、カマラン(Cameron)上院議員(アリゾナ州選出)が、国有林・国有地および関連行政活動の調査を提案したことから、上院に、調査小委員会が設置された。しかし、調査小委員会の公聴会は、単に森林局に対する不満を吹聴する場と化した。森林局は、放牧料の値上げを求める声と、値上げを非難する声の板挟みに陥った。Peffer, *supra* note 1, at 190-193. そして森林局は、この放牧料論争以降、牧畜業者の支持を永遠に失うことになってしまった。DiSilvestro, *supra* note 69, at 106; Culhane, *supra* note 12, at 82; Dana & Fairfax, *supra* note 32, at 160.

(71) Foss, *supra* note 1, at 46; Peffer, *supra* note 1, at 182. ただし議事録からは確認できなかった。

(72) Foss, *supra* note 1, at 46.

第五節　テイラー放牧法と国有地処分の終焉

一　一九二〇―三〇年代の西部国有地

西部における土地ブームは、一九二九年一〇月二四日に始まる大恐慌により、一挙に崩壊した。西部の土地は、すでにその多くが消耗し破壊されていたが、経済の低迷とともに土地価格が暴落したのである。わずかに農耕に耐える土地にあっても、農業の機械化による人手の削減や、さらに日照りが続いたことなどから、入植者はつぎつぎと入植地を放棄し、仕事を求めて都市や故郷に戻った。残された入植地は、隣接の牧畜業者に牧場用地として売り払われ、買い手のない土地の権利は放棄された(1)。

そのうえ、放棄された耕作地や過剰放牧によって消耗し尽くされた牧草地は、地表の植物が消失して表土が剝き出しの状態となり、風雨によって削られ、各地で深刻な土壌侵食を引きおこした。一九三〇年代に至ると、乾いた土砂は砂嵐となって空高く舞い上がり、はるばるワシントンまで飛来した。砂嵐は、西部の土地の荒廃を如実に語る使者であった(2)。

二　実験放牧区に対する支援とその成功

こうした状況のなか、ひとつの実験的な放牧区(grazing district)の設置とその成功が、長年の放牧地論争を解決へと導く思わぬ糸口となった。一九二六年、モンタナ州南東部の牧畜業者、鉄道・農業関係機関、地域振興機関の三者が、国有地、鉄道用地、州立学校用地、不在地主地、物納された郡有地のすべてにおける利用を規制し、その管理を一本化するための組織を設けた。さらに彼らは、一九二八年には、モンタナ州ミズパ・パンプキン・クリーク盆地(Mizpah-Pumpkin Creek Basin)に実験放牧区を設立し、放牧地として賃貸する計画を立てた。(3)

これに法的な根拠を与えるために、一九二七年一二月五日、レヴィト(Leavitt)下院議員(モンタナ州選出)が、「内務長官が、放牧、牧草地開発および他の目的のために、モンタナ州および同州内の土地を所有する私人と協同契約を結ぶことを認める法案」を提案した。この法案は、モンタナ州、およびモンタナ州南東部のミズパ運河とパンプキン運河の間の土地を所有する複数の私人が合同でこれらの土地を牧畜業者に賃貸することを、内務長官が承認するというものであった。(4) 同法案は、とくに大きな混乱もなく可決され、(5) 一九二八年三月二九日に成立した。(6)

この法律は、放牧地管理組織の設置、および内務長官が同組織と放牧・牧草地開発のための土地賃貸協定を結ぶことを定めたもので、同組織が内務省の指導のもとで一〇万八〇〇〇エーカーの土地を管理すること、土地の区画(unit)を合併するために州の土地と連邦の土地とを交換すること、私有地の特権的な利用に対しては税金を支払うこと、国有地を低価格で賃貸すること、を定めていた。(7)

放牧地管理組織は、数名からなる執行部を設置して土地の賃貸を実施した。その結果、この実験放牧区は、(a)これまで収益のない土地に税金を支払っていた者に収入をもたらした、(b)土地の効率的な利用が進んだ、(c)放牧地の状態が顕著に改善され牧草生産量が増加した、などの好結果をもたらし、大成功に終わった。(8)

三　放牧地賃貸法案をめぐる議論

（一）コゥルタン法案

実験放牧区の成功は、連邦議会の強い関心を集め、長年の議論の的であった放牧地賃貸法案の審議に微妙な影響をおよぼすことになった。

一九三二年五月三日、下院国有地委員会の有力者であったコゥルタン(Colton)議員(ユタ州選出)が、下院に「過剰放牧と土壌劣化(soil deterioration)を防止することで国有放牧地への損害を阻止し、国有放牧地の秩序ある利用、改良、および開発を援助し、国有牧草地に依存する牧畜産業の安定化を図るための法案」を提出した。[9]

下院におけるコゥルタン法案の審議では、同法案第四条が、後続入植者は、前入植者が土地改良物(柵や貯水池など)の建設や設置に費やした合理的な経費を、前入植者に支払わなければならないと定めている点、[10]および同法案第一三条が、この法律は州法による承認後六〇日を経なければ発効しないと定めている点などが問題となった。[11]しかし、フレンチ(French)議員(アイダホ州選出)とイートン(Eaton)議員(コロラド州選出)が、過剰放牧と不適切な放牧による国有地荒廃の現状を詳細に説明し、適切な管理の必要性を何度も訴えたことで、結局、法案は下院を通過した。[12]

コゥルタン法案は、上院では可決に至らなかったが、たとえ一方の議院であっても、可決に到達できたはじめての放牧地賃貸法案であった。[13]

（二）　テイラー法案

コゥルタン下院議員が一九三二年の選挙で落選したのち、コゥルタン法案の推進役となったのが、テイラー（Taylor）上院議員（コロラド州選出）である。テイラー議員は、一九三四年一月五日、「過剰放牧と土壌劣化を防止することで国有放牧地への損害を阻止し、国有放牧地の秩序ある利用、改良、および開発を援助し、国有牧草地に依存する牧畜産業の安定化を図るための法案」を提案した。[14]先のコゥルタン法案には、一一の放牧州（grazing states）のいずれにおいても、各州の選択によって連邦の管理から除外されることを認める条項があったが、その点を除くと、テイラー法案は、コゥルタン法案の内容をほぼそのまま引き継いだものであった。すなわちテイラー法案は、内務長官に対し、放牧地の無秩序な利用を規制し、牧畜業者への放牧地の賃貸を認めるための包括的な権限を付与することなどを定めていた。[15]

テイラー法案は、牧草地の利用規制を求める牧畜業者からも支持されていた。[16]しかし、連邦議会におけるテイラー法案の審議は、これまでの経緯もあって、簡単には進まなかった。以下、主要な論点を整理してみよう。

（三）　審議の争点

a　内務長官の権限について

テイラー法案の審議において、最初に浮上した問題が、かねてより懸案となっていた農務省と内務省との間の権限争いであった。

第一に、テイラー法案は、内務長官に放牧地を管理する広範な権限を与えていたが、さらに大統領の権限で、国有林内の放牧地の管轄権を内務省に移管できるという条項があった。同法案の審議では、とくにこれらの規定をめぐって、農務省と内務省の長年の確執が再燃したのである。

当時、農務省が、連邦行政機関のなかで土地管理にもっとも精通した省庁であることは自明の理であった。農務省森林局(Forest Service)は、内務省一般土地局(General Land Office)と比べて広範囲にわたる訓練された職員を擁し、良好に整備された管理地を有し、さらに牧草地管理に関してはすでに三〇年以上の経験があったからである。(17)

たとえば、エングルブライト(Englebright)下院議員(カリフォルニア州選出)は、テイラー法案に関する公聴会で、「なぜテイラー法案は、すでに放牧地管理のうえで豊かな経験をもち、同様の任務を託された他のいかなる新しい政府機関にもおとらず管理ができる森林局に土地を管理させる規定をおかないのか」と森林局に問うている。(18)

第二に、ジフォード・ピンショー(Gifford Pinchot)に後押しされた森林局も、農務省のなかに森林局とは別の放牧局を設置するか、あるいは森林局が国有林の一部として新たに放牧地を管理することで、国有地管理の危機を乗り切れると考えていた。(19)

このような農務省の姿勢や農務省を支持する議員に対抗し、ハラルド・ラクレア・イキス(Harold LeClair Ickes)内務長官は、あらゆる手を尽くして精力的にテイラー法案を支持した。

まずイキス内務長官は、一九一六年および一九二四年に森林局が試みた放牧料の値上げが牧畜業者の不信を招き、森林局の立場が危うくなりつつあることに目をつけた。そこでイキス内務長官は、森林局の支持者である牧畜業者に取り入るために、のちに「賢明ではない」と刻印されることになる三つの約束をしたのである。それは、(a)森林局と共通性を有するいかなる広範な官僚制度も、国有地を管理し、保護し、その利用を規制するために設立されることはない、(b)公共飼料(public forage)の利用料は、飼料の公正な市場価格によらず、放牧地賃貸計画を遂行するための費用として徴収する、(c)内務省は、森林局が行うのと同じ任務を、わずか一五万ドルの費用で遂行できる、というものであった。[20]

イキス内務長官の約束のなかで、とりわけ「賢明ではない」とされているのは(c)であった。先のエングルブライト下院議員が質問した公聴会において、森林局は、一億六〇〇〇万エーカーにさらに八〇〇〇万エーカーの放牧地を加えた場合の土地管理費用は、一五〇万ドルから二〇〇万ドルになるとの見積もりを表明していた。[21]イキス内務長官は、これをわずか一五万ドルに値切ったのである。

しかし、イキス内務長官のコスト計算はあまりにも非現実的であり、議員から一笑に付されることになった。カーター(Carter)下院議員(ワイオミング州選出)は、「下院のだれひとりとして、イキス内務長官がその金額で当該問題を処理することができるとは信じていない」と批判した。加えてカーター議員は、テイラー法案は、極度に連邦主義的であり、内務長官に独断的な権限を与えるダイナマイトを積んだものである、とも主張した。[22]

これらの批判に対し、イキス内務長官はしびれを切らし、(a)仮にテイラー法案が可決されなければ、国有地から民間国土保全部隊(Civilian Conservation Corps/CCC)を引きあげる、[23](b)内務長官は一九一〇年ピケット法(Pickett Act of 1910 (36 Stat. 847))に基づいて残りの国有地を留保する権限を有しており、連邦議会がテイラー法案の可決を延期した場合は当該留保権限を行使する用意がある、と示唆し、連邦議会にテイラー法案の可決を迫った。[24]

そのため農務省は、農務省が放牧地の相当部分の管理を主張すれば、テイラー法案自体の可決が困難になるとの危惧をもたざるを得なかった。[25]こうして内務省と農務省との間の権限争いは、政治的な妥協のなかで、内務省側に有利な情勢となったのである。

b　放牧地管理資金

第二の大きな争点は、放牧地の管理費用と放牧料であった。テイラー法案によれば、放牧料は内務長官の裁量によって決定され、さらに放牧料収入は、連邦議会から資金提供を受けた場合を除き、その二五％が放牧地の管理と改良に、五〇％が州に、そして残りが連邦政府の一般財源に繰り入れられることになっていた。

前述のように、イキス内務長官は、放牧地の管理費用を一五万ドルと見積もり、放牧料を市場価格に連動させないことを公約して下院で嘲笑されたが、それ以来、放牧料問題は未解決であった。

なお放牧料については、クレイバーグ(Kleberg)下院議員(テキサス州選出)が、料金を市場価格に接近させるために、放牧料を、近接地域あるいは同じ性質を有する私有地に課される料金の少なくとも八〇％とする案を提出した。しかしクレイバーグ議員の意見は、放牧地管理および賃貸計画遂行のうえで問題があると判断され、採用されなかった。(26)

c　その他の問題

テイラー法案に対しては、そのほかにもさまざまな批判が浴びせられた。たとえば、内務省からは、すでにピケット法が、行政命令によって放牧区を創設するための十分な法律上の権限を大統領に与えている以上、他のいかなる特別法も必要ではない、との声が上がるなど、そもそも放牧地管理法制定の必要性自体に疑問が投げかけられた。

また、入植者とその開拓精神を相変わらず称賛する議員は、テイラー法案は、国有地を放牧目的で賃貸することにより、入植者の閉め出しを企てるものである、と主張し、テイラー法案に反対した。(27)

d　法案の可決

テイラー法案は、しかし、幾多の紆余曲折を経て、一九三四年四月一一日、二六五対九二で下院本会議で可決された。[28]

ところが、テイラー法案が上院での可決を待つ間に、「もっとも悲劇的かつもっとも感動的なロビィスト」[29]が首都ワシントンに飛来し、その否定的なメッセージが連邦議会の関心を釘づけにしてしまった。[30]猛烈な砂嵐が全国的に発生したのである。なかでも一九三四年春、ワシントンにまで飛来した砂嵐は、西部の平原地帯には深刻な問題があるということを、全国の人びとに痛烈に知らしめることになった。

「大平原の表土を巻き上げた黒い巨大な砂煙が、一九三四年四月一四日にテキサス北部へ吹き抜け、大きな窪地で舞い上がってぐるぐると回転し、太陽の光をさえぎり、二〇フィートの堆積物で大地を覆った。五月一〇日には、新しい砂嵐が西へと向かい、シカゴに一二〇〇万トンもの土砂を運んだ。そしてこの砂嵐は、はるか東海岸にまで達し、ニューヨークの歩道、ワシントンの国会議事堂、ホワイト・ハウス、そして洋上に停泊中の船にまで土砂を降り積もらせた。[31]」それは、過去の土地政策への考えられる限りの非難を根底から覆す出来事であった。[32]

こうしてテイラー法案は、下院で可決されてから約一カ月後、上院において、放牧区に含める地域を八〇〇〇万エーカーに限定すべきであると主張されたほかは、[33]とくに実質的な議論もなく、六月一二日に採決なしで上院本会議で可決され、六月二八日にテイラー放牧法(Taylor Grazing Act of 1934 (48 Stat. 269))として公布されたのである。[34]

四　一九三四年テイラー放牧法

（一）　法律の内容

一九三四年テイラー放牧法は、「過剰放牧を防止することにより、国有放牧地の損害と土壌の劣化を阻止し、国有放牧地の秩序ある利用、改善および開発を定め、もって国有放牧地における牧畜産業を安定化させること」を、基本目標としていた。同法は、この目標を達成するため、内務長官に対し、放牧地管理に関する広範な権限を付与した。同法には、土地管理に関する多数の条項が含まれていたが、法律の主たる部分は、もっぱら放牧地管理に関するものであった(35)。

第一に、一九三四年テイラー放牧法は、当時、荒廃していた国有放牧地の管理体制を立て直すため、放牧許可制度を設立し、内務長官に対し放牧地を管理する広範な権限を委任した。すなわち内務長官は、放牧区を保護し、その利用を規制し改善する手段を講じる権限を与えられた(36)。さらに内務長官は、その裁量により、最善の利用方法にしたがって土地を区分し、内務長官の判断によれば放牧および飼料用作物を調達するのにとくに有益であり、かつ使用されまたは特殊な用途に充てられておらず、また留保されていない国有地内に、八〇〇〇万エーカーを超えない範囲で放牧区を設置することができた(37)。

また、放牧区の賃借利用を希望する者は、連邦放牧許可(federal grazing permit)を取得し、内務長官の定める放牧料を支払い、国有地の保護と改善のため内務省が定めた方法で放牧しなければならなかった(38)。内務長官は、一九三四年に権利を取得した者を除き、従来から放牧地を利用していた地元の者、すなわち隣接する放牧業者、入植者および水利権所有者に対し優先的に一〇年以内の放牧許可を与えるために必要なすべての規則を定める権限を与えられていた。[39]

そのほか、放牧区内で飼育が許される家畜の頭数を決定することも内務長官の権限とされた。また内務長官は、万一、旱魃や流行病が発生した場合には、放牧料の減額または支払猶予を認めることができた。[40] 放牧料は、原則としてその二五％が放牧地改良費として当該放牧地に還元されることが定められた。[41] さらに内務長官には、土地の贈与を受けたり、放牧区以外の国有地を私有地や州有地と交換する権限が与えられていた。[42]

第二に、一九三四年テイラー放牧法は、国有地処分規定にも修正を加えた。まず、放牧区に含めることを提案された土地は、その公示の時点ですべての登録の類型から留保されることになっていた。ただし、放牧区内の土地が利用区分される際に、当該地域の固有の牧草よりは農業的穀物の成育に適していることが判明した場合、またはとくに有益な土地が発見された場合は、すべて三二〇エーカーの区域で入植に開放されることになっていた。[43] なお、鉱山業法に基づく申請は、依然として認められることとなった。[44]

そのほか、放牧区の外側に隣接する七六〇エーカー以上の孤立したまとまりのない土地は、評価額によって売却された。山や起伏のある一六〇エーカー以内の小さな土地は、隣接地の所有者に売却されうるものとされた。[45] また同法は、放牧区には含まれない、六四〇エーカーを超える孤立したまとまりのない土地を、隣接地の所有者に賃貸することを認めていた。[46]

第三に、とくに注目すべきことは、同法が、内務長官は法律を執行するにあたり、「地元の牧畜業者団体と協議することができる」と規定していたことである。[47] これは一九二八年にミズパ・パンプキン・クリーク盆地に設立された実験放牧区の組織を模範として、地元の牧畜業者からなる放牧諮問委員会の設置を根拠づけたものと解釈されている。しかし、この放牧諮問委員会の設置は、のちに述べるように、一九三九年のテイラー放牧法の改正によって義務的なものとされ、以後テイラー放牧法の執行に重大な影響を与えることとなった。[48]

（二）放牧部の創設

法律執行のための新しい政府機関として内務省内に放牧部（Division of Grazing）が創設され、イキス内務長官と連邦議会は、この新しい放牧部の長にファリンタン・カーピンタ（Farrington Carpenter）を任命した。[49] カーピンタは、テイラー下院議員の支持者であり、テイラー法案に関する公聴会における重要な証言人でもあった。[50] カーピンタは、一般の西部の人びとと同様、官僚主義や権威的行政に不信の念を抱いており、放牧地は地方自治の原則によって管理されるべきであると確信していた。[51]

そこで彼は、地質調査局（Geological Survey）、一般土地局、および森林局から抜擢した職員とともに、放牧許可を配分する地域を決定するため、地元の牧畜業者を構成員とする放牧諮問委員会の設置に取りかかった。[52] すなわちカーピンタは、「内務長官は、放牧区の利用に利害関係を有する地元の牧畜業者団体と協議すること」と規定する一九三四年テイラー放牧法第九条を、牧畜業者による諮問委員会の創設を根拠づけたものと独自に解釈するとともに、（a）新設の放牧部の職員よりも牧畜業者のほうが国有放牧地の配置や従前の利用に精通している、（b）地元に大きな比重をおくことで、官僚的な権威主義を排除できる、という楽観的な見通しをたてたのである。[53]

しかしながら、放牧部の行く手には大きな困難が待ち受けていた。放牧区の現場では、自由な放牧地を突然失った牧羊業者と牧牛業者との関係が険悪となり、一触即発の危機的状況となっていたのである。また、放牧区を指定しようとしても、満足な測量図すら入手できなかった。このためカーピンタ率いる放牧部は、いずれの連邦政府機関からの指導も受けられないまま、素手で荒れ果てた放牧地に対処しなければならず、その苦労は並大抵ではなかった。[54]

(三) フランクリン・ローズヴェルト大統領の留保命令

こうして、ようやく放牧区の管理が開始されたが、一九三四年テイラー放牧法それ自体は、国有地を完全に閉鎖したり、国有地処分政策を終了させるものではなかった。国有地を利用区分し、放牧区を管理、改善および保護するというテイラー放牧法に託された任務を実際に完成させたのは、フランクリン・ローズヴェルト大統領(Franklin Delano Roosevelt, 1933-45)による二つの留保命令であった。

入植者は、一九三四年テイラー放牧法の制定後も依然として入植法に基づく入植申請が可能であったが、テイラー放牧法は、放牧区に含まれるよう提案された土地は、公示の時点ですべての申請類型から留保することを定めていた。そのため、入植地の取得を希望する者が、この公示前に入植可能な土地の申請をしようと、国有地に大挙して押しかける可能性があった。またテイラー放牧法は、内務長官が各地域の最善の利用方法を定め、土地利用区分を行うべきことを定めていたが、この土地利用区分がされる間に、申請がなされるおそれもあった。

そこでローズヴェルト大統領は、一九三四年一一月二六日、入植者の駆け込み申請を防止し、テイラー放牧法第七条に定める土地利用区分を円滑に実施するため、アラスカとワシントンを除く西経一〇〇度線以西の西部一二州内のすべての国有地を、入植申請の対象地から除外し、留保したのである。[55] さらに、その約二カ月後の一九三五年二月五日、大統領は、残るすべての州にある国有地を連邦緊急救助庁(Federal Emergency Relief Administration)に関係する利用のために留保した。[56]

かくして一九三四年テイラー放牧法は、ローズヴェルト大統領による二つの留保命令によってはじめてその効果を発揮し、実効性を保たれることになった。長期にわたり自由な開放共有地として利用されてきた国有地は、テイラー放牧法と大統領による二つの留保命令によって、ようやく終焉の時を迎えたといえよう。[57] そしてこれは、

国を建設する原動力を国有地から引き出す時代が、とうに過ぎ去ったことを公式に認めることにもなった。(58)

（四）　テイラー放牧法の改正と放牧諮問委員会の設置

一九三四年テイラー放牧法は、その後何度か改正された。まず最初の改正法案は、一九三六年六月二〇日に連邦議会を通過し、六月二六日に大統領の署名を受けた。この改正法は、放牧区の利用申請が殺到していたことを反映し、放牧区の総面積を八〇〇〇万エーカーから一億四二〇〇万エーカーへと大幅に拡大した。また放牧部長(Director of Grazing)の職を創設し、その任命は内務長官が行い、上院の承認を受けることと定めた。(59)

一九三九年に、テイラー放牧法はふたたび改正された。(60) なお、同年、放牧部は放牧局(Grazing Service)と改称された。しかしこの改正法が契機となり、国有地の利用を効果的に規制するというテイラー放牧法の当初の意図は大きく狂うことになった。というのは、一九三九年改正法は、法律の執行にあたり地元の牧畜業者団体と協議することができると定めていた第九条の規定を義務規定へと改め、地元の牧畜業者の意見を必ず聞かなければならないものとしたからである。さらに改正法は、そのための機関として、各放牧区に放牧諮問委員会(grazing advisory board)を設置することを定めていた。(61)

しかし、放牧諮問委員会の設置が意味するところは火を見るよりも明らかであった。それ以後、牧畜業者とその代弁者である各放牧区の放牧諮問委員会は、放牧許可の認定や放牧区利用のための規則・通達の発布などを含め、放牧局の業務のあらゆる場面に口をはさみ、テイラー放牧法の執行に多大な影響を与えた。牧畜業者は、放牧諮問委員会を通じて、望むものをほとんど手に入れた。(62) こうして放牧局は、一九三九年の法改正後、連邦議会と牧畜業者との間の板挟みに苦しむことになった。

連邦議会は、牧畜業者の圧力の前に効果的な放牧規制に踏み切れない放牧局の態度に業を煮やし、（a）放牧局は、放牧区を管理する費用をまかなうだけの十分な放牧料を徴収していない、(b)放牧料の設定を牧畜業者に任せたことで、放牧局は彼らに屈服している、との理由で、放牧局の予算を約七〇％も削減した。このため放牧局は、唯一考えられる資金源であった放牧諮問委員会からその活動資金の援助を受けざるを得なくなり、放牧局による放牧区の利用規制がますます形骸化した。[63] こうして、各地の放牧区では、地元の牧畜業者の利益が最優先され、連邦、州、および地元の利害関係者の間を調整する役割の放牧諮問委員会の言を伺わなければなにも進まない、という状況ができあがってしまった。しかし、これもテイラー放牧法の標榜する草の根民主主義の隠された一面でもあったのである。

(五) テイラー放牧法の評価

テイラー放牧法の第一の意義は、従来の国有地管理における無責任体制を終焉させ、国有地の利用に一定の秩序をもたらしたことである。一八九一年森林保護法(Forest Reserve Act of 1891 (26 Stat. 1095, 1103))が偶然に国有林制度を創設したように、テイラー放牧法も、間接的に新しい連邦土地制度を創設したのである。国有地に対する自由な接近の時代は終了し、牧畜業者はもはや公共の牧草地を自由に利用することができなくなった。テイラー放牧法の制定により、形式的にせよ、国有地の無責任な管理と放任の時代は終了したといえる。[64]

こうした積極的な評価に対し、テイラー放牧法は、当時の無数の土地処分法のひとつにすぎず、同法は当時の土地処分制度を一時的に変更したにすぎないとする論者もある。[65] 確かに、同法が一九三六年と一九三九年に改正され、事実上骨抜きにされたことや、利用区分された土地のうち一億エーカー以上が一九三五年から一九三〇年代の終わりまでに売却されたことを考えると、[66] 同法が、土地の処分を完全に終わらせた法律であったかどうかは疑わしい。

第二に、テイラー放牧法は、土地をその潜在的価値に応じて利用区分し、管理・保護するという科学的な土地管理方法を、はじめて国有地管理に持ち込んだ。全国の国有地を調査して利用区分し、これを科学的に管理するというピンショーやイキス内務長官の理想がようやく結実したともいえる。

第三に、テイラー放牧法は、牧畜を西部の主要産業として育成することを目的とするものであった。西部の国有地にもっとも適した産業は牧畜であり、安定した牧畜経営は、そのまま西部経済の安定につながると考えられたのである。実際、西部の牧畜産業は、第二次世界大戦の勃発という好条件にも助けられ、牧草地を収奪することなく食肉の大増産を実現したといわれる[67]。この点で、テイラー放牧法の目的は達成されたといえよう。

第四に、テイラー放牧法は、法律の執行にあたり、州や地方自治体の重視、権限の分散という分権的手法をとっていた[68]。牧草地の管理には、連邦政府、州政府、および私的土地所有者の協働が必要であり、地域の利用可能な資源や経済と両立しうるような土地の効率的利用が求められていた。そのためテイラー放牧法は、州および地方自治体と牧畜業者との協力関係を強調し、実際に分権的行政が推進された。しかし、州・地方自治体の連邦政府に対する積年の不満は解消されず[69]、彼らはその後も連邦による規制に反対し続けた。

第五に、反連邦政府、反官僚組織を掲げるテイラー放牧法は、住民参加組織として放牧諮問委員会を設置した。しかしこれは、すでに見たように、テイラー放牧法の評価を著しく低下させた。牧草地の公平な利用と大規模経営者に有利な差別の防止を目標に、「すべての疑問は、小規模経営者に有利になるよう解決されなければならない」ことを指針としたイキス内務長官の革新哲学が[70]、放牧地で実を結ぶことはなかったのである。

(1) Bernard Shanks, *This Land is Your Land : The Struggle to Save America's Public Lands* 75 (Sierra Club Books 1984).

(2) Paul Wallace Gates & Robert W. Swenson, *History of Public Land Law Development : Written for the Public Land Law Review Commission* 519 (Zenger Publishing Co. Inc. 1968) ; Samuel Trask Dana & Sally K. Fairfax, *Forest and Range Policy : Its Development in the United States* 24 (2d ed., McGraw-Hill Publishing Company 1980). 一九三〇年代の砂嵐については、Donald Worster, *Dust Bowl : The Southern Plains in the 1930s* (Oxford University Press 1979)が詳しい。

(3) Vernon Carstensen, *The Public Lands : Studies in the History of the Public Domain* 462 (University of Wisconsin Press 1963) ; Phillip O. Foss, *Politics and Grass : The Administration of Grazing on the Public Domain* 48-50 (University of Washington Press 1960) ; Gates & Swenson, *supra* note 2, at 608-610 ; Dana & Fairfax, *supra* note 2, at 160.

(4) H.R. 445, 70th Cong., 1st Sess., 69 Cong. Rec. 28 (1927).

(5) E. Louise Peffer, *The Closing of the Public Domain : Disposal and Reservation Policies, 1900-50*, at 201-202, 214-215 (Stanford University Press 1951).

(6) An Act Authorizing the Secretary of the Interior to enter into a cooperative agreement or agreements with the State of Montana and private owners of lands within the State of Montana for grazing and range development, and for other purposes, Mar. 29, 1928, ch. 280, 45 Stat. 380.

(7) 45 Stat. 380 (1928).

(8) Paul J. Culhane, *Public Lands Politics : Interest Group Influence on the Forest Service and the Bureau of Land Management* 83 (Johns Hopkins University Press 1981). 規制開始後三年以内に、牧草の生産量が二倍になったという。Roger L. DiSilvestro, *Reclaiming the Last Wild Places : A New Agenda for Biodiversity* 106 (John Wiley & Sons Inc. 1993).

(9) H.R. 11816, 72d Cong., 1st Sess., 75 Cong. Rec. 3562-3563 (1932). なお、エヴァンズ(Evans)議員(モンタナ州選出)の説明によれば、コゥルタン法案は、一九三〇年ごろの予算法によって五万ドルの予算を付与された大統領指名の委員会が起草し、下院国有地委員会で廃案となった法案が土台になっているという。72d Cong., 1st Sess., 75 Cong. Rec. 3563 (1932). また、フレンチ(French)議員(アイダホ州選出)の説明によれば、コゥルタン法案のより直接的な前身は、一九三一年一二月八日にコゥルタン議員が下院に提出した「未保留国有地の放牧資源を開発する法案」H.R. 4541, 72d Cong., 1st Sess., 75 Cong. Rec. 159 (1931) と、一九三一年・一九三二年にフレンチ議員が下院に提出した「土壌侵食を防止し、国有分水嶺を保護し、国有地のもっとも高度な一般利用を促進する法案」H.R. 411, 72d Cong., 1st Sess., 75 Cong. Rec. 98 (1931) ; H.R. 8822, 72d Cong., 1st Sess., 75 Cong. Rec. 3348 (1932) を合成したものであるという。72d Cong., 1st Sess., 75 Cong. Rec. 3565 (1932).

(10)　この点について、ラガーディア(Laguardia)下院議員(ニューヨーク州選出)は、この規定によれば、前入植者の土地改良費用を支払うことが可能な裕福な牧畜業者のみが入植地を引き継ぐこととなり、その結果国有放牧地は、わずか二、三年以内に、ごく一部の大牧場主の手中にほぼ永久的に集積される危険性がある、と指摘した。また、カーター(Carter)議員(ワイオミング州選出)は、当時先行的に放牧地の賃貸が実施されていた国有林を例にあげ、国有林内の牧畜業者の多くが放牧料未納であることを紹介し、土地改良費用を弁済できる牧畜業者はわずかであろうと推測した。これに対してコゥルタン議員は、牧畜産業の不安定な状況を認めながらも、前入植者が放牧許可期間満了時に土地改良費用を回収できないのは不当である、後続入植者からの費用回収を確約することで国有放牧地の土地改良を推進する効果が期待できる、などと説明した。72d Cong., 1st Sess., 75 Cong. Rec. 3563-3564 (1932).

(11)　この点につき、ダウアル(Dowell)議員(アイオワ州選出)は、同法を承認しない州が出現すれば、州によって国有放牧地の規制が不統一になり、不公平であると主張した。これに対してコゥルタン議員は、その可能性は十分にあることを認めながらも、しかしこのまま国有地上の過剰放牧を黙認すれば、国有放牧地は一層荒廃し、洪水調節機能(保水機能)に支障を来すことは明らかであるから、おそらくすべての州が国有放牧地の利用規制を支持するであろう、と反論した。72d Cong., 1st Sess., 75 Cong. Rec. 3564-3565 (1932).

(12)　72d Cong., 1st Sess., 75 Cong. Rec. 3565-3569 (1932).

(13)　Gates & Swenson, *supra* note 2, at 619.

(14)　H.R. 6462, 73d Cong., 2d Sess., 78 Cong. Rec. 167 (1934). なお、テイラー上院議員は、そもそも一九一六年牧畜入植法の提案者であり、長い間、連邦政府による放牧地の統制に反対してきた人物であった。それにもかかわらず、一九一六年牧畜入植法の趣旨と大きく異なる内容を含む放牧地賃貸法案(テイラー法案)を提案したことは謎であり、その動機に疑問がもたれている。この点について、DiSilvestro, *supra* note 8, at 106 は、テイラー議員は、西部放牧地の破壊を目の当たりにして徐々にその見解を変え、広範囲な生態破壊は個人のみならず州にとっても解決困難な大問題であると認識するに至った、と指摘する。また、Gates & Swenson, *supra* note 2, at 610 は、テイラー議員が彼の法案を上程するときにはすでに過去の誤りを認めていた、と述べている。

(15) Gates & Swenson, *supra* note 2, at 610.

(16) Culhane, *supra* note 8, at 83 ; Dana & Fairfax, *supra* note 2, at 160.

(17) Dana & Fairfax, *supra* note 2, at 160.

(18) なお、一九三一年のガーフィールド(Garfield)委員会の勧告にも、森林局による管理が望ましいと考えられる土地が存在することが示されていた。Gates & Swenson, *supra* note 2, at 611-612.

(19) Dana & Fairfax, *supra* note 2, at 160.

(20) なおイキス内務長官は、内務省による放牧地管理を望んでいたのみならず、ひそかに資源保全省(Department of Conservation)を創設する野望をもっていたと考えられている。Philip Shabecoff, *A Fierce Green Fire : The American Environmental Movement* 82 (Hill and Wang 1993) ; Dana & Fairfax, *supra* note 2, at 160-161.

(21) Gates & Swenson, *supra* note 2, at 612 ; Dana & Fairfax, *supra* note 2, at 160-161.

(22) Gates & Swenson, *supra* note 2, at 612.

(23) Culhane, *supra* note 8, at 83.

(24) Peffer, *supra* note 5, at 214-224 ; George Cameron Coggins, Charles F. Wilkinson & John D. Leshy, *Federal Public Land and Resources Law* 134 (5th ed., Foundation Press 2002).

(25) Gates & Swenson, *supra* note 2, at 611.

(26) 73d Cong., 2d Sess., 78 Cong. Rec. 6368 (1934). クレイバーグ下院議員は、自身も大牧場主であった。Gates & Swenson, *supra* note 2, at 612.

(27) これに対してテイラー議員はつぎのように述べ、巧みに議論を受け流した。「アメリカの入植者に対する称賛や賛辞は、われわれの共和国が存在する限り続くであろう。西部は開拓されたが、その現在の大発展は、開拓入植者の勇気と困難と極度に厳しい労働に最大限依拠しているのである。しかしわが信頼する同志よ。もしこれらの勇敢な開拓者たちがこの法案のなかで考察されたような類いの土地〔荒廃した土地〕で暮らさなければならなかったとするなら、西部はいまだもって不毛の荒れ地であった。」Peffer, *supra* note 5, at 214-224 ; Coggins, Wilkinson & Leshy, *supra* note 24, at 133-134.

(28)　73d Cong., 2d Sess., 78 Cong. Rec. 6414 (1934).

(29)　ゴア(Gore)上院議員(オクラホマ州選出)の言葉である。Peffer, *supra* note 5, at 220.

(30)　DiSilvestro, *supra* note 8, at 106.

(31)　ドナルド・オースター(Donald Worster)著・中山茂・成定薫・吉田忠訳『ネイチャーズ・エコノミー――エコロジー思想史(*Nature's Economy : A History of Ecological Ideas*)』二七一頁(リブロポート・一九八九年)。砂嵐の発生の機序および人びとへの影響については、同書二七一―三一〇頁に詳しい。

(32)　Coggins, Wilkinson & Leshy, *supra* note 24, at 133-134.

(33)　73d Cong., 2d Sess., 78 Cong. Rec. 11161-11162 (1934).

(34)　An Act to stop injury to the public grazing lands by preventing overgrazing and soil deterioration, to provide for their orderly use, improvement, and development, to stabilize the livestock industry dependent upon the public range, and for other purposes, Jun. 28, 1934, ch. 865, 48 Stat. 1269.

(35)　DiSilvestro, *supra* note 8, at 107 ; Culhane, *supra* note 8, at 84.

(36)　48 Stat. 1270 (1934).

(37)　48 Stat. 1269 (1934). この八〇〇〇万エーカーの制限は、のちに述べる一九三六年の法改正により、一億四二〇〇万エーカーに拡大された。49 Stat. 1976 (1936).

(38)　48 Stat. 1270 (1934). いわゆる三条賃貸条項(Section 3 leasing provision)である。DiSilvestro, *supra* note 8, at 107 ; Culhane, *supra* note 8, at 84 ; Coggins, Wilkinson & Leshy, *supra* note 24, at 134.

(39)　48 Stat. 1271 (1934). 入植者は、自家用(家庭用)の家畜については自由に放牧することが認められていた。

(40)　48 Stat. 1271 (1934).

(41)　48 Stat. 1273 (1934).

(42)　48 Stat. 1272-1273 (1934).

(43)　48 Stat. 1272 (1934).

(44)　48 Stat. 1272-1273 (1934).

(45) 48 Stat. 1274-1275 (1934).
(46) 48 Stat. 1275 (1934). いわゆる一五条用地(Section 15 lands)である。Gates & Swenson, *supra* note 2, at 611 ; Culhane, *supra* note 8, at 84 ; Coggins, Wilkinson & Leshy, *supra* note 24, at 134.
(47) 48 Stat. 1273 (1934).
(48) Dana & Fairfax, *supra* note 2, at 161 ; Culhane, *supra* note 8, at 84.
(49) Gates & Swenson, *supra* note 2, at 614, 619-622.
(50) カーピンタは、ハーヴァード・ロースクールの出身であり、また純血ヘレフォード種(Purebred Hereford)の飼育を専門とするコロラド州出身の牧畜業者でもあった。Gates & Swenson, *supra* note 2, at 614 ; Culhane, *supra* note 8, at 84.
(51) Gates & Swenson, *supra* note 2, at 614.
(52) 放牧部には地質調査局と一般土地局から一七名、森林局から二名の職員が抜擢された。Culhane, *supra* note 8, at 84.
(53) Ibid., at 85.
(54) カーピンタ初代放牧部長による法律執行については、Coggins, Wilkinson & Leshy, *supra* note 24, at 135-137 参照。
(55) Culhane, *supra* note 8, at 84.
(56) Coggins, Wilkinson & Leshy, *supra* note 24, at 135.
(57) Peffer, *supra* note 5は、これを「国有地の終焉(the closing of public domain)」と表現した。
(58) Coggins, Wilkinson & Leshy, *supra* note 24, at 135.
(59) An Act To amend the Act entitled "An Act to stop injury to the public grazing lands by preventing overgrazing and soil deterioration, to provide for their orderly use, improvement, and development, to stabilize the livestock industry dependent upon the public range, and for other purposes", approved June 28, 1934 (48 Stat. 1269), Jun. 26, 1936, ch. 842, 49 Stat. 1976.
(60) An Act To amend the Taylor Grazing Act, Jul. 14, 1939, ch. 270, 53 Stat. 1002.
(61) 放牧諮問委員会は、五～一二名の地元の牧畜業者で構成されることになっていた。なお、当時としては異例なことに、そのなかの一人は、国有地上の野生生物に関する利益を述べるために、内務長官によって指名されることになっていた。53

Stat. 1002 (1939).

(62) DiSilvestro, *supra* note 8, at 107; Dana & Fairfax, *supra* note 2, at 161.

(63) Gates & Swenson, *supra* note 2, at 619-622; DiSilvestro, *supra* note 8, at 108.

(64) Coggins, Wilkinson & Leshy, *supra* note 24, at 135; Culhane, *supra* note 8, at 84.

(65) Dana & Fairfax, *supra* note 2, at 161.

(66) Richard Lowitt, *The New Deal and the West* 71, 77 (University of Oklahoma Press 1993).

(67) Ibid., at 69.

(68) すでに見たように、放牧料の半分は、放牧区が設置された郡に配分するために州に与えられることになっていた。また、放牧区を規制する行政官の決定に対しては、法律により特別に設置された地方機関に異議を申し立てることができた。48 Stat. 1273 (1934).

(69) 一九三六年の改正法は、こうした不満を反映したもので、政府の行政高官は任命前の少なくとも一年は西部の州に居住すること、および任命にあたって実務的な経験があるかどうかを委員会(Civil Service Commission)が審査することが定められた。49 Stat. 1978 (1936).

(70) Lowitt, *supra* note 66, at 67.

第四章　ニュー・ディールと新たな国有地管理機関の創出(一九三〇年代—一九四〇年代)

合衆国は、第一次世界大戦(一九一四—一八年)後に高度経済発展の時代を迎えた。しかし、一九二九年の大恐慌を境に一気に不況に陥り、全産業界における破産と失業者の続出に苦しめられた。[1] 一九三三年三月四日、景気回復策としてニュー・ディール政策(New Deal)を掲げるフランクリン・ローズヴェルト大統領(Franklin Delano Roosevelt, 1933-45)が就任した。ニュー・ディール政策の内容はきわめて多岐にわたるが、それには荒廃した全国の自然資源を回復させるための重要な政策も含まれていた。ここでは、国有地管理政策に直接影響を与えたいくつかの政策を紹介する。

第一節　国有地管理のための人材育成

ニュー・ディール政策のなかで、国有地管理史上とりわけ重要な意義を有するのが、民間国土保全部隊(Civilian Conservation Corps/CCC)である。ローズヴェルト大統領は、ニューヨーク州知事時代から、失業と経済混乱に見舞われた合衆国を立て直すことを目的に、国家が都市部の失業者を大量に雇い入れ、西部の自然資源管理にあたらせるという企画をあたためていた。

ローズヴェルト大統領は、就任五日後の一九三三年三月九日、第七三回国会の緊急国会(Emergency Session)を召集した。三月二一日、ロビンスン(Robinson)上院議員(アーカンソー州選出)が、民間国土保全部隊組織のための基本法、すなわち緊急保全活動法(Emergency Conservation Work Act of 1933 (48 Stat. 22))の法案を上程した[2]。同法案は、上院教育・労働委員会と両院による修正・議論を経て[3]、上程からわずか一〇日後の三月三一日に、大統領により署名された[4]。一九三三年緊急保全活動法は、不況と失業から国家を救い、枯渇している全国の自然資源を回復し、有益な公共土木工事事業を促進することを立法目的とし、国有地と州有地を対象に、民間国土保全部隊が植林活動、山火事・洪水・土壌侵食の防止活動、森林疫病管理、国立公園と国有林内の道路建設、その他の活動を行うことを定めた[5]。そして同法は、大統領に対し、失業中の合衆国市民を雇用して自然資源回復事業に従事させる権限を、二年間の限定つきで付与した[6]。

ローズヴェルト大統領は、一九三三年四月五日に大統領命令を公布し、副大統領のロバト・フェクナ(Robert Fechner)を緊急保全活動の指揮官(Director)に指名するとともに、フェクナを支えるため、陸軍長官、農務長官、内務長官、および労働長官がそれぞれ指名する代理人からなる諮問委員会(Advisory Council)を設置した[7]。こうしてフェクナの指揮のもと、陸軍省、農務省、内務省、および労働省が共同して民間国土保全部隊の組織・活動を支えることになった。陸軍省は兵站、農務省と内務省は活動計画の案出、労働省は入隊希望者の選定と入隊手続事務を担当した。

民間国土保全部隊は、人びとに好意的に受け入れられた。部隊には、安定した職と収入を求める大量の若き失業者が集まり、先を争って入隊手続をした。同隊は、その役目を終えるまでに、実に二八〇万人を超える失業者を雇用した。そのなかには退役軍人も含まれていた。[8]隊員たちは、月三〇ドルの薄給ながらよく働き、その活躍ぶりは社会の各方面から高く評価された。そのため、当初二年間の予定だった活動期間はさらに二年間延長された。[9]同隊は一九三五年九月から一〇月にかけて、隊員総数五六万名、キャンプ総数二六五〇箇所を擁するまでに成長した。そして一九三七年六月二八日には、民間国土保全部隊を正式に三年間存続させる法律が制定された。[10]

しかし合衆国の景気が回復するにともない、民間国土保全部隊を取り巻く状況は次第に変化した。社会全体の雇用の機会が増え、職業選択に幅ができるようになると、入隊希望者は減少した。一九三九年、ローズヴェルト大統領が行政連邦機関の機能を統廃合・再組織し、連邦安全局(Federal Security Agency)を創設したことも同隊に大きな影響を与えた。同隊は従来の独立した地位を失い、連邦安全局の指揮下におかれることになったのである。[11]これに激怒したフェクナは辞表を提出し、その年の暮れに心不全で亡くなった。後任には、長くフェクナの補佐役を務めたジョン・T・マカンティー(John T. McEntee)が指名されたが、当時のハラルド・ラクレア・イキス(Harold LeClair Ickes)内務長官がマカンティーの指名に反対し、四つの連邦行政機関の協力関係はぎくしゃくし始めた。一九四一年、同隊の規模は、隊員総数二〇万人、キャンプ総数九〇〇箇所に縮小され、その存在意義さえ疑問視されるようになった。

同隊の存続を打ち切ったのは、一九四一年一二月八日の日本軍による真珠湾(Pearl Harbor)攻撃である。合衆国連邦議会は、急遽、両院協議会を設置し、戦争に直接関係のない連邦事業を精査した。この結果、民間国土保全部隊は一九四二年七月一日をもって廃止すべきとの結論に至り、同隊は九年間の存続をもって終焉を迎えた。

民間国土保全部隊の活躍は、短期間ではあるものの、国有地管理史上、重要な意義を有する。同隊は、隊員約二〇〇名ごとにひとつのキャンプを組織し、保全・改良を必要としていた国有地と州有地にキャンプ単位で隊員を派遣し、一〇〇種以上の活動に携わったといわれる。たとえば、二〇億から三〇億本と推定される植樹、砂防ダム・火の見やぐら・延焼予防道路(fire roads)・トラック道路(truck trails)・排水設備等の建設、国有草地の保護・改良、野生生物生息地保護、河川保護・改良、魚類の放流、森林害虫・疫病管理、山火事消火作業、および国立公園・州立公園・郡立公園のレクリエーション施設整備などである。これらの活動は、国有地の保全・改良に大いに貢献した。

民間国土保全部隊は、国有地の保全・改良に貢献したばかりではなく、さまざまな別の効果をもたらした。(a)なにより同隊の活動は、隊員のみならず、全国の人びとの目を国有地に向けさせる大きな契機となった。隊員の活動は、国有地にはどのような自然資源があり、それがどのような状態にあるかを、全国の人びとに色鮮やかに知らしめた。(b)隊員の給与は月三〇ドルであったが、そのうち二二ドルは強制的に給与から引き落とされ、隊員の家族へ送金された。しかし実際には隊員の七五%以上が、毎月二五ドル以上を家族へ送金したという。この送金が、どれほど経済不況にあえぐ家族を助け、地方経済の回復に貢献したかは計り知れない。(c)民間国土保全部隊は、若者の教育という面でも有益であった。同隊では、十分な学歴のない若者に対し、読み・書き・タイプ打ちなどの基礎教育を行った。また当時、若者の多くは出身地を離れたことがなかったが、同隊に参加することで他州の実情を学ぶ機会を得、若者の見聞や視野を広めることにつながった。また、活動終了後も活動地に住み着き、結婚し家庭を築く隊員も多く、全国規模での末永い人的交流を形成した。(d)未熟な若者隊員に技術や経験を伝えたのは、各キャンプ地周辺に居住する年配の技術者であった。当時は彼らも失業中であったが、隊員教育の観点から貴重な指導員として迎えられ、民間国土保全部隊の活躍を支える重要な役目を果たした。これは技術と経験をもつ高齢技術者を尊敬する社会的風潮を生み出した。

(1) 大恐慌については、紀平英作編『新版世界各国史(二四) アメリカ史』二八四―三一八頁(山川出版社・二〇〇一年)を参照されたい。

(2) An act for the relief of unemployment through the performance of useful public work, and for other purposes, S. 598, 77 Cong. Rec. 652 (1933).

(3) 一九三三年三月二七日、教育・労働委員会は修正済み法案(S. 598)を上院に紹介した。77 Cong. Rec. 853 (1933). 上院は、議論の末、翌日に法案を可決した。77 Cong. Rec. 838, 861, 914, 929, and 937 (1933). のちに下院から修正案が提案され、三月三〇日、上院もこれに同意した。77 Cong. Rec. 953, 954, 1012, and 1013 (1933).

(4) An Act For the relief of unemployment through the performance of useful public work, and for other purposes, Mar. 31, 1933, Pub. L. No. 5, ch. 17, 48 Stat. 22 (1933).

(5) Section 1, 48 Stat. 22, 22-23 (1933).

(6) Sections 1 and 6, 48 Stat. 22, 22-23 (1933).

(7) ローズヴェルト大統領は、民間国土保全部隊のための資金は一〇〇〇万ドル、フェクナの給料は年間一万二〇〇〇ドルと定めた。Relief of Unemployment Through the Performance of Useful Public Work, Exec. Or. 6101, CIS Index to Presidential Executive Orders & Proclamations (1987) (April 5, 1933). フェクナ(一八七六―一九三九年)は、一八七六年三月二二日、テネシー州チャタヌガ(Chattanooga)で生まれた。一六歳からジョージア州オーガスタ(Augusta)で機械技術取引を学び、機械技師組合の地方部会幹事を務めた。その後、職を求めてメキシコ、中央アメリカ、南アメリカに渡り、鉱山や精錬所などに勤務した。一九〇五年、ジョージア州サヴァナ(Savannah)に戻り、セントラル・ジョージア鉄道(Central Georgia Railroad)に就職した。のちに、一九一四年国際機械技師協会(International Association of Machinists)の執行委員、一九二一年ハーヴァード大学(School of Business Administration)の客員講師などを歴任し、一九二五年に副大統領に就任した。フェクナについては、つぎの各文献を参照されたい。Robert Fechner, *The CCC in State Parks*, *American Planning and Civil Annual* (1936); Barrett G. Potter, *Civilian Conservation Corps*, *in Encyclopedia of American Forest and Conservation History* (Macmillan 1983); Conrad L. Wirth, *Parks, Politics and the People* (University of Oklahoma Press 1980).

(8) 一九三三年五月一一日、ローズヴェルト大統領は大統領命令を公布し、民間国土保全部隊に、世界大戦時の退役軍人二万五〇〇〇名を受け入れることを決定した。Administration of the Emergency Conservation Work, Exec. Or. 6129, CIS Index to Presidential Executive Orders & Proclamations (1987) (May 11, 1933).

(9) Joint Resolution—Making appropriation for relief purposes, Apr. 8, 1935, ch. 48, Section 14, 49 Stat. 115, 119.

(10) An Act To establish a Civilian Conservation Corps, and for other purposes, Jun. 28, 1937, Pub. L. No. 163, ch. 383, 50 Stat. 319. 民間国土保全部隊の成功を目の当たりにしたローズヴェルト大統領は、実はこのとき、同隊を永続させる内容の法律を望んでいた。しかし連邦議会はこれに反対し、期間限定で存続させることを承認するにとどまった。

(11) Sen. Jt. Res. 138, 76th Cong. (1939) (Joint Resolution Providing that Reorganization Plans Numbered I and II shall take effect on July 1, 1939, approved June 7, 1939). 再組織計画一(Reorganization Plan No. 1)の第二〇一条は、労働省雇用局(U.S. Employment Service)、内務省教育局(Office of Education)、財務省公衆衛生局(Public Health Service)、土木工事増進局の全国青年部(National Youth Administration within the Works Progress Administration)、社会保障委員会(Social Security Board)、および民間国土保全部隊を統合し、連邦安全局を創設した。

第二節　荒廃した草地の復興

国有地は建国以来、一貫して私人や法人に譲渡されてきたが、一九三〇年代に至るも、国有地上にはまだ多くの未入植地が残されていた。とりわけオクラホマ州、テキサス州、ワイオミング州、ネブラスカ州、カンザス州、コロラド州、ノースカロライナ州、およびサウスカロライナ州では、開墾したものの、深刻な旱魃と厳しい冬に耐え切れず、土地を放棄して立ち去る入植者が後を絶たなかった。植被を奪われ放棄されたこれらの土地は、風雨による侵食を受けて荒廃し、大規模な砂嵐を引きおこしたため、ダスト・ボウル(dust bowl)とよばれた。当時、西部国有地で問題となっていた牛や羊の過剰放牧も、この砂嵐を助長した。その砂土は、はるか東部の大都市にまで降り注ぐほどであった。(1)

ニュー・ディール(New Deal)期には、砂嵐と経済不況にあえぐ合衆国中部・西部の入植者を救うための草地復興政策も案出された。(2) 連邦議会は、一九三三年五月一二日の農業調整法(Agricultural Adjustment Act of 1933 (48 Stat. 31))、一九三三年六月一六日の全国産業復興法(National Industrial Recovery Act of 1933 (48 Stat. 195))(3)、および一九三五年緊急救済予算法(Emergency Relief Appropriations Act of 1935 (49 Stat. 115))(4)などを相次いで制定し、農地改良事業を財政面から積極的に支援するとともに、連邦政府も自ら荒廃した土地を買い上げ、土地復興事業に取り組んだ。(5)

(1) See generally Donald Worster, *Dust Bowl : The Southern Plains in the 1930s* (Oxford University Press 1979).

(2) An Act to relieve the existing national economic emergency by increasing agricultural purchasing power, to raise revenue for extraordinary expenses incurred by reason of such emergency, to provide emergency relief with respect to agricultural indebtedness, to provide for the orderly liquidation of joint-stock land banks, and for other purposes, May 12, 1933, Pub. L. No. 10, ch. 25, 48 Stat. 31.

(3) An Act to encourage national industrial recovery, to foster fair competition, and to provide for the construction of certain useful public works, and for other purposes, Jun. 16, 1933, Pub. L. No. 67, ch. 90, 48 Stat. 195.

(4) Joint Resolution making appropriation for relief purposes, Apr. 8, 1935, Pub. Res., No. 11, ch. 48, 49 Stat. 115. なお一九三五年緊急救済予算法は、土地復興予算を五億ドルに制限した。Pub. Res., No. 11, ch. 48, Section 1, 49 Stat. 115 (1935).

(5) その後も土地復興は、一九三七年法(Bankhead-Johnes Farm Tenant Act of 1937 (50 Stat. 522))や一九三八年法(Farm Tenant Act of 1938 (52 Stat. 710, 748))により継続的に推奨された。An Act To create the Farmers' Home

Corporation, to promote more secure occupancy of farms and farm homes, to correct the economic instability resulting from some present forms of farm tenancy, and for other purposes, Jul. 22, 1937, Pub. L. No. 210, ch. 517, 50 Stat. 522 ; An Act making appropriations for the Department of Agriculture and for the Farm Credit Administration for the fiscal year ending June 30, 1939, and for other purposes, Jun. 16, 1938, Pub. L. No. 644, ch. 464, 52 Stat. 710, 748. 一九五三年には、連邦政府が買い入れて改良した土地の大半が、州に譲渡されるか、または国有林制度に組み入れられた。のちに永久的な連邦所有地として選定された約三八〇万エーカーの土地が、国有草地(national grassland)として、農務省森林局のもとで管理されることになる。これは、現在に続く国有草地制度の礎となった。Samuel Trask Dana & Sally K. Fairfax, *Forest and Range Policy : Its Development in the United States* 146-147 (2d ed., McGraw-Hill Publishing Company 1980). 一九六〇年六月二三日法により、正式に国有草地(national grasslands)が誕生した。現在、国有草地は農務省森林局によって管理されており、その数は二〇箇所、総面積は四〇〇万エーカーを誇る。

第三節　土壌保全局の設立

連邦政府は、土地を買い上げて保護・改善に取り組むと同時に、土地を買い上げずにこれを保護・改善する方途も模索した。連邦政府内には、もともと内務省土壌侵食局(Soil Erosion Service)があり、土地管理にあたっていたが、連邦議会は、なかなか砂嵐が収まらない事態を深刻に受けとめ、一九三五年四月二七日、連邦政府が改めて本格的に侵食防止・土壌保護活動を行うための法律、すなわち土壌侵食法(Soil Erosion Act of 1935 (49 Stat. 163))を制定した。[1] 一九三五年土壌侵食法は、(a)土壌侵食により引きおこされる全国の農地、放牧地、および森林地の土壌・水資源の損耗は国の繁栄にとり脅威である、(b)土壌侵食の抑制と防止、自然資源の保護、洪水調節、貯水池損傷の防止、河川と港湾における航行性の維持、公共保健と国有地の保護、失業状態の救済が必要である、(c)農務長官が土壌侵食に関するすべての活動を調整し、指揮すべきである、との基本方針を確認したうえで、農務長官に対し、土壌侵食に関する調査研究、土地利用法の改革、行政機関や市民との協同、必要な土地の取得を認め、土壌侵食に関する活動の調整・実施権限を付与した。(2) また同法は、農務長官が土壌保全局(Soil Conservation Service)を設置することを認めた。(3) このため、内務省土壌侵食局の任務の一部は、この農務省土壌保全局に事実上移管された。

(1) An Act To provide for the protection of land resources against soil erosion, and for other purposes, Apr. 27, 1935, Pub. L. No. 46, ch. 85, 49 Stat. 163.
(2) Section 1, 49 Stat. 163 (1935).
(3) Section 5, 49 Stat. 164 (1935).

第四節　地方電化政策

ローズヴェルト大統領(Franklin Delano Roosevelt, 1933-45)は、大恐慌から脱出する方策のひとつとして、連邦政府による大規模な自然資源開発にも着手した。当時の合衆国では、まだ発電所と送電施設の建設が十分ではなく、大都市以外に住む多くの人びとは、電気のない不便な生活を強いられていた。一九三三年の段階で、合衆国内の一〇名の農夫のうち九名は、電気のない生活をしていたといわれる。(1) そこでローズヴェルト大統領は、一九三五年四月八日の緊急救済予算法(Emergency Relief Appropriation Act of 1935 (49 Stat. 115))の付与する大統領権限に基づき、一九三五年五月一一日に大統領命令を発布して地方電化局(Rural Electrification Administration)を設立し、地方における電気の生産、伝送、および分配の任務を命じた。(2) 地方電化局は各地に発電所と送電線を建設し、地方に念願の電化生活をもたらした。人びとの生活は劇的に改善され、電気を利用した地方産業も飛躍的に発展した。

自然資源開発のもうひとつの重要な舞台がテネシー川(Tennessee River)である。ローズヴェルト大統領は、旱魃と洪水に悩むテネシー川流域州を救うとともに、大恐慌を終了させる妙案として、テネシー川流域の総合的資源開発計画を打ち上げた。この計画はアラバマ州選出のヒル(Hill)下院議員により提案され、(3) 一九三三年五月一八日、テネシー川流域開発公社法(Tennessee Valley Authority Act of 1933 (48 Stat. 58))により実現した。(4)

一九三三年テネシー川流域開発公社法は、テネシー川流域の国有地の維持管理、国防および農業・産業の振興、テネシー川の航行性の改善、およびテネシー川とミシシッピ川(Mississippi River)流域の洪水調節等を目的として、テネシー川流域開発公社(Tennessee Valley Authority)を創設した。(5) テネシー川流域開発公社には、洪水調節、テネシー渓谷の航行機能を最大限に活用すること、洪水調節と航行とを両立させながら電力を最大限生産すること、河岸地域の適切な利用、排水区域内の植林に適したすべての土地に適切な方法で植林すること、テネシー川流域在住の人びとに経済的・社会的繁栄をもたらすこと、などの任務が課され、それらを実現するための広範な権限が付与された。

テネシー川流域の土地は、長い間農耕に酷使され痩せており、作物の生産性が低下していた。また周辺の森林も伐採後放置されていた。そのため土地の侵食が激しく、農夫たちは途方にくれていた。そこでテネシー川流域開発公社は、この地域の全面的な復興を目標として、肥料を開発して農業指導にあたり、植林を奨励し、山火事防止策を講じ、野生生物や魚類の生息地保護に取り組んだ。またテネシー川流域一帯に複数のダムを建設し、地域に廉価な電力を供給した。その結果、農地や森林地の状態は改善され、作物の生産性は向上した。電気は人びとに便利で快適な生活をもたらし、地域の産業振興にも貢献した。第二次世界大戦が始まると、テネシー川流域には大規模な水力発電施設がつぎつぎと建設され、軍需産業を支える重要な電力供給地としての役割を果たし、合衆国一の発電地域に成長した。(6)

連邦政府が巨費を投じて河川に多目的利用ダムを建設し、集中的な流域開発を行うというテネシー川流域開発公社の考え方は、国有地管理史上、前例のないものであった。テネシー川流域開発公社の成功は、従来の局部的な資源開発ではなく、ときには統一性のある面的資源開発が、国有地管理に大きな利益をもたらすことを人びとに知らしめた。(7) その後、大規模ダム建設による流域開発という手法は、他の流域管理にも応用された。

なお、こうした大規模な資源開発が、自然そのものや野生生物に大きな影響を与えることは当時すでに認識されていたが、国全体が不況に陥っていた時代にあって、自然保護を経済復興に優先させることはまことに困難であった。それでも連邦議会は、一九三四年、魚類・野生生物調整法(Fish and Wildlife Coordination Act of 1934 (48 Stat. 401))を制定し、河川管理施設建設者に対し、河川管理施設が遡行性魚類(anadromous fish)に与える悪影響を緩和するよう求めた。(8) 一九三四年魚類・野生生物調整査法の制定により、多くの大規模ダムに魚道(fish ladders)が設置された。

斬新な手法に満ちたローズヴェルト大統領のニュー・ディール政策(New Deal)は、予想以上の功を奏し、合衆国経済は一時的に回復に向かった。不況は第二次世界大戦によってほぼ克服され、(9) 合衆国経済は顕著な発展を遂げた。ニュー・ディール政策以外にも、マーシャル・プラン(Marshall Plan)、軍事支出の増大、(10) 消費支出の拡大、ベビー・ブームによる人口増加[11]などが、経済復興に大きな役割を果たした。平和を取り戻した合衆国社会では、全国的な住宅建設ブームが起こり、自動車に代表される耐久消費財の需要も増加し、高度な大衆消費社会が形成され始めた[12]。

(1) Samuel Trask Dana & Sally K. Fairfax, *Forest and Range Policy : Its Development in the United States* 147 (2d ed., McGraw-Hill Publishing Company 1980).

(2) Exec. Or. No. 7073, Establishment of the Rural Electrification Administration (May 11, 1935). CIS (Congressional Information Service) Index to Presidential Executive Orders & Proclamations (Congressional Information Service, Inc. 1986). この大統領命令により、地方電化局の任務は「地方における電気エネルギーの生産、伝送、および分配に関する事業に着手し、これを案出、管理、監督すること」と定められた。さらに同大統領命令は、地方電化局の活動資金として、一九三五年緊急救済予算法が認める予算から七万五〇〇〇ドルを振り当てた。

(3) 一九三三年四月二〇日、アラバマ州選出のヒル下院議員が、「共同防衛(common defense)、航行による州際通商の援助、洪水調節、テネシー川流域開発公社の創設による公共福祉の増進、マスル・ショウルズ(Muscle Shoals, もとアラバマ州南西部のテネシー川の早瀬。現在ではウィルスン・ダム(Wilson Dam)により湖となっている)の財産管理、および農業・産業・経済発展の奨励」を目的とする法案(H.R. 5081)を提出した。ヒル法案は四月二五日に下院で可決されたが、上院では修正が加えられ、五月三日に別の法案(S. 1272)として可決された。しかし下院はこの修正に賛同しなかったため、両院協議会が組織され、両院協議会案をもって最終的な可決に至った。

(4) An Act To improve the navigability and to provide for the flood control of the Tennessee River ; to provide for reforestation and the proper use of marginal lands in the Tennessee Valley ; to provide for the agricultural and industrial development of said valley ; to provide for the national defense by the creation of a corporation for the operation of Government properties at and near Muscle Shoals in the State of Alabama, and for other purposes, May 18, 1933, Pub. L. No. 17, ch. 32, 48 Stat. 58-59.

(5) Section 1, 48 Stat. 58 (1933).

(6) 当初テネシー川流域開発公社は、全面的に連邦政府の予算で活動し、全米一の発電量を誇った。しかし一九五〇年代になると、発電量の伸びが振るわなくなり、他の発電施設と比べて見劣りするようになった。そのため一九五九年、テネシー川流域開発公社独立採算法(Tennessee Valley Authority Self-financing Act of 1959 (73 Stat. 280))が制定され、連邦政府お抱えの電力公社という地位は失われた。An Act to amend the Tennessee Valley Authority Act of 1933, as amended, and for other purposes, Aug. 6, 1959, Pub. L. No. 86-137, 73 Stat. 280.

(7) テネシー川流域開発公社については、おびただしい数の研究業績があるが、ここではRichard Lowitt, *The New Deal and the West* (University of Oklahoma Press 1993); 小林健一『TVA実験的地域政策の軌跡――ニュー・ディール期から現代まで』(御茶の水書房・一九九四年)に学んだ。

(8) An Act To promote the conservation of wild life, fish, and game, and for other purposes, Mar. 10, 1934, Pub. L. No. 121, ch. 55, 48 Stat. 401. 一九三四年魚類・野生生物調整法は、ダムを設置する場合は、設置者が連邦政府であるか私人であるかにかかわらず、ダムの設置前に魚類局(Bureau of Fisheries)と協議しなければならないこと、また必要に応じて、遡行性魚類への影響を緩和するため、(ダムに)魚用リフト(fish lifts)、魚道(fish ladders)、およびその他の工夫を講じなければならないこと、を規定した。Section 3 (b), 48 Stat. 401, 402 (1934).

(9) 第二次世界大戦後、戦災により疲弊した資本主義諸国の経済回復は容易に進まず、各国は合衆国からの輸入超過のため極度なドル不足に悩んでいた。そこで国務長官ジョージ・カトリト・マーシャル(George Catlett Marshall)は、一九四七年六月に欧州経済復興援助計画(European Recovery Program)を発表した。合衆国は、このいわゆるマーシャル・プランを主軸に、ヨーロッパや日本に資金援助を行い、同時にこれらの国々からの製品輸入を拡大した。こうした合衆国の経済援助は、西欧が内部から共産化することを防止することを意図したもので、対ソ封じ込め政策の一端を担うこととなり、社会主義諸国は国際経済体制から離脱していった。援助は一九四八年から開始され、計画が終了する一九五二年半ばごろまでに、援助総額は約一三〇億ドルに達した。紀平英作編『新版世界各国史(二四) アメリカ史』四八六、四九五頁(山川出版社・二〇〇一年)。

(10) 合衆国は西欧に対し七〇億ドル以上の軍事援助を行った。紀平・前掲書(注9)四九五頁。

(11) 戦時中、すなわち一九四〇年代半ばに生まれた多くの子供たち(war babies)は、一九五〇年代はじめに幼稚園に入り、家、学校、食料、衣服、レクリエーション、健康保護、そして最終的には仕事を必要とした。一九五〇年代には、無類の人口増加と経済発展により、都市の市街地がその周辺へ無秩序に広がった。Dana & Fairfax, *supra* note 1, at 179-180.

(12) 紀平・前掲書（注9）四九九頁。

第五章　国民的余暇時代と国有地管理政策（一九五〇年代―一九六〇年代）

第一節　野外レクリエーションの胎動

国有地では、第二次世界大戦後に高まった全国的なレクリエーション・ブームの影響を受け、レクリエーションが、森林利用・放牧利用・鉱物利用などの伝統的な国有地利用形態と並ぶ一大利用形態となりつつあった。連邦議会と大統領は、こうした動きを受け、国民のレクリエーション需要に応えることが国家的な重要課題であると認識し、そのための新たな機関を創出した。レクリエーション利用の台頭が国有地管理政策に与えた影響は、従来の研究では、単なる社会的背景として記述されるにすぎなかった。しかし本書では、むしろ、レクリエーション利用者の増大が戦後の国有地管理政策に決定的な影響を与えたという視点から、この問題を意図的に重視してあつかう。

一　一九二四年野外レクリエーション全国協議会

レクリエーションは、一九世紀の終わりまで、おもに田舎の人びとと財産家の楽しみであった。田舎では、生活に必要な狩り、魚釣り、およびその他の野外活動・仕事などが、そのままレクリエーションに相当しており、人びとは早くから自然とレクリエーションに親しんでいた。また、時間的・経済的余裕のある都市部の財産家は、混雑した都市生活から脱出し、郊外の公共温泉やリゾートに旅行するなどして、レクリエーションに親しんでいた。[1] 戦前からレクリエーションに利用されていたのはおもに森林地域であった。しかし森林地域全体ではなく、あくまでも商品(木材)生産にとって不必要または不適当な地域、すなわち残り物の地域でレクリエーションが行われていたにすぎなかった。[2]

第一次世界大戦が終わると、レクリエーションは、経済成長にともないその内容・質・地域ともに広がりを見せ、次第に大衆化した。その後、経済が一段と復興し、精神的なゆとりが生まれるにつれ、広く一般大衆の間に本格的なレクリエーション・ブームがもちあがった。自動車が普及し人びとの移動範囲が格段に拡大したことも、ブームを支える要因であった。[3] こうして多くの人びとが、余暇にあてる活動、旅行目的地、および気分転換(娯楽)地を求めて、全国各地に足を伸ばした。[4]

合衆国における一大レクリエーション・ブームは一九五〇年代に到来するが、その萌芽は一九二〇年代にまでさかのぼる。当時、アイザク・ウォルタン・リーグ(Izaak Walton League)およびブーン・アンド・クロキト・クラブ(Boone and Crockett Club)などが、レクリエーションに関する全国会議の召集を積極的に求めており、連邦政府は、なんらかの対応をとらざるを得なくなった。[5] 一九二四年四月一四日、クーリッジ大統領

(Calvin Coolidge, 1924-29)は、これらの団体の強い勧めを受け、[6]「従来の野外レクリエーションを促進する連邦政府の試みは一貫していなかった。全国規模のレクリエーション政策を明確化する必要がある」と宣言し、全国的な野外レクリエーション政策を立案するための、内閣長官(Cabinet Secretaries)による野外生活に関する全国政策委員会(National Policy Committee on Out-of-Door Life)を設置した。[7]

それから一カ月後の一九二四年五月二二日から二四日、ふたたびクーリッジ大統領の呼びかけにより、ワシントンDCにおいて、野外レクリエーション全国協議会(National Conference on Outdoor Recreation/NCOR)が開催され、一二八の組織から三〇九名の代表者が出席した。[8]執行部幹事には森林官のアーサ・リングランド(Arther Ringland)が任命され、[9]全米におけるレクリエーションの可能性に対する一般大衆の関心と需要に焦点を当てた熱心な議論が繰り広げられた。[10]同会議の終了後、クーリッジ大統領は、同会議の決議の実現を補助するための常設委員会を設置した。

野外レクリエーション全国協議会の最初の活動は、全国計画を作るための基礎となる、野外レクリエーション資源の目録作りであった。[11]野外レクリエーション全国協議会は、第二回目の会議を終えた一九二八年、つぎのような勧告を含む報告書を発表した。[12]すなわち、法律または大統領命令により、ある継続的な行政機関または委員会(commission)を創設し、これに(a)連邦レクリエーション政策を策定、促進、および開発し、(b)野外レクリエーション、および森林、漁場、狩猟鳥獣の生命、国有林、公園、記念物、ならびにパブリック・ドメインを含む天然の動植物生命資源の保全と管理に関連するさまざまな連邦行政機関に共通する役割の調整手段に関し助言し、(c)野外レクリエーションと保全の領域において連邦行政機関が全国的な団体および他の団体と活発に協働する手段としての役割を果たし、(d)連邦の自然資源のレクリエーション価値を利用し享受するための実際の申請に関する調査・計画作りに関する特別企画を助成する、等の任務を課すべきことを勧告した。[13]

さらに報告書は、より具体的な提案として、第一に、国立公園制度を、連邦および州の他の土地制度と明確に区別し、また国有林や他の連邦の永久的保護区におけるレクリエーションと調整して国立公園内のレクリエーション開発のための明確な根拠を与えるために、国立公園制度の目標と基準を法律上明らかにすること[14]、第二に、主要な公園と比較評価して、十分に基準を満たしていない区画(unit)または地域を、現在の国立公園制度から削除し、それらの区画を連邦および州の他の行政機関(の管轄)に移管すること[15]、第三に、湖州、ニュー・イングランド地方(New England)のアパラチア山脈(Appalachian Mountains)と南部山岳州、および南部の海岸沿いの平野地域において、国有林地域を取得するための明確な長期計画を作ること[16]、第四に、農務長官の宣言により、国有林内の原生自然地域の境界を正式に定め、純粋な原生自然とスポーツの楽しみにとって有害な社会的利用または投機を目的とする経済的利用の開拓を禁止すること[17]、第五に、一九二六年六月一四日法(後述)の文言に基づき、パブリック・ドメインのなかでもとくにレクリエーション的価値を有する土地を利用区分し、州またはそれより小さな政治的単位に当該地域を管理させること[18]、第六に、森林調査、および野生生物・レクリエーションと森林との関係調査のための確固たる根拠を創造すべく、明確な長期計画を作ること[19]、などを勧告した。

この野外レクリエーション全国協議会の報告書は、野外レクリエーションという限定的な枠組みを越えて、相当な成果をあげたと評価されている。しかしこの報告書は、全国野外レクリエーション計画に対する人びとの十分な興味関心を引き寄せるまでに至らず、そのうち大恐慌の混乱に巻き込まれ、立ち消えてしまった。つまり、野外レクリエーションの機会を供給しようとする連邦政府による最初の公式の試みは、先見の明があり包括的なものであったが、結局失敗に終わった[20]。そして野外レクリエーション全国協議会は、一九二九年半ばに解散した[21]。

二　一九二六年レクリエーションおよび公共目的法

国有地のレクリエーション利用に関してはじめて法的な対応を試みたのは、内務省一般土地局(General Land Office)であるといわれる。合衆国にレクリエーション・ブームが到来するはるか以前から、一般土地局が管轄する国有地、なかでもとくにレクリエーションに適した地域は、法律に基づき、州および郡に対して積極的に提供されていた。

一九二六年レクリエーションおよび公共目的法(Recreation and Public Purposes Act of 1926 (44 Stat. 741))は、内務長官の判断により、とりわけレクリエーション目的としての価値を有する地域であり、かつ連邦の管轄下におくことをとくに望まれていない地域であって、未保留かつ鉱物の埋蔵していない国有地について、当該国有地が位置している州、郡、または地方自治体(municipality)がその処分留保を求める正式な請願書を提出した場合、内務長官が、裁量により、一定の条件のもとで当該国有地の流用を差し控え、一定の条件のもとで、これを交換、売却、または賃貸の方法によりその州、郡、または地方自治体に譲渡することを認めていた。[22] 同法に基づく業務は、一般土地局が担当した。ただし一般土地局は、土地の交換、売却、および賃貸に関する事務手続を受け持っていたにとどまり、積極的にレクリエーション政策を立案・実施していたわけではなかった。[23]

三　国有地問題の検討委員会

一九三三年にフランクリン・ローズヴェルト(Franklin Delano Roosevelt, 1933-45)が大統領に就任すると、国民のレクリエーションへの関心の高まりを受けて、レクリエーションを含む国有地利用のあり方全体にふたたび本格的な検討が加えられることになった。しかしそのための検討委員会は、頻繁に設置・廃止を繰り返し、安定性を欠いていた。

まずローズヴェルト大統領は、一九三四年四月二八日、大統領命令により国有地問題委員会(Committee on National Land Problems)を設置した。これは、土地利用改革、農業生産の均衡化、人間活動が土地利用に与える影響の削減、および全国土地計画の策定を目標として、全国の土地問題を包括的に調査研究させ、その結論を大統領に諮問させるための委員会であった[24]。しかし国有地問題委員会は、わずか二カ月で廃止された。

つぎにローズヴェルト大統領は、一九三四年六月三〇日、一九三三年国家産業復興法(National Industrial Recovery Act of 1933 (48 Stat. 195))を根拠として新たな大統領命令を発し、国有地問題委員会を廃止して、国家資源会議(National Resource Board)を設置した[25]。国家資源会議の構成員には、内務長官を議長として、陸軍長官、農務長官、商務長官、労働長官らが選任された。同会議の任務は、土地、水、およびその他の国有資源を開発・利用するための公共政策の物理的、社会的、行政的、および経済的側面を取りあつかう計画を作成し、これを大統領に提出することであった。そして同会議は、一九三四年一二月一日までに土地・水利用に関する報告書を提出するよう命じられた[26]。

国家資源会議の要請を受けて、国有資源の調査研究を請け負ったのが内務省国立公園局(National Park Service)である[27]。国立公園局は、内務省や農務省の他の土地管理行政機関と協議して報告書を準備したが、その内容は、国立公園局の独裁的な経営姿勢を露呈していたうえ、連邦行政機関間でのつり合いのとれた合意を目指すというよりはむしろ、野外レクリエーションを含む国有資源関連の権限はすべて国立公園局が独占したいという同局の野望を如実に反映していたため、報告書としては失敗に終わった[28]。かくして国家資源会議も長続きはしなかった。

そこでローズヴェルト大統領は、またも仕切り直しの必要に迫られ、一九三五年六月七日、一九三五年緊急救済予算法(Emergency Relief Appropriation Act of 1935 (49 Stat. 115))の大統領権限を根拠とする新たな大統領命令を発し、国家資源会議を廃止して、国家資源委員会(National Resources Committee/NRC)を設置した。国家資源委員会の構成員は、委員長の内務長官を含め、国家資源会議とほぼ同一であった。国家資源委員会の任務は、(a)土地、水、および他の国有資源(national resources)の開発・利用計画を策定するのに有益な計画、資料、および情報を収集、準備、および利用可能とし、勧告とともに大統領に提出し、(b)国有資源の開発・管理に関し、連邦と州の行政機関、および他の関連組織と協議・協同し、(c)提案にかかるすべての連邦の土地取得・調査事業に関する記録を収集し、それを必要とする行政機関にその情報を提供すること、と命じられた。[29]

四　一九三六年公園・公園道路およびレクリエーション地域調査法

内務省は、国家資源会議の報告書が失敗に終わった後も、レクリエーションに関する一切の管轄権を把握したいと望み続けていた。しかし国立公園局が、連邦政府で唯一のレクリエーション担当行政機関は国立公園局であることを確認する法案を提案すると、[30] 国立公園局の野望を恐れた農務省森林局(Forest Service)は、この法案に強く反対し、農務省管轄地における国立公園局のレクリエーション計画を不可能にするよう法案を修正させた。[31]

この法案は修正を経て、国家資源会議の報告書から一年と経たない一九三六年、公園・公園道路およびレクリエーション地域調査法(Park, Parkway, and Recreational Area Study Act of 1936/PPRASA (49 Stat.

1894)として制定された。[32] 同法は、農務省の管轄地を除き、全米のレクリエーションに関する包括的調査権限を、もっぱら国立公園局に委ねることを定めていた。

一九三六年法第一条は、国立公園局に対し、農務省の管轄地を除き、(a)合衆国のいくつかの州および政治的小区(political subdivisions)の公立公園、公園道路、およびレクリエーション地域に関する計画(の立案)、および(b)とりわけ公立公園、公園道路、およびレクリエーション地域としての価値を有すると思われる合衆国全土の土地の包括的調査を命じた。さらに同条は、当該調査を遂行するにあたり、内務長官が国立公園局を通じて、他の連邦行政機関と関係機関、および州と政治的小区の行政機関と協同し、これらから援助を受けることを認めた。[33] 同法第二条は、内務長官が、合衆国市民のための調整済みで適切な公立公園、公園道路、およびレクリエーション地域設備を開発(develop)するために、いくつかの州および政治的小区がそのような地域の計画を策定するのを支援することを認めた。[34] 同法第三条は、二つまたはそれ以上の州が、州議会および連邦議会の承認を得て、あらゆる公園、公園道路、またはレクリエーション地域の計画策定、設立、開発、改良、および維持に関し、交渉し契約を結ぶこと、または互いに同意することを認めた。[35]

国立公園局は、一九三六年公園・公園道路およびレクリエーション地域調査法に基づく調査の結果を、一九四一年の年次報告書のなかで発表した。国立公園局は、合衆国のレクリエーションに関しいくつかの提案を行ったが、それらの提案は即座に実現されることはなかった。なおこの年次報告書は、同法が農務省管轄地を調査対象から除外すると明記していたにもかかわらず、当時の農務省森林局管轄地に対する国立公園局の野望・独占願望を色濃く示していた。すなわち同報告書は、「もし現存する行政機関のいずれかが、この分野におけるすべての連邦活動を調整〔統一〕する任務を委ねられるとするなら、国立公園局にその職務を担当させるのが論理上当然である」と述べていた。[36]

五　レクリエーション専門委員会

国立公園局が一九三六年公園・公園道路およびレクリエーション地域調査法に基づく勧告を展開していたのと同じころ、国立公園局とは別の、より広い基盤を有するある積極的な組織が、これと並行してレクリエーション議論にかかわろうとしていた。これがすなわちレクリエーション専門委員会(Technical Committee on Recreation/TCR)である。レクリエーション専門委員会とは、農務省、内務省、児童局(Children's Bureau)、教育局(Office of Education)、および全国青年局(National Youth Administration)、民間国土保全部隊(Civilian Conservation Corps/CCC)、再定住局(Resettlement Administration)などのニュー・ディール(New Deal)行政機関の代表者から構成された委員会である。(37)

レクリエーション専門委員会は報告書を公表し、「野外レクリエーション」の将来的見込みよりもむしろ、「レクリエーション」の将来的見込みという観点から全国の現状と調整の必要性を評価し、さらにひとつの行政機関を新設するよう提案した。すなわちレクリエーション専門委員会は、独立した行政機関(Bureau)が、(a)レクリエーション計画に関し、すべての連邦行政機関を調整する機関として活動する、ただし自らはレクリエーション計画を遂行しない、(b)州と地方の政府がレクリエーション計画を策定・実行する際に援助する、(c)レクリエーション実験を奨励する目的の州への補助金計画を管理する、(d)レクリエーション図書館を維持管理し、情報交換所としての活動を行う、(e)他の連邦行政機関によるレクリエーション調査を奨励し、その調査を手ほどきする、(f)専門技術的な助言と支援を与えるのみならず、レクリエーション専門家を養成し、連邦、州および地方の政府を援助する、などの各点を提案した。(38)

レクリエーション専門委員会の勧告は、残念ながら、従来のレクリエーションに関する勧告の多くを繰り返すにすぎなかった。これらの勧告が公表された一九四〇年代から一九五〇年代にかけては、類似の研究や法案も提案され、各種委員会が組織されるなどしたが、最終的に実現にこぎつけた計画は、つまるところ、ひとつもなかった。(39)

（1） David A. Adams, *Renewable Resource Policy：The Legal-Institutional Foundations* 204 (Island Press 1993).

（2） Samuel Trask Dana & Sally K. Fairfax, *Forest and Range Policy：Its Development in the United States* 180 (2d ed., McGraw-Hill Publishing Company 1980).

（3） 一九五〇年代から一九六〇年代にかけて、レクリエーション目的での国有地訪問者は三倍以上に増加した。また、一九五〇年から一九五九年までの間、レクリエーション目的での国有林訪問者は、二六〇〇万人から八一五〇万人に増加した。不況時代に民間国土保全部隊で働き、はじめて国有地を知った多くの若者が、戦後になると、キャンプをしようと国有林に戻ってきたのである。Paul J. Culhane, *Public Lands Politics：Interest Group Influence on the Forest Service and the Bureau of Land Management* 51 (Johns Hopkins University Press 1981)；Dana & Fairfax, *supra* note 2, at 190-199.

（4） Dana & Fairfax, *supra* note 2, at 180.

（5） Adams, *supra* note 1, at 204. ブーン・アンド・クロキト・クラブの初期の活動については、John F. Reiger, *American Sportsmen and the Origins of Conservation* 146-174 (3d ed., Oregon State University Press 2001)を参照されたい。

（6） スティーン(Steen)は、「海軍省の書記官補 Theodore Roosevelt, Jr. と、彼の仲間であるブーン・アンド・クロキト・クラブの運動選手から強い勧めを受けた」と指摘する。Harold K. Steen, *The U.S. Forest Service：A History* 152 (University of Washington Press 1991). なお、レクリエーションに関する全国政策の必要性は、一九二〇年にすでにヘンリ・ソウロン・グレイヴズ(Henry Solon Graves)森林局長も気がついていた。Dana & Fairfax, *supra* note 2, at 132.

（7） Steen, *supra* note 6, at 152；Adams, *supra* note 1, at 204. 一九二四年四月一四日に開催された同委員会の初会議に

は、ジョン・ウィンギト・ウィークス(John Wingate Weeks)陸軍長官、ヒューバト・ワーク(Hubert Work)内務長官、ヘンリ・カントウェル・ウォリス(Henry Cantwell Wallace)農務長官、およびセオドア・ローズヴェルト(Theodore Roosevelt)海軍省書記官補の四名が出席し、同委員会の活動に関する予備的な議論が交わされた。一九二四年四月一五日のNew York Times に掲載されたウィークス長官の発言によると、当時の同委員会は、野外レクリエーションを、今日のような広く一般大衆が参加するものと考えておらず、たとえばレクリエーション地域は、若者の身体を鍛えるための訓練キャンプ場ととらえていたようである。以下は、New York Times に掲載された、野外レクリエーションに関する当時の議論である。「大統領によって指名された官僚たちが最初の会議を開催(Washington, April 14)——クーリッジ大統領によって指名されたばかりの野外生活に関する全国政策委員会の最初の会議が、本日、陸軍省において開催され、同委員会の活動に関する予備的な議論が交わされた。ウィークス長官、ワーク長官、ウォリス長官、およびローズヴェルト書記官補が出席した。ウィークス長官は、提案にかかる同委員会の活動の熱心な支持者である。ウィークス長官は、合衆国の人びとは合衆国内にある莫大な野外レクリエーションの機会に気づいていない、と述べた。さらにウィークス長官は、ホワイト山脈(White Mountains)だけに限っても、連邦政府はウィークス法〔Weeks Act of 1911 (36 Stat. 961)〕に基づいて四〇万エーカー〔の土地〕をもたらしたこと、たとえ毎年何千人もの人びとがそこへキャンプ旅行に出かけたとしても、当該地域には依然として莫大な資源がある、と指摘した。またウィークス長官は、多数の福祉団体が丁度関心を寄せているので、〔これらの団体が〕共同することが予想される、と指摘した。さらにウィークス長官は、同委員会の見解は、本国の若者の身体訓練を世間一般に奨励するという、陸軍省の夏期訓練キャンプ(Summer Training Camp)政策にしたがったものである、と述べた。」N.Y. Times 3 (Apr. 15, 1924).

(8)　Adams, *supra* note 1, at 204 ; Steen, *supra* note 6, at 152, 326.

(9)　Steen, *supra* note 6, at 152.

(10)　Dana & Fairfax, *supra* note 2, at 132.

(11)　Steen, *supra* note 6, at 152.

(12)　野外レクリエーション全国協議会が報告書を作成するにあたっては、農務省森林局から多大な協力を得た。その詳細は、Steen, *supra* note 6, at 152-154 を参照されたい。

(13)　Adams, *supra* note 1, at 204-205 (National Conference on Outdoor Recreation 1928, 89). こうした勧告は、全国

野外レクリエーション資源再調査委員会(National Outdoor Recreation Resources Review Commission, 後述)が同様の提案をする約二五年も前のことであった。
(14) [No. 4] 国立公園制度および国立公園におけるレクリエーションの明確化、法的根拠の必要性。Adams, *supra* note 1, at 205 (National Conference on Outdoor Recreation 1928, 89).
(15) [No. 6] 国立公園制度の地域の厳選。Adams, *supra* note 1, at 205 (National Conference on Outdoor Recreation 1928, 89).
(16) [No. 7] 国有林地域取得長期計画。70th Cong., McNary-Woodruff (Pub. No. 326); Adams, *supra* note 1, at 205 (National Conference on Outdoor Recreation 1928, 89).
(17) [No. 8] 国有林内の原生自然地域の線引きと利用制限。70th Cong., Leavitt, H.R. 10659; Adams, *supra* note 1, at 205 (National Conference on Outdoor Recreation 1928, 89).
(18) [No. 21] 一九二六年法に基づくレクリエーション地域の区分。同法は、内務長官の判断により、とりわけレクリエーション目的としての価値を有する地域であり、かつ連邦の管轄下におくことをとくに望まれていない地域であって、未保留かつ鉱物の埋蔵していない国有地について、当該国有地が位置している州、郡、または地方自治体(municipalities)がその処分留保を求める正式な請願書を提出した場合、内務長官が、裁量により、一定の条件のもとで当該国有地の流用を差し控え、これを交換、売却、または賃貸の方法によりその州、郡、または地方自治体に譲渡することを認めた法律である。一九二六年の段階で、すでに、国有地のレクリエーション利用と内務長官の権限を定めた法律があったといえよう。An Act To authorize acquisition or use of public lands by States, counties, or municipalities for recreational purposes, Jun. 14, 1926, Pub. L. No. 386, ch. 578, 44 Stat. 741; Adams, *supra* note 1, at 206 (National Conference on Outdoor Recreation 1928, 89).
(19) [No. 22] 70th Cong., McSweeney, Pub. No. 466; Adams, *supra* note 1, at 206 (National Conference on Outdoor Recreation 1928, 89, 90).
(20) Edwin M. Fitch & John F. Shanklin, *The Bureau of Outdoor Recreation* 44-45 (Praeger Publishers 1970); Adams, *supra* note 1, at 204-206.
(21) Steen, *supra* note 6, at 152.

(22) An Act To authorize acquisition or use of public lands by States, counties, or municipalities for recreational purposes, Jun. 14, 1926, Pub. L. No. 386, ch. 578, 44 Stat. 741 (H.R. 10773) ; Dana & Fairfax, *supra* note 2, at 195.

(23) Dana & Fairfax, *supra* note 2, at 195.

(24) Exec. Or. No. 6693, Creation of Committee on National Land Problems (April 28, 1934), CIS (Congressional Information Service) Index to Presidential Executive Orders & Proclamations (Congressional Information Service, Inc. 1986).

(25) An Act to encourage national industrial recovery, to foster fair competition, and to provide for the construction of certain useful public works, and for other purposes, Jun. 16, 1933, Pub. L. No. 67, ch. 90, 48 Stat. 195.

(26) Exec. Or. No. 6777 (June 30, 1934), CIS (Congressional Information Service) Index to Presidential Executive Orders & Proclamations (Congressional Information Service, Inc. 1986).

(27) Adams, *supra* note 1, at 206.

(28) 国家資源会議の報告書が一九三五年ごろに出ているようだが、それがこの国家資源会議が準備して失敗に終わったという報告書と同一のものを指すのかは、検討を要する。報告書によると、国立公園局は、（a）全国の野外レクリエーション資源の在庫目録を調査研究・維持し、（b）州や地方の政府がレクリエーション計画を策定する際に助力し、（c）他の連邦行政機関がその管轄地上にあるレクリエーション資源を保護・開発する際に助力し、（d）森林局が管轄する土地とパブリック・ドメイン内の土地を、国立公園局への移管の可能性も含めて、その最良の利用（方法）を決定するために調査研究するよう勧告していたと思われる。Adams, *supra* note 1, at 206.

(29) Exec. Or. No. 7065, Creating National Resources Committee (June 7, 1935), CIS (Congressional Information Service) Index to Presidential Executive Orders & Proclamations (Congressional Information Service, Inc. 1986).

(30) 74th Cong. Sess., H.R. 10104. Dana & Fairfax, *supra* note 2, at 153.

(31) Dana & Fairfax, *supra* note 2, at 153.

(32) An Act to authorize a study of the park, parkway, and recreational-area programs in the United States, and for other purposes, Jun. 23, 1936, ch. 735, 49 Stat. 1894.

(33) 49 Stat. 1894 (1936).

（34） この援助も、国立公園局と州および州の政治的小区の行政機関との協同活動を通じて行われることが規定されていた。49 Stat. 1895 (1936).

（35） 49 Stat. 1895 (1936).

（36） 結局、任務を独占したいという願望に変わりはなかった。Adams, *supra* note 1, at 207 ; U.S. Department of the Interior, National Park Service 1941. この報告書は、しかし、二一年後の全国野外レクリエーション資源再調査委員会の報告書に、重要な礎を提供した。

（37） Adams, *supra* note 1, at 207.

（38） Fitch & Shanklin, *supra* note 20, at 55 (A).

（39） Adams, *supra* note 1, at 207-208.

第二節　戦後復興とレクリエーション・ブームの本格的到来

第二次世界大戦が終わると、合衆国の国有地管理法制度は、連邦議会や行政府内部からの要請というよりはむしろ、大きく変容する社会情勢を反映して変革を遂げた。戦後の国有地に関する議論は、当初は、それ以前のものと本質的な違いはなかった。すなわちそれは、資源価値を有する国有地を、木材生産・放牧・レクリエーション等の各利用者にどのように配分するかという伝統的議論であった[1]。ところが一九五〇年代に入ると、人びとの余暇と所得が増え、国立公園、国有林、および野外レクリエーションを楽しむ人びとが増加した。国有地では、従来の資源利用者と、こうした新たな資源利用者が競合するようになり、国有地資源を利用者に均等に配分することが困難となった。連邦政府は、国有地管理にあたり、適切な利害調整と仲裁をする必要に迫られることになった。

一　国有地管理をめぐる争点

この時期の国有地をめぐるおもな争点には、パブリック・ドメインの管理[2]、レクリエーション・ブーム、木材需要の増大、および鉱物開発等があげられる。以下では、レクリエーション・ブーム、木材需要の増大、および鉱物開発について検討する。

第二次世界大戦後、合衆国社会には安定と秩序が取り戻され、人びとの関心は、いかにして個々の生活を楽しく豊かにするかという方向に転じられた。人口が拡大し、収入が増加し、長期有給休暇が実現し、各家庭には自動車が普及した。こうした要因は、おしなべて、人びとをレクリエーションへと導いた。一九三〇年代から一九四〇年代にかけ、民間国土保全部隊(Civilian Conservation Corps/CCC)に参加していた若者たちも、戦後になると、家族や友人とともにキャンプを楽しむために、かつて汗を流した国有林や国立公園に戻ってきた。こうしていわゆる戦後のレクリエーション・ブームが到来した[3]。

この時代には少なくとも二つの大きな特徴があった。第一に、もっとも重要なこととして、レクリエーションにかかわる人びとの絶対数が急激に増えたことである。さまざまな種類のレクリエーション施設を求める要望は、第二次世界大戦の終わりが近づくにつれて激増し、その後も二〇年間近く増え続けた。第二に、新しい型のレクリエーション愛好家が増加したことである。従来のレクリエーション愛好家は、原生自然のなかに静かに身をおき、自然を自然状態のまま楽しむレクリエーションに価値を見出していた。しかし新しい型のレクリエーション愛好家は、車で容易にアクセスすることが可能なレクリエーション地域と、快適に滞在できるレクリエーション施設を求めた。こうした人びとは、設備の行き届いたスキー・リゾート、観光鉄道、および風光明媚な道路など、快適で優雅なレクリエーションを望んだ。(4)

また戦後の経済成長により、大規模な住宅建設ブームが起こり、木材をはじめとするすべての建設資源に対する需要が高まった。木材業界は、技術革新と経済好転を受けて確実に生産量を伸ばし、より安定した業界となり、確固たる社会的地位を築きあげた。(5)

私有森林地では、年間樹木成長率(6)を大幅に上回るペースで木材が伐採され、森林面積は減少の一途をたどった。(7)このため木材業界は、より安定した木材供給を求めて、あらゆる森林地における集約的管理を主張するとともに、新たな木材供給地として、それまでほとんど売却されていなかった国有林に目をとめ、これを管理する農務省森林局(Forest Service)に対し、より集約的な国有林管理を求め始めた。(8)木材業界は、国有林の追加指定の禁止を強力に訴え、連邦政府が所有する森林の一部を私人に譲渡する計画さえ提案した。林産物に依拠する他の関連業界も、この動きに同調した。(9)

農務省森林局による国有林管理の基本は、従来、保護が第一であった。国有林の前身は、処分対象地から除外して設置された森林保護区であり、その歴史的経緯を見ても国有林は保護地域であって、そもそも木材生産地ではなかった。(10)また、国有林の伐採・売却(11)は、私有地から生産される木材の価格を下落させかねないとの懸念もあり、かつてほとんど行われていなかった。しかし、戦後急激に木材需要が高まり、私有地上での過剰伐採が大きな社会問題となるにつれ、次第に森林局としても、国有林管理政策の転換や国有林の伐採・売却を求める声を無視できない状況に追い込まれた。また当時、一九三〇年代のニュー・ディール(New Deal)による革新的保全主義を反映した、連邦による自然資源管理という前提自体に疑問が投げかけられるようになったこと、連邦による自然資源管理のあり方をめぐる議論のなかで、アイゼンハワー政権(Dwight David Eisenhower, 1953-61)が、産業界寄りの立場を保持したことも、国有林伐採の求めに拍車をかけた。[12]

森林局は、しかし、法律上、国有林の伐採要求を受け入れることができる余地があった。国有林管理の基本法である一八九七年基本法(Organic Act of 1897 (30 Stat. 11, 34))によれば、国有林は、必ずしも保護一本槍で管理しなければならないわけではなく、継続的な木材供給を目的とする森林保護区(のちの国有林)の設置も認められていた。そのため森林局は、一八九七年基本法を根拠に、国有林の伐採量を増加させることができると判断した。[13]そして森林局は、徐々に国有林増伐の方向へと傾いていった。

国有地上の鉱物開発をめぐる議論は、一八七二年鉱山業法(Mining Law of 1872 (17 Stat. 91))の制定以来、長い歴史を有する。一八七二年鉱山業法は、西部入植と鉱物開発を促進する目的で、石油、天然ガス、石炭、および油母頁岩(oil shale)などの重要な鉱物を除き、合衆国に属するすべての価値ある鉱物資源に対する権利を広く一般私人に譲渡することを認めた。[14]同法は、合衆国市民および合衆国市民になる意思を宣言した者が、国有地内で自由に鉱物の実地調査および購入を行うことを認め、埋蔵鉱物の発見者には鉱業権と土地所有権を与える手続を規定した。こうして同法は、国有地内の広大な鉱物埋蔵地を、鉱山業者や投資家に気前よく与える結果となった。[15]

二　自然保護運動の再来

戦後、大衆化社会が到来し、レクリエーション・ブームを受けて人びとが自然地域に向かうようになると、豊かな中産階級のなかから自然保護の要望が高まってきた。前述のように、一九五〇年代になると、レクリエーション利用は、従来の各種の国有地利用と並ぶ、揺るぎない、れっきとした一大利用形態として台頭し、レクリエーション需要を国有地の未利用地域で満たすことは明らかに困難となった。さらに重要な点は、レクリエーション利用者が、新しく十分に組織された政治的基盤を背景として、新たな価値観と優先順位をもって、土地配分に関する伝統的な議論に堂々と参入してきたことである。[16] とくに一九五〇年代の自然保護運動を先導したのは、全米オーデュボン協会(National Audubon Society)、シエラ・クラブ(Sierra Club)、ウィルダネス協会(Wilderness Society)の三団体である。これらの団体は、いずれも戦後、会員数を大幅に増やし、一定の社会的地位を確立するとともに、政治的にも大きな影響力をもつようになった。[17]

(一) エコー・パーク論争

自然保護団体の格好の標的となったのがエコー・パーク(Echo Park)論争である。[18] エコー・パーク論争とは、コロラド川開発計画[19]のコロラド川貯水事業(Colorado River Storage Project)の一環として、開墾局(Bureau of Reclamation)がユタ州のダイナソー国有記念物(Dinosaur National Monument)のエコー・パーク地域内にダムを建設する提案をしたところ、多数のレクリエーション愛好家と自然保護団体が結集して大規模な反対運動がもちあがったという事件である。[20]

国立公園局(National Park Service)は、一九二〇年ごろから、国立公園制度内における一切のダム用地の測量調査を拒否する姿勢を示していた。しかし当時のニュータン・B・ドゥルアリ(Newton B. Drury)局長は、ダムがダイナソー国有記念物に与える悪影響を懸念していたにもかかわらず、関係省庁間の協力を重視するあまり、開墾局による当該国有記念物の測量調査を認めてしまった。一九四九年、国立公園局が考えを悔い改めて測量中止を申し入れたときには、すでに開墾局による測量活動はほとんど終盤に差しかかっていた。さらに開墾局は、当該ダム事業の強力な支持者連合をも背後につけていた。この問題がはじめて表面化し、国立公園局の失態が明らかになると、それまで国立公園局を支持していた自然保護論者から、いっせいに批判の声が上がった。

一九五〇年六月、オスカー・リトゥルタン・チャプマン(Oscar Littleton Chapman)内務長官がエコー・パーク・ダム建設許可の方針を発表すると、全米でヘッチ・ヘッチー(Hetch Hetchy)論争[21]以来の環境論争が巻きおこった。地元の経済界および開発利害関係者は、この計画を強力に推進したが、自然保護団体、レクリエーション愛好家、国立公園局、陸軍工兵隊(Army Corps of Engineers)、およびカリフォルニア州の水利関係者などは、このダム計画に反対した。[22]とくに強力な異議を唱えたのが、シエラ・クラブとウィルダネス協会である。彼らは、一七の自然保護団体からなる緊急合同委員会を結成し、ダム建設計画を激しく攻撃した。一九五四年には、上院・下院で相次いで公聴会が開かれた。シエラ・クラブは、一九五五年一〇月三〇日の *Denver Post* に建設反対の一面広告を掲載したが、これが大きな契機となって、エコー・パーク・ダム建設は中止の方向に傾いた。およそ二年間にわたる論議の末、エコー・パーク・ダムは、ついにコロラド川開発計画から削除され、論争は一段落した。そして一九五六年四月、コロラド川流域事業法(Colorado River Basin Project Act of 1956 (70 Stat. 105))[23]が制定され、「国立公園や国有記念物のなかにはいかなるダムも造らない」ことが定められた。[24]

(二)　原生自然保護運動

原生自然(wilderness)に対する特別な意識が一般大衆の間に根づき始めたのも、このころである。アルドウ・レオポルド(Aldo Leopold)とロバト・マーシャル(Robert Marshall)は、合衆国における原生自然思想の父といわれる。一九三〇年代になると、レオポルドが旗手となり環境倫理という考えが提唱された。レオポルドは、一九四九年に公刊された著書『砂原の歳月記(*A Sand County Almanac : And Sketches Here and*

There)』のなかで「土地の倫理」を提唱した。このレオポルドの思想は、原生自然保護運動の基礎を形成した[25]。またマーシャルは、森林局に在職し、国有林のレクリエーション利用に関する仕事を担当していたが、一九三五年、友人らと協力してウィルダネス協会を創設した[26]。

ところで、戦後一気に増加したレクリエーション愛好家は、伝統的な原生自然の支持者とは一線を画した別の型の人びとであった。すなわち彼らは、あるがままの原生自然を楽しむというよりは、スキー、ボート、自動車など、快適なレクリエーション施設・器具の利用を好んだ。これらの大衆的なレクリエーション愛好家は、まだ必ずしも全国的に十分に組織されておらず、原生自然保護運動とも考えを異にしていたが、原生自然保護運動と対立する存在ではなく、両者は共存して戦後のレクリエーション・ブームを支えていた[27]。

(1) Samuel Trask Dana & Sally K. Fairfax, *Forest and Range Policy : Its Development in the United States* 180 (2d ed., McGraw-Hill Publishing Company 1980).

(2) パブリック・ドメインの管理は、伝統的に、単に放牧利用という見地から議論されてきた。この放牧中心の議論は、一九五〇年代においても基本的な変化はなかったが、次第に放牧以外の新たな利害関係者らが台頭するにつれ、より広い見地からパブリック・ドメインを管理する必要性が認識されるようになった。パブリック・ドメインの放牧利用とその他の利用との調整をめぐる議論は、戦後本格化したものの、結局一九七〇年代の半ばに至るまで解決されなかった。Ibid., at 181.

(3) 一九五〇年代になると、全国的に各種の高速道路が発達し、ガソリンの配給も終了した。このため人びとは容易に車を利用することが可能になり、公園やレクリエーション地域への訪問者が増えたのである。Ibid., at 190.

(4) Ibid., at 190-199.

(5) Ibid., at 205. たとえば、一九四〇年から一九七〇年までの間に、ひいて板を作るのに適した木材(saw-timber)の消費量は四九%、パルプは二三五%、合板(ベニヤ板)は四七五%も、それぞれ上昇した。U.S. Forest Service, *The Outlook for Timber in the United States* 1 (U.S. Government Printing Office 1973).

（6）　一年間の単木あるいは林分（林相がほぼ一様で、隣接する森林と区別できるような条件を備えた森林。林業経営上の単位としてあつかわれる）の成長量を表す比率で、はじめの大きさに対する百分率をいう。林積成長率を指す場合が多い。森林・林業・木材辞典編集委員会編『森林・林業・木材辞典』一二六、一四四頁（日本林業調査会・一九九四年）。

（7）　Paul J. Culhane, *Public Lands Politics : Interest Group Influence on the Forest Service and the Bureau of Land Management* 50-51 (Johns Hopkins University Press 1981).

（8）　Dana & Fairfax, *supra* note 1, at 200, 205. 木材業界は、木材伐採の許容量（allowable rate）の引き上げを求めた。McArdle, *Why We Needed the Multiple Use Bill*, 76 American Forests 10, 59 (1970).

（9）　Culhane, *supra* note 7, at 51. 木材産業は、従来、単に伐採活動を行う産業であったが、戦後になると次第に大きな政治力を有するようになり、国有林管理政策について積極的に提言するようになった。Dana & Fairfax, *supra* note 1, at 180.

（10）　国有林設置の歴史的経緯は、鈴木光「国有地管理と自然保護（二）——合衆国における史的発展——」北大法学論集四七巻四号一〇九六—一一五二頁（一九九六年）を参照されたい。

（11）　Culhane, *supra* note 7, at 50.

（12）　アイゼンハワー政権の立場は、東部ではテネシー川流域開発公社のパブリック・パワー（Public Power）の役割に反対し、西部ではエコー・パーク・ダムのような灌漑事業を支持するなど、必ずしも一貫していなかったが、結局は自然資源問題に対する産業界の立場に迎合しているように思われた。Culhane, *supra* note 7, at 51.

（13）　An Act Making Appropriations for sundry civil expenses of the Government for the fiscal year ending June thirtieth, eighteen hundred and ninety-eight, and for other purposes, Jun. 4, 1897, ch. 2, 30 Stat. 11, 34 (Organic Act of 1897, also called the Organic Administration Act or Forest Management Act). 一八九七年基本法は、森林保護区の設置目的を、（a）山火事と略奪（depredation）から森林を保護すること、（b）順調な流水状態を確保すること、（c）継続的に木材を供給すること、と定めていた。「森林保護区は、森林保護区内の森林を改良・保護し、または順調な水流の状態を確保するため、および合衆国市民の利用と需要のために木材の継続的供給を提供する場合を除き、設置されないものとする」30 Stat. 35 (1897).

（14）　An Act to promote the Development of the mining Resources of the United States, May 10, 1872, ch. 152, 17

Stat. 91.

(15) 17 Stat. 91-92 (1872). 一八七二年鉱山業法については、鈴木光「国有地管理と自然保護(三)――合衆国における史的発展――」北大法学論集四八巻三号四一六頁(一九九七年)を参照されたい。

(16) Dana & Fairfax, *supra* note 1, at 180.

(17) 各団体の設立時期・会員数の変化など具体的な数値は、岡島成行『アメリカの環境保護運動』一一七―一二二頁(岩波書店・一九九〇年)を参照されたい。当初、シエラ・クラブは国立公園局寄り、ウィルダネス協会は森林局寄りであったが、戦後、ウィルダネス協会は、森林局との間が疎遠になり、シエラ・クラブと仲がよくなった。エコー・パーク論争のころから、両者は急速に接近し、論争を勝利に導く成果をあげた。なお、これらの自然保護団体の構成員は、基本的には夢想的な自然保護主義を唱える哲学者とレクリエーション愛好家であった。Culhane, *supra* note 7, at 51.

(18) エコー・パーク論争については、Mark W. T. Harvey, *A Symbol of Wilderness: Echo Park and the American Conservation Movement* (University of Washington Press 2000); Roderick Frazier Nash, *Wilderness and the American Mind* 209-219 (4th ed., Yale University Press 2001)を参照されたい。

(19) これは、一九四〇年代にスタートした、コロラド川流域に十数個のダムを建設する巨大開発計画であった。

(20) Dana & Fairfax, *supra* note 1, at 195.

(21) 一九一三年ヘッチ・ヘッチー論争については、Nash, *supra* note 18, at 161-181を参照されたい。

(22) Dana & Fairfax, *supra* note 1, at 195-196.

(23) An Act To authorize the Secretary of the Interior to construct, operate, and maintain the Colorado River storage project and participating projects, and for other purposes, Apr. 11, 1956, Pub. L. No. 485, ch. 203, 70 Stat. 105. 同法第一条は、内務長官に対し、つぎに示すような十数個の多目的ダムを建設する権限を付与した。"……the Secretary of the Interior is hereby authorized (1) to construct, operate, and maintain the following initial units of the Colorado River storage project, consisting of dams, reservoirs, powerplants, transmission facilities and appurtenant works: Curecanti, Flaming Gorge, Navajo (dam and reservoir only), and Glen Canyon: ……(2) to construct, operate, and maintain the following additional. (原文ママ) reclamation projects (including power-generating and transmission facilities related thereto), hereinafter referred to as participating projects: Central

Utah (initial phase); Emery County, Florida, Hammond, La Barge, Lyman, Paonia (including the Minnesota unit, a dam and reservoir on Muddy Creek just above its confluence with the North Fork of the Gunnison River, and other necessary works), Pine River Extension, Seedskadee, Silt and Smith Fork." 70 Stat. 106 (1956).

(24) Section 3, 70 Stat. 107. なお、ダム計画が中止に追い込まれた最大の原因は、当該事業がもたらす経済的利益の根拠になっていた開墾局の資料に欠陥があった点にある、と指摘されている。Dana & Fairfax, *supra* note 1, at 195-196, 220, 406. ダム計画を中止に追い込んだことは、自然保護論者を大いに勇気づけた。またこの論争は、ダム建設中止という当初の目的以上の収穫、すなわち、自然資源に関する価値評価基準の転換、自然保護の声の政界への反映、国民の自然保護意識の高まり、自然保護団体の会員増加と組織拡大、およびより広範な活動への期待、メディアを利用した新しい自然保護活動方法の確立など、多様な収穫があったと評価されている。Culhane, *supra* note 7, at 51; Harold K. Steen, *The U.S. Forest Service: A History* 301-303 (University of Washington Press 1976); Grant McConnell, *The Conservation Movement: Past and Present*, 7 Western Political Quarterly 463-478 (September 1954); Elmo Richardson, *Dams, Parks and Politics: Resource Development and Preservation in the Truman-Eisenhower Era*, especially chapters 6 and 7 (University Press of Kentucky 1973); Owen Stratton & Phillip Sirotkin, *The Echo Park Controversy* 46 (Inter-University Case Program 1959); Dana & Fairfax, *supra* note 1, at 196. かたや国立公園局にとっては、この論争は大きな打撃であった。この論争を契機に、国立公園局は、自然保護論者という長年の支持基盤を失い、その信用は大きく失墜した。ドゥルアリ国立公園局長は、チャプマン内務長官からの辞職勧告にしたがい、一九五一年一月に、表向きはダムとは無関係の理由により、辞職した。

エコー・パーク論争は、国有地管理法制度に少なからぬ影響を与えた。この論争ののち、自然保護に関する価値観が変化したが、それに対する国有地管理者の対応は、あくまでも伝統的な方針を貫き、新たな価値観の台頭を封じ込めようとするものであった。その現れのひとつが、のちに詳しく検討する一九六〇年の多目的利用・持続的収穫法(Multiple-Use, Sustained-Yield Act of 1960/MUSY (74 Stat. 215))である。同法は、農務省森林局が同局の伝統的な優先順位(priority)を維持しながら、新たな価値観を認識しつつもこれを懐柔しようとして提案した法律であった。さらに、一九五六年コロラド川流域事業法の条項が、のちの一九六四年原生自然法(Wilderness Act of 1964 (78 Stat. 890))の制定につながった点も特筆すべきである。Dana & Fairfax, ibid., at 181.

(25) Aldo Leopold, *A Sand County Almanac : And Sketches Here and There* (Oxford University Press 1949)；アルド・レオポルド(Aldo Leopold)著・新島義昭訳『野性のうたが聞こえる(*A Sand County Almanac : And Sketches Here and There*)』(森林書房・一九八六年)。レオポルドについては、Dana & Fairfax, *supra* note 1, at 132-133；Douglas H. Strong, *Dreamers & Defenders : American Conservationists* 134-151 (University of Nebraska Press 1988)；Roderick Frazier Nash, *American Environmentalism : Readings in Conservation History* 171-174 (3d ed., McGraw-Hill 1990).

(26) ロバト・マーシャルの詳しい人物紹介と協会設立の経緯は、岡島・前掲書(注17)一二九—一三一頁、Nash, *supra* note 25, at 160-165；Dana & Fairfax, *supra* note 1, at 155-156, 158, 168を参照。

(27) Dana & Fairfax, *supra* note 1, at 205.

第三節　全国野外レクリエーション資源再調査委員会の設置

一　一九五八年野外レクリエーション資源再調査法

連邦議会は、戦後のレクリエーション・ブーム、自然保護運動、および原生自然保護思想の高まりを受け、迅速な立法活動を開始した。全国の野外レクリエーション資源の再調査を目的とする、全国野外レクリエーション資源再調査委員会(National Outdoor Recreation Resources Review Commission)を設置する法案が上程されると、連邦議会内のほぼすべての政党、党派、および利害関係団体がこれを支持したが、唯一、内務省国立公園局(National Park Service)のみが支持を明言しなかった。国立公園局は、一九三六年公園・公園道路およびレクリエーション地域調査法(Park, Parkway, and Recreational Area Study Act of 1936/PPRASA (49 Stat. 1894))を根拠に、同局こそが全国のレクリエーション需要を調査する権限を有していると信じており、新たに全国野外レクリエーション資源再調査委員会が設置されれば、国立公園局の縄張りが侵害されかねないと懸念したからである。(1) しかし法案は、一九五八年六月二八日、野外レクリエーション再調査法(Outdoor Recreation Review Act of 1958 (72 Stat. 238))として可決された。(2)

一九五八年野外レクリエーション再調査法は、超党派的な委員会である全国野外レクリエーション資源再調査委員会の設置を目的としていた。その設置理由は、(a)現在および将来世代のすべてのアメリカ市民のため、個々人の楽しみに必要かつ望ましい野外レクリエーション資源の質と量を保護・開発し、それらへの接近を確実にし、野外レクリエーションが供給する精神的、文化的、および物質的利益を確保すること、(b)全国の野外レクリエーション資源と(レクリエーションの)機会に関する目録を作成して評価し、現在および将来世代が必要とするであろう(レクリエーション)資源と(レクリエーションの)機会の種類と場所を確定すること、および(c)これらの目標を達成するための包括的な情報と勧告を準備し、大統領、連邦議会、および州と準州に提供すること、の三点と明記された。(3)

そのうえで、全国野外レクリエーション資源再調査委員会の責務は、(a)連邦行政機関、州、および私的組織・団体が準備・作成した調査、資料、および報告書を活用し、野外レクリエーション資源とレクリエーションの機会に関する全国的な目録作りと評価を行うこと、(b)それらの資料を集計し、人口、余暇、輸送および他の要素の動向に関する利用可能な情報を集め、一九七六年と二〇〇〇年に必要とされるであろう野外レクリエーション資源とレクリエーションの機会の量、種類、質、および位置づけを確定し、政府や私的組織の各レベルでどのような政策を採用するのが最善策であり、どのような計画が提案されるべきかを勧告すること、(c)一九六一年九月一日までに、再審査、資料集計、および州・地域・全国レベルの各勧告を報告書にまとめて大統領と連邦議会に提出し、その後一年以内に解散すること、と定められた。(4) 同委員会には、二五〇万ドルの活動予算が認められ、その後さらに二四五万ドルが追加された。(5)

全国野外レクリエーション資源再調査委員会は、「野外レクリエーションの資源と機会に関する知識を有し、かつそれらに関心があり、資源の多目的利用のための資源保全計画策定について経験を有する」一五名の委員から構成されることになっていた。(6)

さらに一九五八年野外レクリエーション再調査法は、全国野外レクリエーション資源再調査委員会の活動を補助する機関として、レクリエーション諮問委員会(Recreation Advisory Council/RAC)を設置した。その構成員は、連邦政府機関の代理人一五名と、全米の各州および私的利害関係者を代表する二五名からなることが定められた。(7)

二　全国野外レクリエーション資源再調査委員会の設置

(一)　全国野外レクリエーション資源再調査委員会

全国野外レクリエーション資源再調査委員会は、四年間にわたる調査研究を経て、一九六二年、約五千頁におよぶ二七の報告書『アメリカの野外レクリエーション(*Outdoor Recreation for America*)』を公表した。(8) この報告書には多数の有意義な研究結果、報告書、および資料が紹介されていたが、その大半は、「レクリエーションの機会がもっとも緊急に求められているのは大都市圏である」、「資金が必要である」、「水がひとつの焦点である」、「野外レクリエーションはおもな余暇活動のひとつである」、「レクリエーション需要は増加している」、「国立公園のほとんどは人口の中心地から離れたところに位置している」、「予想される需要を満たすには、連邦・州・地方および私人の協力体制を調整する必要がある」など、当時すでに自明の事柄を繰り返すにすぎなかった。さらに、「州は重要な役割を担うべきである」、「政府は私的部門(private sector)を援助すべきである」、「連邦政府の補助金は、州が平等に、つり合いをとりながら利用できるようにすべきである」、「調査研究を拡大すべきである」などの指摘も、とくに目新しくはなかった。また報告書は、これらの勧告に関し優先順位を設定しておらず、その提案や計画の内容も比較的曖昧であった。

しかし、報告書には、全国野外レクリエーション資源再調査委員会の立場を特徴づける見解も盛り込まれていた。第一は、連邦政府、州・地方政府、および私的部門の果たすべき役割を逐一明確に述べて、包括的な全国野外レクリエーション政策を提案した点である。すなわち全国野外レクリエーション資源再調査委員会は、レクリエーション計画の策定においては、まず連邦政府が州を援助すべきであるとし、州や地域(region)の重要なレクリエーション地域を管理する際は、州政府が地方(local)政府の計画を援助すべきであると勧告した。また各地方では、都市地域におけるレクリエーションの機会を創設するよう専心すべきであると勧告した。第二は、土地の特質と人びとの需要に基づいてレクリエーション地域を利用区分する制度を採用するよう主張した点である。第三は、政府のすべてのレヴェルにおいて国有レクリエーション地域の取得と管理に関する計画を拡大発展させるよう勧告した点である。第四は、連邦の野外計画全体を調整し、州に技術面・資金面での援助を行うための行政機関として、内務省内に野外レクリエーション局(Bureau of Outdoor Recreation/BOR)を設立することを提案した点である。これは、全国野外レクリエーション資源再調査委員会の任務を引き続き遂行するための常設行政機関をおくことを意味していた。従来、連邦政府には、全国レヴェルのレクリエーション調査を統括したりレクリエーション計画を統一的に管理する機関がなく、行政機関間の権限や予算をめぐる綱引きが絶えなかった。全国野外レクリエーション資源再調査委員会は、当初、既存の行政機関とは独立した第三者的な機関を創設し、こうした任務を割り当てることを検討したが、結局、内務省内に新たな機関を設置することで妥協した。それが野外レクリエーション局の構想であった。第五は、州によるレクリエーション地域の計画策定、取得、および開発を援助するための連邦政府補助金計画を提案した点である。全国野外レクリエーション資源再調査委員会は、新しい局(野外レクリエーション局)が、地方政府に対する補助金の交付を通じて、レクリエーション計画策定における指導的役割を演ずることを期待していた。そこで全国野外レクリエーション資源再調査委員会は、連邦政府が基金計画を作ること、およびその基金が州のレクリエーション計画費用の七五%、および(土地などの)取得・開発費用の四〇%までを支払うことを勧告した。[9]

これらの勧告に加え、全国野外レクリエーション資源再調査委員会は、水資源開発や道路建設などの連邦事業を計画策定するに際しては、レクリエーションの機会を増加させるよう考慮すべきこと、[10]原生自然法案を支持すること、審美的、科学的またはレクリエーション的価値のある河川は、「人工的な改造を行わず、当該河川の自由に水が流れる状態やその自然環境を、そのまま残すことが許される」べきこと、都市レクリエーションにより大きな関心を払い、これに資金供給すべきことなどを提案した。

全国野外レクリエーション資源再調査委員会の報告書は、少なくともつぎの三点において、積極的な評価を受けている。第一に、全国野外レクリエーション資源再調査委員会が、その報告書をまとめるにあたり、行政専門官や学識経験者の意見にのみ依拠するのではなく、広く一般市民の参加を求めたことである。同委員会は、全国至るところで公聴会を開催したが、レクリエーションに関する直接の利害関係者を含め、あらゆる市民の意見を幅広くくみ取ろうとするその姿勢は、レクリエーション問題に関する一般大衆の強い関心を引きおこした。同委員会のこうした現実的かつ非党派的な態度は、人びとの共感をよび、最終的には報告書への支持につながった[11]。

第二は、全国野外レクリエーション資源再調査委員会が、都市レクリエーションという新たな視点を提示した点である。それまでレクリエーションとは、伝統的に、都市郊外の自然地域または風光明媚な場所の、広大な自然資源を基礎として成り立つものと考えられていた。しかし同委員会は、もはやこうした伝統的なレクリエーション地域だけでは、高まりつつある現代のレクリエーション需要を満たすことはできず、都市地域にも積極的にレクリエーション用地を創設すべきである、と提案した。これは、都市レクリエーション発展のさきがけとなる指摘であった[12]。

第三に、報告書の公表を契機として、レクリエーションに関連する法律がつぎつぎと制定された。連邦議会は、一九五八年に全国野外レクリエーション資源再調査委員会を設置し、報告書の作成を命じると、その後のレクリエーション立法を非公式に一時停止した。そのため、同委員会の報告書が公表された一九六二年までの四年間、多くのレクリエーション関連法案の審議が棚上げになったり、頓挫させられたりした。なかでも、とりわけ重要な法案は原生自然法案(Wilderness bill)である。しかし一九六二年、レクリエーション需要の増加を予想し、連邦・州・地方の各政府に対して積極的なレクリエーション対策を求める同委員会の報告書が公表されると、人びとのレクリエーションに対する関心は一気に高まり、その後の連邦議会の立法活動を大きく刺激した[13]。

(二)　一九六二年ホワイト・ハウス保全協議会

全国野外レクリエーション資源再調査委員会が報告書を公表した一九六二年、もうひとつの報告書が合衆国の人びとの関心を集めていた。それがホワイト・ハウス保全協議会(White House Conference on Conservation/WHCC)の報告書である。

ホワイト・ハウス保全協議会は、一九六二年五月に開催され、二八〇名の代表者と三〇〇名の傍聴人が出席した。会議では、まずケネディ大統領(John Fitzgerald Kennedy, 1961-63)が基調演説を行い、つづいて合衆国における自然資源利用のあり方が幅広い観点から議論された。[14] そのおもな議題は、自然資源を慎重に利用するという伝統的な考え方を再検討することであったが、議論はしばしば環境の質をめぐる問題に集中した。この会議では、いかに多くの参加者が自然環境の質の低下を憂い、将来の環境を選択する機会と自然資源の多様性の喪失について危惧しているかが、明確に示されたのであった。

(三) 一九六二年内務省野外レクリエーション局

全国野外レクリエーション資源再調査委員会の報告書の発表から二カ月後の一九六二年四月二日、ステュアート・リー・ユーダル(Stewart Lee Udall)内務長官は、一九五〇年の再組織プランNo. 3の一般権限に基づく内務省マニュアル発表No. 497により、内務省内に野外レクリエーション局を創設した。[15]

ユーダル内務長官は、一九三六年公園・公園道路およびレクリエーション地域調査法が国立公園局に課していた責務を、野外レクリエーション局に割り当てた。それは、州、地方政府、および他の連邦行政機関との協同関係を維持しながら資源の測量調査を指揮・管理し、調和のとれた調査を促進し、全国野外レクリエーション計画を提案する、という責務であった。なお野外レクリエーション局は、おもに計画策定、利害調整、および必要な資金繰りをする行政機関であり、管轄する土地または設備を自ら管理する行政機関ではなかった。野外レクリエーション局の初代局長には、森林局(Forest Service)の局長補であったエドワード・C・クラーフツ(Edward C. Crafts)が任命された。[16]

内務省内に新たに野外レクリエーション局が設置されたことにより、内務長官が全国の野外レクリエーションを統括する責任者であることが再確認された。しかし同局の門出は順風満帆ではなかった。同局は、のちに詳しく検討するように、レクリエーション活動を支援する目的で州に分配するわずかな補助金を有していた以外は、管轄する土地も、実施すべき全国野外レクリエーション計画もなく、また既存の国有地管理行政機関のような信用もなかった。国民から尊敬と信頼を受け、安定した予算を得て、基本法や独自の基本計画に基づき国有地を管理していた他の既存の行政機関と比べると、その存在意義は見劣りした。しかし、連邦のレクリエーション施策全体を取りまとめる行政機関ができたことは、レクリエーションが明らかに重要な国有地利用の一形態として確立されたこと、および各行政機関による統一性のないレクリエーション政策では、もはや全国のレクリエーション需要に応じられないことを意味していた。同局の発足により、国立公園局は、全国のレクリエーションを担当する唯一の連邦行政機関という立場を維持しえなくなった。一方、それまで国立公園局の独走を懸念して、国立公園局のレクリエーション活動への協力に二の足を踏んできた他の行政機関は、野外レクリエーション局への協力を快く表明した(17)。

(四)　一九六二年レクリエーション諮問委員会

ケネディ大統領は、内務省野外レクリエーション局のみに全国の野外レクリエーション資源の管理を任せるのではなく、大統領府もこれに積極的に関与する必要があると考えた。そこでケネディ大統領は、野外レクリエーション局設置後まもなくの一九六二年四月二七日、大統領命令により、大統領諮問委員会レベルの組織であるレクリエーション諮問委員会(President's Recreation Advisory Council)を設置した。同委員会の設置目的は、(a)資源の保全と賢明な利用を通じ、人びとが楽しみ、レクリエーションの物質的、文化的、および精神的利益を確保するに十分な量と質を備えた野外レクリエーションを、保護、開発、および接近可能にする必要があること、(b)野外レクリエーションに関する責務は連邦政府にあること、(c)連邦政府が野外レクリエーションの領域に効果的に参画する必要があること、(d)先ごろ内務省に、新たな行政機関である野外レクリエーション局が設置されたこと、(e)行政機関間の協議と助言がより適切に行われれば、全国野外レクリエーション政策の作成と全国野外レクリエーション計画の実施の進展が見込まれること、の五点と説明された[18]。

レクリエーション諮問委員会は、各連邦行政機関の長に対し、野外レクリエーション資源に影響をおよぼすあらゆる重要事項について広範な政策提言を行うとともに、連邦行政機関間の協議と調整を促進することを任務としていた[19]。同諮問委員会の構成員には内務長官、農務長官、国防長官、保健・教育・福祉省(Health, Education, and Welfare)長官、および住宅・住宅融資局(Housing and Home Finance Agency)の局長が選任され、これらの構成員が二年間ずつ平等に、交代で委員長を務めることになっていた[20]。

(五) 一九六三年野外レクリエーション調整法

内務省野外レクリエーション局は、前述のとおり、連邦議会での議論を経ず、内務長官による内務省マニュアル発表により設置された役所であり、権限や任務についての法的根拠を欠いていた。そこで一九六三年五月、連邦議会は、一九三六年公園・公園道路およびレクリエーション地域調査法を改正して野外レクリエーション調整法(Outdoor Recreation Coordination Act of 1963 (77 Stat. 49))を制定し、野外レクリエーションに関する内務長官の責務と権限を正式に認めた[21]。一九六三年野外レクリエーション調整法は、野外レクリエーション局の設置法(基本法)ではないものの、それまで同局が遂行していた行政活動を追認するものであった。すなわち同法は、内務長官に対し、野外レクリエーション需要と資源に関する継続的な在庫目録と評価を準備・維持し、野外レクリエーション資源を分類するための制度を準備し、包括的かつ全国規模の野外レクリエーション計画を案出・維持し、州・政治的小区(political subdivisions)、および非営利団体を含む他の利害関係者に専門技術的援助を与え、またこれらと協同することなどを求めていた。[22]

(六) 一九六五年土地・水保全基金法

さらに連邦議会は、全国のレクリエーション施策を立案・実施するための基金を設立する法律を制定した。これが、一九六五年土地・水保全基金法(Land and Water Conservation Fund Act of 1965 (78 Stat. 897))である。[23]同法は、国有地のレクリエーション利用を有料化することで、レクリエーション基金を確保し、内務省野外レクリエーション局に活動資金を与え、連邦および州レベルのレクリエーション資源のさらなる充実を図り、もって国民のレクリエーション需要に資することを目的とする法律であった。同法は、国有地のレクリエーション利用に関する当時の連邦議会の方針を端的にあらわすものとして、とくに重要である。

一九六五年土地・水保全基金法は、基金調達のための具体策を定めていた。第一は、国有地のレクリエーション利用の有料化である。同法は、国有地の利用者から幅広く利用料を徴収する権限を大統領に付与した。大統領は、国有地または連邦水事業用地上に設置されたレクリエーション施設の利用者に利用者料(user fees)を課したり、指定した連邦レクリエーション地域に立ち入る者に対して、一律に入場料(entrance fees)を課すことが認められた。また、指定地域へ進入する車両には、半年七ドル以下のはり札料(sticker fee)の支払いを求めることが認められた。頻繁に国有地を利用する者には、ゴウルデン・イーグル・パスポート(Golden Eagle Passport)とよばれる年間許可証(annual permit)の購入が推奨された。第二に、同法は、余剰財産売却からの収入、モーターボート燃料税からの収入、さらに連邦議会からの特別予算を認めることで、この基金の追加的資金源も確保した。[24]

ただし土地・水保全基金は、連邦政府と州政府の判断ですぐに使えるわけではなく、利用には連邦議会による承認が必要とされた。そして収益のうち、二年以内に予算計上されなかった部分は、国庫の雑収入に繰り入れられることが定められていた[25]。

集められた基金は、連邦政府と州政府との間で四〇対六〇で分配されることになっていた。なお大統領は、最初の五年間であれば、州・連邦政府の必要に応じて、この割合を最大一五%まで変動させることが認められた[26]。各州は、州全体の包括的な野外レクリエーション計画(statewide comprehensive outdoor recreation plan/SCORP)を準備し[27]、これが内務長官によって承認されるまでは、限定的な計画策定基金しか利用できないことになっていた[28]。そして各州が包括的野外レクリエーション計画を策定するにあたっては、内務省野外レクリエーション局が必要な利害調整を行い、指揮監督することになっていた。

しかし、これらの国有地の利用料金と利用許可に関する条項は、大きな論争を巻きおこした。いくつかの連邦行政機関、とりわけ陸軍工兵隊(Army Corps of Engineers)は、その管轄地におけるレクリエーションは無料であるとの信念をもっており、同隊の管轄する地域に入場料を課すことを数年間拒否した。内務省国立公園局は、陸軍工兵隊に完全に同調していたわけではなかったが、国立公園の利用者に料金の支払いを求めることについては快く思っていなかった。国民は、国有地上で無料と有料のレクリエーションが混在していることに困惑し、一般に、利用料金の支払いに反対した[29]。また、ゴウルデン・イーグル・パスポート制度も歓迎されなかった。多くの人びとは、このパスポートを購入すれば、国有地でのキャンプ料金や、狩猟・釣り免許料(license charges)が一律に免除されると考えていたが、実際はそうではなく、料金徴収の現場ではしばしば混乱が生じた。連邦議会では、老人や低所得者にもゴウルデン・イーグル・パスポートの購入を求めるのは酷であるとの意見が相次ぎ、ほどなくこのパスポート制度は根本から見直されることになった。

一九六五年土地・水保全基金法は、一九六八年、基金の資金繰り問題を解決するため大きく改正された。土地・水保全基金に対して、新たに返還不要の直接予算が認められ、土地売却と燃料税から基金へ繰り入れられる金額も大きく増加した。さらに一九六八年改正法は、これらの資金源からの総収入が年間二億ドルに達しない場合は、沖合大陸棚(outer continental shelf)での連邦の石油・天然ガスのリースから得られる収入を基金に投入すると定めた。この水準は、二年後には三億ドルに、そして一九七八年には九億ドルにまで引き上げられた[30]。また、連邦政府が買収予定地を決定すると、買収手続までの間にどうしても予定地の地価が上昇することから、一九六八年改正法は、買収予算が正式に認められる以前に、関係行政機関が土地買収に用いることができる予算として、年間三〇〇〇万ドルを認めた。

一九六五年土地・水保全基金法は、その改正後も、国有地管理法制にいくつかの課題を残した。第一は、国有地の利用料金問題である。国有地および国有地で産出される自然資源の利用者は、一体だれに対して、どの程度の利用料金を支払うべきかという点は、長らく解決困難な問題であった。同法は、それまで無料だった国有地のレクリエーション利用に料金を課し、集めた基金を用いてレクリエーション資源の管理・発展にあたるという斬新な発想を披露した。しかし法律制定にあたり、連邦議会では、国有地利用料金について包括的な議論はされず、レクリエーション利用者以外の利用者、すなわち木材、放牧地、鉱物などを利用する産業界、それを購入する消費者は、応分の国有地利用料金を負担しなくてよいのかという問題が未解決のまま残されていた。同法は、さまざまな国有地利用者のうち、だれがなぜどの程度の利用料金を支払うべきなのかを十分に吟味しないまま、そして国有地利用料金の支払いの優先順位も不明確なまま、レクリエーション利用者のみに利用料金を課すことを定めたのである。当然のことながら国有地のレクリエーション利用者からは、なにゆえに自分たちだけが利用料金を課されるのか、という不満の声が巻きおこった。

第二は、一九六二年に公表された全国野外レクリエーション資源再調査委員会の報告書『アメリカの野外レクリエーション』が、都市レクリエーションの必要性を強調し、その整備・発展のために資金援助をするよう勧告し、複数の大都市が同旨の要望を表明したにもかかわらず、連邦議会がこの意をくまず、一九六五年土地・水保全基金法が都市レクリエーションの整備をほとんど支援しなかったことである。

第三は、一九六五年土地・水保全基金法によって設立された土地・水保全基金の使い道である。同法は、国有地のレクリエーション利用者から徴収する利用料金と連邦政府や他の源泉からの資金を合わせて、土地・水保全基金を設立した。連邦政府と州政府は、この基金を用いてレクリエーション目的で数千万エーカーもの広大な私有地を買収した。これらの土地は、連邦政府の各土地管理機関における計画の拡大、および州立公園と地方(local)公園の開発・拡大に大きく寄与した。しかしこの場合も、そもそも連邦はどれほどの面積の土地を所有すべきなのか、そのうち連邦はどの地域にどれほどの面積の土地をレクリエーション目的で取得・管理すべきなのかという点をあらかじめ十分に議論し、目標数値を決めておくべきであった。だが、連邦議会ではこの議論が抜け落ちていた。その結果、広大な私有地が、地価高騰のときですら、具体的な計画のないままにつぎつぎとレクリエーション目的で買収されたため、人びとは、一体どこまで国有レクリエーション地域が拡大されるのか、と疑問を抱くようになった。とくにゴウルデン・イーグル・パスポート制度をはじめとするいくつかの利用料金徴収制度が人びとの猛反対にあい、制度停止に追い込まれ、当初期待したほどの基金が集められないことが判明すると、限られた基金の使い方はより慎重であるべきだとの議論が高まった。(31)

(七) 野外レクリエーション局の活動と成果

野外レクリエーション局は、一九六二年に設立後、最初の六年間は、比較的順調に活動した。この間、同局は、

（a）毎年少なくとも二億ドルの基金を保証する土地・水保全基金法（一九六五年）およびその改正法（一九六八年）を制定し、（b）一億三一六〇万ドルの基金を用いて、四六万二〇〇〇エーカーの土地を連邦のレクリエーション用地として買収し、（c）各州政府に対し、三四五二の譲渡（合計一億九七一〇万ドル）を認め、（d）国のレクリエーション用地、道路、および原生景勝河川（Wild and Scenic Rivers）に指定される可能性のある地域に関する多数の研究を指揮・調整し、（e）一九六八年原生景勝河川法（Wild and Scenic Rivers Act of 1968 (82 Stat. 906)）、一九六八年国有街道制度法（National Trails System Act of 1968 (82 Stat. 919)）、一九六五年連邦水事業レクリエーション法（Federal Water Project Recreation Act of 1965 (79 Stat. 213)）、および一五の国立公園、国有海岸、レクリエーション地域を創設する法律を含め、野外レクリエーション、各種国有地域、および環境問題に関する二五法案の可決に影響を与えるなど、大いに活躍した。[32]

しかるに野外レクリエーション局は、確固たる基金を有していたものの、政治的には立場の弱い行政機関であった。同局は、内務省国立公園局の権限を譲り受けて開設された行政機関だったからである。同局には、管理すべき土地もなければ、その活動の理念・方針・詳細を定める根拠法もなかった。その後、一九六九年にニクスン政権（Richard Milhous Nixon, 1969-74）が誕生すると、同局の存在は一段と危うくなった。一九六九年五月二九日、環境諮問委員会（Council on Environmental Quality/CEQ）と環境問題市民諮問委員会（Citizen's Advisory Council on Environmental Quality）が設置されたのである。[33]

それでも野外レクリエーション局は、一九七四年に、一九六五年土地・水保全基金法が求めていた報告書案『絶対に必要なレクリエーション（*The Recreation Imperative*）』を、連邦議会上院に提出した。報告書案は、（イ）現在、最大の不平等が生じているおもな大都市圏に、レクリエーションを供給するための集中的試みを行うこと、（ロ）都市郊外を発展させるための州・地方政府の試みを支援すること、（ハ）すべての連邦計画を、（a）野外レクリエーション資源を保護し、調整の改善を通じてレクリエーションの機会を拡大し、(b)現存する資源と計画をさらに活用し、(c)継続的に環境を享受するために必要な資源の保護に欠かせない地域を追加的に取得する、といった方法で遂行することを提案していた。[34] しかし報告書案の提出は、一九六五年土地・水保全基金法が定める締切日を六年以上も過ぎていたため、国民の関心事や優先事項はとうにまったく変わってしまっていた。そのため、大統領、連邦議会、および各州政府のいずれも、報告書案を快く受け入れようとはしなかった。[35]

一九七七年にカーター政権(Jimmy Carter, 1977-81)が誕生すると、野外レクリエーション局はさらに様変わりを求められた。一九七八年、カーター大統領が、野外レクリエーション局の名称を遺産保全・レクリエーション局(Heritage Conservation and Recreation Service/HCRS)に変更したのである。しかしこの遺産保全・レクリエーション局は、レーガン大統領(Ronald Reagan, 1981-1989)により廃止され、その権限と責務は、もともとの内務省国立公園局へ返還された。こうして一九年間存続した野外レクリエーション局は終焉を迎え、国全体のレクリエーションを計画・管理する責務は、ふたたび国立公園局の手に委ねられた。[36]

(1) An Act To authorize a study of the park, parkway, and recreational-area programs in the United States, and for other purposes, Jun. 23, 1936, Pub. L. No. 770 1/2, ch. 735, 49 Stat. 1894. 国立公園局は、一九三六年公園・公園道路およびレクリエーション地域調査法を根拠に、(a)レクリエーションを担当する連邦行政機関は国立公園局である、(b)レクリエーションに関する研究と勧告を行うのは国立公園局であり、同局こそ将来的なレクリエーション開発の指揮権を有している、と考えていた。そのため、全国野外レクリエーション資源再調査委員会の設置は、国立公園局のレクリエーション権限に脅威を与えかねないと危惧したのである。Samuel Trask Dana & Sally K. Fairfax, *Forest and Range Policy: Its Development in the United States* 196 (2d ed., McGraw-Hill Publishing Company 1980).

(2) An Act For the establishment of a National Outdoor Recreation Resources Review Commission to study the

outdoor recreation resources of the public lands and other land and water areas of the United States, and for other purposes, Jun. 28, 1958, Pub. L. No. 85-470, 72 Stat. 238.

（3） Section 1, 72 Stat. 238 (1958). なお、同法のいう野外レクリエーション資源（outdoor recreation resources）とは、合衆国、準州、および合衆国領土内にある土地と水域、およびその関連地域であって、野外レクリエーションの機会を現在提供している資源、または将来そのような機会を提供しうる資源をいう。この場合、だれが当該土地を所有しているかは問題とならない。さらに、運動場、陸上競技場、ゴルフ場、都市公園、および動物園など、通常、都市開発に関連するレクリエーション施設、計画、および（レクリエーションの）機会は、同法にいう野外レクリエーション資源には含まれない。Section 2 (2) and (3), 72 Stat. 238 (1958).

（4） Section 6 (a), (b), and (c), 72 Stat. 238, 240 (1958). 全国野外レクリエーション資源再調査委員会報告書の提出期限は、一九六一年三月二九日制定の法律により改正され、一九六二年一月三一日まで延期された。An Act To extend the time in which the Outdoor Recreation Resources Review Commission shall submit its final report, Mar. 29, 1961, Pub. L. No. 87-12, 75 Stat. 19. またこれに応じて同委員会の解散期限も、一九六二年九月一日以前と改められた。

（5） Section 8, 72 Stat. 241 (1958). その後、全国野外レクリエーション資源再調査委員会の活動予算は、少なくとも四度にわたり、合計二四五万ドルが追加された。（a）一九五九年法による一〇万ドルの予算追加。An Act Making supplemental appropriations for the fiscal year ending June 30, 1959, and for other purposes, May 20, 1959, Pub. L. No. 86-30, 73 Stat. 33, 44;（b）一九五九年法による八五万ドルの予算追加。An Act Making supplemental appropriations for the fiscal year ending June 30, 1960, and for other purposes, Sept. 1, 1959, Pub. L. No. 86-213, 73 Stat. 437, 439;（c）一九六〇年法による九五万ドルの予算追加。An Act Making appropriations for the Department of the Interior and related agencies for the fiscal year ending June 30, 1961, and for other purposes, May 13, 1960, Pub. L. No. 86-455, 74 Stat. 104, 118;（d）一九六一年法による五五万ドルの予算追加。An Act Making appropriations for the Department of the Interior and related agencies for the fiscal year ending June 30, 1962, and for other purposes, Aug. 3, 1961, Pub. L. No. 87-122, 75 Stat. 246, 261.

（6） 初代委員に任命された者には、最高名誉審査員（blue ribbon panels）とされる、当時の時代の先覚者が含まれていた。すなわち、ミシガン大学のサミュアル・トラスク・デイナ（Samuel Trask Dana）教授、木材会社ワイアハウザ（Weyerhaeuser)のバーナード・オウレル(Bernard Orell)氏、自然保護団体アイザク・ウォルタン・リーグ(Izaak Walton League)のジョウズィフ・ペンフォウルド(Joseph Penfold)氏、ニューメキシコ州選出のアンダスン(Anderson)上院議員、オレゴン州選出ノイバガ(Neuberger)上院議員、およびペンシルヴェニア州選出のセイラー(Saylor)下院議員である。そして、委員長(審査委員長)には、当時、相当な手腕と影響力を有すると評価されていたロランス・S・ロッキフェラ(Lawrence S. Rockefeller)氏が抜擢された。David A. Adams, *Renewable Resource Policy: The Legal-Institutional Foundations* 475 (Island Press 1993); Dana & Fairfax, *supra* note 1, at 196.

(7) 高い地位にある連邦公務員と、広範囲にわたる利害関係団体・各地域を代表する二五名の市民、および各州を代表する交渉(担当)公務員で構成される諮問委員会が援助した。Adams, *supra* note 6, at 208, 475.

(8) United States Outdoor Recreation Resources Review Commission, *Outdoor Recreation for America: A Report to the President and to the Congress* (U.S. Government Printing Office January 1962). 以下の報告書の内容に関する記述は、基本的にこの一九六二年報告書による。

(9) なお州が、連邦政府から土地取得・開発目的の基金(matching fund)を受け取るには、事前に、包括的な州の野外レクリエーション計画を完成させなければならなかった。

(10) この点につき、デイナ(Dana)教授とフェアファクス(Fairfax)教授は、開発行為とレクリエーション機会の両立について懐疑的であり、必ずしも全国野外レクリエーション資源再調査委員会の立場に賛同していない。Dana & Fairfax, *supra* note 1, at 211.

(11) Ibid., at 210.

(12) Ibid., at 212.

(13) Ibid., at 196, 209-210.

(14) 大統領の演説は、おもに合衆国における資源保全の実態に関するものであったが、とくに、環境の質と自然美を維持する政府の役割を強調する内容であった。Adams, *supra* note 6, at 475.

(15) 行政庁を再組織し、内務省とは別の独立した行政庁として野外レクリエーション局を創設し、同局に連邦全体の野外レクリエーション計画を調整させ、州政府に対する技術面・資金面の援助をさせる方法もあった。しかし国有地管理に携わる既存の行政庁が、新設行政庁のために、自身の権限・管轄・予算・人材等を喜んで差し出すはずはなかった。そのため野外レクリエーション局は、連邦議会での審議を経ることなく、内務省の内部で権限・管轄・予算等をやりくりして新設された。管轄の一部を野外レクリエーション局へ移管するよう求められた内務省国立公園局は、野外レクリエーション局の設置に最後まで難色を示した。Dana & Fairfax, *supra* note 1, at 212.

(16) Adams, *supra* note 6, at 209.

(17) Dana & Fairfax, *supra* note 1, at 212-213.

(18) Exec. Or. No. 11017, providing for coordination with respect to outdoor recreation resources and establishing the recreation advisory council (April 27, 1962), CIS Index to Presidential Executive Orders & Proclamations (1987).

(19) レクリエーション諮問委員会は、政策提言にあたり、実行可能な範囲内で、(一)景勝地(scenic areas)、奇観地(natural wonders)、原始地域(primitive areas)、歴史地域(historic areas)、および全国的に重要なレクリエーション地域を保護し適切に管理すること、(二)国有地を、他の基本的な利用と両立させつつ、レクリエーション的価値が最大限に発揮されるよう管理すること、(三)レクリエーションの目的で、魚類・野生生物資源を管理・増進すること、(四)州および地方政府に協力し、これらを援助すること、(五)連邦政府が参画して州際間の合意を取りつけること、(六)全国規模のレクリエーションの試みについて、強力かつ協力的な統率力を発揮すること、を考慮するよう求められた。Section 2 (b), Exec. Or. No. 11017, (April 27, 1962) CIS Index to Presidential Executive Orders & Proclamations (1987).

(20) Section 1 (a), Exec. Or. No. 11017 (April 27, 1962), CIS Index to Presidential Executive Orders & Proclamations (1987). ただし内務長官に対しては、他の委員と協力しつつ、全国野外レクリエーション政策および計画の作成・実施に向けた省庁間協議の方法と手続を案出する特務が命じられた。Section 1 (b), Exec. Or. No. 11017 (April 27, 1962), CIS Index to Presidential Executive Orders & Proclamations (1987).

(21) An Act To promote the coordination and development of effective programs relating to outdoor recreation, and for other purposes, Pub. L. No. 88-29, May 28, 1963, 77 Stat. 49.

(22) 77 Stat. 49 (1963).

(23) An Act to establish a land and water conservation fund to assist the States and Federal agencies in meeting present and future outdoor recreation demands and needs of the American people, and for other purposes, Sept.

3, 1964, Pub. L. No. 88-578, 78 Stat. 897.

(24) 78 Stat. 904 (1965). 連邦議会からの特別予算とは、最初の八年間に限り、毎年、一般国庫基金(general treasury funds)から六〇〇〇万ドルが基金に充当されるというものであった。ただしこの予算は、基金の運営を第一目的として配分されるものであり、基金の開始後一〇年目より、返金されることになっていた。78 Stat. 900 (1965).

(25) 78 Stat. 899 (1965).

(26) Section 4, 78 Stat. 900 (1965).

(27) 78 Stat. 901 (1965).

(28) 78 Stat. 902 (1965).

(29) Dana & Fairfax, *supra* note 1, at 213-214.

(30) 一九六八年改正法は、沖合大陸棚の鉱物リースから得られる収入から、毎年少なくとも二億ドルを土地・水保全基金に供託すると定めた。82 Stat. 355 (1968). のちにその最低額は、一九七〇年改正法で毎年三億ドルに、一九七六年改正法および一九七七年改正法では毎年九億ドルに引き上げられた。現在では、沖合大陸棚の鉱物リースからの収入が、土地・水保全基金のおもな資金源になっている。

(31) 土地・水保全基金は、一九六八年の段階で、予定金額の約半分しか集まらなかった。一方、連邦議会は、土地・水保全基金による土地買収を前提として、新しい公園地域をつぎつぎと指定した。たとえば第八九回連邦議会だけでも、二三もの新たな連邦レクリエーション地域の指定が承認され、それにはおよそ二五万エーカーの土地買収が必要であったという。さらに事態を悪化させたのが地価の上昇である。買収予定地は、連邦議会が慎重に審議し、買収許可が出されてはじめて買収の運びとなったが、予定地が決定してから最終的な購入許可が出るまで、平均して一六カ月の歳月を要したという。そしてこの間に、当該予定地の地価はしばしば七五~九〇%も上昇した。そもそも基金が少ないうえ、広大な土地を高額で買収しなければならず、土地・水保全基金の台所状況は火の車だった。Dana & Fairfax, *supra* note 1, at 214-216.

(32) Adams, *supra* note 6, at 211. 一九六八年原生景勝河川法は An Act To provide for a National Wild and Scenic Rivers System, and for other purposes, Oct. 2, 1968, Pub. L. No. 90-542, 82 Stat. 906; 一九六八年全国街道制度法は An Act To establish a national trails system, and for other purposes, Oct. 2, 1968, Pub. L. No. 90-543, 82 Stat. 919; 一九六五年連邦水事業レクリエーション法は An Act To provide uniform policies with respect to recreation and

fish and wildlife benefits and costs of Federal multiple-purpose water resource projects, and for other purposes, Jul. 9, 1965, Pub. L. No. 89-72, 79 Stat. 213を参照されたい。

(33) 環境諮問委員会は、それまでのレクリエーションと自然美についての大統領諮問委員会(President's Council on Recreation and Natural Beauty)に代わって設置された。環境問題市民諮問委員会は、レクリエーションと自然美についての市民諮問委員会(Citizen's Advisory Committee on Recreation and Natural Beauty)に代わって設置された。なお及川敬貴『アメリカ環境政策の形成過程――大統領環境諮問委員会の機能』(北海道大学図書刊行会・二〇〇三年)は、環境諮問委員会に関する包括的な研究である。

(34) U.S. Congress, Senate 1974, iv-v.

(35) 連邦議会上院の内務・島嶼委員会の委員長であり、全国野外レクリエーション資源再調査委員会の委員を務めたヘンリ・M・ジャクスン(Henry M. Jackson)上院議員は、各界からの報告書案への支持を取りつけるため奔走した。ジャクスン上院議員は、報告書案とその後の草稿『野外レクリエーション(*Outdoor Recreation*)』の写しを、各州の野外レクリエーション担当官に配布し、積極的に彼らのコメントを求めた。U.S. Congress, Senate 1974, 7. 報告書案『絶対に必要なレクリエーション』は、多くの州のレクリエーション担当官の要望を受けて、繰り返し改訂された。U.S. Congress, Senate 1975, iv. また、ウォルタ・ジョウズィフ・ヒクル(Walter Joseph Hickel)内務長官も、大統領へあてた手紙のなかで(一九七〇年七月一七日付)、「この案は、今日のおもな国内問題のひとつである、われわれの環境の質の保護に焦点をあてたものである」と述べ、報告書案への賛同を求めた。Adams, *supra* note 6, at 212-213.

(36) レーガン政権は、遺産保全・レクリエーション局を廃止し、その役割を国立公園局に返還した。さらにレーガン大統領は、アメリカ人の野外活動に関する大統領諮問委員会(President's Commission on Americans Outdoors/PCAO)を指名した。同委員会は、現存する野外レクリエーション地域と資源を調査し、野外レクリエーションの機会を提供することに関する連邦、州、地方政府、および私的部門の役割を検討することになっていた。同委員会の報告書『アメリカ人の野外――その遺産と挑戦(*Americans Outdoors : The Legacy, the Challenge*)』は、つぎのように勧告した。(a)地域社会は、人びとが、その居住地の近くにあるオープン・スペース(open spaces)に接近できるようにし、アメリカの風景のなかにある田園と都市を連結するために、緑の道(greenways)、すなわち私有・公有のレクリエーション地域・レクリエーション水域を結ぶ回廊(corridors)を設置する、(b)選択しうる土地保護技術を大いに活用し、連邦議会の認める土地取得を促進し、能率的に交換手続を行う、(c)土地・水保全基金は、連邦、州、地方レベルの土地取得費用、および州と地方における施設整備と再建費用を援助するため、少なくとも年間一億ドルを供給する。President's Commission on Americans Outdoors 1987, 142, 168, 254.

ただし、アメリカ人の野外活動に関する大統領諮問委員会に参加していた四人の連邦議会議員のうち、ネヴァダ州選出のバーバラ・ヴカノゥヴィーク(Barbara Vucanovich)議員とマルカム・ウォラプ(Malcolm Wallop)上院議員は、基金は勧告が示すようにあつかわれるべきではなく、毎年の予算手続のなかで、その都度審議して支出されるべきである、と表明した。President's Commission on Americans Outdoors 1987, 254.

さらにアメリカ人の野外活動に関する大統領諮問委員会は、行政組織に関し、つぎのように勧告した。すなわち、(a)レクリエーションと野外の重要性を認識させるための中央行政組織が必要である、(b)当該組織は、国全体のレクリエーション問題において中心的役割を果たし、レクリエーションに関する新たな考え方を促進する、(c)当該組織は、おもに二つの手段、すなわち助成金を出すことと情報の共有を通じて、組織の目的を達成する、(d)当該組織は、野外レクリエーション倫理の促進にも努める。President's Commission on Americans Outdoors 1987, 248, 249. 同委員会の報告書は邦訳されている。江橋慎四郎監修・師岡文男訳・アメリカ人の野外活動に関する大統領諮問委員会報告『アメリカ人のアウトドアレクリエーション』(財団法人日本観光協会・一九九一年)。

第四節　国有地法再調査委員会の設置

一　報告書『国土の三分の一』

一九六〇年代に入るも、連邦議会、国有地の利害関係団体、および一般大衆は、アメリカ合衆国の国有地全体はどう管理されるべきかについて、十分な議論を尽くしていなかった。この問題に正面から取り組むべきことを提唱したのは、原生自然保護論者でも環境保護論者でもなく、長らく牧畜業界の代弁者として活躍してきたウェイン・ノーヴィエル・アスピヌル(Wayne Norviel Aspinall)下院議員(コロラド州選出)である。[1] 下院の内務・島嶼問題委員会(Interior and Insular Affairs Committee)の議長を務めていたアスピヌル議員は、国有地法再調査委員会(Public Land Law Review Commission)を設置して国有地管理法を包括的に再調査するという自身の案を実現させてくれるならという条件つきで、原生自然法(Wilderness Act)法案を彼の委員会で通過させた。アスピヌル議員は、当時、原生自然法の可決を望んでいた人びとの熱意を巧みに利用して、自身の国有地法再調査委員会構想を実現させたのである。

一九六四年、国有地に関する連邦政策、法律、および規則を再調査し、国有地管理法制の全体に適切な改正を勧告するための法律が制定された。[2] 同法は、法目的を達成するための調査委員会として、国有地法再調査委員会を設置した。国有地法再調査委員会は、インディアン指定保留地(Indian reservation)を除くすべての国有地に関する法律と政策を研究するために組織された委員会であり、その構成員の大部分は、連邦議会議員で占められていた。委員会は、必要な調査を管理するための職員を雇うことが認められ、ほかならぬアスピヌル議員がその議長の座についた。

一九七〇年、国有地法再調査委員会は、四五〇万ドル以上の予算をかけてまとめた報告書『国土の三分の一(*One Third of the Nation's Land: A Report to the President and to the Congress*)』を公表した。そこにはアスピヌル議長の個人的見解が色濃く反映されていた。報告書は、国有地利用に関する将来計画、国有地政策と環境の関連、森林資源、草地資源、鉱物資源、水資源、魚類・野生生物資源、集約農業、沖合大陸棚、野外レクリエーション、占有的利用、税、州への土地譲渡、行政手続、不法侵入、処分・取得・交換、連邦立法府の管轄権、組織・行政・予算政策の各項目について、それぞれ章を設けて詳細に検討したうえ、国有地管理のあ

り方について、一三七もの具体的な勧告を行った。(3)

しかし、この報告書は、時代の要請に応えていない部分が多々あり、高い評価は得られなかった。とくにデイナ(Dana)とフェアファクス(Fairfax)は、少なくともつぎの四つの点から同報告書に疑問を投げかける。(4)第一は、国有地管理権限の所在についての認識である。同報告書は、合衆国憲法上、国有地管理権限は連邦議会にあるにもかかわらず、これまで大統領府と行政機関は、国有地の処分留保と保護に関する裁量権を濫用してきたと述べ、連邦議会が大統領府と行政機関による国有地管理に効果的に関与できないことへの不満を表明した。そして報告書は、国有地の処分留保と保護に関する明確な基準を連邦議会が決めるべきであること、大統領府と行政機関が国有地の処分留保と保護をする場合は、連邦議会がその正当性を再審査すべきであること、とりわけ国有地を大規模または長期間にわたって処分留保または保護しようとする場合は、その最終決定権限は大統領府や行政機関ではなく、連邦議会が行使すべきであると勧告した。(5)

第二は、法律により処分留保された地域以外の国有地のあつかい方である。報告書は、国有地は処分を留保されるのではなく、むしろ積極的に処分(譲渡)されるべきであると考えていた。報告書は、原生自然地域、国立公園、および原生景勝河川など、連邦議会が法律により、特定目的のために処分留保することを定めた国有地以外の国有地は、すべて処分の対象地となりうると結論づけた。すなわち、大統領府や行政機関により処分留保された国有地は、再度、連邦議会によって、真に処分留保すべきかどうかが審査されるべきであり、場合によっては、国有林、国有記念物(national monuments)および土地管理局(Bureau of Land Management)の管轄地は、すべて処分することが可能であると考えていた。連邦議会が、すでに設立されている国有林や国有記念物を、逐一、審査し直し、場合によっては処分してしまうという発想は、当時の一般大衆はもちろん、大統領府や関係行政機関にとっても思いもよらないものであり、多くの人びとが驚きを禁じえなかった。(6)

第三は、国有地の商業利用と単一利用についての考えである。報告書は、国有地における環境保護の必要性に言及しつつも、国有地の商品生産力を非常に重視し、これを最大限に活用すべきであるとの立場から、少しでも商品生産に適した国有地は多目的利用(multiple use)ではなく優先利用(dominant use)されるべきであると強調した。まず森林資源については、木材生産性の高い国有地は商業木材生産地として優先利用できるよう法律で定めるべきである、と勧告した(7)。さらに報告書は、木材業界の要望を受けて、国有地の木材生産は独立採算制、すなわち連邦議会から予算を得ずに、木材売却から得られる収益で資金繰りされるべきである、と提唱した(8)。国有地の放牧利用については、牧畜業界から提案された法案をそのまま採用すべきである、国有地上での放牧料は必ずしも市場価格と同一である必要はなく、飼料政策は経済効率を達成するよう臨機応変に設定されるべきである、放牧割当地(allotment)当たりの家畜頭数制限は、許可を受けた者が草地の状態を一定水準に維持することを条件に、変動を認めるべきである、などと勧告した(9)。国有地の鉱物開発利用については、報告書は、鉱物の調査と開発は国有地の大半において、一部または他のすべての利用よりも優先されるべきである、と断言した(10)。

第四は、報告書の勧告の一貫性をめぐる問題である。報告書は、国有地管理のあり方について一三七の具体的な提案を行ったが、それらは相互に矛盾していた。たとえば報告書は、国有地管理の最終権限は連邦議会にあり、連邦議会が、大統領府や行政機関による国有地管理を詳細な点にわたって指揮・監督すべきであるとの基本姿勢を示す一方で、行政機関が国有地の放牧料を設定する際は、地域経済発展のため、「臨機応変に」行われるべきであると勧告した。牧畜業界出身のアスピヌル議員は、牧畜業者の意見を国有地管理に反映させたいという信念から、国有地管理における連邦議会の発言権を強化すべきであるとの考えを示したが、国有放牧地を廉価で利用したいという牧畜業者の思惑も報告書に盛り込んでしまったのである。結果的に報告書は、アスピヌル議員の個人的利権を色濃くにじませることになった。

国有地法再調査委員会は、報告書を提出して解散した。公害問題に対する関心が高まり、地球環境を生態学的観点から考える重要性が広く認識され、国有地の自然資源の保護と多目的利用が議論されていた時代にあって、同委員会の報告書は、残念ながらあまりにも時代遅れの内容であった。連邦議会にとり、報告書の「国有地管理の最終権限は連邦議会にある」という基本方針は受け入れがたいものであり、この方針を前提とする一三七の勧告もまた、検討にすら値しないものと受け止められた。報告書公表の二年後である一九七二年、環境畑を走り続けていた若い弁護士であるアラン・メアースン(Alan Merson)氏が、予備選挙でアスピヌル議員に勝利した。メアースン氏は一一月の総選挙で落選したが、アスピヌル議員の予備選挙敗北は、国有地法再調査委員会に対する消極的な評価を決定的なものとし、もはや国有地管理においてはアスピヌル議員の考えが通用しない、新たな国有地管理の時代が到来したことを黙示していた(11)。

その後、連邦議会では、国有地法再調査委員会の報告書をいわば反面教師として、国有地管理に関する議論が続けられた。そして一九七六年に、国有地管理法制史上、重要な意義を有する二つの法律、すなわち国有林管理法(National Forest Management Act of 1976/NFMA (90 Stat. 2949))と国有地政策管理法(Federal Land Policy and Management Act of 1976/FLPMA (90 Stat. 2744))が制定された。この意味で、国有地法再調査委員会がもたらした最大の成果は、それがのちに二つの法律の制定に結びついたことであるといえよう。これら二法については後述する。

二　小　括

一九六〇年代から一九七〇年代は、環境に関する価値観の転換期といわれる。このころアメリカ合衆国では、とくに都市部を中心として、大気汚染、水質汚濁、化学的毒物汚染、無計画なスプロール現象などの問題が顕在化した。すると、自然保護論者ばかりではなく、それまで自然保護やレクリエーションとは縁のなかった人びとまでが、環境問題に強い関心を示すようになった。こうした人びとは、特定地域の自然資源の保護管理よりも、自分たちの生活を直接脅かす環境問題をどう解決し、地球全体の環境の質をいかに良好な状態に保つかという点に関心を抱いていた。環境問題の重要性を人びとに知らしめたレイチェル・カーソン(Rachel Carson)の名著『沈黙の春(*Silent Spring*)』[12]や、時の内務長官ステュアト・リー・ユーダル(Stewart Lee Udall)による『静かなる危機(*The Quiet Crisis*)』[13]が出版されたのも、この時期である。また、一九七〇年から始まったアース・デイ(Earth Day)の活動や[14]、一九七二年国連人間環境会議(United Nations Conference on the Human Environment)も、多くの人びとに、地球規模で環境問題を考える契機を与えた。

またこの時代は、価値観も大きく変化した。それまで合衆国では、一般に、技術の発展・進歩は、無条件に正しいことであると考えられてきた。しかし、車の排気ガスにより大気が汚染され、家庭から流される洗剤により河川や海が汚染されて水中生物が激減し、大量消費社会から絶え間なく出されるゴミで各地の処理場があふれるようになると、とくに都市部を中心として、技術の発展・進歩に疑問を投げかける人びとが増え始めた。技術進歩を追求する姿勢自体が疑われ、自然を力ずくで管理することが、突如として愚かしいと思われるようになった。そして、専門家による技術的・経験的・科学的な資源管理に不信感がつのり、それまで知識・経験の蓄積や専門技術の発展に全力を注いできた行政機関や官僚は、人びとから信頼されなくなり始めた。

環境破壊による生命・身体への悪影響を心配した人びとは、公害規制法の整備を強く求めた。また国有地資源管理における技術発展・進歩を求め続ける行政機関に失望した人びとは、かねてから高まりつつあった原生自然思想の影響も受け、独特な自然美の残された地域、またはレクリエーション的価値を秘めた原生地域を、行政機関による資源管理および資源専門家(官僚)の手から救い出そうと訴える運動を起こした。人びとは、「自然へ帰ろう(back-to-nature)」と主張し、国有林や国立公園に指定されているか否かにかかわらず、原生自然地域を守る法律を制定するよう求めた。

連邦議会では、こうした社会の動き、すなわち環境問題や資源管理に関する価値観の変化を敏感に反映して、多数の重要な法律が制定された。原生自然保護運動については、一九六四年原生自然法(Wilderness Act of 1964 (78 Stat. 890))、一九六八年原生景勝河川法(Wild and Scenic Rivers Act of 1968 (82 Stat. 906))が制定された。公害問題については、一九六九年国家環境政策法(National Environmental Policy Act of 1969 (83 Stat. 852))(15)、一九六三年大気浄化法(Clean Air Act of 1963 (77 Stat. 401))、一九六五年水質法(Water Quality Act of 1965 (79 Stat. 903))、一九七〇年水質改善法(Water Quality Improvement Act of 1970 (84 Stat. 113))、一九七二年清浄水法(Clean Water Act of 1972 (86 Stat. 816))などが制定された。

連邦議会がこれほど迅速に立法活動を行った理由には、環境問題への関心の高まりと、原生自然保護運動のほかに、当時の特殊な時代背景があげられる。合衆国では、一九五〇年代の終わりから一九七〇年代にかけて、ベトナム戦争(Vietnam War, 1965-75)、学生による大規模な反戦運動、および公民権運動(civil-rights movement)が起こった。一九六三年にはケネディ大統領(John Fitzgerald Kennedy, 1961-63)が、そして一九六八年にはキング牧師(Martin Luther King Jr.)が暗殺された。社会は混乱し、暗いニュースに満ちていた。こうした時代にあって、人びとは明るいニュースを求めていた。連邦議会では、原生自然地域保護や環境保護という提案は幾分楽しい話題であり、戦争や人権問題といった他の深刻かつ複雑な問題と比べると、容易に実現できる課題であると好意的に受け止められた。一方、公害規制や原生自然保護を求める人びとは、公民権運動や反戦運動を通じて身につけた政治活動の技術を生かして、積極的な議会工作を繰り広げた。一九六四年原生自然法、一九六八年原生景勝河川法、および一九六九年国家環境政策法などに代表されるこの時期の諸法律は、こうした時代背景と人びとの熱意に後押しされて制定されたといえよう。

(1) アスピヌル議員の伝記としては、Steven C. Schulte, *Wayne Aspinall and the Shaping of the American West* (University Press of Colorado 2002) が詳細である。

(2) An Act For the establishment of a Public Land Law Review Commission to study existing laws and procedures relating to the administration of the public lands of the United States, and for other purposes, Sept. 19, 1964, Pub. L. No. 88-606, 78 Stat. 982.

(3) United States, Public Land Law Review Commission, *One Third of the Nation's Land : A Report to the President and to the Congress* (Washington, U.S. Government Printing Office 1970). なお、国有地法再調査委員会はいくつもの問題を抱えていた。第一に、同委員会は、連邦議会の求めによって設置されたのではなく、アスピヌル議員の個人的な発案により、しかも原生自然法可決に関する取引の結果設置されたため、人びとから広範な支持を得られなかった。委員会の構成員には著名な連邦議会議員や学識経験者が名を連ねており、いかにも立派な調査研究が行われるように見えたが、委員会に関心を寄せたり、その活動や成果を支持する一般市民はごく少数であった。第二に、そもそも一般市民の多くは、国有地管理法制を全体的に見直す必要性すら感じていなかったため、国有地法再調査委員会の存在自体、なかなか人びとに知られなかった。

(4) Samuel Trask Dana & Sally K. Fairfax, *Forest and Range Policy : Its Development in the United States* 232-235 (2d ed., McGraw-Hill Publishing Company 1980).

(5) United States, Public Land Law Review Commission, *supra* note 3, Recommendation No. 8 & 9.

(6) Ibid., Recommendation No. 6 & 7.

(7) Ibid., at 68, 92, xi. 良質な森林地は木材育成に用いるべきだという報告書の考えには、傾聴すべき点もあったが、特定の国有地を商品生産のために集中的に管理すると、その地域を他の商品のために集中的に管理することは不可能となるうえ、木材生産に最適な地域には、野生生物、鉱物、または文化的資源といった複数の価値が同時に存在しているから、連邦議会が、ひとつの価値のみ取り出して国有地を優先利用させるのは、現実には困難である、との批判が寄せられた。

(8) Ibid., Recommendation No. 29.

(9) Ibid., at 106, 112; Recommendation No. 37.

(10) Ibid., at 122.

(11) Dana & Fairfax, *supra* note 4, at 231-235.

(12) Rachel Carson, *Silent Spring* (Fawcett 1962). カーソンの『沈黙の春』は、出版当初は合衆国内で賛否両論あり、必ずしも絶賛されたわけではなかったが、のちに一五カ国語に翻訳され、世界的に高い評価を受けた。V・B・シェファー(Victor B. Sheffer)著・内田正夫訳『環境保護の夜明け——アメリカの経験に学ぶ(*The Shaping of Environmentalism in America*)』七五、一三二、一三四、一六九頁(日本経済評論社・一九九四年)。

(13) Stewart Lee Udall, *The Quiet Crisis* (Holt, Rinehart and Winston 1963). 一九六三年に出版されたこの本は、アメリカ合衆国の植民地時代から一九六〇年までの土地管理史を記したものであった。シェファー(内田訳)・前掲書(注12)二〇一頁。

(14) アース・デイとは、一九七〇年に始まった、地球を環境汚染・環境破壊から守るために行動する日であり、毎年四月二二日に関連イベントが行われている。

(15) 一九六九年国家環境政策法は、おもに三つの部分から構成される。第一は、環境に関する政策宣言である。同法は、人間活動が自然環境に深刻な影響を与えていることを認め、人間と自然が生産的な調和を保ちつつ生存するための条件を促進することこそが連邦政府の政策であると宣言した。第二は、環境影響分析に関する多数の一般条項である。同法は、「人間環境の質に重大な影響をおよぼすおもな連邦活動」を提案する際は、必ず環境影響分析を実施しなければならないと定めた。第三に、同法は、環境諮問委員会(Council on Environmental Quality)を設立した。環境諮問委員会は、大統領府の一部として、第一の政策宣言に鑑み、大統領が政府の事業や政策を評価する際、援助することになっていた。同法は、連邦議会が環境問題に関心を抱いていることを示すために制定された法律であるといわれるが、連邦議会では、同法の法案に関する十分な検討は行われなかった。同法は、連邦議会のクリスマス休会が迫っていた時期に、法案の議論どころか、法案をよく読む時間すらないうちに、半年足らずで可決された。また同法の制定後も、議論の中心は環境諮問委員会の権限や予算にあり、同法の核心である環境影響評価制度について本格的に議論されるようになったのは、制定から数年後に、環境保護団体が同法を根拠とする訴訟を提起してからであった。

第六章　多目的利用原則と国有林管理（一九六〇年―一九七六年）

第一節　国有林をとりまく状況の変化

国有地では、レクリエーション利用の増加を受け、伝統的な国有地利用者と新たな利用者との間で、利害・利用調整をする必要が生じていた。そしてその役割は、国有地を管轄する各行政機関に委ねられた。農務省森林局(Forest Service)は、比較的早期からこの問題に取り組み、各種の法律を制定して法制度の構築に努めてきた。ここでは、内務省土地管理局(Bureau of Land Management)と比較検討する目的で、農務省森林局による国有地管理を概観する。

一　レクリエーション利用の増加

森林局では、国有林制度の父、ジフォード・ピンショー(Gifford Pinchot)の時代から、国有林のレクリエーション利用価値に気がついていた。しかし森林局は、ピンショー以来の哲学である国有林の「保全(conservation)」と「賢明な利用(wise use)」に固執し、国有林のレクリエーション利用という新たな課題を熱心に研究しようとはしなかった。国有林では、時折競合する利用者が小さな衝突を起こしていたものの、一般には、ほぼすべてのレクリエーション愛好家の需要を満たす森林があると考えられていた。

しかし一九二〇年代ごろより、レクリエーション目的で国有林を訪問する人の数が増え始めた。第二次世界大戦後になると、前述のように人びとの余暇時間が増大し、自動車も普及したことから、本格的なレクリエーション・ブームが起き、国有林には一層多くの人が押し寄せた。一九五〇年代に入ると、レクリエーションの内容が多様化し、狩猟者、徒歩旅行者、水泳者、釣り師、カヌー乗り、モーターボート乗り、自動車旅行者、スキーヤー、および原生自然愛好家などが現れ、すべての森林地に対する利用要求が劇的に増加した。また、都市や市街地が不規則に田舎方面へ広がるにつれてより多くの建設材が必要となり、これがレクリエーション地域に対する大きな圧迫となった。森林地は、多数のレクリエーション愛好家でごった返し、植物は踏み潰され、輸送機関、駐車場、および公衆衛生施設はしばしば混雑し、国有林内の設備は酷使された。(1) 各地の国有林では、さまざまな利用者の需要が相互に対立した。

森林局は、いよいよ国有林のレクリエーション対策に取り組まざるを得なくなった。急増したレクリエーション客に対処するため、専門職員と施設を準備する必要があったが、当初は特別予算がなく、森林局内部の他の予算を流用してその場しのぎをしていた。それでも森林局では、ロバト・マーシャル(Robert Marshall)らの活躍により、国有林のレクリエーション利用が少しずつ研究されるようになり、[2] 一九二〇年代には、ヘンリ・ソウロン・グレイヴス(Henry Solon Graves)森林局長が、全国規模のレクリエーション政策を作成した。[3] 一九三二年には、森林局長が、レクリエーションが他の国有林利用と同等の、国有林の主要な利用形態のひとつであると認めるメモランダム(覚書)を発表した。[4]

ところが、のんびりとレクリエーション対策をしていた森林局は、国立公園局(National Park Service)に一挙に出し抜かれた。一九五六年、国立公園局が、国立公園の整備・拡大を目標とする一〇年計画(一九五六—六六年)であるミッション六六(Mission 66)を発表したのである。連邦議会は、ミッション六六を高く評価し、国立公園局の予算、人員、権限を大きく拡大した。ミッション六六の成功は、国立公園局の名声を高め、国有地におけるレクリエーション政策の主導権は、客観的に見て、国立公園局の手へ渡ってしまった。[5] 一方の森林局は、国立公園局のミッション六六発表と同じ一九五六年、国有林のレクリエーション利用に関する包括的調査である「オペレーション・アウトドアズ(Operation Outdoors)」に着手した。[6] これは五年間のレクリエーション計画策定プログラムであり、一九六二年に見込まれるレクリエーション需要を満たすことを目標としていた。[7] しかしオペレーション・アウトドアズは、ミッション六六ほどの大きな支持を得られなかった。[8] 森林局は、国有地のレクリエーション政策に関し国立公園局に完全に後れをとったことを悟った。森林局職員の間には焦燥感がつのるばかりであった。さらに森林局に追い討ちをかけたのが、国立公園局による森林局管轄地の収奪である。森林局の管轄地は、一九〇二年から一九六〇年までの間に、七〇回にわたり合計四九五万エーカーが国立公園局に移管された。そして四五万一〇〇〇エーカーの土地が国立公園局から森林局へ移管された。[9]

二　木材需要の高まり

合衆国では、一九四〇年代から住宅建設ブームが起こり、木材需要が急増し、木材業界は空前の好景気を迎えた。[10] その余波は国有林にもおよびつつあった。[11] 真っ先に伐採されたのは私有林であったが、年間樹木成長率を上回る割合で伐採されたため、私有林は一気に減少した。木材業者は、私有地上に良質な木材が見つからなくなると、豊かな森林が保全されている国有林へ目を向けるようになった。この時期、木材業界の好景気を受けて、土地や森林を一切所有していないにもかかわらず木材加工工場を設立し、ひと山当てようと目論むにわか木材業者も多数出現した。これらの業者は、はじめから国有林産の木材を当てにしていた。

当時の国有林は、森林局が保全を原則として管理していた。国有林は、国有地の一部を処分留保して設置された歴史を有するからである。また、私有地産木材価格の下落を防ぐためにも、国有林の伐採は最低限度にとどめられていた。しかし木材業界は、短期間に多額の富を築き上げ、政治上の発言力を強めており、木材の安定的・自給的供給確保を目指すため、国有林を伐採するよう強く求め始めた。[12] 森林局は、木材生産地域を守る法律を制定して対応を試みたが、木材業界は納得しなかった。[13] 森林局は、同局の長年の支持者でありかつ顧客でもある木材業界からの要求を無視することができず、ついに国有林の増伐に踏み切ることにした。森林の多目的管理を認める一八九七年基本法(Organic Act of 1897 (30 Stat. 11, 34))を根拠に、国有林を増伐できると判断したのである。だが国有林の増伐は、国有林のレクリエーション利用に逆行する行動であり、森林局は自然保護団体やレクリエーション愛好家から強い非難をあびることになった。

三　原生自然保護運動の高まり

レクリエーション・ブーム、国立公園局からの圧力、および木材需要の高まりにさいなまれていた森林局をさらに困惑させたのが、原生自然(wilderness)保護運動である。エコー・パーク(Echo Park)論争の発生や、シエラ・クラブ(Sierra Club)のような自然保護団体が政治的発言力を強めるにつれ、原生自然保護運動は森林局にとり軽視できない存在となった。同局は、それまでも自主的に国有林内に未道路地域(roadless area)を設定するなどして、国有林の原生自然保護に取り組んできたことを根拠に、原生自然保護も森林局の任務であり、森林局はその任務を十分に果たしている、と主張した。しかし、森林局が国有林の木材伐採の増加に傾倒していることに危機感をつのらせていた原生自然保護論者は、国有林内の未道路地域設定は、法律上の根拠がなく、行政機関内部の決定にすぎないため、いつでも取り消される可能性があると指摘し、一九五六年、原生自然を法律によって厳重に保護するのための法案を提案した。[14]森林局は、原生自然法が成立すれば、連邦議会が原生自然地域を指定することになり、国有林内の未道路地域の管轄権を失うのではないかと強く懸念した。

(1) David A. Adams, *Renewable Resource Policy : The Legal-Institutional Foundations* 214-215 (Island Press 1993).

(2) とくにアルドウ・レオポルド(Aldo Leopold)とロバト・マーシャルの二人は、森林局内部から国有林におけるレクリエーションの機会を拡大しようと努めた。このほか、F・デイル・ロバトスン(F. Dale Robertson)森林局長は、同局内から六名の委員を指名し、レクリエーション問題を調査研究のうえ勧告するよう命じた。その結果、全国レクリエーション戦略シンポジウムにおいて、つぎのような勧告が表明された。(a)国有林レクリエーションに関する顧客の好みをより満足させるために、サーヴィスと設備を提供すること、(b)よりよい国有林レクリエーション輸送制度を開発すること、(c)人びとが風景、野生生物、および特別な場所に重大な関心を寄せていることを反映し、多目的利用の適用を強化する、(d)レクリエーションと関連職業についての経験を積む機会、および訓練をする機会を改善(増進)すること、である。Adams, *supra* note 1, at 215-216.

森林局による初期のレクリエーション対策をまとめたもっとも早い研究業績は、造園師のフランク・A・ウォー(Frank A. Waugh)が著した報告書、『国有林のレクリエーション利用に関する一九一八年の研究(*A 1918 Study of Recreation Uses on the National Forests*)』であるといわれる。この報告書には、森林が有するレクリエーション利用の可能性と、森林局が国有林の調和的管理にいかに熱心に取り組んでいたかが紹介されている。Samuel Trask Dana & Sally K. Fairfax, *Forest and Range Policy: Its Development in the United States* 131 (2d ed., McGraw-Hill Publishing Company 1980).

(3) この政策は、国有地管理者と私有地管理者が、協力して野外レクリエーション施設の整備に取り組むことを目指すものであり、後任のウィリアム・バクハウト・グリーリ(William Buckhout Greeley)森林局長もこの政策の推進に尽力した。しかしこの政策は、連邦議会から予算が得られず失敗に終わった。Dana & Fairfax, *supra* note 2, at 131.

(4) Dana & Fairfax, *supra* note 2, at 155.

(5) ミッション六六については、John Ise, *Our National Park Policy: A Critical History* 546-550 (Arno Press 1979) を参照されたい。

(6) これは、国立公園局や他の国有地管理行政機関にも受け入れられるよう配慮しつつ、レクリエーション適用地の目録を作り、それらを土地利用区分し、地図を作成し、また将来の需要を見定める際の基本データとするために国有林の訪問者数調査を行おうとする計画であった。Adams, *supra* note 1, at 214; Dana & Fairfax, *supra* note 2, at 156-158, 200-201; Harold K. Steen, *The U.S. Forest Service: A History* 312 (University of Washington Press 1976).

(7) Adams, *supra* note 1, at 215. 森林局は、十分な予算をかけて「オペレーション・アウトドアズ」を実行した。しかしこのレクリエーション計画策定プログラムは、一般大衆の関心をさほど引かなかった。

(8) 森林局のレクリエーション対策が成功しなかった原因は複数ある。第一に、森林局内部で不協和音があった。森林局の一部の職員は、予算獲得の手段または森林管理の副産物としてレクリエーション利用を認めるのは結構だが、新たな国有林利用の一形態として本格的にレクリエーション利用を認めると、伝統的な国有林管理・保全業務に支障が出るのではないかと懸念した。第二に、森林局の外部、とりわけ内務省国立公園局からも圧力がかけられていた。国立公園局は、同局の支持者や木材業者と結託し、国有林のレクリエーション計画は不要であり、国有林の誤用であると宣伝した。第三に、森林局のレクリエーション政策は、自然保護団体およびレクリエーション団体から十分な支持が得られなかった。Dana & Fairfax, *supra* note 2, at 131, 190-191, 193-194 ; Adams, *supra* note 1, at 215 ; Paul J. Culhane, *Public Lands Politics : Interest Group Influence on the Forest Service and the Bureau of Land Management* 52 (Johns Hopkins University Press 1981).

(9)　Dana & Fairfax, *supra* note 2, at 209 ; Culhane, *supra* note 8, at 52.

(10)　第二次世界大戦後の住宅建設ブームについては、Paul W. Hirt, *A Conspiracy of Optimism : Management of the National Forest since World War Two* 50-53 (University of Nebraska Press 1994) 参照。

(11)　大恐慌から第二次世界大戦まで、木材業界は不景気であった。木材業界は、農務省森林局に対し、私企業との競争を避けるため、国有林から伐採された木材を市場に出すことをむしろ差し控えるよう圧力をかけていた。Dana & Fairfax, *supra* note 2, at 199-200.

(12)　経済状況の好転は、木材業界に大きな変化をもたらした。第一に、山火事の防止、技術革新など、森林管理への長期投資が可能になった点である。とくに山火事防止への投資は、木材業者の積年の願いであった。頻繁に大規模な山火事が発生する合衆国では(たとえば一九四一年には、二〇万八〇〇〇回の山火事が発生し、三〇〇〇万エーカーが消失したという)、十分な山火事防止策のない森林に投資することは、文字どおり「賭け」であった。予算を得て、効果的な山火事防止策さえ作られれば、安心して植林することができた。第二に、長期投資は、木材の管理・利用技術の革新をもたらした。木材加工設備と製法の開発により、立木の伐採ばかりではなく、それまで不要と考えられていた木材片から製品を作れるようになったのである。たとえば、軍用設備のなかから、スキダ(skidders)、牽引車(tractor)、無限軌道トラクター(crawler tractor)、および動力のこ(chain saw)といった新たな大量収穫装置が採用され、それまで廃棄物として捨てられていた木材片を使って、硬質繊維板(hardboard, 木材の繊維を加熱圧縮したもの)、クラフト紙(kraft paper, セメント用袋など)、および絶縁体(insulation)などの新製品を作り出すことに成功した。木材業界は、技術開発で得た巨額の富をふたたび設備投資に回し、さらなる利潤拡大を追求した。Dana & Fairfax, *supra* note 2, at 199-200.

(13)　一九四四年三月二九日、森林生産物に依存している地域社会の安定化を目指し、持続的収穫森林管理法(Sustained-Yield Forest Management Act of 1944 (58 Stat. 132))が制定された。同法は、農務長官または内務長官に対し、安定した地域社会の維持が主として連邦所有の立木に依存しており、かつその維持が通常の木材売却行為を通じては確保できないと認められる場合、連邦所有の森林地と私有森林地からなる協同持続収穫地区(cooperative sustained-yield units)、またはもっぱら連邦所有森林地からなる連邦持続収穫地区(federal sustained-yield units)を設置する権限を与えた。農務長官と内務長官は、森林所有者(私人)や他の連邦行政機関と、森林管理に関する協定を結ぶことができた。協同持続収穫地区における協定は、最長で一〇〇年間有効とされた。また同法は、木材の評価額を下回らない価額であれば、競争入札なしで、連邦所有の立木に依存している地域社会内の協同土地所有者、または支払い能力のある購入者に対し、連邦所有の立木を売却することを認めた。
(14) 一九五六年、ヒューバト・ホレイショウ・ハンフリ(Hubert Horatio Humphrey)上院議員(ミネソタ州選出)が、はじめて原生自然法案を連邦議会に上程した。

第二節　一九六〇年多目的利用・持続的収穫法の制定

一　制定の背景

森林局(Forest Service)は、国有林を取り巻く状況の変化に気づいていたが、一八九七年基本法(Organic Act of 1897 (30 Stat. 11, 34))で十分対応できると考えていた。というのも、国有林管理の基本法である一八九七年基本法は、以下にふたたび示すように、国有林を木材供給、水流確保、森林保護などの複数の目的で管理することを明言し、国有林を鉱山業や農業利用目的で売却することも認めていたからである。そのため森林局は、すでに国有林をさまざまな目的、すなわち多目的に保護・管理していると自認していた。

「森林保護区は、森林保護区内の森林を改良・保護し、または順調な水流の状態を確保するため、および合衆国市民の利用と需要のために木材の継続的供給を提供する場合を除き、設置されないものとする。しかし、これらの条項は、森林の目的以上にそのなかの鉱物や農業目的にとってより価値のある土地を、森林保護区に多く含めることを意図するものではない。」(30 Stat. 35 (1897))

「内務長官は、森林保護区内の生育中の(living and growing)樹木を保存し、若木の成長を助長するため、彼が定める規定と規則(rules and regulations)に基づき、当該森林の利用状況と両立する量の森林保護区内の枯死木、成熟木、または巨木を指定し、査定することが求められる。さらに内務長官は、これらの樹木を、その査定価格を下回らない価格で売却することができる。(中略)これらの樹木は、売却前に印をつけて指定したうえ、内務長官が指名する監督官のもとで伐採され、搬出されるものとする。」(30 Stat. 35 (1897))

「内務長官は、善意の入植者、鉱山業者、居住者、および採鉱者が、薪、柵、建造物の建築、および他の自家用の目的のために、森林保護区内の木材と石材を無償で利用することを、許可することができる。なお、これらの木材は、当該国有林(national forest)が位置する州または準州のなかで用いられるものとする。」(30 Stat. 35 (1897))

「森林保護区内の、森林としての用途より鉱山業または農業の目的に適すると認められる国有地は、すべて、売却予定地に編入することができる。また、従来、現行の合衆国鉱山業諸法に基づく登録申請に服してきたあらゆる森林保護区内の鉱物埋蔵地は、この法律の規定にかかわらず、すべて鉱区指定と登録申請に服するものとする。(中略)森林保護区内の水は、州法もしくは連邦法、およびそれらにしたがって制定された規則に基づき、自家用の採掘、製材、または灌漑の目的で用いることができる。」(30 Stat. 36 (1897))

かくして森林局は、戦後のレクリエーション・ブーム、木材需要の高まり、および原生自然保護運動も、すべてこの一八九七年基本法の認める多目的利用原則に基づいて利害調整することで十分に対処できると考えていた。

しかし森林局は、これ以上国立公園局(National Park Service)に人びとの人気が集まるのを黙って見ているわけにはいかなかった。森林局こそが、もっとも有能な国有地管理行政機関であり、レクリエーションにもきちんと対応できることを、より鮮明に知らしめる必要があった。森林局は、同局の国有林管理権限を再確認し、多目的利用概念に基づき、レクリエーション、木材生産、農業・放牧利用、森林保護などの種々の利害をうまく調整し、すべての国有林利用者から等しく支持されるための決定打を必要としていた。

二　ハンフリ法案の提出

一九五六年四月一〇日、ヒューバト・ホレイショウ・ハンフリ(Hubert Horatio Humphrey)上院議員(ミネソタ州選出)が、国有林の多目的資源の保護および保存のための法案、すなわち多目的利用・持続的収穫法案を提案した。同法案は、農務省森林局が管理すべき資源として、草地、木材、水、鉱物、野生生物、およびレクリエーションなどを列挙していた。ハンフリ法案は、国有林の単一目的利用者と自然保護論者の双方から森林局を守りつつ、森林局につり合いのとれた法律上の任務を与えるものであった。ハンフリ法案の特色のひとつは、市民諮問委員会の設置を提案し、これが農務省に対して政策勧告を行うことを提案していた点にある。最終的な政策決定権限は農務長官に委ねながら、市民が、諮問委員会を通じて、正式に政策策定に関与できるようにしたのである。(1)

リチャド・エドウィン・マカードゥル(Richard Edwin McArdle)森林局長は、ハンフリ法案を強力に支持した。(2)しかし、森林局は苦しい説明を強いられた。すなわち同局は、この法律が現実に必要であり、迅速に可決されなければならないと説明する一方、この法律はなんら斬新な提案ではなく、同局はすでに森林の多目的利用管理に必要なすべての権限を有しており、森林の多目的利用管理を五〇年以上にわたり適切に行ってきた、とも主張しなければならなかったからである。(3)

ただし森林局は、レクリエーション愛好家からの支持を取りつけるため、法案の文言の配置には細心の注意を払った。たとえば法案第一条は、多目的利用の例として、野外レクリエーション、草地、木材、分水嶺、および野生生物と魚をあげるが、森林局は意図的に「レクリエーション」をリストの冒頭におくことで、レクリエーション愛好家を喜ばせようと考えた。このため森林局は、レクリエーションに「野外」を冠するよう修正し、魚と野生生物を「野生生物と魚」に変え、飼料を「草地」と置き換えたのである。森林局は、このような文言上の細工を施す一方、法案に列記されている利用項目の順番にはとくに意味がなく、単なるアルファベット順である、と説明した。また森林局は、原生自然保護論者も敵に回さないよう注意し、法案には、「原生自然地域の設置と維持管理は、この法律の目的と条文に矛盾しない」と、わざわざ明記した。(4)

三　法案への反対

果たして国立公園局は、ハンフリ法案に反対した。国立公園局は、この法律により、国有地における森林局のレクリエーション権限が拡大し、ミッション六六(Mission 66)に代表される国立公園局のレクリエーション活動が妨害されることを危惧したのである。また法律制定後、森林局の管轄地を国立公園局に移管することが不可能になるのではないかとも心配した。(5)

自然保護団体のなかでは、唯一、シエラ・クラブ(Sierra Club)がハンフリ法案に反対した。その最大の理由は、ハンフリ法案に国有林利用の優先順位を決める基準がないことであった。シエラ・クラブは、法案が森林局に与えようとしている国有林利用の優先順位を決定する裁量権が、ほとんど無制限であることに気づいていた。そしてシエラ・クラブは、これまでの森林局の国有林管理方針は木材生産に傾倒していると感じていたことから、多目的利用・持続的収穫法が制定されれば、国有林の伐採がますます助長されると疑っていた。さらにシエラ・クラブは、同法が森林局に与えようとしている裁量権はあまりにも広範であるため、司法審査を難しくする可能性がある点も指摘した。シエラ・クラブは、森林局職員には、国有林のどの地域が処分留保され、どの地域がいかなる利用に供されるべきかについて価値判断する資格がない、と信じていた。またシエラ・クラブは、多目的利用・持続的収穫法案が、原生自然法案を危険に陥れることになるとも考えていた。(6)

国有林の伝統的な利用者、すなわち木材業者、(7)牧畜業者、水利権者、および開墾関係者なども、ハンフリ法案に異議を唱えた。彼らは、自分たちの長年にわたる優先的単一利用が認められなくなることを懸念し、法案第一条に、「この法律の目的は、一八九七年六月四日法のなかに述べられている国有林設置目的を補足するものであっても、それを損なうものではない」という一節を入れるよう主張した。

四　連邦議会における審議経過

一九五六年四月一〇日にハンフリ法案が提案されて以来、さまざまな多目的利用法案が提案されては廃案になった。(8)森林局は、多目的利用・持続的収穫法案の審議中、オペレーション・アウトドアズ(Operation Outdoors)の長期計画概念を国有地管理全体に反映させたオペレーション・マルティプル・ユース(Operation Multiple Use)という考えを披露し、一億ドルの予算で、一九六〇年から二〇〇〇年までのすべての多目的利用要求を満足させることを目指した、「国有林のための計画(A Program For The National Forests)」という四〇年計画を提案した。森林局は、国立公園局のミッション六六の成功を目の当たりにし、長期的、総合的、かつ十分な必要書類を添付した計画であれば、連邦議会で予算を獲得しやすいと予想したのである。しかし同計画は、一億ドルという破格の予算が問題となり、結局承認されなかった。(9)

多目的利用・持続的収穫法案は、十分な根回しののちに連邦議会に提案されたため、審議は非常に順調に進んだ。審議においては、八五の団体を代表する一二八名が証言したが、その大半は、多目的利用を支持するものであった。ハンフリ法案には、多方面から圧力がかけられたが、森林局は、「いかなる優先的利用も定めない。すべての利用は同等である。リストは単なるアルファベット順である」、との見解をひたすら繰り返すことにより、あらゆる方面からの反対をうまくかわした。マカードゥル森林局長は、多目的利用は必要不可欠であり、多目的利用によらなければ、国有林を「長い目で見ての最大多数の最大幸福」のために継続的に管理することは、将来、不可能になるだろう、と主張した。(10)

法案の審議は委員会に委ねられた。(11)法案は下院で可決された後、ハンフリ上院議員の協力を得て上院に到達した。法案は、上院でも、下院と同様に発声採決(voice vote)によって可決された。ほぼ満場一致であった。こうして一九六〇年六月一二日、アイゼンハワー大統領(Dwight David Eisenhower, 1953-61)が署名し、多目的利用・持続的収穫法(Multiple-Use, Sustained-Yield Act of 1960/MUSY (74 Stat. 215))が制定された。(12)多目的利用・持続的収穫法により、国有林の五つの主要な利用――すなわち、木材、野生生物、草地、水、野外レクリエーションが、はじめてひとつの法律に明記された。同法第一、二、四条は、とくに重要である。

「連邦議会の政策は、野外レクリエーション、草地、木材、分水嶺、および野生生物と魚類を目的として国有林を設立し管理することである。本法が示すこれらの目的は、従来国有林がそれに基づいて設置されてきたところの一八九七年六月四日法が示す目的を補足するものであり、それ〔一八九七年法の示す目的〕を毀損

するものではない。」(Section 1, 74 Stat. 215 (1960))

「農務長官は、国有林から得られるさまざまな(several)生産物とサーヴィスを多目的に利用し持続的に収穫するため、国有林の再生可能地表資源を開発し管理する権限を付与され、かつそうするよう命じられる。国有林の管理においては、特定地域におけるさまざまな資源の有する相関的価値(relative values)に対し、十分な考慮が払われるものとする。」(Section 2, 74 Stat. 215 (1960))

「(a)『多目的利用』とは、〔一〕国有林のすべての再生可能地表資源を、それらが合衆国市民の需要にもっともよく適合する組み合わせで利用されるよう管理すること、〔二〕需要や状況の変化に応じた定期的な利用調整をするための十分な範囲〔面積〕を提供するのに十分な広さを有する地域の、一部またはすべてのこうした資源または関連するサーヴィスのために、もっとも賢明な土地利用を行うこと、〔三〕一部の地域では、決して、すべての資源利用が行われるわけではないこと、〔四〕さまざまな資源が、必ずしも最大の経済収益または最大の単位生産量をもたらす利用の組み合わせに対して考慮が払われるのではなく、さまざまな資源の相関的価値に対する考慮が払われながら、土地の生産性を損なうことなく、互いに調和的かつ対等に管理されること、を意味する。」(Section 4 (a), 74 Stat. 215 (1960))

「『さまざまな(several)生産物およびサーヴィスの持続的収穫』とは、土地の生産性を損なうことなく、国有林のさまざまな再生可能資源の最高レヴェルの年間生産量または定期的生産量を達成し、かつそれを永久に維持することである。」(Section 4 (b), 74 Stat. 215 (1960))

五　多目的利用原則導入の意義と課題

一九六〇年多目的利用・持続的収穫法の制定は、国有地の単一目的利用に疑問が呈され、もはや伝統的な国有地管理法制度では対応できない、新たな国有地管理および利用の時代が到来したことを示した。同法の制定は、木材業者や牧畜業者のような国有林の単一利用者にとっては敗北であった。彼らは、それまで国有地から、事実上、莫大な利益を得てきたが、法律上他の利用と横並びにされたことにより、利用できる国有地が明らかに少なくなったからである。一方、同法の制定は、森林局にとっては大きな勝利であった。同法は、その名称が示すように、農務長官に対し、「国有林から得られるさまざまな生産物とサーヴィスを多目的に利用し持続的に収穫するため、国有林の再生可能地表資源を開発し管理する」権限を与え、かつそうするよう命じた。同法は、森林局の国有林管理における裁量権を維持・拡大したといえよう。

また同法は、国立公園局との国有地管理政策の対比という意味においても意義深い。多目的利用は、審美的・歴史的に価値ある自然資源を「凍結(lock up)」して保護しようとする国立公園局の方針とは明確に異なる、森林局独自の自然資源管理方針といえる。多目的利用原則は、ピンショーの「国有林は完全に凍結されるよりはむしろ利用されるべきである」という伝統的森林管理論にも合致する管理理念であった。

しかし多目的利用原則は、法律制定後まもなく問題を引きおこした。森林局は、国有林利用計画を策定する際に、レクリエーション、野生生物、および分水嶺に対してこれまで以上に配慮することで同法を執行したが、こうした森林局の判断には、しばしば反対意見が寄せられた。多目的利用を定める条項は、「各地域で必ずしも利益やサーヴィスを産出する必要はない」、「競合する利用を評価する際は、経済効果を最大限にすることが唯一の判断基準ではない」という二つの指針を示す以外、国有地利用の優先順位についてなんらの基準も定めず、競合する利用の調整を全面的に森林局に委ねていた。そのため同法は、国有地管理に関する連邦議会の責任放棄を示すものとも評価された(13)。

六　多目的利用・持続的収穫は裁量基準たりうるか

一九六〇年多目的利用・持続的収穫法の成立後、国有林の計画策定はおもに二つの形式をとって発展した。その第一は、森林局による、野生生物、レクリエーション、および他の資源のための個別の実用的資源計画の策定である。第二は、森林局による土地利用区分(zoning)の実験である。

一九六一年、森林局は、国有林をいくつかの管理区域に分割するための二段階計画の策定に着手した(14)。まず第一段階では、九つの地域のそれぞれに多目的利用計画策定のための地域指針(regional guides)を用意した。その指針は、土地ゾーンの名称、一般定義、および広範な管理指針を定めていた(15)。第二段階では、それぞれの地域の土地監督官に対し、「地域多目的利用計画」の準備を命じた。地域多目的利用計画とは、地域内のすべての土地をゾーンに区分し(16)、それぞれのゾーン内の多様な資源利用をどう調整するかを提案するものであった。この計画は、利用をめぐる対立を解決するための、森林局によるはじめての体系的かつ組織的な試みであった。地域多目的利用計画は、地方の土地監督官が国有林利用計画を策定する助けとなったが、土壌の安定性、野生生物の生息地、および他の用地を特定するための条件に関する資料が慢性的に不足し、正確な判断をするのは困難であった。そのため、地域の土地監督官は、多目的利用計画策定のための地域指針以上に具体的な内容の管理指針を作ろうとはしなかった。

多目的利用原則の解釈をめぐり、Sierra Club v. Hardin, 325 F. Supp. 99 (D. Alas. 1971) が提起された(17)。舞台はアラスカ州のトンガス(Tongass)国有林である。それは、森林局が行った一度の木材売却としては過去最大規模の木材売却に関連して提起された訴えであった。一九六八年、森林局は、ある木材会社(U.S. Plywood-Champion Papers, Inc.)に対し、アラスカ州南東部のトンガス国有林から八七億ボード・フィート(board feet)の木材を売却した。この売買は五〇年間以上にわたる木材伐採を伴うものであったため、その正当性が法廷で争われることになった。

「トンガス国有林は、アラスカ州南東部の陸地の大部分を占める。トンガス国有林は一六〇一万六〇〇〇エーカーを有し、そのうちおよそ四五五万五〇〇〇エーカーが商業用森林である。一九五八年二月六日現在、伐採が保留されているのは、この商業用森林の一%のたった一〇分の六にすぎない。(中略)このジューノウ(Juneau)地区の売却は、森林局のアラスカ州南東部老齢林(old growth)一掃政策〔換金政策〕の一環として実施された。」

「原告は、トンガス国有林がおもに木材生産の目的で管理されていることを示すため、証拠書類に加えて、相当な法廷証言を紹介した。これらの資料は、トンガス国有林が、他の多目的利用の価値よりもむしろ圧倒的に木材収穫目的に適していることを疑いなく示している。しかし連邦議会は、それぞれの価値をどの程度重視すべきかに関してなにも指示していない。ゆえに、特定地域において適切な利用が混在する場合、その決定は森林局の思慮分別ある裁量と専門的知識に委ねられると見なすべきである。したがって、証拠は、森林局は競合する利用のすべてに対して考慮を払ったわけではないこと、または、森林局は考慮すべきではない見当違いな事柄を考慮したことを示すという目的でのみ承認される。原告の多数の専門的証人(expert witness)は、森林局の決定を動揺させたかもしれないし、または正当なひとつの行政行為(an administrative proceeding)であったところの今回の事例の結果に影響を与えるかもしれない。しかし、それは、この行政行為に関する無記録証拠として紹介されたので、『その行政上の決定を行った人びとは事実上の知識を欠いていたうえ、彼らにとって入手可能であった無数の報告書と研究への考慮を怠ったということを示すことにより、森林局が準備した記録を非難する』ことにはならない。それゆえ裁判所は、反対証拠がないので、森林局は、多目的利用・持続的収穫法が指定するさまざまな価値に十分考慮したものと推定しなくてはならない。当該決定がなされた判断枠組みを吟味すると、裁判所は、この問題にさらに介入して、農務長官の自由裁量に委ねられている森林局の決定の代理をすることは禁じられている。」

この連邦地方裁判所の判決は、のちに、以下に述べる判決録未登載の命令により、下級裁判所に差し戻された。一九六〇年多目的利用・持続的収穫法は、森林局に、競合するさまざまな利用に対する「十分な(due)」考慮を求める。原告は、「十分な」とは、ただ「平等な(equal)」を意味しているにすぎないと主張する。この解釈は、第五三一条の文言によって否定されると思われていた。というのも第五三一条は、すべての資源を利用するには不適当な地域がありうることを明確に意図しているからである。「十分な」とは、定義することが不可能であり、単に「連邦議会は、森林局が関連するすべての価値を考慮した後に同局の専門的知識を適用することを意図していた」ことを示すにすぎない。裁判所は、それ以上の満足な、または客観的な基準がないため、他の利用について事実上の考慮が一切払われなかったことが示されない限り、記録のなかに「なんらかの」考慮を払った証拠があれば、多目的利用・持続的収穫法の要求を満足させるに十分である、と考えた。以下は、Sierra Club v. Hardin, 325 F. Supp. 99 (D. Alaska 1971) の差戻審である。(18)

「メリル(Merrill)判事。原告〔=控訴人〕は、本件をアラスカ地区の連邦地方裁判所〔下級審〕へ差し戻すよう求めた。委託されている証拠とは、A・スターカ・レオポルド(A. Starker Leopold)とレジナルド・H・

バラト(Reginald H. Barrett)による、木材会社(U.S. Plywood-Champion Papers, Inc.)に対する報告書である。それは、パルプまたは木材の経済的利益とは別の社会的利益を十分に考慮しつつ当該売却契約が遂行されるべき方法に関する報告書である。この専門家チームの見解は、『もともとの木材売却契約が基盤としていた当時の基本的指針は、今日では到底受け入れがたい』というものであった。さらにこの専門家チームは、『この会社が、森林局とともに、アラスカ州南東部の特徴である幅広い生態学的価値を有する分光(spectrum)をより適切に保護することを規定するよう伐採計画を修正する可能性を調査する』ことを勧告した。この報告書は、二つの伐採計画代替案を提案し、伐採量の削減を規定するよう契約を再調整することを勧告した。」

「報告書は、第一に、行政上の判断(administrative judgement)の問題、すなわち、伐採計画は修正されるべきであるか否か、そして売買契約は再調整されるべきであるか否かという問題をあつかっている。しかし、われわれ〔第九巡回裁判区控訴裁判所〕の判断では、このことは同時に、本件によって提出されたいくつかの問題のうちのひとつ、すなわち、この売買契約が多目的利用・持続的収穫法(16 U.S.C.A. §§528- 531)の文言に違反するか否かという問題と関連があるように思われる。この論点については、すでに連邦地方裁判所が、本件の判決理由で検討した(325 F. Supp. 99, 122-124 (D. Alaska 1971))。連邦地方裁判所が検討した問題は、森林局が〔木材とは別の〕、そのために当該国有林が法に基づいて管理されることになっているところのさまざまな目的に対して、『十分な』考慮を払ったかという問題であった。連邦地方裁判所は、(一)法によれば、なにが『十分な』考慮と見なされるべきであるか、という点を検討し、(二)森林局は『関連するすべての価値を考慮した後に、彼らの専門知識を当該問題に適用すべきである』ということが意図されていた、と判示した(325 F. Supp. 99, 123 n. 48)。そのうえで連邦地方裁判所は、『なんらかの(some)』考慮が払われていればそれで十分であると結論づけた。われわれはこの判断を受け入れるが、われわれにとっての『十分な考慮』とは、問題となっている価値が、非公式かつ合理的に均衡がとられるよう要求している点に注目する。この要求は、それらの価値の重要性は認識していたが結局はそれらを無視する決定をした、ということを示すだけでは、完全には満足されえない。」

「われわれの判断では、今回の命令申請にあたって提供されたこの報告書は、以下に述べる一定の論点と関連があると考えるべきである。すなわち、(一)森林局は、同局が同意した売買契約および伐採計画が与える生態学的重大性を真に認識していたか、(二)森林局は、同局が決定を行うに際し、入手可能な資料を考慮しなかったのではないか〔この報告書には、一〇頁にわたる資料一覧表が添付されているが、それは売買契約が結ばれた当時に存在していた〕、(三)さらに、木材価値を第一に考慮する一方で、十分な考慮をすべき他の価値に対してなお保護を与えることになったはずの、〔その報告書によって勧告されたような〕代替案への考慮が払われたか、という点も問題である。〔したがって〕本件は、連邦地方裁判所へ差し戻される。」

Sierra Club v. Hardin 判決によれば、一九六〇年多目的利用・持続的収穫法が定める多目的利用原則は、森林局に、さまざまな利用を考慮するよう求めるだけで、最終的にどの利用を認めるかは森林局の裁量に委ねられる、とされた。つまり、裁判所には森林局の決定を審査する権限がないと判断されたのである。結局、多目的利用原則は、その法案審議中にシエラ・クラブが危惧したように、司法審査上、なんの歯止めにもならなかった。

一方、森林局は、多目的利用・持続的収穫法が、対立した森林利用を取り巻く論争を抑制することのできる十分な権限を同局に与えてくれるものと期待していたが、そうではなかった。森林局は、利用の対立を解決し、秩序ある国有林利用を誘導するはずであったが、事態はまったく逆となり、かえって対立が深刻化した。とりわけ国有林の皆伐をめぐっては、森林局は同局の判断の正当性を効果的に主張することができず、森林局はおよそすべての公的集会で徹底的な批判を受けた。しかし、資源管理に関する決定の多くは技術や知識ではなく価値判断の問題であるという批判に対し、森林局はあくまでも自分たちの専門性を誇示し、森林局による国有林管理の歴史、森林局の専門的技術・知識を説き、国有林利用問題において最終的に妥当な決定を下すことができるのは森林局であると言い張った。こうした森林局の頑なな態度は、かえって人びとの反感を買い、対立は解消するどころか深刻化した。その結果、人びとは、資源管理の「専門家」の手から国有地を救い出そうという運動を起こした。この運動は、一九七〇年代まで続いた。

（1） H.R. Rep. No. 1551, 86th Cong., 2d Sess., 7, reprinted in 1960 USCCAN 2377, 2380. ハンフリ法案は、その一年前に、AFA（American Forestry Association）やシエラ・クラブを含む自然保護団体協議会で提案されたものであった。Harold K. Steen, *The U.S. Forest Service : A History* 304 (University of Washington Press 1976). またハンフリ議員は、最初の法案（一九五六年四月一〇日提出）以外にも多目的利用・持続的収穫法案を提出した。一九五六年法案は失敗し、その後提出した法案のうちのひとつが一九六〇年の可決にこぎつけた。

（2） Paul J. Culhane, *Public Lands Politics : Interest Group Influence on the Forest Service and the Bureau of Land Management* 52 (Johns Hopkins University Press 1981) ; Steen, *supra* note 1, at 305.

（3） Samuel Trask Dana & Sally K. Fairfax, *Forest and Range Policy : Its Development in the United States* 201 (2d ed., McGraw-Hill Publishing Company 1980). 実は森林局内部にも、法案に反対する声があった。森林局職員のなかには、万が一法案の立法化に失敗すれば、現行の国有林管理政策に悪影響を与えかねないと危惧し、危険を冒してまで新法の制定に尽力するよりは、現行法で国有林を管理するほうがよほど得策である、と主張する者もいた。Steen, *supra* note 1, at 304-305.

（4） Dana & Fairfax, *supra* note 3, at, 202 ; George Cameron Coggins, Charles F. Wilkinson & John D. Leshy, *Federal Public Land and Resources Law* 706 (5th ed., Foundation Press 2002) ; Crafts, *Saga of a Law*, 76 Am. Forests 13, 18-19, 52 (1970).

(5) 国立公園局は、ハンフリ法案に、法律制定後も従来どおり国有林の一部を国立公園局に移管することができる旨を明言する文言を入れるよう画策した。しかしその試みは、両院協議会において修正され、「この法案は、国有林以外の土地の利用または管理には影響を与えない」という表現にとどめられた。また、コンラド・L・ヴィアト(Conrad L. Wirth)国立公園局長は、森林局のハンフリ法案について、「〔森林局の連中は〕多目的利用という古い太鼓の周りに集まってそれを打ち鳴らしている〔古臭い概念で大騒ぎしている〕」と酷評した。さらにヴィアト局長は、「国立公園制度の拡大は国立公園局のミッション六六の重要な一部分である」、「土地管理問題の万能薬である多目的利用は、国立公園局を非難し、国立公園制度の拡大を妨害しようとする企てである」と述べた。これに対し、マカードゥル森林局長は、「森林局が提案する法案に国立公園局が反対していることは残念だ」という趣旨の文書を森林局の全職員に配布し、「森林局と国立公園局は、互いを批判するばかりではなく、意見の相違を解消するよう努力すべきである」、「国立公園局による国立公園制度拡大計画が、国立公園設立の基準を低めたり、または公園の価値を下落させる原因にならないことを希望する」とやり返した。Steen, *supra* note 1, at 305.

(6) シエラ・クラブの機関紙『シエラ・クラブ会報(*Sierra Club Bulletin*)』一九五九年一〇月号は、シカゴ大学のグラント・マコヌル(Grant McConnel)準教授(政治学)の論文を掲載した。その論文は、多目的利用をひとつの有益な管理手段であると評価しつつ、多目的利用の歴史をたどったものである。しかしマコヌル準教授は、この多目的利用という手段を広く用いるためのあまりにも大きな裁量権が森林局に与えられる可能性があることを危惧していた。マコヌル準教授の考えでは、多目的利用という管理行政には欠陥があった。森林局の森林官は、資源問題を検証し、一連の解決方法を提案する技術上の能力は有していたが、木材利用か景観利用かを選択する訓練は受けていなかった。マコヌル準教授は、森林学教育の不足は重大な問題であると指摘し、「森林局は、間もなく直面するであろう土地利用をめぐる対立問題に対処するのに必要な行動能力を十分身につけていない」と明言した。Steen, *supra* note 1, at 306; Grant McConnell, *The Multiple Use Concept in Forest Service Policy*, 44 Sierra Club Bulletin 14-28 (October 1959). 翌春、クラーフツ(Crafts)森林局長補は、多目的利用・持続的収穫法案に対するシエラ・クラブの反対を和らげるため、サンフランシスコでシエラ・クラブの理事らと面談した。面談は成功し、シエラ・クラブは多目的利用・持続的収穫法案に同意したが、シエラ・クラブは、森林局が「木材利用を優先させないという明確な声明を発表すること」を望むと述べた。シエラ・クラブの機関紙『シエラ・クラブ会報』は、この面談の内容を掲載し、レクリエーション利用は他の利用と同価値であるべきである、多目的利用法案は国立公園制度の拡大を阻止しない、と伝えた。"*Crafts Discusses Multiple Use Bill*", 45 Sierra Club Bulletin 3 (June 1960).

（7）　木材業界は、多目的利用原則が木材業界に利益をもたらすとは考えていなかった。多目的利用原則に基づき、国有林のさまざまな利用形態が認められれば、木材業界は国有林から締め出されるおそれがあった。そこでＡＦＡは、当時、同時並行的に議論されていた原生自然法案に反対し、多目的利用法案に賛成した。ＡＦＡのドン・Ｐ・ジャンスタン(Don P. Johnston)会長は、ＡＦＡ執行部の副会長であるフレド・ホーナディ(Fred Hornaday)氏に対し、多目的利用法案の妥当性を論証して、原生自然法案への反対意見を正当化することが、ＡＦＡの利益につながると助言した。また全米製材業者協会(National Lumber Manufacturers Association)は一八九七年基本法の不備(森林局の無権限状態)に気づいていた。全米製材業者協会は、多目的利用・持続的収穫法は、さまざまな国有林利用を認めることで、国有林は「木材と水流の保護を目的として設置・管理する」という一八九七年基本法の理念を不明確にするものであると主張して、ハンフリ法案に反対した。全米製材業者協会のラルフ・ホジズ(Ralph Hodges)氏は、木材業界の反対意見を伝えるためにマカードゥル森林局長と面会し、「すべての国有林利用の優先順位を等しくしてしまえば、森林管理者(森林局)は、おそらく、一般大衆からの圧力を基準として優先順位を決めなくてはならなくなるだろう。それでは、木材業界は保護されない」と述べた。しかし全米製材業者協会は、多目的利用・持続的収穫法に、同法の目的は一八九七年六月四日の基本法を補足するものであり損なうものではないこと、を明言する文言を加えることを条件に、法案に同意した。Steen, *supra* note 1, at 304-307 ; Dana & Fairfax, *supra* note 3, at 203.

（8）　Steen, *supra* note 1, at 304. ハンフリ法案の提案から二年後、ある両院共同決議(joint resolution)が、「現在および将来の全国民の最大利益のために」、多くの国有資源の最良の利用方法を決定するための五〇名の委員からなる委員会を連邦議会が支援することを提案した。そして、これを支援するために多目的利用原則を定める法律がもちあがった。これは同時に、原生自然の概念を法律に含めるよう支援することにもなった。

（9）　Dana & Fairfax, *supra* note 3, at 201.

（10）　Steen, *supra* note 1, at 307.

（11）　U.S. Congress, House, *National Forests—Multiple Use and Sustained Yield*, Subcommittee on Forests of the Committee on Agriculture, 86 Cong. 2, March 16, 18, 1960, p. 39.

（12）　An Act To authorize and direct that the national forests be managed under principles of multiple use and to produce a sustained yield of products and services, and for other purposes, Jun. 12, 1960, Pub. L. No. 86-517, 74 Stat. 215.

(13) 一九六〇年多目的利用・持続的収穫法の意義は、（一）林産物利用者からの極度な要求に対する防御物となったこと、および（二）ピンショーが提案した「長い目で見ての最大多数の最大幸福」を奨励する、森林局の歴史的な森林保全任務を成文法化したこと、にあるといえよう。Culhane, *supra* note 2, at 53.

(14) その手続は、一九六一年四月に多目的利用実務協議会で作られた。森林局はその年の夏に多目的利用計画策定のハンドブックとマニュアルを発行した（一九六一年白書一一頁）。

(15) それぞれの地域指針には、水影響地域、旅行影響地域、および原生自然地域、景観地域、地質学的地域などに指定された特別地域が含まれていた。

(16) いくつかの地域計画は、放牧割り当て、不安定な土壌、およびその他のとくに重要な地域であることを示すために、土地をさらにサブ・ゾーンまたは管理単位（unit）に区分した。Heyman & Twiss, *Environmental Management of the Public Lands*, 58 Cal. L. Rev. 1364, 1383 (1970).

(17) トンガス国有林については、Kathie Durbin, *Tongass : Pulp Politics and the Fight for the Alaska Rain Forest* (Oregon State University Press 1999) が詳しい。また、畠山武道『アメリカの環境保護法』三一三、三一六頁（北海道大学図書刊行会・一九九二年）も参照。

(18) Sierra Club v. Butz, United States Court of Appeals, Ninth Circuit, 1973, 3 E.L.R. 20292.

第三節　一九七四年森林草地再生資源計画法の制定

森林局（Forest Service）の使命をはじめて包括的に再考する契機となった法律が、一九七四年森林草地再生資源計画法（Forest and Rangeland Renewable Resources Planning Act of 1974/RPA (88 Stat. 476)）である。

同法は、その制定時には広範な支持を得て一般に歓迎されたが、その後、土地管理上もっとも意見の分かれる問題を引きおこした。経済学者は国有林管理における資源配置の能率が悪いと批判し、産業界は木材管理への配慮が足りないと主張した。そこで連邦議会は、これらの批判と環境保護論者の双方の意見に対応するため、森林・草地資源の管理計画策定方法を定めた。(1)

一九六九年、合衆国では、港湾労働者の同盟罷業、日本への木材製品の輸出、および国有林産木材の供給に影響を与える気候要因が原因で、木材価格が劇的に跳ね上がった。この価格上昇を機に、木材業界は連邦議会に対し、木材産業が安定した木材供給を必要としていることを強く訴えた。そして、一九六〇年代を通じて、それまで商品生産地だった土地が原生自然、街道(trail)、公園、野生生物生息地、および他の特定利用(制限的利用)指定地域へと定められていくにつれ、残存する良質の木材用地をより集中的に管理するには、今まで以上の資金が必要であるとの明白かつ暗黙の合意が形成された。一九六九年以降、毎年、さまざまな形式の木材供給法(Timber Supply Act)が議論されたが、環境保護論者の賛同は得られなかった。木材業界が提案した法案のうち、かろうじて生き残った唯一の条項は、森林局長がすべての資源に関する長期的全国計画を策定するよう定めるものであり、これはほぼ満場一致の支持を得た。(2)

森林局長がすべての資源について長期的全国計画を策定するという考えは、一九七四年、森林草地再生資源計画法として成立した。森林草地再生資源計画法の二つの特徴は、第一に、合衆国のすべての土地所有者に影響を与えるような、資源の需要と供給についての全国査定を準備すること、第二に、査定報告と符号する、翌五年間にわたる国有林の一般的な管理命令のための計画を準備することにあった。同法は、森林局に対し、資源の需要と質を審査し、代替案を明示し、森林局の予算要求の基礎となる管理および出資計画を策定するよう命じた。さらに同法は、森林局が、五年ごとに最新計画を、一〇年ごとに最新の査定(assessment)を準備し公表するよう求めた。査定には(一)国際的な資源事情を考慮しながら、森林、草地、および他の組み合わされた土地の再生可能資源の、現在と将来に予想される利用、需要、および供給に関する分析と、適切な供給・需要・価格の関連の傾向、(二)現在の、および潜在的可能性を有する再生可能資源の在庫目録と、そこから収穫できる明確な、または漠然とした商品とサーヴィスを改善する機会の検討、を盛り込むことになっていた。[3] この計画は、シエラ・クラブ(Sierra Club)との法廷外での協定にしたがい、環境影響評価書(environmental impact statement)の一種として取りあつかわれることになった。また森林草地再生資源計画法は、大統領に対し、当該計画と国有林管理のための政策声明を連邦議会に具申するよう求めた。[4]

森林局は、それまで長きにわたり、予算の増額に失敗してきたが、一九七四年森林草地再生資源計画法は、森林局の要求を連邦議会や人びとに直接訴える好機になると考えた。森林局は、ひとたび計画と目標が認められれば、大統領はそれに資金を与えざるを得ないだろうと目論んでいた。森林局は、連邦議会が森林草地再生資源計画法に基づく計画を監視し審査するという側面を重視せず、出資代替案の費用効果分析に力点がおかれるという点も十分に考慮しなかった。それゆえ森林局は、同局による長期計画策定と予算獲得の試みである「将来のための環境計画(Environmental Plannings for the Future)」が除幕される直前であったにもかかわらず、森林草地再生資源計画法を歓迎した。森林草地再生資源計画法は、森林局に対し、計画と査定を準備する経費として二〇〇〇万ドルまでを認めた。広範囲にわたる計画策定と住民参加(public involvement)の試みには巨額を要することを、連邦議会がはじめて認めたのである。同法は、蓄積・分析された資料の有用性を高く評価するものであった。同法は、管理計画の影響に関するより多くの情報があれば、木材や他の商品に対する需要は、快適さや環境の質といった価値とうまく均衡をとることができると仮定していた。しかし実際には、資料を集めて分析するだけでは、対立を解決することはできなかった。[5]

一九七五年一二月、一九七四年森林草地再生資源計画法に基づくはじめての計画と査定の書類が、大統領に届けられた。森林局は、「将来のための環境計画」を策定したものの、その査定が求めていた特定の資料はあまりにも広範であり、短期間に精査することはできなかった。そのため、それらの書類には、相当な努力のあとが見られたものの、多くの基本的な欠点も含まれていた。(6)

森林草地再生資源計画法は、結果的に森林局の歳出予算を増加させた。一九七七年に大統領が提案した予算は、森林草地再生資源計画法の計画よりも五億ドル少なかったが、上院と下院が十分な追加をした。最終的な法案は、カーター大統領(Jimmy Carter, 1977-81)の提案――すなわち森林草地再生資源計画法レヴェルの八五%――よりも約二億五〇〇〇ドル多い予算を規定していた。しかし連邦議会は、カーター大統領が、森林局が使えるだけの予算を使うことを認めた点を批判した。結局、同局の計画には、森林草地再生資源計画法レヴェルの八一%の資金が与えられた。(7)

森林局は、一九七四年森林草地再生資源計画法が規定する全国計画を、「上意下達(top-down)計画」として実行した。これは、まず連邦政府が国有林の長期管理計画を策定し、伐採木材量、植林面積、供給すべきレクリエーション施設、原生自然として保存すべき未道路地域面積などの目標を設定し、これを八つの地区事務局(regional offices)が各地区の個々の国有林で実現するという方式であった。(8) しかし森林局は、全国計画に各地の国有林をしたがわせるのではなく、各地の国有林ごとに管理計画を策定すべきである、との批判を受けた。

(1) An Act To provide for the Forest Service, Department of Agriculture, to protect, develop, and enhance the productivity and other values of certain of the Nation's lands and resources, and for other purposes, Aug. 17, 1974, Pub. L. No. 93-378, 88 Stat. 476 ; Samuel Trask Dana & Sally K. Fairfax, *Forest and Range Policy : Its*

Development in the United States 323 (2d ed., McGraw-Hill Publishing Company 1980).

(2) Dana & Fairfax, *supra* note 1, at 324. 森林局に対して優先利用を求めていたのは、木材業界だけではなかった。森林経済学者たちは、公的な資金および資源を能率的に利用するには、管理(方法)を変えなければならない、と主張した。これらの主張の多くは、木材的価値と環境的価値の間で高まりつつあった対立を改善するための勧告をすることを目的としてニクスン大統領(Richard Milhous Nixon, 1969-74)によって設置された、木材と環境に関する大統領諮問委員会の一九七三年報告書のなかに含まれていた。ここで注目すべきは、この大統領諮問委員会の勧告のうちの三つである。すなわち、(一)西部地域における国有林産木材の収穫(伐採)は、十分に拡大(増量)されるべきであり、老齢林(old growth)の伐採は五〇%から一〇〇%に増加すべきである、(二)森林管理への投資(出資)は、経費と投資を予想収益に結びつけるために、健全(正常)な経済概念と一致させるべきである、(三)原生自然地域または他の制限的利用指定地域以外にある商業用森林地域は、木材生産地に指定されるべきである(PAPTE, 3-5)。この大統領諮問委員会の報告書は、さらに、全国的な森林開発のための確固たる長期計画を作るよう勧告したが、これはその一年後に可決されることになる法律の条項を漠然と示唆していた。しかし、この大統領諮問委員会の報告書は十分には理解されなかった。すなわち、その政治上の思潮は、木材業界や木材伐採を支持すると思われる概念には適していなかったのである。報告書は、ウォーターゲート事件(Watergate scandal)を理由に、一九七五年、ニクスン大統領らにより葬り去られた。しかし連邦議会は、連邦議会もまた予算責務を請け負う組織(機構)を求めていたため、森林局の経費基盤に関する大統領諮問委員会の批判に応じた。環境保護論者も、なお一層の行政機関の活動を促すひとつの方法として、報告書の予算に関する勧告を支持した。森林草地再生資源計画法の背後にあった圧力は、木材業界主導のものであったが、法案が、計画策定および資源政策法へと発展すると、環境保護論者はこれを支持した。

一九六四年原生自然法(Wilderness Act of 1964 (78 Stat. 890))、一九六八年原生景勝河川法(Wild and Scenic Rivers Act of 1968 (82 Stat. 906))、および一九六八年国有街道制度法(National Trails System Act of 1968 (82 Stat. 919))の執行にともない、多くの国有地は木材の伐採制限を受けた。処分留保された土地の大半は、最低限の木材的価値しか有していなかった。しかし木材業界は、現存地域における木材管理資金を増額するよう連邦議会に求めた。一九六九年、木材業界は、木材供給法(Timber Supply Act)の制定を求めた。木材供給法とは、伐採量を最低限にするよう命じ、長期的全国計画を規定する法律であった。この計画は、全国的な木材供給との関係を認識した判断枠組みのなかで、たとえば原生自然という土地利用指定に関する包括的政策を作ることを目的としていた。国有林のための長期的全国計画という考えは、全国中心計画を良しとする当時のヒューバト・ホレイショウ・ハンフリ(Hubert Horatio Humphrey)上院議員(ミネソタ州選出)の目にとまった。ハンフリ議員は、その計画は、森林局に対する明確な長期命令を規定するひとつの方法であると考えた。森林局は、長期的資源目標を五年間の予算と結びつけることは、安定した資金を確保するまたとない好機であると考えた。John B. Loomis, *Integrated Public Lands Management : Principles and Applications to National Forests, Parks, Wildlife Refuges, and BLM Lands* 44 (2d ed., Columbia University Press 2002).

(3) An Act To provide for the Forest Service, Department of Agriculture, to protect, develop, and enhance the productivity and other values of certain of the Nation's lands and resources, and for other purpose, Aug. 17, 1974, Pub. L. No. 93-378, 88 Stat. 476. 森林草地再生資源計画法が求める分析のなかでも、とくに重要なのが、生産高に関する需要と供給の定量化と費用効果分析である。森林草地再生資源計画法第八章は、この新しい法律の精神をもっともよく示している。「報告書は、関連する費用と効果の適切な測定を含むものとする。評価(evaluation)は、経済的要因と環境の質的要因とのつり合いを査定するものとする。プログラムの利益(benefits)は、審美性、一般大衆による接近、野生生物生息地、原生自然のレクリエーション利用などの環境の質的要因と、再生可能資源への返還割合などの経済的要因を含むが、必ずしもこれに限定されるわけではない。」Dana & Fairfax, *supra* note 1, at 325; John B. Loomis, *Integrated Public Lands Management : Principles and Applications to National Forests, Parks, Wildlife Refuges, and BLM Lands* 38-39 (Columbia University Press 1993).

(4) 連邦議会は、大統領の計画を受け入れるか修正するかを選択しなければならず、また大統領は、すでに認定した政策から逸脱する予算要求であってもすべて擁護しなければならなかった。これは明らかに、連邦議会が二つの目的を達成しようと試みたものである。すなわち第一に、植林または他の目的のために配分された資金を大統領が没収するのを防ぐこと、第二は、あらゆる需要、供給、および生産力に関する長期計画に基づく明確な一連の管理目標のための森林局の予算要求に、森林局を強いて縛りつけることである。Dana & Fairfax, *supra* note 1, at 324-325.

(5) ibid., at 325.

(6) 第一に、もっとも明らかな点として、その計画は査定と同時に準備されたものであり、査定に基づいた内容になっていなかった。こうして、驚くべき数の代替案が分析されたが、資源基盤は生産上有限の要素としてはあつかわれなかった。森林局は、同局により多くの予算があれば、より多くの生産が可能である、と考えていた。管理の厳しさとその収益は、土地のもつ能力ではなく、単に予算額と関連づけて考えられていた。第二に、管理上の選択肢を査定する際、森林局は予算を修正するにすぎなかった。伝統的な投資計画の背後にある仮定は、まったく改められなかった。とりわけ森林局は、すべての地域において成長量を最大限にすること、または老齢林を徐々に利用することに専念する費用(または委託費用)を分析しなかった。第三に、その計画は、地区、地域、および地区計画の付加的編纂物ではなかった。全国目標は、特定地域における活動に拘束されていなかった。最後に、国有林管理計画は、他の土地所有計画と連関していなかった。森林局は、同局の目標を、州や他の連邦行政機関や私的部門が有する土地計画の目標と関連づけることを拒否した。これらの点は明らかに不適当であり、重大な論評と批判の的となった。Dana & Fairfax, *supra* note 1, at 326.

また森林局は、新たな計画策定プロセスを、より多額の予算を獲得する手段と期待していたが、容易には実現しなかった。ホワイト・ハウス内の主要な予算監査係である管理予算局(Office of Management and Budget/OMB)は、森林草地再生資源計画法文書の発表に手間取った。その後、大統領の干渉を経て、報告書が発表された。しかしフォード大統領(Gerald Rudolph Ford, 1974-77)は、将来の予算選択権を排除してしまうほどの強硬策をとることは望まなかった。一九七六年三月二日に発表されたフォード大統領の温和な政策声明は、レクリエーションが普及したことと、森林局の予算は他の国家的な優先事項と均衡を保つべきであるということを強調したにすぎなかった。一方、連邦議会は、一年以上も行動を起こさなかった。森林草地再生資源計画法文書の草稿が発表された二年後の一九七七年夏、下院森林小委員会(subcommittee)が公聴会を開いた。二〇〇名近くの利害関係者の陳述を反映したその報告書は、森林局に対し、とりわけ住民参加に力を入れるよう求めていた。この助言は、森林局が一九七九年と一九八〇年が期日であった査定と計画を準備するための同局の計画を公開してから、四カ月後のことであった。Ibid., at 326.

(7) 平均より下回り、十分な資金を得られない計画もいくつかあった。たとえば野生生物計画は、提案された計画の六〇%しか資金を得られなかった。全米野生生物基金(National Wildlife Federation)は、カーター大統領と管理予算局は、森林草地再生資源計画法が規定しているところの、計画からの逸脱を弁明する文書形式の声明をしていないと訴える訴訟を提起したが、敗北した。George Cameron Coggins, Charles F. Wilkinson & John D. Leshy, *Federal Public Land and Resources Law* 712-713 (5th ed., Foundation Press 2002). この訴訟は、森林草地再生資源計画法の予算関連条項には一定の限界があることを反映している。森林草地再生資源計画法が求める手順は、行政機関固有の計画策定と予算組みに関する机上事務を非常に複雑化した。行政機関は、公的資源への投資を引き受けることに要する費用をめぐる議論を長い間避けてきた。

しかしこのことは、制度が改良されるにつれ、より困難となった。この手順がもたらすおもな結果は、当分の間は予想できないとしても、利害関係団体に新たな攻撃の的を与えることになろう。もし同法の目標が、重要な計画の基準や指針をあらわすなら、木材関係者は、森林局の土地と資源を彼らが利用する正当性を得るだろうし、原生自然の擁護者は、おそらく相当面積の事実上の原生自然を失うことになろう。森林草地再生資源計画法の真の影響は、計画策定、予算組み、および同法に基づく訴訟が進行し、またマノンガヒーラ判決と関連して可決された法律の修正法が施行され、裁判所による審査を受けて、はじめて判明するのである。Dana & Fairfax, *supra* note 1, at 327.

(8)　この上意下達の手法は、第一回目から第三回目の森林草地再生資源計画法プログラムで用いられたが、第四回目の森林草地再生資源計画法プログラム(一九九〇年)では、地方で策定した森林計画を森林草地再生資源計画法プログラムに反映させる、「下から上へ(from the bottom up)」の手法をとるものが出現した。Loomis, *supra* note 2, at 46.

第四節　一九七六年国有林管理法の制定

一　皆伐論争とマノンガヒーラ判決、森林局の敗北

国有林は、一九六〇年多目的利用・持続的収穫法(Multiple-Use, Sustained-Yield Act of 1960/MUSY (74 Stat. 215))と一九七四年森林草地再生資源計画法(Forest and Rangeland Renewable Resources Planning Act of 1974/RPA (88 Stat. 476))に基づき、多目的利用・持続的収穫原則のもと、管理計画にしたがって利用・管理されるはずであったが、戦後の木材需要の高まりはかげりを見せず、その伐採量は相変わらず増え続けていた。とくに一九六〇年代から一九七〇年代にかけては、森林伐採の機械化・広範囲化が進み、各地の森林で

大規模な皆伐が行われた。

皆伐問題は、環境保護団体の呼びかけにより全国的な関心を巻きおこし、一九七四年には上院内務委員会国有地小委員会で皆伐に関する公聴会が開催された。委員会は、深刻な環境上の損害がない限り、伐採面積・間隔、自然地形との調和に制限を設けつつ、皆伐を容認すると結論づけた。森林局(Forest Service)は、木材売却手続のなかに、伐採面積を四〇エーカーに制限し、景観に配慮するとの条項を盛り込むことで、皆伐に対する批判をかわそうとした。しかし、すでに売却され伐採が進行中の森林については計画が見直されなかったため、環境保護団体は、ウエストヴァージニア州マノンガヒーラ国有林(Monongahela National Forest)における皆伐の差し止めを求める訴えを提起した(West Virginia Division of the Izaak Walton League of America, Inc. v. Butz, 367 F. Supp. 422 (N. D. W. Va. 1973), *aff'd*, 522 F. 2d 945 (4th Cir. 1975))。ウエストヴァージニア州エルキンズ(Elkins)地区連邦地方裁判所と第四地区連邦控訴裁判所は、原告の主張を認容し、「この複雑で議論の多い問題を解決する適切な場は、裁判所ではなく、連邦議会である」と述べ、皆伐問題を立法によって解決するよう促した(1)。

二　一九七六年国有林管理法の制定

連邦議会では、森林草地再生資源計画法案をめぐる議論のさなかに下されたウエストヴァージニア州エルキンズ地区連邦地方裁判所の判決を受け、森林局による国有林管理のあり方を根本から見直すべきであるという声が高まった。ジェニンズ・ランドルフ(Jennings Randolph)上院議員(ウエストヴァージニア州選出)は、国有林の皆伐制限、単一管理の禁止、未成熟木の伐採制限などを求める法案を上程した。ウエストヴァージニア州エルキンズ地区連邦地方裁判所での勝訴を立法につなげたい環境保護団体は、ランドルフ法案を支持した。一方、ヒューバト・ホレイショウ・ハンフリ(Hubert Horatio Humphrey)上院議員は、ランドルフ法案よりも制約の少ない法案、すなわち皆伐を明確に禁止する規定はおかず、木材管理を森林局の土地管理計画の一部に組み入れ、農務長官がその指針を定めることなどを求める法案を提案した。木材業界はハンフリ法案を支持した。フォード大統領(Gerald Rudolph Ford, 1974-77)は、いずれを支援する態度も表明せず、それゆえ森林局も自身の提案を一切行わなかった。アメリカ森林協会(Society of American Foresters)はこの議論に積極的に加わり、さまざまな提案の技術的側面を連邦議会の委員会が検討するよう助言した。こうしたアメリカ森林協会の関与は、森林政策の政治的・社会的局面を専門的に考慮する新しい時代の到来を示唆するものであった。

連邦議会における審議では、行政機関は国有資源管理の裁量権をどの程度保持すべきかという点、および、衰退しない規則正しい流量(nondeclining even flow)、種の多様性、循環樹齢(rotation age)、皆伐問題、ふち(へり)地域に関する条項をめぐる議論が交わされた。審議は迅速に進み、一九七六年一〇月に国有林管理法(National Forest Management Act of 1976/NFMA (90 Stat. 2949))が成立した。同法は、ほぼハンフリ法案を反映し、かつ一九七四年森林草地再生資源計画法に実質的な追加をする内容であった。

三　一九七六年国有林管理法の内容と評価

一九七六年国有林管理法は、一九七四年森林草地再生資源計画法が定めた計画策定の手順を修正し、森林管理規則(regulation)を強化するよう求めた。この新たな規則は、一九八五年までにすべての計画に反映することとされた。さらに同法第六条は、農務長官に対し、二年以内に国有林計画策定のための基準と指針(guideline)を定めるよう命じた。とくに、農務長官が伐採方法の指針を定めるに際しては、一切の伐採方法から恒久的または重大な環境損害が生じてはならないことの明示、土壌・斜面・その他の水源への不可逆的な損害の防止、五年以内の伐採地への植樹、水源・湖沼・湿地の水温変化からの保護、水質・魚類の生息に悪影響を与える障害物の禁止、および「最大の金銭報酬または木材の最大の産出は、伐採方法を選択する際の基準たりえないこと」などの目標を達成するための基準を示すことが求められた(Section 6 (g)(3)(E), 90 Stat. 2954 (1976))。(2)

一九七六年国有林管理法第六条には、主要な論点である皆伐、種の多様性、ふち(へり)地域、および循環樹齢に関する規定がおかれた。しかし、それらはいずれも「実際的な程度まで」、「多目的利用目的と適合するように」、および「適切な要素を考慮しながら」といった文言により、一貫して限定的なものにとどまっている。また連邦議会は、森林管理におけるこれらの重要事項を定義するにあたり、農務長官に広範な裁量権を与えた。

皆伐可能な地域について、一九七六年国有林管理法第六条(g)(3)(F)は、(一)皆伐こそが土地管理計画の目標と要求に適合させるための最適な方法であると決定される地域、(二)農務長官の決定による学際的再調査が完了しており、公示済み各売却地におよぼす可能性のある環境上、生物学上、審美上、工学上、および経済上の影響が査定されており、かつ当該売却が一般地域の多目的利用と相矛盾しないような地域、(三)伐採を行う区画(blocks)、小区画(patches)、および細長い土地(strips)が、実際的な程度まで、自然地形と適合し調和している地域、(四)一度の収穫で伐採しうる地域の最大面積が、すでに地理的地域、森林形態、または他の適切な土地利用区分により確立されている地域、および(五)皆伐が、土壌、分水嶺、魚類、野生生物、レクリエーションや審美的資源の保護、および木材資源の再生と両立する方法で遂行される地域、に限り皆伐が可能である、と定めた。つまり同法は、具体的な皆伐指針を規定することにより、条件つきで皆伐を認めたのである。こうして長年の皆伐論争は、行政機関に一定の裁量権を与えることで一応の決着がついた。

種の多様性について、一九七六年国有林管理法第六条(g)(3)(B)は、(一)多目的利用目標の全体に適合させるために、特定地域の適合性および能力を基盤とする動植物共同体の多様性を整えるような指針、(二)この条項にしたがって採用された土地管理計画の多目的利用目標のなかで、妥当かつ実行可能な範囲内において、当該計画による制約を受ける地域内に存在するものと類似した樹木種の多様性を保存するのに用いられる手順を整えるための指針、を策定するよう求めた。

ふち(へり)地域の問題について、一九七六年国有林管理法第六条(K)は、一九七四年森林草地再生資源計画法を修正し、農務長官に対し、計画策定の際には物理的、経済的、および他の実現可能な範囲内の要素を検討し、木材生産に適さない地域を特定するよう命じ、さらに、ふち(へり)地域においては一切の木材収穫が一〇年間行われないこと、およびふち(へり)地域を一〇年ごとに再審査すること、を定めた。(3)

循環樹齢について、一九七六年国有林管理法第六条(m)は、農務長官は「国有林制度全体の立木が、収穫前の段階で、一般に、長官の裁量で決定した最高体積または他の方法に基づいて計画される年間平均成長の最高点に到達したかどうかを評価する基準を確立しなければならない、ただしこれらの基準は、健全な植林実務の利用を妨げないことを条件とする」と定めた。(4)

一九七六年国有林管理法第一一条は、衰退しない規則正しい流量を定める。衰退しない規則正しい流量とは、下方へ変動(下落)することなく永久に持続的に収穫できるよう木材を収穫する原則である。これはドイツを起源とする森林管理概念のひとつであるが、木材業界に不利な影響を与えかねない理論であった。そのため、見方によっては莫大な商品価値に相当する大量の老齢林(old growth)を擁し、地域経済が木材産業に依存している太平洋沿岸北西部および北ロッキー山脈西部(Northern Rocky Mountains West)では、大きな社会問題となった。(5)

連邦議会における法案審議では、衰退しない規則正しい流量政策に関するさまざまな見解が紹介された。森林局と自然保護論者は、衰退しない規則正しい流量政策の継続的支持を求める法的命令を訴えた。一方、木材業界と経済学者の多くはそれに反対した。結局連邦議会は、森林局の立場を支持し、一九七六年国有林管理法には、「農務長官は、各国有林からの木材売却〔量〕を、持続的収穫の原則に基づいて毎年永久的に当該森林〔国有林〕から移動〔伐採〕することが可能となる量と同量か、またはそれ以下の量に限定するものとする」と定められた。国有林管理法は、持続的収穫原則の定義を引用することにより、ある程度の柔軟性を示しているが、同法の条文は連邦議会が森林局の立場を支持したことを明確に意味している。しかし、救済伐採(salvage cut)と衛生伐採(sanitation harvesting)は、当該条項の適用範囲から除外され、多目的利用原則という目標に適合させるため、一〇年計画からの逸脱が認められた。さらに毎年の売却総量は、その平均量が計画に適合する限り、数十年以内で多少変化してもかまわないこととされた。

なお連邦議会は、これらの条項の曖昧性が、規則制定過程で解消されることを期待していた。行政手続法がすべての規則制定を対象とする基本ルールを確立しており、行政機関は規則を通じて国有林管理法上の広範囲な命令を明らかにすることになっていたからである。(6)

一九七六年国有林管理法が、学際的計画策定を採用し、「学際チーム(interdisciplinary team)」による研究に重きをおいたことは重要である。一九七四年森林草地再生資源計画法は森林局に対し、その計画策定において「物理学的、生物学的、経済学的、およびその他の科学的観点から総合的に検討するため、組織だった学際的アプローチ」を用いるよう命じた。この指令は、国有林管理法によって一層明確化された。国有林管理法第六条(f)は、それぞれの国有林計画は「学際チーム」によって準備されるものと定めた。また、皆伐は農務長官が個々の売却地の「環境上、生物学上、審美上、土木工学上、および経済学上、可能性のある影響」に関する学際的な査定(assessment)を終了した地域においてのみ許される、と規定された。[7] そのほか国有林管理法では、木材廃棄物の活用、州と郡への利益配分、入札制度の改革なども規定された。[8]

（1）畠山武道『アメリカの環境保護法』三〇三頁（北海道大学図書刊行会・一九九二年）。

（2）An Act To amend the Forest and Rangeland Renewable Resources Planning Act of 1974, and for other purposes, Oct. 22, 1976, Pub. L. No. 94-588, 90 Stat. 2949. 同条項の邦訳は、畠山・前掲書（注1）三〇五頁による。

（3）この条項は、条件（制限）と例外の多い条項である。環境保護論者、産業界の代表者、ボル(Bolle)報告書、木材と環境に関する大統領諮問委員会(Advisory Panel)、および森林局外の経済学者が主張する、「森林局はすべての地域において森林管理の実践を試みており、公益に奉仕（貢献）していない」、という批判は、核心をついている。産業界は、おそらく、森林局による木材管理地域の指定と、同局が木材管理資金をどこに投入するかという点に関心を抱いていた。かたや環境保護論者は、長い間、再生されえない虚弱な場所での伐採に反対してきた。しかし森林局は、土地が不足していた一八世紀のドイツから導入した憶説や哲学にとらわれており、その考えを容易に変えようとはしなかった。

（4）この条項は、救済伐採と衛生伐採、および「森林の多目的利用に対する考慮が払われた後の」当該基準の例外についても定める。この条項の最大の可変性は、資格(qualify)、但書き、および例外にあるのではなく、年間平均成長の計算方法を選ぶことができる農務長官の裁量権に由来している。たとえば、用いられた体積の単位、および仮の利用基準によれば、一二〇クラス地域のパンダロウサ(pondersa)松（北米西部産のマツの一種）の循環樹齢は、三九年間から一〇七年間に変化すると推測されていた。Samuel Trask Dana & Sally K. Fairfax, *Forest and Range Policy: Its Development in the United States* 330-331 (2d ed., McGraw-Hill Publishing Company 1980). 以上、四つの主要な論点はいずれも国有林管理法第六条に関するものであり、ランドルフ法案の審議過程でたびたび議論された。

（5）よく繁茂し急激に成長する樹木が含まれているような、十分に貯蔵された樹木からなる管理森林からの持続的収穫は、貧弱な貯蔵状態にあり少しも成長していない樹木によって占められていることを理由に事実上広大な地域が生産地域から除外されている非管理森林からの持続的収穫と比較すると、明らかに量が多い。しかし老齢林が収穫され、その後の循環のなかで持続可能と思われる生産力の一部として、残存樹木の収穫が計画される場合は、長期にわたって持続可能な収穫という、結果的に誤って誇張された図式が生じる。管理型森林への転換期に老齢林を売買すると、このような問題が発生するおそれがあり、これこそが衰退しない規則正しい流量概念をめぐる論争の核心であった。

衰退しない規則正しい流量概念は、持続的収穫原則による森林管理を明確化したものである。持続的収穫原則は、一九六〇年多目的利用・持続的収穫法をめぐる議論ではさほど論争にならなかったが、「土地の生産性を損なうことなく、国有林の多様な再生可能資源の豊かで定期的な生産高を達成し維持するよう」命じる。持続的収穫原則における衰退しない規則正しい流量概念は、豊かな生産高の達成または定期生産計画に固有の柔軟性を認めない。衰退しない規則正しい流量概念は、上向きの動向が認められ永久に増加を維持することができるときに限り柔軟性を認める。衰退しない規則正しい流量はむしろ、「伐採(量)イコール生産(量)」という大ざっぱな考え方に基づいており、毎年の伐採(量)を永久に減少させないようにしつつ、現状で達成可能な成長(量)と等しくなるように伐採することを求める。この収穫予定制度は、収穫技術の変化や他の土地の木材利用、価格、および供給、または森林地に関する公的価値を考慮しない。衰退しない規則正しい流量とは、変化しない物理的容量である。

森林局は、同局が木材に依存する地域社会において経済的安定性を維持する責務を有していることを理由に、この硬直した態度を正当化した。同局は、保全の時代にあっては管轄森林地の生産性を十分に引き出せなかった、と主張した。同局は、保全時代の終盤に発覚した木材供給の失敗を繰り返さないよう、現在の収穫量を将来の管理された森林から伐採が許容されると考えられる量に抑えても、現在の流量(flow)においては老齢林への影響を最小限に抑えることは不可能である、と結論づけた。同局は、将来の伐採量を、現在の状況と技術に基づいて見積もったのである。同局の衰退しない規則正しい流量政策は、ゆっくりと管理型森林へ移行し、時間をかけて老齢林を収穫しようとした。収穫の減少は許されず、老齢林を加速度的に伐採して収穫増加を図ることはできなかった。

森林局は、共同体の安定を保証するには、衰退しない規則正しい流量政策が不可欠であると主張した。同局の主張の根拠は、第一に、安定は、たとえば共同体の経済基盤の成長、多様化、または再方向づけなどとは対照的な、一般に認められた目標であること、第二に、同局はこの目標に寄与するよう命じられており、かつそのための能力を有していること、第三に、連邦所有地から多量の木材を規則正しく生産することは、この目標に寄与しうると考えられること、であった。そうした目標、命令、またはその目標を達成するための能力の妥当性などに関する仮定は、いずれも実際に作用する仮説としては受け入れられなかった。しかし、より重大なことは、すべての供給者(supplier)が同一の誓約(commitment)に拘束されるかまたは森林局が唯一の供給者でない限り、ある地域でひとつの規則正しい流量を生産することは決してない、という点である。たとえば、産業地域から利用(伐採)可能な木材が減少しているときに、森林局が一定の残存木材を伐採するならば、それは、地元製材工場への安定的供給をもたらすものではなく、むしろ同局が表向きに回避しようと努めているところの流量の減少をもたらす。森林局の誓約は、世紀の変わり目まで、産業地域からの流量が激しく減少していた北西部において、とくに問題となった。

衰退しない規則正しい流量政策には、多くの熱烈な支持者がいた。彼らの支持は、まず、老齢林の収穫を減速または一時休止したいという願望に由来する。環境保護論者と自然保護主義者は、老齢林は原生自然保存地域(wilderness preserves)のなかに手付かずで残すか、または生態系への損害を防ぐために時間をかけて収穫すべきである、と主張する。老齢林の急速な伐採は、製材工場の許容量を窮地に陥れ、木材および木製商品の市場に供給過多を生じさせるため、これを支持する者はいない。しかし木材業界は、衰退しない規則正しい流量政策は国有林における現在および将来の生産性を人為的に制限するものであるとして、一般的にこれに反対する。木材業界は、老齢林が伐採され、高度な持続的収穫が可能な、より生産力のある管理型樹木によって取って代わられることを望んでいる。木材業界は、将来の収穫が増加するという予想に基づいて、現在の伐採量の計算をすることを好むからである。さらに経済学者は、衰退しない規則正しい流量政策は公的資源(public resources)の誤った配分を引きおこすことになると警告する。価値ある公的貯蔵(public stock)が、腐敗したり、焼けたり、昆虫によって破壊されるままに放置されており、その量は年間六〇億ボード・フィート(board feet)にのぼるという。また、成長樹木に植え替えるべき非生産的な地域も、なおそのまま維持され続けている。さらに経済学者は、衰退しない規則正しい流量政策は、森林局が同局の木材管理予算要求に対する高い利益(return)を人為的に示すことのできる異常な状況を永続させるので、森林局は衰退しない規則正しい流量政策を好むのだ、と主張する。こうした状況を作り出しているのは、「許容される伐採の影響」(allowable cut effect)である。森林局は、ひとつの計画単位のなかに、老齢林地域と貧弱貯蔵地域を組み合わせることで、貧弱貯蔵地域における投資に対する利益を人為的に膨張させることが可能となる。この場合、投資による収穫の対象物とされた老齢林の現在の価値が、投資に対する利益計算の基準として用いられる。たとえば、一エーカーの老齢林を収穫し、用地準備と再植林に三五ドル投資する場合、三五ドルに対する利益を当該老齢林の収穫面積の売却価格に基づいて査定すれば、あたかもその投資が真に価値あるものと思われるような結論を出すことができる。経済学者は、投資の結果生ずる将来の成長量の将来の価値こそが、投資による利益を計算する際の、確実で代表的な基礎となると主張する。しかし森林局は、組織機能を向上させ、森林管理に対する投資の明白な価値を高め続けるため、老齢林を長期的に保留・維持し続けたいのである。老齢林は、衰退しない規則正しい流量政策を通じてより大きな予算を獲得するための道具として保持されているのである。

(6) 行政手続法は、行政機関に対し、規則を通じて当該行政機関が自身の権限をどう解釈するか、そして当該行政機関はどのように法律にしたがおうとしているかを、直接の利害関係者と他の利害関係者に対して通告するよう命じた。さらに行政手続法は、行政機関に対し、規則制定(regulation writing)または規定制定(rule making)の時期を一般大衆に通知し、提案にかかる規定(rules)に対して意見を述べる機会を一般大衆に与えるよう命じた。一般大衆からの意見を受け、査定するための十分な期間——大抵は、非常事態を除いて九〇日以上——を経ると、当該行政機関は法的拘束力を有する最終規定(final rules)を公表することができる。通常、通知と提案にかかる規則は、『連邦行政命令集(*Federal Register*)』で公表される。さらに一九七六年国有林管理法は、慣習的な行政手続法の「通告して意見を求める(notice-and-comment)」規則制定の手続とは別の、国有林管理法に基づいて公布された規則の技術上の可能性(技術的に可能かどうか)を再審査する科学者委員会を設置するための詳細な規定をおいた。森林局は、規則を公布することに加えて、新しい規則に沿ったマニュアルも作らなくてはならない。

規則に基づいて行われる行政機関の行為は、すべて典型的には三つの理由のうちのひとつ、またはすべてに基づいて裁判で争うことができる。第一に、当該行為または当該行為を正当化する規則が、国有林管理法で認められているか否か、第二に、当該規則または行為が、国有林管理法が認める裁量権を濫用したものであるか——つまり専断的かつ恣意的であるか、第三に、専門的手続を経ずして当該規則を策定したか否か、である。なお農務長官が法律に定める裁量を誤って解釈または運用したと訴えるためには、長官の手法が法律に照らして明らかに許されないものであることを証明しなければならない。

(7) 学際的アプローチは、一九六九年国家環境政策法(National Environmental Policy Act of 1969/NEPA (83 Stat. 852))ではじめて立法化された概念であるが、土地管理技術の定義と再生可能資源管理者の訓練の前提が、途方もなく大きく変化する前兆を示すものである。多くの森林学校では、一九六〇年代後半から一九七〇年代前半に、環境保護論者からの要望を受け、森林学部(School of Forestry)を森林・環境研究学部(School of Forestry and Environmental Studies)へと変更した。しかし原生地域(wildlands)の利用者が多様化し続けた時代にあって、学部名称を変更するだけでは不十分であった。学際チームは、森林・草地管理計画の社会的、文化的、歴史的、審美的、経済的、および他の重要性を認識するために設立された組織であった。森林および草地の管理者は、多種多様な学問分野に基づく将来的見通しを正確に認識し、かつ意思決定権限(decision-making authority)を学際チームと共有するよう命じられる。これは現場における仕事の機会と雇用の優先順位に影響を与える。これらの条項は、今後、資源管理の専門的技術概念を完全に変更してしまう可能性を有している。

（8）第一に、一九七六年国有林管理法第三条は、一九七四年森林草地再生資源計画法を修正し、森林局に対し、アセスメントに、追加的繊維(fiber)の可能性に関する報告書を含めるよう命じた。それは、死木、倒木(down trees)木材と製材所の廃棄物をこれまで以上に利用すること、および売却制度と市場などの契約条項の変化を求めていた。さらに森林局は、都市部における木材廃棄物と木材生産物の再利用についても研究するよう命じられた。第二に、国有林管理法第一六条は、州と郡への利益配分を規定した。第一六条は、木材収入のうち州が受け取る分を、純収益の二五％から総額の二五％へと変更した。第一四条(i)は、二万ドルまたはそれ以上と見積もられる費用を必要とする永久的道路のすべてを森林局が建設するかどうかの選択の自由を規定し、零細経営者による連邦所有木材に対する入札を支援している。第三は、従来の木材購入における欺瞞的な入札制度の改善である。国有林管理法は、農務長官は「入札における欺瞞的慣行を除去するのに妥当であると彼が判断する行動をとる」ものとし、「さもなくば農務長官が記名によると判断する地域を除き、すべての売却において無記名入札(sealed bidding)をするよう求めること」ができる、と規定した。一般に零細木材業者は口頭による競売を好む。零細木材業者にとり、提供できる代案は限られており、一回限りの文書による入札では必要な木材の確保が困難な場合があるからである。木材業者は、多くの小規模な地域社会の経済的安定にとり口頭入札制度は欠くことのできない制度であると主張しており、森林局もそれを十分承知していたが、無記名入札を選択する余地も規定した。ただし、連邦議会の要求に応えて、予備的規則(preliminary regulations)も書き加えた。すなわち、国有林の木材量の四九％の口頭入札を地域社会に助成することを定めていた。これは大議論を巻きおこし、のちに連邦議会は、国有林管理法を改正せざるを得なくなった。

第七章　内務省土地管理局の誕生と新たな使命（一九四六年―一九七六年）

第一節　土地管理局の誕生

一　一般土地局と放牧局の時代

現在、合衆国において最大面積の国有地を管理しているのが、内務省土地管理局(Bureau of Land Management/BLM)である。土地管理局は、一九四六年に、内務省一般土地局(General Land Office)と内務省放牧局(Grazing Service)を合併して設立された。[1] 一般土地局は、一八一二年、法律に基づき財務省(Department of the Treasury)のなかに設置された行政機関である。[2] 一般土地局は、土地測量を指揮し、国有地上での売却、登録(entries)、処分留保(withdrawals)、保護区(reservations)、および賃貸手続と記録を管理するなど、国有地全体に対する第一位の管轄権を有していた。すなわち、国有地の管理に関する基本的事務の一切を任されていたのであり、国有地に関する種々雑多な法律の執行、国有地の処分(譲渡・売却)、自作入植の手続、および関連記録書類の保管などを主たる業務としていた。(3) 現在、農務省森林局の管轄下にある国有林も、かつては一般土地局によって管理されていた。(4)

一般土地局は、一九二〇年鉱物リース法(Mineral Leasing Act of 1920 (41 Stat. 437))の可決後、さらに重要な任務を負うこととなった。同法は、試掘許可(prospecting permits)の発行、および鉱物リースを競売にかけることは内務長官の自由裁量と定めていたが、実際には一般土地局が内務長官に代わってこれらの裁量権を行使したのである。(5)

土地管理局のもうひとつの前身が放牧局である。放牧局は一九三四年テイラー放牧法(Taylor Grazing Act of 1934 (48 Stat. 269))(6)に基づいて内務省に創設された放牧部(Division of Grazing)が、一九三九年の同法改正時に放牧局(Grazing Service)と改称されたものである。(7) 放牧部は、当初、国有放牧地における過剰放牧の防止、および国有放牧地の秩序ある利用、改良、開発を目的とする一九三四年テイラー放牧法を執行するための行政機関として設置された。しかし、前述のように、一九三九年の同法改正が、牧畜業者による放牧諮問委員会(grazing advisory board)を設置し、法律の執行にあたってはこの諮問委員会と協議することを放牧局に義務づけてからは、効果的な放牧管理(規制)ができなくなった。(8) また放牧局は、財政的にきわめて困難な状況にあり、本来、放牧規制対象者であるはずの牧畜業者の組織である放牧諮問委員会から資金援助を受けたため、実際には国有放牧地の規制は形骸化した。(9)

二　土地管理局の成立

一般土地局と放牧局の合併および土地管理局の新設は、一九四五年再組織法(Reorganization Act of 1945

(59 Stat. 613)[10]第二条(a)に基づき、トルーマン大統領(Harry S. Truman, 1945-53)が準備した行政再組織計画(Reorganization Plan No. 3)[11]によって行われた。一九四六年五月一六日、連邦議会に提案された行政再組織計画第四〇三条(内務省土地管理局関係部分)の内容は以下のとおりである[12]。

(a)内務省内の一般土地局と放牧局の機能を、内務省内の新たな行政機関である土地管理局に統合合併する。本条(d)款に示すその他の行政機関の機能を、内務長官に移管する。

(b)土地管理局の長として土地管理局長をおく。局長は、内務長官から指名される。給料は一年につき一万ドルとする。局長は内務長官が命じる責務を果たすものとする。

(c)土地管理局には、土地管理局準局長と、必要な人数の土地管理局長補をおく。これらの者は、内務長官から指名され、内務長官が命じる責務を果たすものとする。

(d)一般土地局、放牧局、一般土地局長事務所、一般土地局長補、放牧局長、すべての放牧局長補、地区土地事務所(district land offices)のすべての登記簿(係官)、合衆国実地調査監督官(U.S. Supervisor of Surveys)、および土地台帳土木局(Cadastral Engineering Service)として知られる実地調査局(Field Surveying Service)を廃止する。

(e)土地管理局および土地管理局の機能は、内務長官の指揮命令と支配のもとで管理される。また本条(a)款により内務長官に移管される機能は、内務長官自身により遂行されるか、または内務長官の指揮命令と支配のもとで、内務長官が選定する内務省内の官吏と行政機関により遂行されるものとする。

なおトルーマン大統領は、行政再組織計画による合併の長所について、「一般土地局と放牧局は、その管轄地と責務が一部重複しているので、合併により統一的な政策を策定することが可能となる」、「国有放牧地における草地管理の実務経験を共有することで、国有地の大規模な利用と専門技術の合理的利用が一層可能となる」、「放牧区内の土地を非放牧目的で利用する場合に必要とされる土地利用区分審査を簡略化できる」、「放牧地に関する記録が分散せず、より効果的な管理が可能となる」などの諸点をあげていた。[13] この行政再組織計画は、大幅な修正を加えられることなく承認され、内務省内に新しく土地管理局が誕生した。[14]

土地管理局は、草地の地方自治を重視するという放牧局の伝統を維持しつつ、一般土地局の時代よりも一歩すすんだ地方分権化を目指し、ワシントンＤＣ事務所、地域(regional)事務所、そして地区(district)事務所から構成される組織をおいた。[15] その後土地管理局は、アイゼンハワー政権(Dwight David Eisenhower, 1953-61)のもとでさらに地方分権化を進め、西部一一州のそれぞれに州事務所を設立するとともに、地域事務所を廃止した。一九五四年に形成されたこのワシントンＤＣ事務所・州事務所・地区事務所からなる組織構成は、現在に至るまで、ほぼそのままの形で受け継がれている。[16]

三　土地管理局の始動

土地管理局の初代局長は、経済学者マリアン・クロースン(Marion Clawson)である。クロースン局長の職務は、土地管理局に課せられた雑多な任務を、一貫性をもって遂行することであった。[17] しかし連邦議会は、土地管理局のための基本法をまだ制定していなかった。つまり土地管理局は、一九四六年六月六日の行政再組織計画の所産にすぎず、その存在すら法律で定義されていなかったうえ、依って活動すべき根拠法がなかったのである。当時考えられた土地管理局の法的責務は、従来の一般土地局と放牧局の任務を単純に合わせたもの、すなわち過去一五〇年間に可決された国有地管理に関連する三五〇〇以上の法律を、そのまま執行することであった。しかしこれらの法律は、それまでの一五〇年間に、いわば行き当たりばったりに漫然と制定されてきたのであり、一貫性はなかった。[18]かくして、誕生したばかりの土地管理局は、基本法もなく、その権限もはっきりしないまま、一九三四年テイラー放牧法や一九二〇年鉱物リース法などの、趣旨・目的の一貫しない、ときには相対立する法目的に基づき、広大な国有地を一手に管理することになった。

さらに初代局長を悩ませたのは、土地管理局の予算・人員の不足である。とくに深刻だったのは国有放牧地に関するものであり、一億四二〇〇万エーカーもの土地を抱えながら、放牧を指揮監督する人員はたったの八六名しか認められなかった。[19]また放牧関連予算の獲得にも失敗したため、職員への給料支給すら困難となり、規制対象であるはずの牧畜業者が構成する放牧諮問委員会から資金提供を受けるありさまであった。[20]その結果、当然のことながら、効果的な国有放牧地の規制は不可能となった。一方、土地管理局は、草地管理学校および専門的な草地管理団体と協力し、同局の職員を土地・草地管理専門家に育てる試みを開始した。[21]

しかしそれでもクロースン局長は、その任期中に、長年の懸案とされてきた大問題を解決へと導いた。それは、国有放牧地における家畜放牧数を、それぞれの草地の家畜扶養能力以内にまで低下させる問題である。[22]クロースン局長は、まず土壌と植生の調査を実施し、その資料に基づき家畜数を草地の扶養能力にまで減少させることを試みた。しかしこれは同時に土地管理局に対し、最終的に国有地の利用を制限するのはだれなのかという大問題を提起した。国有地の利用は、土地管理局が制限すべきなのか、土地を借りている牧畜業者自身が制限すべきなのかという問題である。[23]問題を解決するには、基本法がないため、司法判断をあおがざるを得なかった。数年にわたる裁判の結果、裁判所は、家畜扶養能力を決定する権限、およびその扶養能力に適合するように放牧特権を減じる権限が土地管理局にあることを認めた。[24]

四　レクリエーション・ブームへの対応

土地管理局が誕生したころ、合衆国は空前のレクリエーション・ブームにつつまれていた。当時の土地管理局にとり、レクリエーションに関する唯一の利用可能かつ包括的な権限は、第五章で述べた一九二六年レクリエーションおよび公共目的法(Recreation and Public Purposes Act of 1926 (44 Stat. 741))の定める内務長官権限であったが、これは包括的な土地利用および管理計画を実施するための根拠としては不十分であった。[25] そこで土地管理局は、他の多種多様な法律から権限をかき集めようと試みた。たとえば、一九三四年テイラー放牧法に基づく公共目的のために土地を利用することのできる内務長官権限、土地の上に必要な改良物(improvements)を建てることを認めることができる内務長官権限、[26] 一九〇六年古物保存法(Antiquities Act of 1906 (34 Stat. 225))に基づく考古学的遺跡を保護する権限、[27] 一九三七年O&C法に基づくO&C lands におけるレクリエーション開発を認める権限[28]などである。しかしこれらはいずれも条文の拡大解釈を求めるものであり、高まりつつあるレクリエーション・ブームに適切に対処する根拠とはなりえなかった。さらに土地管理局は、活動の根拠たる明白な権限がないことを理由に、十分なレクリエーション予算を獲得することもできなかった。このため、一九五〇年代における土地管理局のレクリエーション対策は、一般大衆、自然保護団体、およびレクリエーション団体などから支持や理解を得られなかった。[29]

(1)　土地管理局の前史については、鈴木光「国有地管理と自然保護(三)――合衆国における史的発展――」北大法学論集四八巻三号三九一―四二六頁(一九九七年)を参照されたい。

(2) An Act for the establishment of a General Land-Office in the Department of the Treasuty, Apr. 25, 1812, ch. 68, 2 Stat. 716. 一般土地局は、一八四九年、内務省を創設する法律に基づき、財務省から内務省に移管された。An Act to establish the Home Department, and to provide for the Treasury Department an Assistant Secretary of the Treasury, and a Commissioner of the Customs, Mar. 3, 1849, ch. 108, 9 Stat. 395.

(3) 一般土地局は、さまざまな法律に基づく土地処分に関する責務を負う、いわば土地記録保持組織にすぎなかった。同局は、時折、処分待ちの国有地への不法侵入者を取り締まることはあっても、積極的に土地を管理しようとはしなかった。Samuel Trask Dana & Sally K. Fairfax, *Forest and Range Policy : Its Development in the United States* 187 (2d ed., McGraw-Hill Publishing Company 1890).

(4) 国有林の前身は森林保護区(forest reserve)である。森林保護区は、一八九一年、いわゆる森林保護法の制定を機に設置された。An Act to repeal timber-culture laws, and for other purposes, Mar. 3, 1891, ch. 561, 26 Stat. 1095, repealed by 90 Stat. 2792 (1976). のちに森林保護区は、農務省森林局のピンショーの画策により、一九〇五年にその管轄が内務省から農務省に移管された。An Act Providing for the transfer of forest reserves from the Department of the Interior to the Department of Agriculture, Feb. 1, 1905, ch. 288, 33 Stat. 628. 詳しい経緯は、鈴木光「国有地管理と自然保護(二)――合衆国における史的発展――」北大法学論集四七巻四号一〇九六―一一五二頁(一九九六年)を参照されたい。

(5) An Act To promote the mining of coal, phosphate, oil, oil shale, gas, and sodium on the public domains, Feb. 25, 1920, 41 Stat. 437.

(6) An Act to stop injury to the public grazing lands by preventing overgrazing and soil deterioration, to provide for their orderly use, improvement, and development, to stabilize the livestock industry development upon the public range, and for other purposes, Jun. 28, 1934, ch. 865, 48 Stat. 1269.

(7) An Act To amend the Taylor Grazing Act, Jul. 14, 1939, ch. 270, 53 Stat. 1002.

(8) 鈴木光「国有地管理と自然保護(四・完)――合衆国における史的発展――」北大法学論集四八巻六号一六四〇―一六四一頁(一九九八年)。

(9) 連邦政府は、財源確保のため幾度も国有放牧地の放牧料値上げを試みたが、牧畜業者の反対でいつも失敗に終わり、放牧局の予算、職員数、放牧事務所数は減り続けていた。John B. Loomis, *Integrated Public Lands Management : Princi-*

ples and Applications to National Forests, Parks, Wildlife Refuges, and BLM Lands 58 (2d ed., Columbia University Press 2002).

(10) An Act To provide for the reorganization of Government agencies, and for other purposes, Dec. 20, 1945, Pub. L. No. 263, ch. 582, 59 Stat. 613.

(11) President's Reorganization Plan No. 3 of May 16, 1946 (60 Stat. 1097); Executive Reorganization No. 3 of June 6, 1946. 行政再組織(reorganization)とは、「連邦の行政活動の効率化をはかるため、大統領が行政機構の改編、行政機関の統廃合、行政機関の権限の変更・統廃合、行政機関とその長の名称の変更などを行うこと」をいう。「大統領は、新しい省(department)や独立規制機関(independent regulatory agency)の創設・改廃に相当するような組織変更はできない。」田中英夫『英米法辞典』七二〇頁(東京大学出版会・一九九一年)。

(12) 1946 United States Code Congressional Service, at 1681.

(13) 1946 United States Code Congressional Service, at 1676. 合併理由の手がかりとして、「一般土地局と放牧局との間で任務が重複する徴候が現れていた」、「行政再組織はとくに効果的な国有地管理を意図したものではなかった」、「この再組織は、家畜投機師たちの連邦議会内の支持者による偉業であった。彼らの目的はまったく明確である。つまり末期の放牧局を特徴づけていたところの、弱くかつ容易に操作することのできる草地規制プログラムをそのまま維持することであった」などの指摘がある。なお、合併にともない、放牧局の職員の大半が放牧諮問委員会によって解雇された。Dana & Fairfax, *supra* note 3, at 188, 398; Loomis, *supra* note 9, at 59.

(14) この計画は、一九四六年五月一六日に召集された連邦議会で両院に伝えられた。1946 United States Code Congressional Service at 1681. 田中・前掲書(注11)七二〇頁によれば、組織変更計画の布告から「原則として六〇日以内に連邦議会の一院の反対決議がなければ、機構改組が実施される。」

(15) この組織体系は森林局と類似していた。地区事務所は、放牧制度上の地区事務所とオレゴン・カリフォルニア地域(O & C lands)の森林事務所(forestry office)の周囲に組織された。Loomis, *supra* note 9, at 59.

(16) Ibid., at 59-60.

(17) Ibid., at 59.

(18) Dana & Fairfax, *supra* note 3, at 187.

(19) 十分な予算を獲得できなかった理由のひとつとして、そもそも一般土地局と放牧局を合併しようという発想自体が性急なものであり、必ずしも十分な考慮・検討を経ていなかったからである、という指摘がある。とくに土地管理局の前身である一般土地局の職員、体質、および責務は、当時、放牧問題に対して即座に妥当な責任を果たしうる状況になく、この点が土地管理局の予算計上に大きな影響をおよぼしたという。Dana & Fairfax, *supra* note 3, at 187-188.

(20) 放牧諮問委員会は、放牧料から得られる放牧諮問委員会の取り分のなかから、土地管理局に職員用の給料を寄付した。放牧諮問委員会としては、こうした寄付行為を通じて、彼らの放牧活動に対する規制を甘い状態に維持できると考えたのである。「家畜投機師は、従来、国有地について、事実上、なんの制約も受けていなかった(牧畜)産業に対して、土地管理局が新たに大きな費用(放牧料)または制限を課さず、最小限度の規制しかしなかったことを非常に喜んだ」という指摘もある。Dana & Fairfax, *supra* note 3, at 187-188.

(21) 「これは、農務省森林局の職員が、森林学校および森林を専門とする団体と強く結束しているのときわめて類似していた。」Loomis, *supra* note 9, at 59.

(22) Ibid., at 59.

(23) Ibid., at 59.

(24) しかし土地管理局は、同局が国有地上の放牧に関する条件を制限しようとするたび、牧畜業者からの強力な地域的抵抗にあい続けている。Paul J. Culhane, *Public Lands Politics : Interest Group Influence on the Forest Service and the Bureau of Land Management* 92 (Johns Hopkins University Press 1981); Loomis, *supra* note 9, at 59.

(25) Dana & Fairfax, *supra* note 3, at 195.

(26) An Act To stop injury to the public grazing lands by preventing overgrazing and soil deterioration, to provide for their orderly use, improvement, and development, to stabilize the livestock industry dependent upon the public range, and for other purposes, Jun. 28, 1934, Pub. L. No. 482, ch. 865, 48 Stat. 1269, 1271 (Section 4).

(27) An Act For the preservation of American autiquities, Jun. 8, 1906, Pub. L. No. 209, ch. 3060, 34 Stat. 225.

(28) An Act Relating to the revested Oregon and California Railroad and reconveyed Coos Bay Wagon Road grant lands situated in the State of Oregon, Aug. 28, 1937, Pub. L. No. 405, ch. 876, 50 Stat. 874.

(29) Dana & Fairfax, *supra* note 3, at 195.

第二節　一九七六年国有地政策管理法の制定

一　忘れられた国有地と土地管理局の努力

一九三〇年代から一九六〇年代にかけ、農務省森林局が、新法の制定によって国有林における多様な利用を調整しようと奮闘していたとき、国立公園、国有記念物以外の内務省管轄地の存在は、ほぼ完全に忘れられていた。連邦議会は依然として、空いている国有地が無償かつ独占的に牧畜業者に利用されるのを許していた。

放牧局(Grazing Service)の運命と、その後の土地管理局(Bureau of Land Management)の長期にわたる資金不足は、牧畜業者と連邦議会における彼らの代弁者(議員)による陰謀を生み出した。牧畜業者は、国有地の放牧利用が規制されないよう、絶えず画策した。自然保護論者は国立公園と国有林の保護・管理に注目していたため、すべての鉱物リース計画、アラスカが、そして信じがたいことに沖合大陸棚(outer continental shelf)に対する責務もが、産業界によってもっとも悲劇的に支配されている行政機関(土地管理局)の手中に落ちたことに気づいた人はほとんどいなかった。(1)

一九六〇年代の人びとは、国有林の皆伐問題に夢中になっていた。皆伐に対する人びとの関心は、資源管理の優先順位にではなく、おもに審美的な面にあった。連邦議会は、国立公園と原生自然の保護問題に傾倒していた。一方、土地管理局による国有地管理は相変わらず財源不足の状態が続き、国有地は基本的に放置されていたも同然であった。一九六四年に原生自然法(Wilderness Act of 1964 (78 Stat. 890))が制定されたが、同法は土地管理局の管轄地を適用対象外としていた。これは、なにか特別な嘆願や政策があって対象外になったのではなく、

単なる手抜かりであった。四億六五〇〇万エーカーの国有地は、ひとえに忘れられていたのである。(2)

一九六〇年代、土地管理局は、放牧局以来の敗退からやっとの思いで立ち直り、時代の要請に応えられる新しい役所として生まれ変わろうとしていた。しかし土地管理局の存在は、人びとと連邦議会の関心を引かず、なかなか十分な予算が得られなかった。それでも土地管理局内部では、一九四〇年代以降、草地管理の専門官による屈強な集団が形成されつつあった。収入も名声もなく、乾燥した西部国有地で厳しい生活を送る人びとは、この草地管理専門官に対してあからさまな敵意を示したが、専門官たちは意に介さなかった。とくに高度な専門訓練を受けた草地管理官が育つようになったのは、第二次世界大戦後である。草地管理プログラム(range management program)を開講する大学の数も飛躍的に増加し、プログラムの内容も強化・改善された。一九四八年には草地管理協会(Society for Range Management)が組織され、定期刊行物の出版も始まった。

二　国有地の包括的管理の試み――プロジェクト二〇一二

森林管理の分野では、すでに半世紀も前から、森林専門官の育成がきわめて重要だと認識されていたが、土地管理局は、一九四〇年代後半に、ようやくそれが草地管理についてもあてはまることに気がついた。土地管理局における資源管理専門官の育成のはじまりである。一九六〇年代になると、土地管理局内部でも、有能な草地管理専門官を中心とする頑強な核心ができあがった。しかし彼らは、政治力と財政力の不足に悩んだ。土地管理局の法律上の権限は不明瞭で不十分であったが、土地管理局に課された責務は莫大であった。

土地管理局は、困難な状況のなかで、一九六〇年、プロジェクト二〇一二(Project 2012)に乗り出した。これは、一般土地局の設立二〇〇周年にあたる二〇一二年を目処に、多目的利用原則による国有地管理を達成しようとする五〇年計画であり、土地管理局による管理権限獲得作戦の第一歩であった。土地管理局は、森林局が一九六〇年多目的利用・持続的収穫法(Multiple-Use, Sustained-Yield Act of 1960 (74 Stat. 215))の制定に成功したことに勇気づけられ、自身も国有地を包括的に管理するための計画をもちたいと願ったのである。プロジェクト二〇一二は、ヒアリングを一度も開かずに成立した。しかし、プロジェクト二〇一二のパンフレットは素晴らしいものであったが、内容は曖昧であり(ミッション六六の完全なるコピーとも評される)、かつての土地管理局の決まり文句である、オペレーション・アウトドアズ(Operation Outdoors)やオペレーション・マルティプル・ユース(Operation Multiple Use)などがさかんに謳われていたものの、目に見える成果はあがらなかった。それでもプロジェクト二〇一二は、土地管理局が、一時的な土地保有と土地処分をつかさどるだけの役所ではなく、自身の手で包括的に国有地を管理する役所になろうと試みたことをよく示していた。

三　一九六四年地種区分・多目的利用法

土地管理局が、マリアン・クロースン(Marion Clawson)局長のもとで採用した概念のひとつは、森林局の多目的利用・持続的収穫原則であった。土地管理局は、多目的利用・持続的収穫原則を用いるための明確な権限をまったく有していなかったが、一九五〇年代の半ばには、放牧諮問委員会に野生生物の代理人を配置して放牧区内の野生生物生息地に関心を払うなど、多目的利用原則の実践を始めた。

一九六四年、土地管理局に思いがけない好機が訪れた。ウェイン・ノーヴィエル・アスピヌル(Wayne Norviel Aspinall)下院議員(コロラド州選出)の陰謀により国有地法再調査委員会(Public Land Law Review Commission)が設置されたのである。連邦議会は、この国有地法再調査委員会を設立するため、地種区分・多目的利用法(Classification and Multiple Use Act of 1964 (78 Stat. 986))[3]と国有地売却法(Public Land Sale Act of 1964 (78 Stat. 988))[4]を抱き合わせの法律として可決した。これら二つの法律は、国有地法再調査委員会の報告書ができるまでの間、土地管理局に対し、法律の保護圏外におかれた国有地(国立公園、国有記念物、国有林、インディアン指定保留地(Indian reservation)などに指定されていない国有地)を分類・処分する一時的権限を付与した。この二法は、土地管理局を新たな道へと歩ませる契機となった。

一九六四年国有地売却法は、連邦政府に対し、地域社会の発展または居住者の農業・商業のため必要な場合は、分類済みの土地を売却処分することができる一時的権限を付与した。この法律により土地管理局ははじめて、一定の制約のもとでではあるが、公正な市場価格で土地を売り、通常の不動産取引にかかわることを許された。

一九六四年地種区分・多目的利用法は、ステュアト・リー・ユーダル(Stewart Lee Udall)内務長官と当時の土地管理局長チャールズ・ストダド(Charles Stoddard)の尽力の賜物といわれる。同法は、土地管理局にはじめての正式な多目的利用管理命令をもたらした。同法は、土地管理局に対し、国有地を処分または保持のいずれかに分類する権限を与えた。すなわち同法は内務長官に対し、どの土地が保持され、どの土地が処分されるべきかを決める基準を策定するよう命じ、さらにその基準に基づいて土地を調査し、どの土地が連邦所有のまま保持されるべきかを決定する権限を与えた。この法律は、土地管理局の管轄下にある土地と他の資源について、土地管理局が財産目録を作り、または情報収集することを認めるはじめての法律であった。同法はまた、土地管理局管轄地の一部が処分されずに保持されるかもしれないことを示す最初の法律でもあった。処分から保持政策への大転換の可能性を秘めていたのである。

一九六四年地種区分・多目的利用法は、一九七〇年まで有効な時限立法であり、森林局の一九六〇年多目的利用・持続的収穫法を手本として制定された法律であった。地種区分・多目的利用法の制定により、土地管理局の国有地利用には、伝統的に重視されてきた牧畜業、鉱山業、および土地処分のみならず、野生生物、レクリエーション、そして水資源が加わった。さらに地種区分・多目的利用法は、土地管理局に対し、同局が土地利用計画を策定する場合は多目的利用原則にしたがうよう命じた。(5)

多目的利用原則の命令は、土地管理局の内部でいくつかの組織変化をもたらした。多目的利用原則の命令を反映させるため、土地管理局の事務所には、新たに野生生物、分水嶺、およびレクリエーションを専門的にあつかう各部(divisions)が追加された。活発な多目的利用管理が始まると、地区事務所の職員は、個別の資源専門家からなる大きな組織を形成した。地区事務所は、しばしば地元の人びとに対し、多様な資源問題を解決するために妥協するよう求めた。一九六六年には、国有地利用者との密接な連絡を維持するため、資源地域事務所(Resource Area Office)の概念が紹介された。資源地域の管理者は、あらゆる多目的利用資源を含む特定用地のレヴェルを日々決定する権限を有する戦列将校(line officer)の役割を果たした。

土地管理局は、一九六四年地種区分・多目的利用法の定める権限を行使して国有地の分類を試み、国有地の譲渡を極力防ぎ、土地を評価し、土地計画を策定した。地種区分・多目的利用法は、国有地について、従来、土地管理局が執行してきた三五〇〇もの雑多な法律の寄せ集めを一気に整理整頓するほどの威力はなかったものの、土地管理局に一時的な国有地管理権限を認めたことから、一九七六年国有地政策管理法(Federal Land Policy and Management Act of 1976 (90 Stat. 2744))が制定されるまでの間、重要な意義をもち続けた。しかし同法は、多目的利用管理に対する恒久的権限を土地管理局に残さないまま、一九七〇年に幕切れ(期限切れ)を迎えた。土地管理局は、その後も多目的利用原則を採用し続けたが、多目的利用原則を実現する法的権限がないことは、同局にとり最大の弱点であった。一九七〇年を境に、土地管理局の法律上の立場はふたたび弱くなったのである。

四　一九七六年国有地政策管理法

（一）　制定までの経緯

土地管理局は、一九四六年に行政再組織計画により創設されて以来、三五〇〇以上の国有地関連法に基づき、処分保留の状態にあった四億八五〇〇万エーカーの土地を管理してきた。土地管理局は、森林局とは異なり、自身の任務と権限を明確に定義する包括的な法律を有しておらず、その活動の根拠は、雑多な国有地関連法の寄せ集めにすぎなかった。土地管理局は、基本法または権限付与法を熱望していた。

前述のように一九六〇年代には、森林局の一九六〇年多目的利用・持続的収穫法、および国有地法再調査委員会を設置するための一九六四年地種区分・多目的利用法と一九六四年国有地売却法が制定されたことから、土地管理局も、積年の悲願である基本法を制定する機会をうかがっていた。一九七〇年、国有地法再調査委員会が国有地管理の改善を求める勧告を公表すると、土地管理局は、それを、多目的利用原則に基づく国有地管理権限を定める基本法制定の好機ととらえた。こうした土地管理局の強い願望を背景に、国有地政策管理法の法案が作成・提案された。

一九七〇年二月、第九一回連邦議会において、ジャクスン(Jackson)上院議員とモス(Moss)上院議員が、土地管理局が管理する国有地における、野外レクリエーション活動を改善するための法案S. 3389を提案した(6)。同法案は、国有地法再調査委員会による勧告の一部を具体化したものである。法案は、土地管理局の管轄地は野外レクリエーション的価値を含む広範な自然資源価値を有する重要な自然資産であり、そこから得られる生産物は、一般大衆の最大利益のために、多目的に利用しかつ持続的に収穫できるよう開発・管理されるべきである、との方針を明らかにした。そのうえで法案は、内務長官に対し、一般大衆が野外レクリエーション目的で国有地へ接近する際に必要な土地や権利の取得権限を付与し、その土地や権利の取得費用には、土地・水保全基金(Land and Water Conservation Fund)の一部を充てることとした。さらに法案は、土地管理局に包括的な法律執行権限を規定した。また、内務長官が土地管理局の全職員に対し、国有地諸法や内務長官策定の規則の違反者を逮捕するよう命じることができると規定し、法律や規則の違反者には、五〇〇ドル以下の罰金または六カ月以下の懲役、またはそれらを併科することを定めた。この法案は、一九七〇年一〇月七日に上院を通過したが、下院では可決されなかった。

第九二回連邦議会では、両議院の内務・島嶼委員会が、国有地管理に関する法案をそれぞれ報告した。まず上院では、ジャクスン(Jackson)議員、アンダスン(Anderson)議員、クランスタン(Cranston)議員、ハート(Hart)議員、ハンフリ(Humphrey)議員、マグナサン(Magnuson)議員、メトカーフ(Metcalf)議員、およびネルスン(Nelson)議員が、法案S. 921を共同提案した[(7)]。それは、国有地の保護、開発、増強、連邦所有鉱物の開発を定める法案であり、国有地管理のみならず連邦所有鉱物の処分も目的とし、一八七二年一般鉱業法(General Mining Act of 1872 (17 Stat. 91))[(8)]、一九二〇年鉱物リース法(Mineral Leasing Act of 1920 (41 Stat. 437))[(9)]、および他のいくつかの鉱物関連法を統廃合することを定めていた。

ジャクスン議員とアラト(Allott)議員は、政府が要望した法案S. 2401を共同提案した[(10)]。それは国有資源地(national resource lands)の管理、保護、開発について定める法案であり、(a)国有資源地は、内務長官が法律の目的、規定、および条件に一致するため処分できると決定した特定地域を除き、連邦所有のまま保持するのがもっとも国益にかなうこと、(b)国有資源地は、実現可能なすべての方法・手段を用いて、現在および将来の世代にとっての継続的価値を確保すべく、土地の環境の質を保護する手法で、多目的利用・持続的収穫の原則に基づき管理すること、を基本政策として宣言していた。

同法案は、内務長官策定の規則または規則に基づいて発せられた命令に反して国有資源地を利用、占用、および開発することを禁じた。また、すべての国有資源地とその資源の目録が維持されること、環境上重要な地域が優先されることも明記した。土地利用計画の策定と保持が求められ、土地はその計画にしたがって管理されることとした。土地利用に関しては、明確な方針を規定し、土地の埋め戻しを条件に土地利用を認めたり、内務長官規則や州・連邦の大気または水質基準の違反、計画の不履行の場合は、(土地利用)許可を取り消すこととした。環境上重要な地域を保護する規則を即座に策定することも求めた。また同法案は、内務長官が国有資源地管理の改善に大きく役立つと判断する場合、またはその国有資源地でなければ達成しえない重要な公共目的に貢献すると判断する場合、内務長官が国有地を売却することを認めた。国有地は、市場価格を下回らない価格で売却されることになっていたが、売却地に、内務長官が環境上重要だと判断する地域が含まれる場合は、国有地譲渡証書または他の譲渡証書のなかに当該地域の継続的保護を規定しなければならないとした。国有資源地保護規則に違反した者には、一万ドル以下の罰金、または一年以下の懲役、またはそれらを併科することを定めた。内務長官には、国有地上の違反者を逮捕・召喚する特別職員を指名する権限を与えた。計画などを立案・実施し、国有資源地管理の基準・規範を案出する際は、公聴会を開き、一般大衆に意見を述べる機会を保証した。とくに、環境上重大な関心のある地域の土地利用計画や、規則を大きく変更する提案については、必ず公聴会を開催するよう定めた。

法案S.2401は、上院内務・島嶼委員会に審議を付託された。委員会は、罰金の額を一〇〇〇ドルに減額したり、土地管理局長は、国有地や自然資源の管理に通暁する人物のなかから、上院の助言と承認を得て、大統領によって指名されるべきである、などと主張し、法案を大きく修正した。結局、委員会では、八名が同法案に賛成したが、四名が、同法案は内務省に広範な権限を付与する重要条項を含むにもかかわらず、どれほどの権限が付与されるべきかに関する議論が、委員会でも上院でも尽くされておらず、性急に可決すべきではない、との理由から、法案に反対した。このため上院では、同法案の審議が第九三回連邦議会に持ち越された。

一方、下院では、政府法案ではなく、下院内務・島嶼委員会の委員長であり、かつ国有地法再調査委員会の委員長も務めたアスピヌル議員と、ベアリング(Baring)議員、テイラー(Taylor)議員、ユーダル議員、カイル(Kyl)議員が、法案H.R. 7211を共同提案した。(11) それは、国有地法再調査委員会の提唱する政策と勧告を可能な限り多く反映させた包括的な法案であり、すべての国有地管理機関の総合的土地利用計画を規定すること、およびすべての国有地管理機関に適用可能な法定方針を規定し、管理強化を図ることを目的としていた。同法案は、土地利用計画と政策の調和を提唱し、内務省内に土地利用政策・計画局(Office of Land Use Policy and Planning)を設置して(連邦政府から地方行政機関への)補助金プログラムや連邦政府の計画策定業務を担当させることを提案した。また同法案は、全国土地利用政策・計画会議(National Land Use Policy and Planning Board)、同会議の構成員が指名する土地利用政策調整員、内務省諮問委員会、および地方諮問委員会からなる複雑な諮問制度の創設も提案した。同法案が適用対象とする国有地の定義は、それまで連邦議会に提案されたどの法案よりも広く、国有地とは、インディアン、アリュート島人(Aleuts)、およびエスキモーの信託財産、共通役務庁(General Service Administration)ほかの連邦行政機関が取得した一定地域を除き、合衆国がどのようにその所有権を取得したかにかかわらず、また合衆国の行政機関が管理責務を有しているか否かにかかわらず、合衆国が所有するすべての土地を指す、と定義した。国有地をこのように広く定義すると、国有地には、内務省管轄地のみならず、国立公園、国有林、国立野生生物保護区など、他の行政機関が管轄する国有地も含まれることになるが、この点につき同法案は、既存の国有地管理制度の補足的性格を有するものにすぎず、既存の制度を損なうものではないと付言して、土地管理局以外の国有地管理行政機関の理解を求めた。

同法案には、国有地法再調査委員会の勧告に基づく一六の政策宣言が盛り込まれていた。それらはすなわち、(a)国有地は基本的に連邦所有のまま保持される、(b)国有地の利用区分は、総合的土地利用計画の目標にしたがい、一般大衆の最大利益に資する利用方法を決定するよう精査される、(c)大統領府による処分留保地は、国立公園、国有林、および国立野生生物保護区の永久的な法的根拠を保障する目的で、それが十分な面積であるか、侵害から適切に保護されているか、法律が定める総合的土地利用計画の目的と一致しているかを確認するため精査される、(d)土地処分留保権限は、基本的に連邦議会が行使し、大統領府による限定的な土地処分留保のための特別方針も、連邦議会が設定する、(e)国有地を管理する行政機関は、行政手続を定め、それを忠実に守らなければならない、(f)基本的に多目的利用・持続的収穫原則に基づいて国有地を管理するための、法定土地利用計画方針を策定する、(g)国有地は、科学的、景観的、歴史的、生態学的、および考古学的な価値の質を保護し、一定地域を自然状態のまま保存・保護し、競合する需要を調和させ、魚類や野生生物の生息地を提供し、野外レクリエーション(の機会)を提供するため管理される、(h)国有地およびその資源の利用には、一般に、公正な市場価格を適用する、(i)国有地利用許可期間の終了前に利用が妨げられた場合は、利用者に対して合理的な補償をする、(j)国有地が免税であることに由来する負担を軽減するため、州・地方政府への合理的補償制度を考案する、(k)国有地が、その保護や開発と無関係の目的で管理されている場合は、至急、その(管理)目的と権限を法律で定める、(l)さまざまな行政機関による国有地計画の執行についても、同様とする、(m)(国有地の)処分、取得、および換地のための一律手続を法律で定める、(n)環境上重大な関心が寄せられる地域を保護する規則を策定し、国有地利用許可は、適用可能な規則に違反した場合は取り消す、と定める、(o)重大な侵害を引きおこすおそれのある抽出行為または他の活動にかかわる者は、土地の埋め戻し計画を策定し、その埋め戻しを確実に行うための履行保証金がなくてはならない、(p)国有地は、法律に特段の定めがある場合を除き、利用と契約上の責務の条件に関しては一律に管理される、の諸点である。しかし第九二回連邦議会は、法案H.R. 7211の審議中に時間切れとなり、同法案は可決に至らなかった。

第九三回連邦議会では、上院で二つの関連法案が提案された。ジャクスン議員、ベニト(Bennett)議員、チャーチ(Church)議員、ガーニ(Gurney)議員、ハスカル(Haskell)議員、ハンフリ議員、イノウエ(Inouye)議員、メトカーフ議員、モス議員、パストーレ(Pastore)議員、およびタニ(Tunney)議員による法案S. 424[12]と、政府提案による法案S. 1041[13]である。法案S. 424は、一九七四年七月八日、七一対一で可決されたが、最終的な法律制定には至らなかった。[14]

第九四回連邦議会では、法案S. 424を修正した法案S. 507がふたたび提案された。[15]法案S. 507は、土地管理局が管轄する国有地のみを適用対象とし、つぎのような国有地管理の基本方針を定めていた。すなわち、(a)国有資源地は、多目的利用・持続的収穫原則に基づいて管理する、(b)連邦政府は、国有地の利用や売却から公正な市場価格を得る、(c)財産目録を作成する、(d)計画を重視する、(e)規則の制定権限を定める、(f)住民参加を規定する、(g)諮問委員会を設置する、(h)年次報告書を作成する、(i)特定方針を有する一般管理権限を定める、(j)(国有地)売却権限を定める、(k)換地権限を拡大する、(l)保留されている鉱物権の譲渡権限を定める、(m)一九六〇年国有地管理法(Public Land Administration Act of 1960 (74 Stat. 506))[16]を改正し、すべての土地管理権限をひとつの法律に規定する、(n)記録可能な権利放棄(書)を発行し、正しい国有地譲渡証書を発行する、(o)土地譲渡の提案があった場合は、土地区分の機会を与え、または土地利用を制限するため、土地区分権限を有する州・地方政府にその旨を通知する、(p)土地取得権限を定める、(q)活動資金のための基金を設立する、(r)執行権限を規定する、(s)内務長官は、国有資源地における州法・地方法の執行に関し、州・

地方政府と協力する、（t）土地台帳・実地調査作業(cadastral survey operation)および資源保護のための特別規定をおく、（u）「カリフォルニア砂漠地域(California Desert Area)」の長期計画のための特別規定をおく、（v）油母頁岩(oil shale)による収入に関する規定をおく、（w）通行権(right-of-way)の付与権限を完全に統合し改訂する、（x）処分、通行権、および他の法律を廃止し、本法に取って換える、との諸方針である。法案S. 507は、審議の過程でいくつかの新たな規定が追加され[17]、鉱物請求権や放牧料をめぐる議論が交わされたのち、一九七六年二月二五日、上院において賛成七八票、反対一一票、棄権一一票で可決された[18]。

下院では、下院内務委員会の国有地小委員会(Public Lands Subcommittee of the House Interior Committee)が中心となり、国有地管理法案H.R. 13777が提案された[19]。法案H.R. 13777は、当初、土地管理局の執行権限は、同局の管轄地のみならず国有林制度内の国有地にもおよぶと定めていたが、下院の審議を経てその一部が削除された。同法案は、（a）土地管理局の管轄地と国有林制度内の土地で適用可能な放牧料定則(grazing fee formula)を規定する、（b）土地管理局の管轄地と国有林制度内の土地に適用可能な放牧リース(grazing leases)の存続期間に関する規定をおく、（c）土地管理局と森林局の双方に答申する、放牧諮問委員会(grazing advisory boards)を設置する、（d）土地管理局と森林局に適用可能な、野生馬(wild horse)とバッファロー(buffalo)に関する規定をおく、（e）いわゆる、故意ではない不法侵入法(Unintentional Trespass Act of 1968 (82 Stat. 870))[20]を改正する、（f）「カリフォルニア砂漠保全地域(California Desert Conservation Area)」に関する規定をおく、（g）「キング・レインジ国立保全地域(King Range National Conservation Area)」に関する規定をおく、と定めていた。

第九四回連邦議会下院は、法案H.R. 13777を可決し、つづいて法案S. 507を法案H.R. 13777に適合するよう修正して可決した[21]。だが、上院はこの修正に納得せず、両院協議会の設置を求めたことから、一九七六年七月、両院協議会の委員が指名された[22]。両院協議会は、メルチャ(Melcher)議員を委員長として意見調整を試みたが、上院議員らは、下院法案の、放牧料、一〇年間の放牧許可、および放牧諮問委員会の規定に反対し、下院議員らは、上院法案の、鉱物請求権者は鉱物請求権の登記後一〇年以内に国有地譲渡証書の申請をしなければならないと定める規定に異議を唱え、調整は困難を極めた。そこでメトカーフ上院議員は、(a)放牧料に関する条項を法案から削除する、(b)放牧リースの期間は、すべて一〇年間とする、(c)放牧諮問委員会は、放牧地改良費用を支出するという任務に限り認める、(d)鉱物請求権に関する文言は、本法制定後に申請された鉱物請求権に適用し、既存の請求権には適用しない、などの妥協案を提案したが、他の両院協議会委員には受け入れられなかった。

しかし両院協議会に残された時間がわずかとなった一九七六年九月二八日、ふたたびメトカーフ上院議員の呼びかけにより両院協議会委員が招集された。そこでは放牧業者や鉱山業者の意見を交えた議論が数時間続き、ついに両院協議会法案が完成した[23]。両院協議会法案は、第九四回連邦議会終了間際の同年九月三〇日に下院で可決された。さらに一〇月一日には上院も通過し、一〇月二一日に大統領の署名により、国有地政策管理法(Federal Land Policy and Management Act of 1976/FLPMA (90 Stat. 2744))として制定された[24]。

(二) 一九七六年国有地政策管理法の内容

一九七六年国有地政策管理法は、土地管理局が管轄する国有地の管理政策に一定の基準を示し、土地管理局の国有地管理権限を正式に確認した意味で、まことに画期的な法律である。同法は、国有地の管理政策に関し、第一に国有地を基本的に保持する方針を定めた。土地管理局の管轄地は、原則として処分せず、連邦所有のまま保持することにしたのである。第二に同法は、国有地とその資源は、多目的利用・持続的収穫原則に基づいて管理すること、および利用のための規則と計画を策定することを定めた。さらに土地管理局の管轄地は、「法律が指定した地域を除き、多目的利用・持続的収穫の原則に基づき」、かつ「科学的、景観的、歴史的、生態学的価値、空気と大気、水資源、および考古学的な価値を保護する方法」により管理されることになった[25]。前述のように土地管理局は、同法制定以前から独自の多目的利用原則を掲げ、その実践を試みてきたが、同法はこうした活動を追認したものである。第三に同法は、国有地管理のための統一的手続を策定することを定めた。

一九七六年国有地政策管理法は、従来、土地管理局が執行してきた三五〇〇以上の国有地関連諸法の多くを改正・統廃合し、土地管理局の任務と権限をはじめて明確にした。同法は、内務長官に、国有地の在庫目録を作成する権限、および管轄する国有地の広範な管理権限を付与した。また同法によると、内務長官は、土地管理局が管理する国有地の一定地域または区画ごとに土地利用計画(land use plan)を作成する責務があり、土地利用計画の策定・改訂の際は、(a)多目的利用・持続的収穫の原則にしたがい、(b)物理学、生物学、経済学、他の科学の観点から総合的に検討し、(c)環境上重要な地域(areas of critical environmental concern)を優先的に指定・保護しなければならない[26]。さらに同法は、それまでのパブリック・ドメイン(public domain)という国有地呼称を改め、土地管理局が管理する国有地はすべてパブリック・ランズ(public lands)とよぶことにした。

国有地での鉱山業活動について、一九七六年国有地政策管理法は、一九二〇年鉱物リース法を修正し、金・銀・ウラニウムなどの権利主張可能な(locatable)鉱物の調査・開発に関するより大きな権限を土地管理局に付与した。また、一八七二年一般鉱業法も修正し、鉱山業に起因する他の国有地利用への過度な損害を最小限度に抑えるのに必要な制約条項を追加した。

国有地での放牧に関しては、放牧料と放牧諮問委員会に関する規定をおいた。積年の検討課題であった放牧料については、「国有地とその資源の利用者から、公正な市場価格を徴収する」という一般原則を定めるにとどまったが、将来的には、土地管理局と森林局が放牧料の共同研究を行うことを定めた。放牧諮問委員会については、割当地管理計画(allotment management plans)および改善資金の利用に関し、管理者に助言する任務に限り認めた。また同法は、放牧関係者のみならず、すべての国有地資源利用者の意見を国有地管理政策に反映させるため、多目的利用諮問委員会(Multiple Use Advisory Councils/MUAC)を設立した。さらに同法は、一二〇〇万エーカーにおよぶカリフォルニア砂漠保全地域を指定し、同地域の管理に必要な法律執行権限を土地管理局に付与した。

(三) 一九七六年国有地政策管理法の意義

一九七六年国有地政策管理法は、多目的利用・持続的収穫原則、住民参加、州・地方政府との協議、および土地利用計画の策定など、現在の国有地管理制度の土台となる重要な方針を明らかにしており、当時としてはきわめて画期的な法律であった。しかし連邦議会における同法の審議はやや性急にすぎたため、文言の定義や利用の優先順位が不明確であり、のちに法改正を繰り返すことになった(27)。

一九七六年国有地政策管理法は、合衆国の国有地管法制史上、つぎのような重大な意義を有する。第一に同法は、合衆国における最大面積の国有地を管轄する土地管理局について、はじめてその存在と任務を法定した。土地管理局長は、上院の助言と承認を得て、大統領により指名され、法定任務を遂行するための執行権限も与えられた。第二に同法は、建国以来二〇〇年以上の長きにわたり処分留保されていた広大な国有地の管理方針をようやく明らかにし、原則として連邦政府がそれらを保持・管理することにした。

一九七八年、土地管理局長に就任したフランク・グレグ(Frank Gregg)は、一九七六年国有地政策管理法にしたがい、さっそく多目的利用原則に基づく土地・資源利用計画を策定するための規則を作成し、これを一九七九年に公表した(28)。その後も土地管理局は、同法の理念を実現するため、包括的・学際的な計画策定手続の開発に尽力した。

　また土地管理局は、新たな国有地管理方針と法律執行権限を得たことで、管轄国有地を以前よりも効果的に取り締まることができるようになった。たとえば国有放牧地について、それまでは不法侵入を取り締まる方途が[29]なく、国有地は荒廃の一途をたどるばかりであったが、一九七六年国有地政策管理法制定後は、土地管理局が不法侵入と推定するに足る一定の事実さえ証明できれば、不法侵入者の放牧許可を取り消したり、不法侵入者に罰金を科すことが可能となった[30]。また同法に基づく放牧料の徴収も始まった。こうして土地管理局は、基本法も管理方針もないまま国有地を管轄してきた時代に別れを告げ、確固たる管理方針と管理権限に基づいて国有地を管理し始めた。以後、合衆国の国有地管理は、新たな時代を迎えることになる。

（1）Samuel Trask Dana & Sally K. Fairfax, *Forest and Range Policy : Its Development in the United States* 205 (2d ed., McGraw-Hill Publishing Company 1980).

（2）土地管理局の管轄地が無頓着に放置されていたことは、そこに含まれる莫大な資源価値に鑑みると実に驚くべきことである。連邦国庫への歳入という点から見ると、土地管理局の収益は森林局をはるかにしのいでいた。土地管理局は、生産性の高いO&C landsと、すべての国有地と沖合大陸棚(outer continental shelf)での鉱物リース計画を管理している。土地管理局のO&C landsは、郡にも莫大な収益をもたらしている。一九六〇年代の土地管理局に対する人びとの無関心は、同局にとり深刻な問題であった。しかし土地管理局の管轄地だけでなく、国有地の資源配分をめぐる一般的な問題がすっかり無視されていた。当時の社会運動を主導していたのは、口やかましく、よく組織された自然保護団体とレクリエーション団体である。国有地に関する連邦議会の関心も、こうした団体に突き動かされていたので、これらの団体の関心外にある問題は、連邦議会ではとりたてて議題にならなかった。

（3）An Act To authorize and direct that certain lands exclusively administered by the Secretary of the Interior be classified in order to provide for their disposal or interim management under principles of multiple use and to produce a sustained yield of products and services, and for other purposes, Sept. 19, 1964, Pub. L. No. 88-607, 78 Stat. 986.

(４) An Act To provide temporary authority for the sale of certain public lands, Sept. 19, 1964, Pub. L. No. 88-607, 78 Stat. 988.

(５) ただし当時の土地管理局による計画策定は、依然として実用的な資源計画に沿うものであった。とくにその性質がよくあらわれていたのは、割当地管理計画(allotment management plans)とよばれる家畜放牧計画である。これらの計画は、他の資源を考慮しつつも、結局は放牧利用を優先させていた。

(６) S. 3389, 91st Cong., 2d Sess., 116 Cong. Rec. 35401 (1970).

(７) S. 921, 92d Cong., 1st Sess., 117 Cong. Rec. 3558-3561 (1971).

(８) An Act to promote the Development of the mining Resources of the United States, May 10, 1872, ch. 152, 17 Stat. 91.

(９) An Act To promote the mining of coal, phosphate, oil, oil shale, gas, and sodium on the public domains, Feb. 25, 1920, 41 Stat. 437.

(10) S. 2401, 92d Cong., 1st Sess., 117 Cong. Rec. 28956 (1971).

(11) H.R. 7211, 92d Cong., 2d Sess., 118 Cong. Rec. 27179 (1972).

(12) S. 424, 93d Cong., 1st Sess., 119 Cong. Rec. 1339 (1973).

(13) S. 1041, 93d Cong., 1st Sess., 119 Cong. Rec. 5741 (1973).

(14) 120 Cong. Rec. 22296 (1974).

(15) S. 507, 94th Cong., 1st Sess., 121 Cong. Rec. 1821 (1975).

(16) An Act To facilitate the administration of the public lands, and for other purposes, Jul. 14, 1960, 74 Stat. 506.

(17) 法案S. 507の審議中に新たに追加された規定は、（a）「忘れられた(omitted)」土地の処分に関する規定、（b）一九二〇年鉱物リース法を改正し、州に支払われるべき収入の割合を増加させる規定、（c）鉱物影響救済貸付金(mineral impact relief loan)に関する規定、および（d）鉱物請求権の登記を定め、登記後一〇年間権利主張者は国有地譲渡証書の申請ができないという終結的推定(conclusive presumption)を放棄し、無効とする規定であった。

(18) 122 Cong. Rec. 4423 (1976).

(19) H.R. 13777, 94th Cong., 2d Sess., 122 Cong. Rec. 13815 (1976).

(20) An Act To authorize the sale of certain public lands, Sept. 26, 1968, Pub. L. No. 90-516, 82 Stat. 870.

(21) 122 Cong. Rec. 23508 (1976).

(22) 両院委員会の委員には、上院からジャクスン(Jackson)議員、チャーチ(Church)議員、メトカーフ(Metcalf)議員、ジョンスタン(Johnston)議員、ハスカル(Haskell)議員、バンパス(Bumpers)議員、ハンサン(Hansen)議員、ハトフィールド(Hatfield)議員、およびファニン(Fannin)議員(のちにマクルア(McClure)議員に交代)が、下院からはメルチャ(Melcher)議員、ジャンスン(Johnson)議員、サイバリン(Seiberling)議員、ユーダル(Udall)議員、バートン(Burton)議員、サンティニ(Santini)議員、ウィーヴァ(Weaver)議員、ステイガ(Steiger)議員、クロウサン(Clausen)議員、ヤン(Young)議員が選出された。

(23) See October 7, 1976 issue of *Public Land News*.

(24) 90 Stat. 2743 (1976). 連邦議会における法案審議では、おもに五つの論点に議論が集中した。第一は、法律の執行権限である。それまで土地管理局は、国有地における法律や規則の執行権限を有しておらず、違反行為があっても、郡の保安官に逮捕してもらうよりほかなかった。しかし頼みの地方警察も、通常の職務を離れてまで、あえて地元有力者の間で不評の法律を執行しようとはしなかった。このため土地管理局は、事実上、国有地管理のための有効な執行権限を欠いていた。連邦議会では、土地管理局と地方の法律執行担当官に明確な法律執行権限を与える必要性が議論された。第二は、土地管理局の国有地管轄権の範囲をめぐる問題である。下院では、土地管理局の管轄地を含むすべての国有地を管轄する権限を土地管理局に付与する条項が法案に盛り込まれたが、上院と他の国有地管理行政機関の強い反対にあい、この条項は両院協議会で削除された。第三は、大統領府の国有地処分留保権限の見直しである。連邦議会では、最終的な国有地管理権限は連邦議会にあると考える議員が、大統領府が連邦議会の関与なく処分留保できる国有地の面積と留保期間を縮小すべきである、と主張した。しかし、環境保護派の議員はこれに反対した。第四は、放牧料である。土地管理局が管轄する国有放牧地の顧客である牧畜業者は、放牧料は国有放牧地の実情を考慮して、家畜生産費用・経営費用・飼料(放牧草地)の質の変動に応じて決定されるべきである、と主張した。一方、牧畜業者以外の国有地利用者、自然保護論者、および土地管理局は、公正な市場価格に依拠して放牧料を決定すべきである、と主張した。放牧料をめぐる議論は最後までまとまらず、両院協議会でも意見の対立が続いた。第五は、多目的利用原則に基づく管理と土地利用計画策定である。当時の連邦議会では、一九七六年国有林管理法の法案も並行して審議されていたため、土地管理局の国有地政策管理法案もその影響を受けた。国有地政策管理法案にも、国有林管理法案で謳われた多目的利用原則に基づく国有地管理と土地利用区分という考えが盛り込まれたが、その最終目的や、複数の利用間の優先順位などはとくに定められず、具体的な実践策は不明であった。Dana & Fairfax, *supra* note 1, at 238-341.

(25) Section 102 (a)(7) and (a)(8), 90 Stat. 2744-2745 (1976).

(26) Section 202 (c)(1), (c)(2) and (c)(3), 90 Stat. 2748 (1976).

(27) その後、国有地政策管理法は、何度も改正されている。See Pub. L. 94-579, 90 Stat. 2743 (1976); Pub. L. 95-352, 92 Stat. 515 (1978); Pub. L. 95-514, 92 Stat. 1806-1808 (1978); Pub. L. 98-300, 98 Stat. 215 (1984); Pub. L. 98-540, 98 Stat. 2718 (1984); Pub. L. 99-545, 100 Stat. 3047-3049 (1986); Pub. L. 99-632, 100 Stat. 3521 (1986); Pub. L. 100-409, 102 Stat. 1087, 1092 (1988); Pub. L. 100-586, 102 Stat. 2980 (1988); Pub. L. 101-286, 104 Stat. 175 (1990); Pub. L. 102-486, 106 Stat. 3096 (1992); Pub. L. 103-437, 108 Stat. 4594 (1994); Pub. L. 104-333, 110 Stat. 4139, 4239 (1996).

(28) この一九七九年計画策定規則とは、一九七六年国有地政策管理法の理念を反映して、土地管理局に、国有地の多目的利用間のつり合いをとるよう命じる内容であったが、間もなく改正された。John B. Loomis, *Integrated Public Lands Management: Principles and Applications to National Forests, Parks, Wildlife Refuges, and BLM Lands* 62 (2d ed., Columbia University Press 2002).

(29) 不法侵入(trespass)とは、放牧の分野では、家畜を未許可地域へ放すこと、許可数以上の家畜を放牧すること、または家畜を草地に放す時間が長すぎること、などを意味する。

(30) Holland Livestock Ranch v. United States, 714 F. 2d 90 (9th Cir. 1983).

おわりに

本書は、国有地の処分から始まったアメリカ合衆国の国有地管理政策が、無制限な資源乱獲・資源消費の時代を経て、資源保護・資源保全に至る経過を、一九七〇年代までに限定し、国立公園制度の誕生、国有林制度の設立、および西部の国有放牧地の管理に分けて詳しく追ってみた。それぞれを簡単に要約すると、以下のとおりである。

第一に、合衆国が世界に誇る国立公園制度の成立過程を中心に、一九世紀後半に高まった自然保護運動とその成果をたどった。(1) ここでは、幸運にも開発をまぬがれた手付かずの自然の純粋な保護が課題であった。

国立公園制度は、自然保護を願う当時の人びと、すなわち自然保護論者、学者、研究者、小説家、画家、ジャーナリスト、政治家などの理念と努力がもっとも純粋な形で結晶化されたものである。ただし、当時の政治家が国立公園(national park)を風景の優れた観光地と混同していた可能性のあること、観光産業の展開をねらう鉄道資本が国立公園設置を後押ししたこと、国立公園とされた地域が開発の難しい奥地にあり、それを保護することに強い政治的抵抗がなかったこと、国立公園設置後もしばらくはさしたる管理がされず、荒れるままに放置されたことなど、今日有している国立公園の理念が一般にどれほど理解されていたのかという点には疑問符がつく。[2]

しかし、その後の国立公園の管理の経過を見ると、一九一六年に設置された内務省国立公園局(National Park Service)は、予算や人員の不足に悩まされながらも、保護と利用という相反する使命を比較的うまく両立させてきたといえるだろう。こうしたことから、国立公園局は、一九六〇年代以降の自然保護運動の波のなかでも無傷で生き残り、今日も自然保護行政機関としての信頼を維持しているのである。

国立公園の思想をもっともよく具現しているのが、ジョン・ミューア(John Muir)である。ミューアは、ヘッチ・ヘッチー(Hetch Hetchy)論争を通してジフォード・ピンショー(Gifford Pinchot)らに敗れ、その後は資源の効率的な利用と管理を標榜する資源保全論者の主張が歴史を支配したかのように見える。しかし、ミューアの純粋自然保護の思想は、アルドウ・レオポルド(Aldo Leopold)やロバト・マーシャル(Robert Marshall)の原生自然(wilderness)保護運動を通して、歴史の奥深くで脈打っていたといえよう。[3] そして今日、効率的な資源保全・資源管理が、結局、生命共同体を含む生態系の保存に失敗し、新たな環境倫理の確立が求められるなかで、ミューアの思想がふたたび輝きを取り戻しつつあるのである。

第二に、合衆国の初期の林学者が、ドイツの森林管理制度にならって設立した国有林制度の成立過程を取りあげた。[4] 豊富な森林資源を保護しつつそこから生産物(木材)を引き出すことを目的に設置されたのが国有林(national forest)である。国有林が、国立公園と同じように、当時の資源保護を求める学者、研究者、ジャーナリストなどの後押しを受け、さらに横行する不法伐採と闘った一部の行政官の挫折の積み重ねのうえに築かれた制度であることは疑う余地がない。しかし、国有林制度確立の主たる推進役は、ドイツ林学の影響を受けた技術官僚や林業関係者団体であった。[5] 彼らにとって、森林を原始のままに保存することは無意味であり、森林の機能を損なうことなく、生産物を持続的に収穫することこそが理想であった。その結果、「保全(conservation)」「多目的利用(multiple use)」「持続的収穫(sustainable yield)」が彼らの職業倫理になったのである。

ピンショーは、その主張の提唱者であり、かつ実践者であった。彼の主張は、「森林保護区の水、木材、および飼料は、なによりも住宅建築者の利益のために保全され、賢明に利用される。……問題は常に、長期的な最大多数の最大の利益という観点から決定されなければならない(6)」という言葉にもっともよく示されているといえよう。彼はまた、その強力な政治力を利用し、森林保護区(のちの国有林)の管轄を内務省から農務省に移すとともに、近代的な森林管理技術をいち早く広範囲に導入した。

農務省森林局(Forest Service)は、こうした職業倫理に支えられ、強固な職業集団を形成し、広大な国有林を管理し続けた。しかし、戦後に本格化した増伐のなかで、「多目的利用」が、実は森林の多様な価値を無視し、木材生産に重点をおいた森林管理を擁護するにすぎないことが次第に明らかになってきた(7)。さらに、森林官の職業意識と森林局の強固な組織は、逆に外部からの批判に耳を閉ざし、広く世論の動きに柔軟に対応することを困難にした。このような状況のなかで、ピンショー流の考え方は岐路に立たされることになる。

第三に、国による規制がほとんどなされず、牧畜業者による恣意的な利用により荒れるがままに放置されていた西部の乾燥地が、幾多の抗争を経て、一九三四年に法的規制が開始され、一九七六年国有地政策管理法(Federal Land Policy and Management Act of 1976/FLPMA (90 Stat. 2744))に基づく管理が確立されるまでの過程をあつかった(8)。

西経一〇〇度線とロッキー山脈(Rocky Mountains)の間には広大な乾燥地・半乾燥地が広がっている。この地域は容易に人を寄せつけず、「豊饒の地」を期待して入植した人びとの夢を打ち砕いた。この西部乾燥地には東部の入植地の常識が通用せず、科学的な調査や計画的に設計された灌漑施設、さらに入植者の集団自主的組織が必要だと主張したのが、ジョン・ウェズリー・パウエル(John Wesley Powell)である。パウエルの提言は、当時の政治的な圧力に押しつぶされてしまったが、その後の開墾局(Reclamation Service, のちの Bureau of Reclamation)の設置によって一部が実現した。さらに一九三〇年代になると、灌漑施設や大規模ダムの建設が本格化し、西部はその様相を一新したのである。(9) こうした大規模な水資源開発の自然に与える影響が注目されるようになったのは、ごく最近のことに属する。(10)

国立公園にも国有林にも指定されない文字どおり「不毛の地」の管理を任されたのが、内務省一般土地局(General Land Office, 今日の土地管理局)である。一般土地局は、国有地を迅速に売却するための官庁として発足したが、一八六二年ホームステッド法を中心とする雑多な法律の執行に終始し、腐敗と汚職にまみれた役所として悪名をとどろかせることになった。(11)

一九三四年テイラー放牧法(Taylor Grazing Act of 1934 (48 Stat. 269))は、国有放牧地の無法状態に一応の終止符を打つものであった。また、利用区分されない土地の売却を禁止した点で、形式的には国有地の自由な処分の時代の終焉を告げる法律であった。しかし牧畜業者は、放牧諮問委員会(grazing advisory board)を通して、彼らの望むものをほとんど手に入れた。国有放牧地の本格的な利用規制が議論されるのは、一九六〇年代以降である。(12) 一九七六年の国有地政策管理法は、土地管理局(Bureau of Land Management)の組織原理をはじめて確立し、同局が多目的利用理念のもとで統一的な国有地管理を開始することを可能にした。土地管理局は、その管轄地の面積と生態系の特異性ゆえに、今日ますます注目を集めている。

以上が、本書の要約であるが、そこからつぎのような、今日の合衆国の国有地管理につながる問題を引き出すことができるだろう。

第一は、本書が取りあげた国立公園、国有林、乾燥地は、そのほとんどが西部に偏在しているということである。合衆国の国有地における自然保護とは、西部に位置する国有地の管理のことにほかならない。

国有地のこうした地理的な偏りは、西部諸州と連邦政府(ないしは東部)の対立をよびおこすことになった。本書が詳しく検討したように、国有林の設置や放牧の規制に一貫して反対し続けたのが、西部の州、自治体、それに西部州選出の議員である。彼らから見れば、連邦政府は、彼らの自由な土地利用を拒み、干渉を繰り返すお節介な存在であった。しかし西部の生活や経済は、連邦政府が建設した灌漑施設や大規模ダムに依存しており、西部が、国家的・計画的資源管理なくしては成り立たないことも、また事実であった。[13] 西部の、連邦政府に対する認識は複雑なものであり、これが、西部は広大な国有地の利用を禁止された被害者であり、連邦政府や東部州選出議員に支配される植民地であるという意識の底流となる。[14] しかし、その芽は、南北戦争後から二〇世紀初頭にかけて、自然保護を中心に国有地管理制度が確立していくなかにすでに存在したのである。

第二に、その結果、資源保全運動は、必ずしも西部一般民衆の支持を得られなかった。一般民衆は、森林破壊や乾燥地の自然破壊の進行に憤ったわけではなく、自らも国有地への不法侵入や森林伐採を繰り返したのであり、それを阻止しようとしたピンショーやパウエルは、むしろ西部一般民衆の敵であった。[15] また草の根民主主義を実現するために作られたはずの放牧諮問委員会が、牧畜業者の意のままに操られ、悪しき住民参加の見本になったことを想起するのもよいだろう。したがって、ここでは、草の根一般民衆の要求が善で、それを押しつぶす連邦政府や官僚組織が悪であるという単純な図式は、必ずしも通用しない。[16]

第三に、繰り返し指摘したように、自然保護を中心とした国有地管理制度の確立のなかで大きな役割を果たしたのは、森林官、水管理官などの専門技術者集団であった。ヘイズ(Hays)の指摘するように、二〇世紀初頭の資源保全運動は職業的な専門家による科学的な運動でもあったのである。[17]

こうして、資源保全運動は、森林局、開墾局、陸軍工兵隊(Army Corps of Engineers)などの強固な専門技術者組織を生み出した。これらの専門家集団による国家資源の管理は、ニュー・ディール(New Deal)の時期に、資源管理が地域政策や経済政策と結びついてさらに拡大した。専門家集団にとり、一部の利害関係者を除く一般民衆の参加（グラス・ルーツ参加）という意識は、当初はきわめて希薄であったといえよう。[18] 一九六〇年代以降に登場した広範囲な環境保護運動は、このような硬直した官僚的な資源管理に異議を申し立てるものであり、その後の国有地管理法制は、住民参加の実現を機軸に大きく変化することになったのである。[19]

以上、いくつか気のつく点を指摘した。本書は、建国から一九七〇年代までを中心に、環境保全に着目した国有地管理法制の成立過程を検討したが、そこから今日の合衆国の自然保護法制に連続するいくばくかの有益な視点を引き出すことができたものと思われる。したがって今後は、一九八〇年代以降、本書で検討した国立公園、国有林、西部の乾燥地などの国有地の管理がどのように変遷し、それを担当する内務省国立公園局や内務省土地管理局、および農務省森林局が、どのような組織的変貌を遂げていくのかを、上記に指摘した視点を交えて検討することを筆者の課題として、ひとまず筆をおくことにしたい。

（1） 鈴木光「国有地管理と自然保護（一）――合衆国における史的発展――」北大法学論集四六巻四号一〇三八―一〇九二頁（一九九五年）。
（2） Alfred Runte, *National Parks : The American Experience* 48-63 (3d ed., University of Nebraska Press 1997).
（3） ミューアがレオポルドやマーシャルに与えた影響については、Stephen Fox, *The American Conservation Movement : John Muir and His Legacy* 208, 246, 289-290 (University of Wisconsin Press 1981) ; Max Oelschlaeger, *The Idea of Wilderness : From Prehistory to the Age of Ecology* 212-214 (Yale University Press 1991) を参照されたい。
（4） 鈴木光「国有地管理と自然保護（二）――合衆国における史的発展――」北大法学論集四七巻四号一〇九六―一一五二頁（一九九六年）。
（5） David A. Clary, *Timber and the Forest Service* 4-11 (University Press of Kansas 1986).
（6） Gifford Pinchot, *Breaking New Ground* 261 (Island Press 1987) ; Charles F. Wilkinson, *Crossing the Next*

Meridian : Land, Water, and the Future of the West 128 (Island Press 1992).

(7) Pawl W. Hirt, *A Conspiracy of Optimism : Management of the National Forests since World War Two* 293-296 (University of Nebraska Press 1994) ; Christopher McGrory Klyza, *Who Controls Public Lands ? : Mining, Forestry, and Grazing Policies, 1870-1990*, 107 (University of North Carolina Press 1996).

(8) 鈴木光「国有地管理と自然保護(三)——合衆国における史的発展——」北大法学論集四八巻三号三九一—四二六頁(一九九七年)。

(9) Donald Worster, *Rivers of Empire : Water, Aridity, and the Grouth of the American West* 243, 245, 252-254, 262-263 (Oxford University Press 1992) ; Richard Lowitt, *The New Deal and the West* 222-228 (University of Oklahoma Press 1993).

(10) Tim Palmer, *Endangered Rivers and the Conservation Movement* 93-95 (University of California Press 1986).

(11) Walter A. Rosenbaum, *Environmental Politics and Policy* 303 (3d ed., A Division of Congressional Quarterly Inc. 1995).

(12) Charles Davis, *Western Public Lands and Environmental Politics* 76-83 (Westview Press 1997) ; Klyza, *supra* note 7, at 122-124. 同局の最近の活動については、Bruce N. Pendery, *Reforming Livestock Grazing on the Public Domain : Ecosystem Management-Based Standards and Guidelines Blaze a New Path for Range Management*, 27 Envtl. L. 513 (1997)に詳しい。

(13) Lowitt, *supra* note 9, at 218-221.

(14) それを象徴するのが一九七九年のヨモギ反乱(Sagebrush Rebellion)である。R. McGreggor Cawley, *Federal Land, Western Anger : The Sagebrush Rebellion and Environmental Politics* 71-122 (University Press of Kansas 1993) ; Worster, *supra* note 9, at 11-15.

(15) Henry Nash Smith, *Virgin Land : The American West as Symbol and Myth* 199-200 (Harvard University Press 1970) ; H・N・スミス(Henry Nash Smith)著・永原誠訳『ヴァージンランド——象徴と神話の西部(*Virgin Land : The American West as Symbol and Mith*)』二四五—二四七頁(研究社・一九七一年)。

(16) 今日、西部の一般民衆の間に根強い反環境保護運動、賢明な利用(wise use)運動、および財産権運動なども、こうした歴史的経緯のなかにおいて考えることが可能だろう。Philip D. Brick & R. McGreggor Cawley, *A Wolf in the Garden : The Land Rights Movement and the New Environmental Debate* 28-30, 39-41 (Rowman & Littlefield Publishers, Inc. 1996) ; Cawley, *supra* note 14, at 166-167.

(17) Samuel P. Hays, *Conservation and the Gospel of Efficiency : The Progressive Conservation Movement, 1890-1920*, 2 (Harvard University Press 1959).

(18) ニュー・ディールは、一般に、グラス・ルーツ参加の見本とされているが、テネシー川流域開発公社(Tennessee Valley Authority)が住民参加をどの程度実現しえたかについては、議論がある。See Philip Selznick, *TVA and the Grass Roots : A Study in the Sociology of Formal Organization* 262-264 (University of California Press 1949) ; 小林健一『TVA実験的地域政策の軌跡――ニューディール期から現代まで』七―一四頁(御茶の水書房・一九九四年)。

(19) Samuel Trask Dana & Sally K. Fairfax, *Forest and Range Policy : Its Development in the United States* 207-209 (2d ed., McGraw-Hill Publishing Company 1980).

索　引

【あ　行】

アイザク・ウォルタン・リーグ(Izaak Walton League)　268
アイゼンハワー(Dwight David Eisenhower)　283, 331, 364
アガシズ(Alexander Agassiz)　131
アース・デイ(Earth Day)　315, 318
アスピヌル(Wayne Norviel Aspinall)　311, 372, 378
アメリカ牛飼育者協会(American Cattle Growers)　222
アメリカ人の野外活動に関する大統領諮問委員会(President's Commission on Americans Outdoors/PCAO)　309
『アメリカ人の野外――その遺産と挑戦(*Americans Outdoors : The Legacy, the Challenge*)』　309
アメリカ森林会議(American Forest Congress)　164
アメリカ森林協会(Society of American Foresters)　351
『アメリカの野外レクリエーション(*Outdoor Recreation for America*)』　292, 302
アラスカ(Alaska)　2, 8, 9, 206, 242, 335, 370
アラスカ購入(Alaska Purchase)　29
アラスカ国有地保全法(Alaska National Interest Lands Conservation Act of 1980／ANILCA (94 Stat. 2371))　9, 22
アラト(Allott)　376
アンサニ(Anthony)　84
アンダスン(Anderson)　306, 376
アンドゥルーズ(Andrews)　214, 226
イエローストーン国立公園(Yellowstone National Park)　10, 81
イエローストーンを国立公園に指定する法律(17 Stat. 32 (1872))　86
イキス(Harold LeClair Ickes)　235, 245, 248, 255
遺産保全・レクリエーション局(Heritage Conservation and Recreation Service／HCRS)　304, 309
一般鉱業法(General Mining Act of 1872 (17 Stat. 91))　376, 383
一般先買権法(General Preemption Act of 1841 (5 Stat. 453))　42
一般土地局(General Land Office)　8, 46, 58, 61, 78, 195, 235, 241, 271, 362-364, 367, 369, 371, 392
一般不法侵入法(General Trespass Law of 1807 (2 Stat. 445))　106
イートン(Eaton)　233
イノウエ(Inouye)　380
インディアン(Indian)　15, 30, 32, 33, 35, 51, 85, 91, 180, 190
インディアン指定保留地(Indian reservation)　11, 30, 311, 373
ヴァンデヴァー(Vandever)　88
ヴィアト(Conrad L. Wirth)　340
ウィーヴァ(Weaver)　387
ウィークス(John Wingate Weeks)　277
ウィットニ(Josiah Dwight Whitney)　78, 97, 152
ウィード(Charles Leander Weed)　77
ウィトレズビ(Charles Whittlesby)　152
ウィリアムスン(James Alexander Williamson)　107
ウィルスン(Wilson)(下院議員)　222
ウィルスン(James Wilson)　138
ウィルダネス協会(Wilderness Society)　284-286
ウォー(Frank A. Waugh)　324
ヴォークス(Calvert Vaux)　75
ウォーターゲート事件(Watergate scandal)　346
ウォッシュバーン(Henry Dana Washburn)　82
ウォッシュバーン＝ラングファド＝ドーンの探

検(Washburn=Langford=Doane Expedition) 82, 99
ウォラプ(Malcolm Wallop) 310
ウォリス(Henry Cantwell Wallace) 220, 277
ヴカノゥヴィーク(Barbara Vucanovich) 310
エアズ(Thomas Almond Ayres) 76
エヴァンズ(Evans) 246
エグルスタン(Nathaniel Egleston) 154
エコー・パーク(Echo Park)論争 284, 288, 289, 323
エドゥマンズ(Edmunds) 84, 118
エマスン(George B. Emerson) 152
エマスン(Ralph Waldo Emerson) 69, 74, 91
エングルブライト(Englebright) 235
オウレル(Bernard Orell) 306
沖合大陸棚(outer continental shelf) 19, 308, 311, 385
オーデュボン(John James Audubon) 68
オハイオ川北西の合衆国領地の統治に関する条令 54
オープン・スペース(open space) 95
オペレーション・アウトドアズ(Operation Outdoors) 321, 324, 330, 372
オペレーション・マルティプル・ユース(Operation Multiple Use) 330, 372
オムステッド(Frederick Law Olmsted) 70, 75, 78, 95, 98
オリジナル・パブリック・ドメイン(Original Public Domain) 5
オールドリッチ(Aldrich) 198
オレゴン街道(Oregon Trail) 170

【か　行】

海軍用木材保護区 103-105
開墾局(Reclamation Service) 198, 202, 392
開墾局(Bureau of Reclamation) 11, 284, 392
開墾法(Reclamation Act of 1902 (32 Stat. 388)) 202
皆伐(clear cutting) 351, 352, 370
カイル(Kyl) 378
学際チーム(interdisciplinary team) 354, 358
ガズデン購入(Gadsden Purchase) 29
カーソン(Rachel Carson) 315, 318
カーター(Carter)(下院議員) 236, 247
カーター(Carter)(上院議員) 208, 222
カーター(Jimmy Carter) 2, 304, 345
カーター(Thomas Henry Carter) 161
家畜扶養能力 365
『合衆国の乾燥地帯の土地に関する報告書(*Report on the Lands of the Arid Region of the United States, With a More Detailed Account of the Lands of Utah*)』 70, 183
カナン(Cannon) 198
ガーニ(Gurney) 380
カーピンタ(Farrington Carpenter) 241, 250
ガーフィールド(James Rudolph Garfield) 227
カマラン(Cameron) 230
カラヴェラス(Calaveras)の森 79, 96
カリフォルニア砂漠保護法(California Desert Protection Act of 1994 (108 Stat. 4471)) 15, 22
カリフォルニア砂漠保全地域(California Desert Conservation Area) 381, 384
ガリンジャ(Gallinger) 214
カンヴァス(Converse) 87, 118
環境影響評価書(environmental impact statement) 344
環境諮問委員会(Council on Environmental Quality／CEQ) 303, 309, 318
環境上重要な地域(areas of critical environmental concern) 383
環境問題市民諮問委員会(Citizen's Advisory Council on Environmental Quality) 303, 309
乾燥農法(dry farming) 213-215, 226, 228
キタ・ニシヨコジマフクロウ(Northern Spotted Owl) 2, 10, 167
ギブズ(Wolcott Gibbs) 130
基本法(Organic Act of 1897 (30 Stat. 11, 34)) 117, 133-136, 283, 287, 322, 326, 341
キャトリン(George Catlin) 69, 73, 91

キャンプル(Hardy Campbell)　226
強制移住政策(removal policy)　30
強制移住法(Removal Act of 1830 (4 Stat. 411))　30
行政再組織計画(Reorganization Plan No. 3)　363
共有地(commons)　73
魚類・野生生物局(Fish and Wildlife Service)　8
魚類・野生生物調整法(Fish and Wildlife Coordination Act of 1934 (48 Stat. 401))　9, 263, 265
魚類・野生生物法(Fish and Wildlife Act of 1956 (70 Stat. 1119))　9
緊急救済予算法(Emergency Relief Appropriation Act of 1935 (49 Stat. 115))　259, 262, 273
緊急保全活動法(Emergency Conservation Work Act of 1933 (48 Stat. 22))　254
キング(King)(上院議員)　218, 229
キング(Clarence Rivers King)　81, 187
キング(Martin Luther King Jr.)　316
キング(Thomas Starr King)　76, 78
キング・レインジ国立保全地域(King Range National Conservation Area)　381
キンケイド(Kinkaid)　210
キンケイド法(Kinkaid Act of 1904 (33 Stat. 547))　211, 217, 225
草地管理協会(Society for Range Management)　371
草の根民主主義　393
クック(Charles W. Cook)　82
クーパー(James Fenimore Cooper)　68, 90
クラギット(Clagett)　83
クラーク(Clark)(下院議員)　224
クラーク(Clark)(上院議員)　211
クラーク(Galen Clark)　78, 87, 97, 98
クラーフツ(Edward C. Crafts)　296
クランスタン(Cranston)　376
グラント(Ulysses Simpson Grant)　85, 111
グランド・キャニオン国立公園(Grand Canyon National Park)　10
グランド・キャニオン(Grand Canyon)探検　70, 182
クリーヴランド(Stephen Grover Cleveland)　109, 128, 132, 174
クーリッジ(Calvin Coolidge)　268, 269
グリドゥン(Joseph Farwell Glidden)　171
グリーリ(Horace Greely)　76
グリーン川(Green River)・コロラド川(Colorado River)探検　182
クルーニ(Clunie)　119
グレイ(Asa Gray)　152
グレイヴズ(Henry Solon Graves)　141, 321
クレイバーグ(Kleberg)　237, 248
グレグ(Frank Gregg)　384
クロウサン(Clausen)　387
クロースン(Marion Clawson)　364, 372
グロナ(Gronna)　228
グロフ(L. E. Groff)　188
グワドゥループ・ヒダルゴゥ条約(Treaty of Guadaloupe Hidalgo)　29
ケネディ(John Fitzgerald Kennedy)　296, 297, 316
原生景勝河川(Wild and Scenic Rivers)　303
原生景勝河川法(Wild and Scenic Rivers Act of 1968 (82 Stat. 906))　303, 316, 346
原生自然(wilderness)　16, 67, 281, 285
原生自然法(Wilderness Act of 1964 (78 Stat. 890))　316, 346, 370
原生自然法案(Wilderness bill)　295, 326, 341
原生自然(wilderness)保護運動　316, 323, 327, 390
賢明な利用(wise use)　144, 320, 395
ゴア(Gore)　249
降雨増大説　34, 49
公園・公園道路およびレクリエーション地域調査法(Park, Parkway, and Recreational Area Study Act of 1936／PPRASA (49 Stat. 1894))　273, 290, 296, 298, 304
交換地(land exchange)　5
鉱山業法(Mining Act of 1866 (14 Stat. 251))　60
鉱山業法(Mining Law of 1872 (17 Stat. 91))　61, 283

鉱物請求権　381, 382
鉱物リース(mineral lease)　61, 308, 362, 370
鉱物リース法(Mineral Leasing Act of 1920 (41 Stat. 437))　362, 365, 376, 383
公民権運動(civil-rights movement)　316
コウル(Cole)(上院議員)　84
コウル(Thomas Cole)　68, 90
コゥルタン(Colton)　229, 233, 234, 247
ゴウルデン・イーグル・パスポート(Golden Eagle Passport)　299, 300, 302
『国土の三分の一(*One Third of the Nation's Land : A Report to the President and to the Congress*)』　311
国有街道制度法(National Trails System Act of 1968 (82 Stat. 919))　303, 346
国有資源地(national resource lands)　376, 380
国有草地(national grasslands)　260
国有地委員会(Public Land Commission of 1879)　186, 187
国有地委員会(Public Lands Commission of 1903)　198, 200
国有地管理法(Public Land Administration Act of 1960 (74 Stat. 506))　380
国有地譲渡証書(patent)　55, 172, 199, 227, 377, 380, 382
国有地政策管理法(Federal Land Policy and Management Act of 1976／FLPMA (90 Stat. 2744))　13, 18, 314, 374-388, 391, 392
国有地売却法(Public Land Sale Act of 1964 (78 Stat. 988))　373, 375
国有地法(Public Land Act of 1796 (1 Stat. 464))　39, 40
国有地法再調査委員会(Public Land Law Review Commission)　17, 311, 372, 373, 375, 378, 379
国有地問題委員会(Committee on National Land Problems)　272
国有地利用料　299-302
国有放牧地　233, 234, 239, 241, 313, 362, 365, 385, 389, 392
国有林(national forest)　282, 283, 319-359, 362, 367, 370, 378, 381
国有林管理法(National Forest Management Act of 1976／NFMA (90 Stat. 2949))　13, 314, 349-359
国有林制度(national forest system)　389, 390
『国有林のレクリエーション利用に関する1918年の研究(*A 1918 Study of Recreation Uses on the National Forests*)』　324
国立公園(national park)　16, 67-100, 270, 373, 378, 389
国立公園局(National Park Service)　10, 272, 273, 284, 297, 304, 321, 328, 329, 333, 390
国立公園局設置法(National Park Service Organic Act of 1916 (39 Stat. 535))　11
国立野生生物保護区(national wildlife refuge)　9, 378
国立野生生物保護区制度管理法(National Wildlife Refuge System Administration Act of 1966 (80 Stat. 926))　10
国家環境政策法(National Environmental Policy Act of 1969 (83 Stat. 852))　9, 316, 318
国家産業復興法(National Industrial Recovery Act of 1933 (48 Stat. 195))　272
国家資源委員会(National Resources Committee／NRC)　273
国家資源会議(National Resource Board)　272
コネス(John Conness)　77
古物保存法(Antiquities Act of 1906 (34 Stat. 225))　366
ゴーマン(Gorman)　133
コール(Call)　123
ゴールド・ラッシュ(gold rush)　60, 63, 170
コロラド川貯水事業(Colorado River Storage Project)　284
コロラド川流域事業法(Colorado River Basin Project Act of 1956 (70 Stat. 105))　285
コロンビア川(Columbia River)　2, 10

【さ　行】

再組織法(Reorganization Act of 1945 (59

Stat. 613))　362
サイバリン(Seiberling)　387
財務省(Department of the Treasury)　47, 361
先買権(preemption)　41-43, 55, 60
先買権法(Preemption Act of 1830 (4 Stat. 420))　41-43
柵　171, 174, 177, 196, 198, 206, 208
砂鉱法(Placer Act of 1870 (16 Stat. 217)　60
サージェント(Charles Sprague Sargent)　112, 115, 130, 136, 138, 145
査定(assessment)　343
砂漠地法(Desert Land Act of 1877 (19 Stat. 377))　33, 46, 58, 197, 199
サーモン(salmon)保護　2, 10
サンティニ(Santini)　387
三年ホームステッド法(Three-Years Homestead Act of 1912 (37 Stat. 123))　227
ジェファスン(Thomas Jefferson)　26
シエラ・クラブ(Sierra Club)　71, 284, 285, 323, 329, 339, 344
試掘許可(prospecting permits)　362
資源保全省(Department of Conservation)　248
『静かなる危機(*The Quiet Crisis*)』　315
持続的収穫(sustainable yield)　326-342, 391
実験放牧区(grazing district)　231-233, 240
シナット(Sinnott)　218
司法審査(judicial review)　330, 338
ジャクスン(Henry M. Jackson)　309, 375, 376, 380, 387
ジャクスン(William Henry Jackson)　83
シャーマン(Sherman)　118
ジャンスン(Johnson)(下院議員)　387
ジャンスン(Robert Underwood Johnson)　87, 100, 130
シュアツ(Carl Schurz)　70, 107, 150, 183
州全体の包括的な野外レクリエーション計画(statewide comprehensive outdoor recreation plan／SCORP)　300
住宅建設ブーム　264, 282, 322, 325
住民参加　384, 396
取得地(acquired land)　5
種の多様性　351-353
循環樹齢(rotation age)　351-353
植樹の日(Arbor Day)　115, 156
ジョンスタン(Johnston)　387
真珠湾(Pearl Harbor)　255
シンプスン(Simpson)　160
森林委員会(commission of forestry)　111
森林局(Bureau of Forestry)　7, 139, 198
森林局(Forest Service)　7, 140, 219, 235, 241, 273, 282, 296, 319, 326, 333, 338, 342, 370, 372, 375, 391
森林局放牧部(Division of Grazing)　200
森林草地再生資源計画法(Forest and Rangeland Renewable Resources Planning Act of 1974／RPA (88 Stat. 476))　342-349, 353
森林入植法(Forest Homestead Act of 1906 (34 Stat. 233))　201, 206
森林部(Division of Forestry)　7, 113, 120
『森林報告書(*Report Upon Forestry*)』　112, 153
森林保護区(forest reserve)　16, 117-136, 139, 161, 199-201, 206, 282, 283, 326, 367, 391
森林保護区の移管　139
森林保護法(Forest Reserve Act of 1891 (26 Stat. 1095, 1103))　71, 117, 195
水質改善法(Water Quality Improvement Act of 1970 (84 Stat. 113))　316
水質法(Water Quality Act of 1965 (79 Stat. 903))　316
衰退しない規則正しい流量(nondeclining even flow)　351, 353, 354, 356-358
「鋤で耕せば雨が降る(Rain follows the plough)」　34, 48
スタイルズ(William A. Stiles)　130
スタンフィールド(Stanfield)　229
スティーヴンズ(Stephens)　208, 228
ステイガ(Steiger)　387
ステュアト(Stewart)　187, 222
ストウン(William M. Stone)　188
ストダド(Charles Stoddard)　373
砂嵐(dust storm)　231, 238, 258-260
『砂原の歳月記(*A Sand County Almanac: And Sketches Here and There*)』　285,

290
スパークス(William Andrew Jackson Sparks)　107, 109, 132
スミス(Michael Hoke Smith)　130, 160
スムート(Smoot)　214, 218
清浄水法(Clean Water Act of 1972 (86 Stat. 816))　316
西部 11 州　2, 3, 18
西部大盆地(Great Basin)　44, 70
セイラー(Saylor)　306
セクション(section)　38, 40, 51-53
セコイアオオスギ(giant sequoia, big tree)　88
セコイア国立公園　89, 100
絶滅のおそれのある種の法(Endangered Species Act of 1973 (87 Stat. 884))　10
1937 年法(Bankhead-Johnes Farm Tenant Act of 1937 (50 Stat. 522))　259
1938 年法(Farm Tenant Act of 1938 (52 Stat. 710, 748))　259
全国産業復興法(National Industrial Recovery Act of 1933 (48 Stat. 195))　259
全国野外レクリエーション資源再調査委員会(National Outdoor Recreation Resources Review Commission)　290-304
セントラル・パーク(Central Park)　71, 95
全米オーデュボン協会(National Audubon Society)　90, 284
全米科学アカデミー(National Academy of Sciences)　130, 186
全米家畜協会(National Livestock Association)　198, 222
全米製材業者協会(National Lumber Manufacturers Association)　341
全米野生生物基金(National Wildlife Federation)　348
全米羊毛生産者協会(National Wool Growers' Association)　199
遡行性魚類(anadromous fish)　263, 265
ソロー(Henry David Thoreau)　69, 74, 91, 92

【た　行】

退役軍人(veterans)　46, 257
大気浄化法(Clean Air Act of 1963 (77 Stat. 401))　316
大恐慌(Great Depression)　17, 231, 253, 257, 262, 270, 325
ダイナソー(Dinosaur)　1, 284
大平原(Great Plains)　3, 33, 91, 101, 171
大陸会議(Continental Congress)　26
ダウアル(Dowell)　247
ダウニング(Andrew Jackson Downing)　75
タウンシップ(township)　37, 40, 51-53
タウンゼンド(Townsend)　160
ダスト・ボウル(dust bowl)　258
ターナー(Frederick Jackson Turner)　202
ダナル(David Dunnell)　157
ダナル(Mark Dunnell)　111, 124
タニ(Tunney)　380
タフト(William Howard Taft)　141
多目的利用(multiple use)　313, 328, 331, 332, 340, 352, 353, 391, 392
多目的利用原則　145, 333, 335, 338, 341, 371, 372, 374, 375, 388
多目的利用・持続的収穫原則　349, 379, 380, 382-384
多目的利用・持続的収穫法(Multiple-Use, Sustained-Yield Act of 1960／MUSY (74 Stat. 215))　326-342, 349, 372, 373, 375
多目的利用諮問委員会(Multiple Use Advisory Councils／MUAC)　384
地域指針(regional guides)　334
地質調査局(Geological Survey)　186, 241
地種区分・多目的利用法(Classification and Multiple Use Act of 1964 (78 Stat. 986))　372-375
地方電化局(Rural Electrification Administration)　262, 264
チャーチ(Church)　380, 387
チャプマン(Oscar Littleton Chapman)　285, 289
長角牛(longhorn)　169, 176, 177
長期的な最大多数の最大の利益(the greatest good of the greatest number in the long run)　143
『沈黙の春(*Silent Spring*)』　315, 318
通行権(right-of-way)　381

ディズニーズ・スキー・リゾート(Disney's Ski Resort)　2
ディートリク(Dietrich)　210, 223, 224
デイナ(Samuel Trask Dana)　125, 305
ティプタン(Tipton)　84
テイラー(Taylor)(下院議員)　378
テイラー(Taylor)(上院議員)　234
テイラー(E. B. Taylor)　119
テイラー(Zachary Taylor)　69
テイラー放牧法(Taylor Grazing Act of 1934 (48 Stat. 269))　16, 179, 218, 238-245, 362, 365, 366, 392
テイラー放牧法(1936年改正法)　243, 244
テイラー放牧法(1939年改正法)　243, 244, 362
テキサス共和国(Republic of Texas)　28
テネシー川流域開発公社(Tennessee Valley Authority)　262, 265, 396
テネシー川流域開発公社独立採算法(Tennessee Valley Authority Self-financing Act of 1959 (73 Stat. 280))　265
テネシー川流域開発公社法(Tennessee Valley Authority Act of 1933 (48 Stat. 58))　262
テラ(Teller)　211, 222
テラ(Henry Moore Teller)　130
トゥランバル(Trumbull)　85
ドゥーリトゥル(Doolittle)　160
ドゥルアリ(Newton B. Drury)　284, 289
特定地域(in-place)譲渡　46
特定面積(quantity)譲渡　46
土壌侵食局(Soil Erosion Service)　260
土壌侵食法(Soil Erosion Act of 1935 (49 Stat. 163))　260
土壌保全局(Soil Conservation Service)　261
都市レクリエーション(urban recreation)　295, 302
ドーズ(Dawes)　85
土地委員会(land committee)　36
土地管理局(Bureau of Land Management)　46, 361-376, 381-385, 392, 394
土地交換法(General Exchange Act of 1922 (42 Stat. 465))　5
土地条令(Land Ordinance of 1785)　36-40
土地の倫理(land ethic)　286
土地・水保全基金(Land and Water Conservation Fund)　300-302, 308, 376
土地・水保全基金法(Land and Water Conservation Fund Act of 1965 (78 Stat. 897))　299-302
土地・水保全基金法(1968年改正法)　301
土地利用区分(zoning)　334
土地利用計画(land use plan)　379, 383, 384
土地利用政策・計画局(Office of Land Use Policy and Planning)　378
トルーマン(Harry S. Truman)　363
ドーン(Lieutenant Gustavus C. Doane)　82
トンガス(Tongass)国有林　335, 342

【な　行】

南部の土地測量方式　36, 51
南北戦争(Civil War, 1861-65)　33
ニクスン(Richard Milhous Nixson)　303, 346
ニューアル(Frederick Haynes Newell)　195, 198
ニュー・イングランド地域(New England)の土地測量方式　36, 51
入札　359
入場料(entrance fees)　299, 300
入植拡大法(Enlarged Homestead Act of 1909 (35 Stat. 639))　213-216, 229
ニュー・ディール(New Deal)　16, 253, 259, 263, 275, 282, 393, 396
ニューバリ(J. S. Newberry)　152
ニューランズ(Newlands)　224
『人間と自然(*Man and Nature: Or, Physical Geography as Modified by Human Action*)』　69, 115
ネヴィル(Neville)　223
ネルスン(Nelson)　376
年間許可証(annual permit)　299
ノイバガ(Neuberger)　306
農業調整法(Agricultural Adjustment Act of 1933 (48 Stat. 31))　259
ノウベル(John Willock Noble)　121, 157, 158

【は 行】

パイク(Zebulon Montgomery Pike)　33
ハイデン(Ferdinand Vandiveer Hayden)　83, 182, 190
ハイトフェルド(Heitfeld)　222
バウアズ(Edward A. Bowers)　119
バウアソク(Bowersock)　221
パウエル(John Wesley Powell)　70, 180-194, 222, 391, 393
ハウガン(Haugan)　229
バーキト(Burkett)　223
パークマン(Francis Parkman)　69, 90
ハスカル(Haskell)　380, 387
パストーレ(Pastore)　380
パダック(Algernon Sidney Paddock)　129
バタワース(Butterworth)　118
ハッチ(Hatch)　118
ハッチングズ(James Mason Hutchings)　76
バッファロー(buffalo)　91, 175, 180, 381
ハート(Hart)　376
ハトフィールド(Hatfield)　387
バートン(Burton)　387
パブリック・ドメイン(Public Domain)　4-6, 15, 26, 33, 269, 270, 383
パブリック・ランズ(public lands)　383
パブリック・ランド(Public Land)　4-6
ハーマン(Hermann)(下院議員)　160
ハーマン(Binger Hermann)　197
パリ条約(Treaty of Paris)　25
ハリスン(Benjamin Harrison)　89, 119, 127
はり札料(sticker fee)　299
バリンジャー・ピンショー論争(Ballinger-Pinchot controversy)　137, 141
ハンサン(Hansen)　387
ハンズバラ(Hansbrough)　224
ハーンダン(Herndon)　111
バンパス(Bumpers)　387
ハンフリ(Hubert Horatio Humphrey)　326, 328-331, 347, 351, 376, 380
ビアスタット(Albert Bierstadt)　77
ピクラー(Pickler)　160
ピケット法(Pickett Act of 1910 (36 Stat. 847))　217, 228, 236
ピータースン(William Peterson)　82
ヒチコク(Ethan Allen Hitchcock)　197, 204
ヒューイト(Hewitt)　186
ヒル(Hill)　262, 264
ヒルガード(E. W. Hilgard)　152
ピンショー(Gifford Pinchot)　14, 16, 124, 130, 137-146, 195, 198, 219, 235, 245, 320, 333, 367, 390, 391, 393
ピンショー書簡　143
ファーガスン(Ferguson)　219
ファニン(Fannin)　387
ファーノウ(Bernhard Fernow)　113, 121, 137, 154, 155
フィプス(Phipps)　218, 229
フィリップス(William Haie Philips)　158
フィールド(Stephen Field)　78
フェクナ(Robert Fechner)　254, 255, 257
フェリス(Ferris)　216
フェンス防止法(Unlawful Enclosures Act of 1885 (23 Stat. 321))　174, 196
フォウルサム(David E. Folsom)　82
フォスタ(Foster)　79, 208
フォート(Granberry L. Fort)　117
フォード(Gerald Rudolph Ford)　348, 351
ふち(へり)地域　351-353
不法侵入(trespass)　172, 385, 388, 393
ブライアント(William Cullen Bryant)　68, 69, 74, 90
プラム(Plumb)　88, 123
ブラーンディス(Dietrich Brandis)　137
ブリジャー(James Felix Bridger)　82
プリマス植民地(Plymouth Colony)　103
フリモント(Jessie Benton Fremont)　78
ブルーア(William H. Brewer)　131, 152
ブレイン(James Gillespie Blaine)　151
フレンチ(French)　233, 246
プロジェクト 2012(Project 2012)　371, 372
ブロード・アロー(broad arrow)　103, 148
フロンティア消滅宣言(1890 年)　201, 202
ブーン・アンド・クロキト・クラブ(Boone and Crockett Club)　268, 276
ベアリング(Baring)　378
ヘイズ(Rutherford Birchard Hayes)　70,

107, 183
ペイスン(Payson)　88
ヘイル(Eugene Hale)　88, 120, 121
ヘッチ・ヘッチー(Hetch Hetchy)論争　166, 285, 288, 390
ペティグルー(Pettigrew)　134
ベトナム戦争(Vietnam War, 1965-75)　316
ベニト(Bennett)　380
ベビー・ブーム(baby boom)　264
ペン(William Penn)　73, 103
ペンズ・ウッド植民地(Penn's Wood Colony)　103
ペンフォウルド(Joseph Penfold)　306
方形測量方式(rectangular survey system)　37, 40, 51, 183, 185
法正林(Normalwald)　154, 163
放牧許可(grazing permit)　201, 239, 243, 382, 385
放牧局(Grazing Service)　8, 47, 243, 361-364, 369, 370
放牧区(grazing district)　199-201, 219, 238-244
放牧諮問委員会(grazing advisory board)　240, 241, 243-245, 250, 362, 365, 368, 369, 372, 381-383, 392, 393
放牧適正数(grazing capacity)　175
放牧特権(grazing privileges)　221, 365
放牧部(Division of Grazing)　241, 243, 362
放牧リース(grazing lease)　382
放牧料(grazing fee)　201, 207, 219, 235, 237, 239, 240, 244, 313, 367, 369, 381-383, 385, 387
放牧割当地(allotment)　313
ホゥルマン(Holman)　160
北西部条令(Northwest Ordinance of 1787)　38, 39
牧畜入植法(Stock-Raising Homestead Act of 1916 (39 Stat. 862))　16, 216-218, 229
牧畜用地(stock-raising lands)　217
ホジズ(Ralph Hodges)　341
保全(conservation)　118, 142-145, 320, 390
ポーター(Albert Potter)　200, 206
ホット・スプリングズ(Arkansas Hot Springs)　72, 94
ホフ(Franklin Benjamin Hough)　110-115, 151-153
ホームステッド法(Homestead Act of 1862 (12 Stat. 392))　16, 33, 44, 58-60, 70, 197, 211, 227
ポメロイ(Pomeroy)　83
ホワイト・ハウス保全協議会(White House Conference on Conservation／WHCC)　295, 296

【ま　行】

マカードゥル(Richard Edwin McArdle)　328, 340, 341
マーカム(Markham)　118
マカンティー(John T. McEntee)　255
マカンバ(McCumber)　214
マキンリ(William Mckinley)　133
マグナサン(Magnuson)　376
マクルア(McClure)　387
マクレイ(Thomas Chipman McRae)　123, 129, 160
マコヌル(Grant McConnel)　340
マサチューセッツ湾憲章(1691 Charter of Massachusetts Bay)　103, 148
マーシャル(George Catlett Marshall)　265
マーシャル(Robert Marshall)　285, 286, 290, 321, 323, 390
マーシャル・プラン(Marshall Plan)　263, 265
マーシュ(George Perkins Marsh)　69, 70, 92, 115
マーシュ(Othniel Charles Marsh)　186
マーティン(Martin)　221
マノンガヒーラ国有林(Monongahela National Forest)　2, 350
マノンガヒーラ判決　349
真夜中の留保地(midnight reserves)　140, 141
マリポサの森(Mariposa Big Tree Grove)　78-80, 87, 98
ミズパ・パンプキン・クリーク盆地(Mizpah-Pumpkin Creek Basin)　232, 240
ミッション66(Mission 66)　321, 324, 329,

331, 372
未道路地域(roadless area)　323
ミューア(John Muir)　71, 87, 88, 91, 100, 131, 136, 145, 390, 394
ミラ(Miller)(上院議員，カリフォルニア州選出)　88
ミラ(Miller)(上院議員，ニューヨーク州選出)　118
ミラド(Millard)　221
民間国土保全部隊(Civilian Conservation Corps／CCC)　17, 236, 253-256, 275, 276, 281
メアースン(Alan Merson)　314
「明白な運命(manifest destiny)」　30, 33, 34
『メインの森(*The Maine Woods*)』　95
メトカーフ(Metcalf)　376, 380, 382, 387
メルチャ(Melcher)　382, 387
木材自由法(Free Timber Act of 1878 (20 Stat. 88))　114, 132
木材・石材法(Timber and Stone Act of 1878 (20 Stat. 89))　109, 132, 197, 199, 206
モース(John F. Morse)　78, 98
モス(Moss)　375, 380
モーターボート燃料税(motorboat fuel tax)　299
モートゥン(Julius Sterling Morton)　156
モートゥン(Lewis Morton)　152
モラン(Thomas Moran)　83
『森の生活――ウォルデン(*Walden, or Life in the Woods*)』　91
モンデル(Mondell)　214, 221, 224, 226

【や　行】

野外生活に関する全国政策委員会(National Policy Committee on Out-of-Door Life)　269, 277
野外レクリエーション　267-270, 272, 275, 280, 290-304, 311, 329, 331, 375, 379
野外レクリエーション局(Bureau of Outdoor Recreation／BOR)　293, 296-304
野外レクリエーション再調査法(Outdoor Recreation Review Act of 1958 (72 Stat. 238))　290-292
野外レクリエーション全国協議会(National Conference on Outdoor Recreation／NCOR)　268-270
野外レクリエーション調整法(Outdoor Recreation Coordination Act of 1963 (77 Stat. 49))　298
山火事(forest fire)　325
ヤン(Young)　387
有刺鉄線(barbed wire)　171, 177
優先利用(dominant use)　313
ユーダル(Stewart Lee Udall)　296, 315, 373, 378, 387
ユニオン・パシフィック鉄道(Union Pacific Railroad)およびセントラル・パシフィック鉄道(Central Pacific Railroad)に対するパブリック・ドメイン付与のための法律(Pacific Railway Act of 1862 (12 Stat. 489))　45
油母頁岩(oil shale)　381
ヨセミテ渓谷(Yosemite Valley)　76-81, 87-89
ヨセミテ渓谷(“Yo-Semite Valley”)およびマリポサの森(“Mariposa Big Tree Grove”)を取り囲む地域をカリフォルニア州に譲渡する権限を付与する法律(13 Stat. 325 (1864))　80
ヨセミテ国立公園(Yosemite National Park)　10, 87-89
ヨセミテ(Yosemite)州立公園　71-73, 80, 87
ヨセミテ州立公園を創設する法律　72, 80
ヨモギ反乱(Sagebrush Rebellion)　219, 395

【ら　行】

ラガーディア(Laguardia)　247
ラマー(Lucius Quintus Cincinnatus Lamar)　109
ラマン(James C. Lamon)　96
ラモーラー(Silas W. Lamoreux)　160
ラングファド(Nathaniel Pitt Langford)　82
ランドルフ(Jennings Randolph)　350
ランマン(Charles Lanman)　69, 90
陸軍工兵隊(Army Corps of Engineers)　11, 285, 300, 393
リチャズ(William A. Richards)　198

利用者料(user fees)　299
リンカーン(Abraham Lincoln)　44, 69, 80
リングランド(Arther Ringland)　269
林地育成法(Timber Culture Act of 1873 (17 Stat. 605))　46, 117
リンド(Lind)　224
ルイジアナ購入(Louisiana Purchase)　26, 47
レイシ(Lacey)　221, 224
レイモンド(Israel Ward Raymond)　78
レイン(Franklin Knight Lane)　226
レヴィト(Leavitt)　232
レオポルド(Aldo Leopold)　285, 286, 323, 390
レーガン(Ronald Reagan)　304, 309
レクリエーション　8, 267-276, 280-286, 292-304, 319-323, 327-334, 374
レクリエーションおよび公共目的法 (Recreation and Public Purposes Act of 1926 (44 Stat. 741))　271, 366
レクリエーション諮問委員会(Recreation Advisory Council／RAC)　292
レクリエーション諮問委員会(President's Recreation Advisory Council)　297, 298, 307
レクリエーション専門委員会(Technical Committee on Recreation／TCR)　275
レクリエーションと自然美についての市民諮問委員会(Citizen's Advisory Committee on Recreation and Natural Beauty)　309
レクリエーションと自然美についての大統領諮問委員会(President's Council on Recreation and Natural Beauty)　309
レクリエーション・ブーム　17, 267, 268, 281, 283, 286, 290, 327, 366
連合会議(Congress)　36, 38
連邦水事業レクリエーション法(Federal Water Project Recreation Act of 1965 (79 Stat. 213))　303
老齢林(old growth)　167, 335, 346, 353, 355-357
ローズヴェルト(Franklin Delano Roosevelt)　17, 242, 253, 261, 271-273
ローズヴェルト(Theodore Roosevelt)(海軍省書記官補)　277
ローズヴェルト(Theodore Roosevelt)(大統領)　14, 137, 194-198, 220
ロッキー山脈(Rocky Mountains)地域の探検　182
ロッキフェラ(Lawrence S. Rockefeller)　306
ロバトスン(F. Dale Robertson)　323
ロビンスン(Robinson)(下院議員)　211, 212, 224
ロビンスン(Robinson)(上院議員)　254
ロング(Stephen Harriman Long)　33

【わ　行】

ワイアハウザ(Weyerhaeuser)　138, 164, 305
ワーク(Hubert Work)　220, 277
ワトキンズ(Carlenton Emmons Watkins)　77
割当地管理計画(allotment management plans)　384
ワルカ(Charles Doolittle Walcott)　162

【アルファベット順】

AAAS(American Association for the Advancement of Science)　110, 111, 115, 155
AFA(American Forestry Association)　115, 130, 155, 339
AFC(American Forestry Congress)　155, 156
"Mother of the Forest"　77, 96
O & C 鉄道会社(Oregon and California Rail Road Company)　5, 21
O & C 法　366
O & C lands　5, 8, 21, 366, 385
SFC(Southern Forestry Congress)　156
Sierra Club v. Hardin, 325 F. Supp. 99 (D. Alas. 1971)　335
West Virginia Division of the Izaak Walton League of America, Inc. v. Butz, 367 F. Supp. 422 (N. D. W. Va. 1973), *aff'd*, 522 F. 2d 945 (4th Cir. 1975)　350

鈴 木　光（すずき ひかる）
北海学園大学法学部准教授

アメリカの国有地法と環境保全
2007 年 6 月 25 日　第 1 刷発行

著 者　鈴 木　光
発行者　吉 田 克 己

発行所　北海道大学出版会
札幌市北区北 9 条西 8 丁目北海道大学構内（〒 060-0809）
Tel. 011（747）2308・Fax. 011（736）8605・http://www.hup.gr.jp

岩橋印刷／石田製本

ISBN978-4-8329-6675-8